BERNHARD MAIER

DIE KELTEN

BERNHARD MAIER

DIE KELTEN

IHRE GESCHICHTE VON DEN ANFÄNGEN BIS ZUR GEGENWART

C.H.BECK

1. Auflage 2000
2., überarbeitete Auflage. 2003

Dieser Band ist Teil der Reihe *Frühe Völker*,
herausgegeben von Herwig Wolfram.

Mit 16 Abbildungen und 14 Karten

3., vollständig überarbeitete und erweiterte Auflage. 2016

Gesetzt aus der LT Bembo: Janß GmbH, Pfungstadt
Druck und Bindung: GGP Media GmbH, Pößneck
Umschlagentwurf: Rothfos & Gabler, Hamburg
Umschlagabbildung: Reliefplatte des Kessels von Gundestrup, 1. Jh. v. Chr.,
Kopenhagen, Nationalmuseet; © akg-images/Erich Lessing
Gedruckt auf säurefreiem, alterungsbeständigem Papier
(hergestellt aus chlorfrei gebleichtem Zellstoff)
Printed in Germany
ISBN 978 3 406 69752 4

www.chbeck.de

INHALT

ZWEITER TEIL
DIE INSELKELTISCHEN KULTUREN DES MITTELALTERS

DRITTER TEIL
GESCHICHTE, SPRACHE UND KULTUR DER KELTEN VOM HUMANISMUS BIS ZUR GEGENWART

ANHANG

AUS DEM VORWORT ZUR ERSTAUSGABE

Wie kaum ein anderer Name, der uns durch die ethnographischen Schriften des Klassischen Altertums überliefert ist, ruft der Name der Kelten eine Fülle unterschiedlicher Assoziationen hervor: Denkt der eine dabei an die museale Präsentation archäologischer Funde wie etwa aus dem Grab von Hochdorf, so denken andere an die farbigen Schilderungen keltischer Krieger bei antiken Autoren wie Poseidonios und Caesar, an antike Skulpturen wie die des «Sterbenden Galliers», an die unverwechselbare Ornamentik frühmittelalterlicher Buchmalerei, an Sagenhelden mittelalterlicher Literaturwerke wie Arthur/Artus und Cú Chulainn oder auch an eigene Erfahrungen mit Sprache und Brauchtum in Irland, Schottland, Wales und der Bretagne.

Die vorliegende Geschichte der Kelten sucht allen diesen Aspekten gerecht zu werden und spannt daher ihren Bogen von der schriftlosen Vorzeit bis zur Gegenwart und von der westlichsten Ausprägung der keltischen Kultur in Irland bis zu ihrer östlichsten in Kleinasien. Ihr Ziel ist es, dem allgemein interessierten Leser eine historische Einordnung der unterschiedlichen Facetten keltischer Kultur zu ermöglichen und dem wissenschaftlichen Benutzer anhand detaillierter Quellen- und Literaturhinweise eine Übersicht über den gegenwärtigen Stand der Forschung zu geben. Dem Gang der Ereignisse entsprechend, zerfällt die Darstellung in drei Teile:

Der besonders ausführliche erste Teil stellt die festlandkeltischen Kulturen des Altertums vor, für die einheimische Schriftquellen weitgehend fehlen und die wir daher vornehmlich durch Bodenfunde und Notizen antiker Beobachter kennen. Die ersten Kapitel schildern zunächst die Kultur und Geschichte der mitteleuropäischen Kelten von der späten Westhallstattkultur bis zur unmittelbar vorrömischen Zivilisation der Oppida. Darauf folgt ein Abriss der Geschichte der Kelten in Oberitalien sowie der westlichsten und östlichsten Ausläufer der keltischen Kultur auf der Iberischen Halbinsel und in Kleinasien. Den Abschluss bildet ein Kapitel über die Romanisierung Galliens, mit der die politische Selbständigkeit der keltischen Völker auf dem europäischen Festland ihr Ende fand.

Der weniger umfängliche zweite Teil schildert die mittelalterliche Geschichte der keltischen Völker Irlands, der Britischen Inseln und der von dort aus besiedelten Bretagne. Einen Schwerpunkt bilden dabei die Auswirkungen der Christianisierung, die Grundlagen der politischen, rechtlichen und gesellschaftlichen Ordnung, die Entwicklung der Sprachen und Literaturen sowie der Beitrag der inselkeltischen Völker zur Kultur des europäischen Mittelalters, wie er vor allem in der irischen Mission und in der Rezeption keltischer Stoffe und Motive in der höfischen Literatur greifbar ist. Die Darstellung endet mit einer Übersicht über die Transformation der traditionellen gesellschaftlichen, kulturellen und rechtlichen Strukturen infolge des Verlusts der politischen Selbständigkeit.

Der dritte, der Neuzeit gewidmete Teil behandelt zum einen die weitere Geschichte der keltischen Sprachen und Literaturen, zum anderen die Wiederentdeckung der antiken Kelten und deren Rückwirkung auf das Selbstverständnis der Sprecher keltischer Sprachen. Hier liegt der Schwerpunkt der Darstellung auf den wirtschafts-, bevölkerungs- und kulturpolitischen Entwicklungen, dem Einfluss der christlichen Konfessionen auf Sprache und Literatur sowie schließlich der Schöpfung eines zeitlosen, imaginären Keltentums im Zuge romantischer und nationalistischer Strömungen. Der Band schließt mit Betrachtungen zur Problematik unseres modernen Keltenbegriffs und zur Rolle der Kelten innerhalb der abendländischen Kultur.

Bernhard Maier

Vorwort zur vollständig überarbeiteten und erweiterten Neuausgabe

Nur drei Jahre nach dem Erscheinen der Erstausgabe dieses Buchs im Jahr 2000 erhielt ich mit dem Erscheinen einer zweiten Auflage und der englischen Übersetzung die Gelegenheit, einige Fehler und Versehen zu verbessern und dem Literaturverzeichnis einige Ergänzungen hinzuzufügen. Nach nunmehr dreizehn weiteren Jahren erschien jedoch angesichts der vielen Fortschritte auf den Feldern der Archäologie, Geschichtswissenschaft und Keltologie eine durchgreifende und umfassende Neubearbeitung angezeigt. Am grundlegenden Plan des Werks hat sich freilich nichts geändert, weshalb nur der Schluss des ursprünglichen Vorworts entfallen musste und das Gros des ursprünglichen Textes aller drei Teile des Buches erhalten bleiben konnte. Gleichwohl bot die vom Verlag eingeräumte Möglichkeit eines Neusatzes vielfache Gelegenheit, sowohl Haupttext als auch Anmerkungen und Literaturverzeichnis durch notwendige Modifikationen sowie Einschübe und Ergänzungen an den gegenwärtigen Forschungsstand anzupassen. Berücksichtigt wurden dabei sowohl aufsehenerregende archäologische Neufunde als auch neue Interpretationen bereits bekannter Quellen, was nicht zuletzt in dem um rund 60 Seiten erweiterten Umfang, der Beigabe zusätzlicher Karten und Abbildungen sowie einem umfassend aktualisierten Literaturverzeichnis Ausdruck gefunden hat.

Bernhard Maier

Einleitung

VOLK, SPRACHE UND KULTUR IN DER GESCHICHTE DES KELTENBEGRIFFS

Wer ein Buch über die Geschichte der Kelten zu schreiben beginnt, muss zunächst einmal den Gegenstand seiner Darstellung bestimmen.[1] Dabei gilt es drei verschiedene Verwendungsweisen des Begriffs «Kelten» zu unterscheiden:

In den Schriften der antiken Ethnographie bezeichnet der Name «Kelten» (griechisch *Keltoí, Kéltai* und *Galátai*, lateinisch *Celtae* und *Galli)* eine Vielzahl unterschiedlicher Völker Mitteleuropas, mit denen Griechen und Römer seit dem 6. Jahrhundert v. Chr. zunächst durch Handelsbeziehungen und später infolge kriegerischer Auseinandersetzungen in Berührung kamen.[2] Dabei bezieht sich die Bezeichnung im Unterschied zum heute üblichen Sprachgebrauch vor allem bei griechisch schreibenden Autoren vielfach auch auf jene Völker, die man heute gemeinhin als Germanen bezeichnet, während die Bewohner der Britischen Inseln und Irlands anders als heute von den antiken Autoren niemals als Kelten bezeichnet werden. Die Kelten der Iberischen Halbinsel nennen die antiken Autoren zumeist «Keltiberer» (griechisch *Keltíbēres*, lateinisch *Celtiberi*), während die heute als «Galater» bekannten Kelten Kleinasiens wegen ihrer weitgehenden Anpassung an die hellenische oder griechische Kultur ihrer Umwelt in der Antike mitunter *Hellēnogalatai* bzw. *Gallograeci* genannt werden. Was alle diese Namen ursprünglich bedeuteten, ist heute auch mit sprachwissenschaftlichen Mitteln nicht mehr sicher festzustellen, auch wenn zur sprachlichen Ableitung des Keltennamens in erster Linie eine jener drei indogermanischen Wurzeln in Betracht kommt, deren Grundbedeutung man mit «erheben», «schlagen» und «verbergen» glaubt adäquat wiederzugeben.

Namentlich bekannt waren die Kelten vielleicht schon im 6. Jahrhundert v. Chr., als der Geograph Hekataios von Milet seine nur in Fragmenten erhaltene Erdbeschreibung verfasste. Den ersten sicheren Beleg des Namens findet man indessen bei dem Historiker Herodot (*Historien* 2,33,3–4), der die Kelten im Quellgebiet des Istros, das heißt der Donau, lokalisiert.[3] Sehr wahrscheinlich stammt diese Information von Gewährsleuten aus dem Mündungsgebiet der Donau an der

Schwarzmeerküste, wo auch der Flussname *Istros* gebräuchlich war, denn die Kelten selbst nannten den Fluss mit jenem keltischen Namen, der später zu *Donau* wurde. Nach zahlreichen kurzen Erwähnungen u. a. bei dem Historiker Xenophon und bei den Philosophen Platon und Aristoteles bietet im 2. Jahrhundert v. Chr. das Geschichtswerk des Polybios erstmals vergleichsweise ausführliche Nachrichten über die Kelten Oberitaliens.[4] Zu Beginn des 1. Jahrhunderts v. Chr. verfasste dann der stoische Philosoph Poseidonios von Apameia im 23. Buch seiner heute verlorenen Universalgeschichte auf der Grundlage eigener Forschungsreisen in Südfrankreich und auf der Pyrenäenhalbinsel eine für spätere Autoren richtungsweisende Schilderung Galliens und seiner Bewohner, die man aus Zitaten und Entlehnungen bei dem Historiker Diodor von Sizilien (1. Jahrhundert v. Chr.), dem Geographen Strabon (1. Jahrhundert v. Chr. / 1. Jahrhundert n. Chr.) und dem Unterhaltungsschriftsteller Athenaios von Naukratis (2. / 3. Jahrhundert n. Chr.) annäherungsweise rekonstruieren kann.[5] Wohl in Abgrenzung zu Poseidonios beschrieb dann um die Mitte des 1. Jahrhunderts v. Chr. Iulius Caesar die Kelten, wobei er im Einklang mit der politischen und propagandistischen Tendenz seiner Feldzugsberichte insbesondere ihre Verschiedenheit von den Germanen mit Nachdruck hervorhob (*Der Gallische Krieg* 6,11–28).[6] Von entscheidender Bedeutung für das Verständnis der griechischen und römischen Nachrichten über die Kelten ist die – vergleichsweise junge – Einsicht in jene Eigenart der antiken Ethnographie und Geschichtsschreibung, kleinere Völkerschaften unter einem oft willkürlich gewählten Namen zu größeren – von ihnen «Völker« (*éthnē*) genannten – Einheiten zusammenzufassen, ohne sie weiter nach Zeit und Raum zu differenzieren. Darüber hinaus bringt es die große Bedeutung der Kelten als militärische Gegner erst der Griechen und danach der Römer mit sich, dass die antiken Darstellungen stark von Feindbildern und ethnographischen Klischees geprägt sind. Oft kann man daher weder die genaue Herkunft einer aus zweiter oder dritter Hand übernommenen Information noch deren Wahrheitsgehalt mit einiger Sicherheit abschätzen, zumal Griechen wie Römer augenscheinlich literarische Versatzstücke unterschiedlicher Herkunft nach Gutdünken mit eigenen Beobachtungen kombinierten, wobei sie gerne Verblüffendes und Ungewöhnliches in den Vordergrund rückten. Alle Angaben zur Kultur und Religion sind teilweise bis zur Karikatur schematisiert, und über ein so augenfälliges Phänomen wie die keltische Kunst findet man in der ganzen antiken Literatur kein Wort.

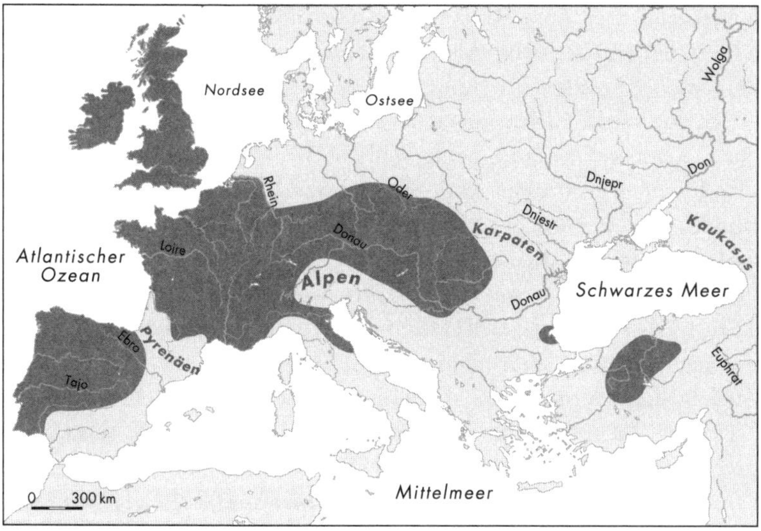

Mutmaßliches Verbreitungsgebiet der keltischen Sprachen zur Zeit ihrer größten Ausdehnung im 2./1. Jahrhundert v. Chr.

Im Unterschied zum diffusen Keltenbegriff der Antike bezieht sich «Keltisch» in der zu Beginn des 19. Jahrhunderts entstandenen Vergleichenden Sprachwissenschaft ausschließlich auf sprachliche Gegebenheiten.[7] Dazu muss man allerdings wissen, dass die Kelten des europäischen Festlands und Kleinasiens ihre Sprache bis zum Ausgang der Antike gegen das Lateinische bzw. Griechische eingetauscht hatten und mit dem Übergang zum Mittelalter auch die Kenntnis des historischen Zusammenhangs zwischen den Idiomen der antiken Kelten und den Sprachen der Iren, Hochlandschotten, Waliser und Bretonen verloren gegangen war. Erst der schottische Humanist George Buchanan (1506–1582) entdeckte diesen Zusammenhang wieder von Neuem, und erst seit dem 18. Jahrhundert setzte sich dann der Name «Keltisch» als Oberbegriff zur Bezeichnung sowohl der Sprache der antiken Kelten als auch der alteingesessenen Sprachen von Irland, Schottland, Wales und der Bretagne allgemein durch. Starken Auftrieb erfuhr die Beschäftigung mit den nunmehr sogenannten keltischen Sprachen seit der Mitte des 19. Jahrhunderts nach der Entdeckung der indogermanischen Spracheinheit durch Sir William Jones (1746–1794), besonders nachdem man in den 1830er Jahren die Zugehörigkeit der in mancher Hinsicht eigentümlichen keltischen Sprachen zur indogermanischen Sprachfamilie zweifelsfrei festgestellt hatte. Als «Keltisch» bezeichnet die Vergleichende Sprachwissenschaft seither eine Gruppe miteinander verwandter, doch gleichwohl deutlich voneinander verschiedener Sprachen, die im Laufe der Geschichte aus einer gemeinsamen Grundsprache, dem Alt- oder Urkeltischen, entstanden sind. Sie alle sind gekennzeichnet durch ein Bündel charakteristischer Merkmale, darunter den Übergang von *ē* zu *ī* (vgl. lateinisch *rēx* «König» gegenüber irisch *rí*) und den Schwund des *p* im Anlaut und vor Vokal (vgl. lateinisch *pater* «Vater» gegenüber irisch *athair*). Das so definierte Keltische bildet den westlichsten Zweig der indogermanischen Sprachfamilie, die außerdem (in west-östlicher Reihenfolge) das Germanische, das Italische (u. a. Latein), das Baltische, das Slawische, das Albanische, das Griechische, das Armenische, das Hethitische in Kleinasien, das Iranische (u. a. Persisch), das Indische (u. a. Sanskrit) und das Tocharische in Zentralasien umfasst. Lange Zeit war es üblich, das Keltische nach der Entwicklung des aus der indogermanischen Grundsprache ererbten Lauts k^w in eine *p*-keltische und eine *q*-keltische Untergruppe einzuteilen. Deutlich sichtbar ist diese unterschiedliche Lautentwicklung etwa in dem Wort für «vier» (vgl. lateinisch *quattuor*), das im Irischen *ceathair*, im Walisischen aber *pedwar* lautet. Demgegenüber unterscheidet man heute in der Regel aufgrund geographischer und chronologischer Kriterien die beiden Untergruppen des schon in der Antike belegten Festlandkeltischen (Gallisch auf dem Gebiet des antiken Gallien, Galatisch in Kleinasien, Lepontisch in Oberitalien, Keltiberisch auf der Iberischen Halbinsel) und des seit dem frühen Mittelalter durch volkssprachliche Literaturwerke bezeugten Inselkeltischen. Bei den inselkeltischen Sprachen wiederum unterscheidet man im Allgemeinen zwischen den beiden Untergruppen Goidelisch (Irisch, Schottisch-Gälisch im Schottischen Hochland und auf den Hebriden, Manx auf der Insel Man) und Britannisch (Walisisch oder Kymrisch in Wales, Kumbrisch in Nordengland, Kornisch in Cornwall und Bretonisch in der Bretagne). Waren die festlandkeltischen Sprachen spätestens im Frühmittelalter ausgestorben, so haben sich das Irische, das Schottisch-Gälische und das Kymrische ebenso wie das im Frühmittelalter von Cornwall aufs Festland verpflanzte Bretonische bis in die Gegenwart gehalten. Das Kumbrische wurde in Nordengland immerhin noch im Mittelalter gesprochen, während Kornisch bis ins 18. Jahrhundert und Manx bis ins 20. Jahrhundert lebendig blieben.

In der modernen Archäologie ist die Verwendung der Bezeichnung «Kelten» bis heute uneinheitlich und teilweise auch umstritten.[8] Dabei muss man sich vergegenwärtigen, dass die Anfänge einer archäologischen Beschäftigung mit den Kelten bis in die Zeit des Humanismus zurückreichen und eng mit der Wiederentdeckung der antiken Literatur verbunden sind. Erst ganz allmählich setzte sich in der frühen Neuzeit die Auffassung durch, dass Bodendenkmäler und archäologische Funde nicht nur der Veranschaulichung oder Bestätigung antiker Texte dienen sollten, sondern unabhängig davon die schriftlose Vorgeschichte Alteuropas erhellen konnten. Da man bis ins späte 18. Jahrhundert hinein jedoch fast allgemein davon ausging, dass die Schöpfung erst wenige tausend Jahre zurückliege und Europa nicht allzu lange vor dem Einsetzen der griechischen und lateinischen Schriftquellen von den Nachkommen eines der Söhne Noahs besiedelt worden sei, schrieb man – vor allem in Frankreich und auf den Britischen Inseln – oft sämtliche Denkmäler der vorrömischen Zeit den aus der antiken Literatur bekannten und als «Volk» verstandenen Kelten zu. Erst im 19. Jahrhundert begann man nach dem Vorbild des dänischen Gelehrten Christian Jürgen Thomsen (1788–1865) in der Vorgeschichte Mittel- und Nordeuropas die drei aufeinanderfolgenden Perioden der Stein-, Bronze- und Eisenzeit zu unterscheiden und die Bezeichnung «keltisch» auf die zuletzt genannte Periode einzuschränken. Ausgehend von bedeutenden Funden aus einem 1846 entdeckten Gräberfeld bei Hallstatt im oberösterreichischen Salzkammergut bzw. aus einer La Tène genannten Untiefe bei Marin an der Nordspitze des Neuenburger Sees in der Schweiz unterschied Hans Hildebrand (1842–1913) erstmals innerhalb der vorrömischen Eisenzeit Mitteleuropas eine ältere Hallstatt- und eine jüngere Latèneperiode. Erst im Laufe des 20. Jahrhunderts entwickelte dann der Prähistoriker Georg Kossack (1923–2004) – unter anderem anhand unterschiedlicher Grabausstattungen – die heute gängige Unterscheidung zwischen einem Westhallstattkreis (Nordostfrankreich, Mittelrheingebiet, Süddeutschland, Böhmen und Oberösterreich) und einem unmittelbar daran angrenzenden Osthallstattkreis (Mähren, Niederösterreich, Steiermark, Westungarn, Slowenien und nördliches Kroatien). Bis heute ist es weithin üblich, die Träger der Latènekultur mit den aus antiken Quellen bekannten Kelten zu identifizieren. Dagegen wird die eisenzeitliche Hallstattkultur zumeist nur in ihrer letzten Phase und westlichen Ausprägung den Kelten zugeschrieben, denn zum einen gebrauchen die antiken Autoren für frühere Jahrhunderte und benachbarte Kulturräume nirgends die Bezeichnung «Kelten», und zum anderen unterscheidet sich die letzte Phase der Hallstattkultur auch im archäologischen Fundbild etwa durch das Aufkommen reich ausgestatteter Gräber mit Importgütern aus dem Mittelmeerraum deutlich von den vorausgegangenen Jahrhunderten. Dabei ist allerdings zu beachten, dass die Verwendung der keltischen Sprache nach Ausweis der keltischen Ortsnamen sehr viel weiter verbreitet war als die Latènekunst, während umgekehrt entsprechende Kunstwerke auch bei solchen Personen in Gebrauch gewesen sein mögen, die selbst gar keine keltische Sprache benutzten. Vermutungen über die «Ethnogenese» der Kelten, über das ursprüngliche Verbreitungsgebiet der keltischen Sprachen und über die Rolle von Migrationen und Akkulturation in der frühen Eisenzeit orientieren sich in erster Linie an der archäologisch nachweisbaren Kontinuität einzelner Kulturmerkmale mit Funden aus älteren Perioden und an der geographischen Stellung des Keltischen im Kreis der indogermanischen Sprachen, doch sind allgemein akzeptierte Ergebnisse hier bislang nicht erzielt worden.

Stellt man sich im Hinblick auf diese drei unterschiedlichen Verwendungsweisen des Begriffs «Kelten» abschließend die Frage, worin die Einheit des Gegenstands der vorliegenden Darstellung denn nun eigentlich besteht, so muss man zunächst drei negative Feststellungen treffen: Nach heutiger Kenntnis war diese Einheit weder anthropologisch noch kulturell noch im Bewusstsein der Kelten selbst begründet. Das Fehlen einer stichhaltigen anthropologischen Grundlage dokumentieren wohl am besten die Knochenfunde, da sie zum Beispiel hinsichtlich der Körpergröße oder der Form des Schädels eine beträchtliche Variationsbreite aufweisen und für eine Unterscheidung zwischen den Kelten und benachbarten Völkern keine zureichende Handhabe bieten.[9] Die Unzulänglichkeit einer Definition der Kelten anhand ihrer materiellen und geistigen Kultur ersieht man ohne weiteres daraus, dass die als typisch keltisch geltende Latènekunst etwa in Irland und auf der Iberischen Halbinsel kaum eine Rolle spielte, dass die frühkeltischen Handelspartner der Griechen zur Zeit Herodots ganz andere Siedlungs- und Wirtschaftsformen besaßen als die keltischen Völker zur Zeit Caesars und dass den weitaus meisten inschriftlich bezeugten keltischen Göttern nur lokale oder regionale Bedeutung zukam. Ähnliches gilt für das Gemeinschaftsbewusstsein der heute als Kelten bezeichneten Völker. Welche Vorstellungen die Kelten des

Altertums von ihrer Herkunft hatten, entzieht sich zwar weitgehend unserer Kenntnis, doch war Iren, Schotten, Bretonen und Walisern schon im frühen Mittelalter das Wissen um die Kontinuität ihrer Sprache und Kultur mit jener der antiken Kelten verloren gegangen. Erst die humanistischen Gelehrten des 16. Jahrhunderts entdeckten die Verwandtschaft der noch lebenden inselkeltischen Sprachen mit dem Keltischen der Antike, und erst im 19. Jahrhundert schuf die romantische Rückbesinnung auf das nationale und regionale Erbe bei den letzten Sprechern keltischer Sprachen das Gefühl einer historischen und kulturellen Zusammengehörigkeit.[10]

Vordergründig könnte es so scheinen, als sei die Sprache das einigende Band, das die schriftlose Vorzeit mit der Gegenwart verbindet, doch sind auch hier sogleich zwei Einschränkungen zu machen. Zum einen hatten sich der goidelische und der britannische Zweig des Inselkeltischen schon im frühen Mittelalter so weit auseinanderentwickelt, dass Iren und Waliser sich nicht mehr ohne weiteres verständigen konnten und folglich auch die Literaturen dieser beiden Länder weitgehend eigene Wege gingen. Zum anderen ähneln die modernen inselkeltischen Sprachen ungeachtet ihrer Verwandtschaft mit den festlandkeltischen Sprachen des Altertums in vieler Hinsicht eher den hamito-semitischen Sprachen Nordafrikas und des Vorderen Orients (u. a. Arabisch, Berber und Ägyptisch) als etwa dem Griechischen oder Lateinischen. Da die vorkeltische Bevölkerung Irlands und der Britischen Inseln möglicherweise aus Nordafrika eingewandert ist, könnten diese typologischen Ähnlichkeiten auf die Wirkung eines vorindogermanischen Substrats, also auf die Nachwirkungen von Sprechgewohnheiten der vorkeltischen Bevölkerung jener Gegenden Westeuropas, zurückzuführen sein.[11]

Der Schluss erscheint daher unausweichlich, dass die heute übliche Verwendung des Begriffs «keltisch» zur Bezeichnung ganz verschiedener Phänomene von der Vorzeit bis zur Gegenwart weniger auf deren fundamentaler innerer Einheit als vielmehr auf einer subjektiven Sichtweise des modernen Betrachters beruht. Dass man von archäologischen Funden aus vor- und frühgeschichtlicher Zeit kaum auf ein keltisches Volkstum oder auf die Zugehörigkeit zum keltischen Sprachstamm schließen kann, ist heute allgemein anerkannt. Beachtung verdient indessen, dass auch die Bezeichnung der mittelalterlichen irischen und walisischen Literaturen als «keltisch» diesen Traditionen nur bedingt gerecht wird. Zum einen findet man dort nämlich neben archaischen und konservativen Zügen eine Vielzahl kreativer Neuerungen und Adaptionen ausländischer Kultureinflüsse, zum anderen fehlte den mittelalterlichen Iren, Schotten, Walisern und Bretonen eben jenes Bewusstsein einer kulturellen Einheit und Besonderheit, das erst unser heutiges Verständnis dieser Literaturen auszeichnet.

So ist denn nicht zu verkennen, dass die Gründe für die Anwendung der Bezeichnung «keltisch» im heutigen Sprachgebrauch je nachdem von durchaus unterschiedlicher Art und Qualität sind: Was eine keltische Sprache auszeichnet, ist durch charakteristische Merkmale auf dem Gebiet der Laut- und Formenlehre eindeutig bestimmt. Hier ist «keltisch» jedoch eine letztlich willkürliche moderne Bezeichnung, aus der man weder auf eine besonders große Ähnlichkeit dieser Sprachen untereinander noch auf ein ausgeprägtes Zusammengehörigkeitsgefühl ihrer Sprecher schließen darf. Der Gebrauch des Namens «Kelten» zur Bezeichnung eines einheitlichen Volkstums ist demgegenüber zwar sehr viel älter, erweist sich vom wissenschaftlichen Standpunkt aus jedoch sehr schnell als eine Fiktion der antiken Ethnographie, deren Fragwürdigkeit schon die ungerechtfertigte Vereinnahmung der Germanen als Kelten oder die kaum nachvollziehbare Ausgrenzung der keltischen Bewohner Britanniens und Irlands zeigen. Gleichwohl verdient diese Verwendungsweise des Begriffs durchaus eine nähere Betrachtung, da die Fiktion eines einheitlichen keltischen Volkstums im Bewusstsein der Griechen und Römer eine erhebliche Rolle spielte und daher für das Verständnis der antiken Geschichte von nicht zu unterschätzender Bedeutung ist. Ähnlich steht es mit der heute vielbeschworenen «keltischen Spiritualität». Die damit bezeichnete Vorstellung ist zwar ebenso haltlos wie die eines einheitlichen keltischen Volkstums, doch lohnen auch diesbezügliche Aussagen und Vermutungen durchaus eine nähere Untersuchung, denn sie sagen zwar wenig über die antiken Kelten aus, aber viel über die abendländische Geistesgeschichte der Neuzeit.

Für eine Geschichte der Kelten ergeben sich zwei Konsequenzen aus diesen Überlegungen. Die erste besteht darin, den Schwerpunkt der Darstellung auf das mittel- und westeuropäische Altertum zu legen, in dem die keltische Kultur eine bemerkenswerte Einheitlichkeit aufwies und zugleich in der Auseinandersetzung mit den Kulturen des Mittelmeerraums ihre größte geschichtliche Bedeutung entfaltete. Ebenso wichtig erscheint es aber auch, die Geschichte der Kelten nicht mit der Romanisierung Galliens und dem Vordringen germanischer

Stämme in die einstigen Siedlungsgebiete der Kelten enden zu lassen. So gewiss man nämlich die mittelalterlichen Kulturen der Iren, Schotten, Waliser und Bretonen nicht allein aus ihrer gemeinsamen keltischen Grundlage heraus verstehen kann, so legitim ist es doch andererseits, dem Weiterleben keltischer Traditionen und ihrer Bedeutung für die Geschichte dieser Völker von der Christianisierung bis zum Anbruch der Neuzeit nachzugehen. Dass auch die Neuzeit selbst in einer Geschichte der Kelten nicht ausgeblendet werden darf, dürfte sich nach dem oben Gesagten von selbst verstehen, da diese Epoche nicht nur ein neues Zusammengehörigkeitsgefühl der modernen Sprecher keltischer Sprachen, sondern auch das moderne Bild der antiken Kelten und ihrer Geschichte überhaupt erst hervorgebracht hat. Nach diesen einleitenden Bemerkungen erscheint es angebracht, den Blick auf die Anfänge dieser Geschichte zu lenken.

ERSTER TEIL

DIE FESTLANDKELTISCHEN KULTUREN DER ANTIKE

1.

DIE ANFÄNGE DER KELTISCHEN GESCHICHTE IN MITTELEUROPA

Leben in der Eisenzeit: Wirtschaft und Gesellschaft im Westhallstattkreis

Der Zeitraum von der ersten namentlichen Erwähnung der Kelten durch griechische Geographen und Historiker bis zum politischen Niedergang der festlandkeltischen Völker infolge der Ausdehnung des Römischen Reichs und des Vordringens germanischer Völkerschaften umfasst die letzten sechs Jahrhunderte vor Christi Geburt. Innerhalb dieses Zeitraums begegnet uns der Name der Kelten in einer Zone, die sich von der Iberischen Halbinsel im Westen über das Gebiet des heutigen Frankreich, Oberitalien und den Balkanraum bis nach Kleinasien erstreckt. Nachrichten antiker Autoren und Bodenfunde sind die Hauptquellen unserer Kenntnis der Kelten jener Epoche, doch fließen gerade die Schriftquellen über weite Strecken zumeist nur spärlich und versiegen vielerorts ganz. So ist es häufig genug allein die Archäologie, mit deren Hilfe wir uns ein Bild vom Ablauf der Geschichte machen können. Ihr verdanken wir auch zum größten Teil unsere Kenntnis des Alltagslebens, der Wirtschafts- und Siedlungsformen, der Gesellschaftsordnung und der Religion jener Jahrhunderte.

Archäologisch fassbar werden die Kelten Mitteleuropas erstmals im Bereich der späten Westhallstattkultur, die sich im 6.und 5. Jahrhundert v. Chr. von Südostfrankreich über die Schweiz bis nach Südwestdeutschland erstreckte.[12] Die materielle Grundlage dieser Kultur bildeten in erster Linie Ackerbau und Viehzucht, eine wichtige Rolle spielten auch Handwerk und Handel. Diese Bereiche sind aufgrund der archäologischen Hinterlassenschaft unmittelbar zugänglich, doch gestatten die Bodenfunde darüber hinaus wertvolle Rückschlüsse auf die Gesellschaftsordnung, das Weltbild und die religiösen Vorstellungen jener Zeit. Dabei ist von vornherein davon auszugehen, dass sich der Lebensraum der frühen Kelten von unserem eigenen in vieler Hinsicht grundlegend unterschied: Die Landschaft, in der sie sich bewegten, war – verglichen mit heutigen Verhältnissen – vor allem außer-

Keltische Fundstätten in Mitteleuropa

halb größerer Siedlungen noch weitgehend unberührt. Ein ausgebautes Straßen- und Wegenetz fehlte, zumal man sich für den Transport von Handelsgütern überwiegend der natürlichen Wasserstraßen bediente. Bäche und Flüsse waren nirgendwo reguliert, und ausgedehnte Wälder beherbergten eine Vielfalt von Tierarten. Die Mobilität des Großteils der Bevölkerung war zweifellos gering, so dass sich das Leben der

meisten Menschen in geregelten Bahnen und in einem vergleichsweise überschaubaren Kulturraum abspielte.

In der Landwirtschaft stehen die frühen Kelten Mitteleuropas in einer Tradition, die man anhand archäologischer Funde von der Jungsteinzeit über die Bronze- und Eisenzeit bis ins Mittelalter verfolgen kann.[13] Der hölzerne Pflug war im alteuropäischen Ackerbau bereits im 3. Jahrtausend v. Chr. eingeführt worden, doch kannten die Kelten bereits eine deutlich verbesserte Version mit einer eisernen Pflugschar, so dass sie auch bislang brachliegende Flächen wie etwa die steinigen Böden der Mittelgebirge für den Ackerbau nutzen konnten. Besonders häufig angebaut wurden die mehrzeilige Spelzgerste und der Dinkel, ferner Emmer, Einkorn, Weizen und Hirse. An Öl- und Faserpflanzen kannte man Lein, Mohn, Leindotter und Rübsamen und an Hülsenfrüchten Linse, Erbse, Linsenwicke und Ackerbohne.

Das am weitesten verbreitete Haustier jener Zeit war das Rind, das man als Zugtier bei der Feldarbeit und beim Transport schwerer Lasten einsetzen konnte. Das Fleisch wurde gegessen, die Häute zu Leder verarbeitet, die Kühe dienten überdies als Milch- und Butterlieferanten. Die Schweinehaltung war vor allem im Binnenland von Bedeutung, da die Waldweide vor der Einführung des Kartoffelanbaus in der frühen Neuzeit die wichtigste Futtergrundlage darstellte. Daher wurden Schweineherden nur in der Nähe größerer Buchen- und Eichenwälder gehalten. Nach Ausweis der Knochenfunde waren sowohl Rinder als auch Schweine deutlich kleiner als die entsprechenden Wildformen oder auch als heutige Züchtungen, was man auf die unzureichenden Möglichkeiten der Versorgung des Viehs während des Winters zurückführt. Weniger verbreitet als Rinder und Schweine waren Ziegen und Schafe, die hauptsächlich der Wolle wegen gehalten wurden und für die Fleischversorgung nur eine untergeordnete Rolle spielten. Pferde dienten als Reit- und Zugtiere und spielten wohl auch eine gewisse Rolle im Kult, wie Funde von Pferdegeschirren bzw. Teile davon als Grabbeigaben sowie bildliche Darstellungen von Pferden belegen. Hunde wurden vermutlich sowohl als Wach- und Hütehunde als auch zur Bekämpfung von Schädlingen wie etwa Ratten eingesetzt. Darüber hinaus bediente man sich, wie allerdings erst aus späteren Berichten griechischer und römischer Autoren hervorgeht, bei der Jagd eigens dafür abgerichteter Jagdhunde zum Aufspüren, Hetzen und Stellen des Wildes. Die von dem griechischen Autor Arrian im 2. Jahrhundert n. Chr. in seiner Schrift *Über die Jagd (Kynegetika)* überlieferte keltische Bezeichnung eines wegen seiner Schnelligkeit besonders geschätzten Jagdhunds als *vertragos* begegnet noch in altfranzösischen Texten in den Formen *veltre* oder *viautre*. Die Hauskatze wurde im Unterschied zum Hund in Mitteleuropa erst unter dem Einfluss der römischen Eroberungen heimisch. Das vom Roten Dschungelhuhn Indiens abstammende Haushuhn war erst zu Beginn der Eisenzeit aus dem Mittelmeerraum in die Gegenden nördlich der Alpen eingeführt worden und mag daher für die frühen Kelten noch ein gewisses exotisches Flair besessen haben. Obwohl Hühner einfach zu halten sind, blieben sie lange ohne nennenswerte wirtschaftliche Bedeutung, was vielleicht auch daran lag, dass die Hennen noch nicht jeden Tag ein Ei legten. Der hohe Anteil von Hähnen im archäologischen Fundgut hat zu der Vermutung Anlass gegeben, dass die Tiere anfangs vielleicht überhaupt in erster Linie wegen ihres bunten Gefieders als Ziergeflügel gehalten wurden.

Funde von Wildtierknochen in Siedlungen belegen die Vielfalt der Arten, die von den frühen Kelten gejagt wurden. Abgesehen von Großwild wie Auerochsen, Wisenten, Bären, Hirschen und Wildschweinen machte man Jagd auf Niederwild wie Rehe, Dachse, Biber, Hasen, Wölfe und Füchse sowie auf zahlreiche Vögel. Praktischen Nutzen besaß die Jagd jedoch allenfalls zum Schutz des Viehbestands oder zur Abwehr von Flurschädlingen, während sie zur Deckung des Fleischbedarfs in der Regel nur wenig beitrug. Wegen ihres im Verhältnis zum Zeitaufwand geringen Ertrags dürfte sie daher in erster Linie ein Privileg der gesellschaftlichen Oberschicht gewesen sein. Gejagt wurde wohl häufig mit Pfeil und Bogen, was jedoch nur in Ausnahmefällen – durch Funde von Pfeilspitzen aus Bronze oder Eisen – nachzuweisen ist, da die Ausrüstung eines Bogenschützen fast vollständig aus vergänglichem Material besteht und nur unter besonders günstigen Bedingungen die Zeit überdauert hat.

Bemerkenswerte Aufschlüsse über die Ernährungsgewohnheiten der frühen Kelten lieferten in der jüngsten Vergangenheit parasitologische Untersuchungen an menschlichen Exkrementen, die am Dürrnberg bei Hallein infolge der hohen Salzkonzentration in den Bergwerksstollen erhalten blieben.[14] Demzufolge bestand die Nahrung der im Salzabbau tätigen Kelten hauptsächlich aus verschiedenen Getreidesorten wie Gerste, Hirse und Dinkel, Hülsenfrüchten wie Linsen, Erbsen und Bohnen sowie Äpfel, Birnen, Schlehen und Brombeeren, aber auch aus Fleisch, das zumeist gekocht und nur selten gebraten wurde.

Hochentwickelt und spezialisiert war das Handwerk der frühen Kelten.[15] Dabei steht das Töpferhandwerk in einer Tradition, die in Mitteleuropa bis ins 5. Jahrtausend v. Chr. zurückreicht.[16] Zur Herstellung der Gefäße verwendete man zunächst die sogenannte langsamdrehende Töpferscheibe, während die heute übliche schnelldrehende Töpferscheibe erst gegen Ende der Hallstattzeit aus dem Mittelmeerraum übernommen wurde. Der Vielzahl der Verwendungsweisen hallstattzeitlicher Keramik entspricht eine ausgeprägte Vielfalt der Gefäßformen. Häufig wurde die Keramik mit geometrischen Ritz- und Stempelmustern verziert oder mit schwarzer, weißer, grauer und roter Farbe bemalt. Einen hohen Stand besaß ferner das Zimmerhandwerk, das man vor allem für den Haus- und Festungsbau, zur Herstellung von Fässern, Bottichen und Eimern sowie zum Bau vierrädriger Wagen mit Speichenrädern benötigte. Ein deutliches Indiz für den hohen Stand der Holzbearbeitungskunst ist dabei nicht zuletzt die Vielzahl der im archäologischen Fundgut nachweisbaren spezialisierten Eisenwerkzeuge, darunter Beile, Äxte, Dechsel, Bohrer und Sägen. Beim Hausbau kannte man seit der Späthallstattzeit selbsttragende Schwellbalkenhäuser, die jedoch nur ausnahmsweise ein Steinfundament und daher nur eine relativ geringe Lebensdauer hatten. Vielfältige Einblicke in die Konstruktionsweise frühkeltischer Häuser und die verschiedenen Techniken der Holzbearbeitung eröffneten in der jüngsten Vergangenheit archäologische Untersuchungen im Ramsautal am Dürrnberg und im Umfeld der Heuneburg, da Holzbauteile dort wegen der hohen Bodenfeuchtigkeit besonders gut erhalten geblieben sind.[17]

Glas begegnet bei den Kelten des Westhallstattkreises noch fast ausschließlich in Form (importierter) farbiger Perlen, die man vor allem in den Gräbern von Frauen und Kindern findet. Die ältesten keltischen Glasmacherwerkstätten stammen dagegen erst aus dem 4. Jahrhundert v. Chr. und widmeten sich in erster Linie der Herstellung von Schmuck. Der Gebrauch von Glas für Geschirr, Spiegel oder gar Fenster war den Kelten des Altertums noch unbekannt. Nur vereinzelt haben sich Gewebereste erhalten, die auf eine in Spezialwerkstätten geübte hochentwickelte Webtechnik schließen lassen. Gesponnen, gezwirnt und verwebt wurden unter anderem Rindenbast, Leinen und Schafwolle, wobei Wollstoffe in der Regel besser erhalten geblieben sind als andere Textilien. Mit Handspindel und Spinnwirtel wurden die Fasern zu Garn versponnen und an hohen, rahmenförmigen Webstühlen zu Tuch verarbeitet. Als Färbemittel verwendete man natürliche pflanzliche und mineralische Farbstoffe, wobei man mit eingefärbten Garnen auch bunt gemusterte Stoffe herstellen konnte. Handwerklich verarbeitet wurden auch Wildtierknochen und Hirschgeweihe, aus denen man neben Werkzeuggriffen, Kämmen, Pfriemen und Nadeln vor allem Schmuck herstellte. Dazu gehören zu Ketten aufgefädelte Perlen und sogenannte Schieber, mit deren Hilfe einzelne Fäden von Perlenkolliers auseinandergehalten und geordnet wurden.

Von überragender Bedeutung war das Schmiedehandwerk, in dem vor allem Eisen, Bronze und Gold, seltener auch Silber verarbeitet wurden.[18] Dabei ist schon für das Handwerk der frühen Kelten wegen der erforderlichen Spezialkenntnisse mit einer Aufgliederung in Waffen-, Grob- und Fein- bzw. Kunstschmiede zu rechnen. Eisen, das im Unterschied zur Bronze nicht gegossen, sondern nur geschmiedet wurde, verwendete man für Waffen (Speer- und Pfeilspitzen, Schwerter, Schildbeschläge), Werkzeuge (Äxte, Hämmer, Zangen), Hausrat (Messer, Scheren, Fleischgabeln, Bratspieße, Feuerböcke), landwirtschaftliche Geräte (Schaufeln, Hacken, Sicheln, Sensen) und einzelne Bestandteile der Kleidung wie etwa Gewandspangen (Fibeln) und Gürtelbleche. Den hohen Stand der Technik veranschaulicht in besonders eindrucksvoller Weise ein Dolch, der im Neuenburger See bei Estavayer-le-Lac im schweizerischen Kanton Fribourg gefunden wurde. Hier bestehen Griff, Klinge und Scheide aus nicht weniger als 45 Einzelteilen, die mit 29 Nietungen und zwei Hartlötungen kunstvoll zusammengefügt waren.[19] Bronze verwendete man ebenfalls für Trachtbestandteile und Schmuckgegenstände sowie zur Herstellung von Geschirr und Blechbeschlägen. Für den Guss bediente man sich des Verfahrens «in verlorener Form», bei dem der herzustellende Gegenstand zunächst in Wachs modelliert und dann mit Lehm ummantelt wurde. Die so entstandene Form wurde sodann gebrannt, wobei das Wachs ausschmolz und flüssige Bronze in den Hohlraum gefüllt wurde. Beliebt war auch das Verfahren der sogenannten Tauschierung, bei dem eiserne Gegenstände durch eingelegte feine Bronzedrähte verziert wurden. Gold, das man sowohl aus Flüssen als auch im Tage- und Untertagebau aus Minen gewann, fand vor allem zur Herstellung von Schmuck Verwendung.

Angemerkt sei in diesem Zusammenhang ferner, dass das Eisen bzw. der Abbau von Eisenerzvorkommen natürlich nicht nur als Grundlage der handwerklichen Produktion, sondern darüber hinaus für die gesamte Kultur der Kelten von herausragender Bedeutung mit weitreichenden Auswirkungen auf das Siedlungswesen, den Handel und die Sozialstruktur war. Archäologisch nachweisbar ist die Eisengewinnung vor allem durch Schürf- und Meilergruben, während sich die Verhüttung durch Funde von Schlackenhalden und Ofenresten feststellen lässt. Insgesamt wissen wir darüber jedoch noch immer sehr viel weniger als über die spätere Verarbeitung des Metalls, die man am Spektrum der fertigen Produkte ablesen kann.[20]

Da wirklichkeitsgetreue Abbildungen der frühen Kelten fehlen, können wir uns von ihrer Tracht und damit von ihrem Erscheinungsbild lediglich anhand der Grabbeigaben eine Vorstellung machen. Dies ist zwar insofern problematisch, als manche Beigaben vielleicht erst für die Bestattung angefertigt wurden und andere im Besitz der Lebenden verblieben sein dürften, doch kann man anhand immer wiederkehrender Beobachtungen zumindest einige allgemeingültige Aussagen treffen.[21] Als ebenso weitverbreitetes wie charakteristisches Trachtutensil sei zunächst die Fibel erwähnt, eine nach dem Prinzip der Sicherheitsnadel konstruierte Gewandschließe aus Bronze oder Eisen. Sie begegnet erstmals in der späten Westhallstattkultur (archäologisch Ha D) anstelle der älteren Gewandnadel. Da Form und Größe beständig wechselten, geben Fibeln dem Archäologen wertvolle Fingerzeige für die Datierung von Funden, bei denen andere Anhaltspunkte fehlen. Charakteristisch für Frauengräber sind sogenannte Haarnadeln, die einzeln, paarweise oder zu mehreren im Schädelbereich der Toten gefunden wurden. Sie dienten vermutlich der Verzierung von Hauben, Schleiern oder Bändern, zu denen wohl auch die besonders in reich ausgestatteten Gräbern häufigen Bronzeringe gehörten. Als Halsschmuck dienten hohl gearbeitete oder massiv gegossene Bronzeringe, ferner Kolliers mit Perlen aus Glas, Bernstein, Knochen, Geweih, Gagat und Bronze. Eine ausgeprägte Typenvielfalt zeigen die meist paarweise getragenen Armringe, -spangen und -bänder. Charakteristisch für reich ausgestattete Frauengräber sind sogenannte Tonnenarmbänder aus Bronzeblech oder Sapropelit (einer schwarz glänzenden Pechkohle), die fast den gesamten Unterarm bedeckten. Zum Raffen der Gewandung dienten Gürtel, die gelegentlich mit Zierblechen oder Gürtelketten aus Bronze geschmückt waren. Das Tragen von Fingerringen war in der Westhallstattkultur offenbar unüblich, doch findet man häufig meist paarweise getragene Fußringe aus Bronze.

Vergleichsweise schmuckarm war nach dem Ausweis der Grabfunde dagegen die Tracht der Männer. Vereinzelt begegnen Halsringe aus Bronze, Eisen und Gold, die jedoch ein Standesabzeichen der Oberschicht gewesen sein dürften. Armschmuck wurde von den Männern im Unterschied zu den Frauen nie paarweise getragen, und die in Frauengräbern häufigen Fußringe fehlen bei Männern ganz. Über die Bewaffnung der frühen Kelten geben die Gräber nur sehr unvollständig Auskunft. Vereinzelt findet man Lanzen oder Schwerter, wohingegen die für reiche Bestattungen charakteristischen kurzen Dolche offenbar nicht wirklich benutzt, sondern als Standesabzeichen getragen wurden. In dieser Hinsicht dürften die Gräber allerdings kaum die Lebenswirklichkeit widerspiegeln, da nicht nur Schwerter, sondern auch Schutzwaffen wie Helme, Schilde, Brustpanzer und Beinschienen in Mitteleuropa schon in der Bronzezeit bezeugt sind und zweifellos auch den frühen Kelten bekannt waren.

Die Mehrzahl der Bevölkerung lebte in kleinen offenen Dörfern, die häufig inmitten der bebauten Felder in der Nähe von Bächen oder Flüssen lagen.[22] Da man dafür qualitativ hochwertige Böden bevorzugte, sind allerdings gerade diese Siedlungen wegen der späteren landwirtschaftlichen Nutzung der Fläche oft nicht mehr aufzufinden. Kleinere Dörfer, Weiler und Gehöfte sind daher im Vergleich zu den an sich viel selteneren befestigten Höhensiedlungen nur unzureichend bekannt. Die Häuser besaßen in der Regel nur ein Stockwerk und wurden zumeist aus Holz und lehmbestrichenem Flechtwerk errichtet. Der Boden bestand häufig aus gestampftem Lehm, und das Dach war mit Stroh, Schilf oder Baumrinde gedeckt. Als Wärmequelle diente ein offenes Feuer, dessen Rauch wegen des Fehlens größerer Fenster durch eine Öffnung im Dach abzog.

Handel und Verkehr spielten eine bedeutende Rolle für die keltische Wirtschaft, wobei man sowohl Rohstoffe als auch Fertigprodukte zum Teil über Hunderte von Kilometern hinweg transportierte.[23] Ein solches Fernhandelsgut war etwa der Bernstein, den man im Altertum vor allem an den Küsten Westjütlands und Ostpreußens fand. Schon in der Bronzezeit von Südengland bis Griechenland verbreitet, wurde Bernstein von den frühen Kelten vor allem in Form von Perlen, Ringen, Anhängern und Einlegearbeiten geschätzt. Die meisten dieser Funde stammen aus Gräbern, während Bernstein bei der archäologischen Untersuchung von Siedlungen nur selten zutage kommt. Ein ungleich wichtigeres Handelsgut war indessen das Salz, das man in vorgeschichtlicher Zeit in großen Mengen vor allem zur Fleischkonservierung und bei der Verarbeitung von Tierhäuten und Metallen benötigte. In der vorrömischen Eisenzeit gewann man es entweder aus Steinsalzlagen oder aus Meer- bzw. Quellsolesalinen, wobei die Salzarmut vieler Regionen den Rohstoff zu einem begehrten und lukrativen Handelsgut machte. In Mitteleuropa ist seit dem Beginn des 1. Jahrtausends v. Chr. ein erhöhter Bedarf zu beobachten, der vielleicht mit veränderten klimatischen Bedingungen zusammenhängt. Eines der ersten und bedeutendsten Zentren des europäischen Salzbergbaus bestand vom 9. bis zum 5. Jahrhundert v. Chr. nahe dem Ort Hallstatt am Westufer des Hallstätter Sees im oberösterreichischen Salzkammergut. Ein weiterer bedeutender Umschlagplatz des Salzhandels entwickelte sich um 600 v. Chr. auf dem Dürrnberg bei Hallein am Westufer der Salzach ca. 15 Kilometer südlich von Salzburg. Um 500 v. Chr. legte man auf dem heute als Ramsauerkopf bekannten steil abfallenden, langgestreckten Bergrücken eine befestigte Höhensiedlung an, während man weniger vorteilhaftes Gelände für die Anlage von Gräberfeldern nutzte und im Ramsautal zahlreiche Handwerksbetriebe einrichtete.[24]

Was der frühkeltischen Späthallstattkultur ihr besonderes Gesicht verleiht und sie von den davorliegenden Jahrhunderten grundlegend unterscheidet, sind indessen die intensiven Handelsbeziehungen zu den Kulturen des Mittelmeerraums, insbesondere zur griechischen Kolonie Massalia (Marseille), den Venetern an der oberen Adria und den Etruskern in Mittel- und Oberitalien.[25] Von dort importierten die Kelten sowohl Erzeugnisse des Kunsthandwerks wie etwa Bronzegefäße und Keramik als auch Rohstoffe wie etwa Korallen und Genussmittel, insbesondere Wein. In vielen Fällen dürften dabei nicht nur die Waren selbst, sondern auch Händler aus dem Süden ihren Weg in die Zentren keltischer Kultur nördlich der Alpen gefunden haben. Womit die Kelten die begehrten Güter bezahlten, entzieht sich unserer Kenntnis, doch wird man hier in erster Linie an Rohstoffe wie etwa Gold, Eisen oder Felle, vielleicht auch an Sklaven denken müssen. Wie die Verteilung des Fundguts zeigt, handelt es sich bei den Einfuhrgütern aus dem Mittelmeerraum allerdings keineswegs um Gegenstände des täglichen Bedarfs, sondern vielmehr um kostspielige Luxusartikel, deren Besitz augenscheinlich einer kleinen Oberschicht vorbehalten war.

Fürstengräber, Fürstensitze: Selbstdarstellung einer gesellschaftlichen Elite

Als man 1876 bei landwirtschaftlichen Arbeiten in der Nähe von Hundersingen an der oberen Donau in vorgeschichtlichen Hügelgräbern Goldschmuck und Bronzekessel entdeckte, begab sich der Landeskonservator in Stuttgart sogleich zu näheren Untersuchungen vor Ort und nannte diese kostbar ausgestatteten Grablegungen «Fürstengräber». Seitdem bezeichnen deutschsprachige Archäologen mit diesem Ausdruck eine Reihe aufwendig gestalteter und mit reichen Beigaben versehener Grabanlagen des 6. und 5. Jahrhunderts v. Chr., die zu den ältesten Zeugnissen der keltischen Kultur in Mitteleuropa zählen. Dabei ist allerdings zu berücksichtigen, dass dies lediglich eine inzwischen durch langen Gebrauch etablierte, konventionelle Bezeichnung darstellt, man sich die in diesen Gräbern beigesetzten Personen also keineswegs als Territorialherrscher und Angehörige eines erblichen Adels vorstellen darf. Dementsprechend sollte auch die Bezeichnung «Fürstensitze» nicht zu einer Gleichsetzung der so genannten vorgeschichtlichen befestigten Plätze mit mittelalterlichen oder frühneuzeitlichen Burgen verleiten.[26]

Charakteristisch für die Fürstengräber der Späthallstattzeit ist zunächst der äußere Aufwand bei ihrem Bau, der mit der Aufschüttung teilweise monumentaler Grabhügel ein hohes Maß an gemeinschaftlicher Arbeitsleistung und Organisation erforderte. Charakteristisch sind ferner wertvolle Grabbeigaben, darunter aus dem Mittelmeerraum importierte Güter und Gegenstände aus Edelmetall, vor allem Gold. Hinzuweisen ist schließlich noch auf die auffällige Nähe dieser Bestattungen zu befestigten Höhensiedlungen, die sich ebenfalls des Öfteren durch das Vorkommen importierter Güter aus dem Mittelmeerraum von weniger herausragenden Siedlungen unterscheiden. Vielleicht gehörten die in diesen sogenannten Fürstensitzen ansässigen und in den dazugehörigen Gräbern beigesetzten Personen zu politisch einflussreichen und wirtschaftlich mächtigen Stammesaristokratien, die weitreichende Handelsbeziehungen pflegten und deren gesellschaftliche Stellung möglicherweise auch religiös fundiert war. Die Größe der besiedelten Flächen und zum Teil auch deren spätere Überbauung bringen es mit sich, dass die frühkeltischen Fürstensitze der späten Hallstattzeit nur sehr unvollständig erschlossen sind. Bei den dazugehörigen Gräbern wiederum stellt sich das Problem, dass man viele von ihnen bereits im Altertum ausgeraubt hatte, während andere im 19. Jahrhundert mit einfachsten Mitteln und Ansprüchen ausgegraben und obendrein nur unvollständig dokumentiert wurden. Eine anschauliche Vorstellung von dem einstigen Aussehen dieser Siedlungen und Gräber und dem Leben ihrer Erbauer vermitteln daher nur jene Anlagen, die erst in der jüngsten Vergangenheit archäologisch untersucht worden sind.

Der am besten erforschte frühkeltische Fürstensitz ist die zwischen Hundersingen und Binzwangen an der oberen Donau gelegene Heuneburg.[27] Ihr ursprünglicher keltischer Name ist uns unbekannt, obschon immer wieder vermutet wurde, in der von Herodot erwähnten «Stadt Pyrēnē» im Quellgebiet der Donau spiegle sich der keltische Name der Heuneburg. Bereits 1921 entdeckte man bei ersten Probegrabungen auf dem markanten Bergsporn am linken Donauufer die Spuren einer Siedlung aus der Späthallstattzeit. Die Vermutung früherer Ausgräber, dass hier die Erbauer der benachbarten Großgrabhügel gelebt hätten, verdichtete sich damit zur Gewissheit, die aufgrund umfangreicher archäologischer Untersuchungen weiter präzisiert werden konnte. Heute lässt sich die Geschichte der Heuneburg anhand der Bodenfunde von der Bronzezeit bis ins frühe Mittelalter verfolgen, wobei die Zeit der frühkeltischen Besiedlung vom Beginn des 6. bis gegen Ende des 5. Jahrhunderts v. Chr. allem Anschein nach einen glanzvollen Höhepunkt darstellt. Die künstlich planierte Wohnfläche der Heuneburg bildet ungefähr ein Dreieck mit 300 Metern Seitenlängen und 150 Metern Breite. Die gesamte Anlage hatte man ursprünglich nach einheimischer Tradition mit einer Holz-Erde-Mauer befestigt, jedoch schon im frühen 6. Jahrhundert v. Chr. in einer für Mitteleuropa höchst ungewöhnlichen Weise von Grund auf umgestaltet. Zu dieser Zeit errichtete man nämlich nach dem Vorbild zeitgenössischer mediterraner Stadtumwehrungen auf einem aus Kalksteinblöcken gefügten Unterbau eine 3–4 Meter hohe Mauer aus luftgetrockneten Lehmziegeln. Mehrere Tausend Kubikmeter Quadergestein waren dafür aus einem 6 Kilometer entfernten Kalksteinbruch herbeigeschafft worden. Zwei Tore öffneten den Mauerring, der durch mindestens zehn vorspringende Türme zusätzlich befestigt war. Obschon sich diese Befestigung wohl über ein halbes Jahrhundert lang bewährte, wurde die Lehmziegelmauer nach einem verheerenden Brand gegen Ende des 6. Jahrhunderts v. Chr. aus uns unbekannten Gründen geschleift, worauf man der Heuneburg durch die Errichtung einer Holz-Erde-Mauer ihr ursprüngliches mitteleuropäisches Aussehen wiedergab.

Ebenso wie bei der Außenbefestigung folgte man auch bei der Bebauung des Innenraums einem genauen Plan. Die einzelnen Gebäude waren durch kleine Gassen voneinander getrennt, wobei umlaufende Traufgräben das Regenwasser teils in Zisternen sammelten, teils unter der Mauer hindurch ins Freie leiteten. Vom kleinen Haus mit wenigen

Räumen bis hin zum großen Gehöft und der mehrschiffigen Halle waren alle Gebäude ganz aus Holz erbaut. Archäologisch nachweisen konnte man allerdings nur die Fundamente, wohingegen Einzelheiten der Konstruktion des Oberbaus mit seinen Fenstern, Türen und Dächern weitgehend unbekannt sind. In der Südostecke der Burganlage befand sich wahrscheinlich das Handwerkerviertel, wie man aus der großen Menge der Eisen- und Bronzeabfälle, zerschlagenen Gussformen und Gusstiegel und entsprechenden Einbauten in den Häusern geschlossen hat. Im Norden des Innenraums fand man Häuser, die anstelle des weithin üblichen Lehmestrichs einen Plattenfußboden aus sauber gefugten Lehmziegeln besaßen, so dass hier die Wohnungen der Oberschicht, vielleicht auch ein Kultbau oder eine Versammlungsstätte gelegen haben könnten.

Auf der Heuneburg selbst wurden umfangreiche planmäßige Grabungen vor allem zwischen 1950 und 1979 durchgeführt. Bereits 1954 hatte man jedoch auf einem schmalen Höhenrücken westlich der eigentlichen Burg eine Außensiedlung von ca. 10 Hektar entdeckt. Reste einer weiteren Außensiedlung kamen 1995 bei Grabungen südwestlich der Heuneburg zutage, während einige weitere Siedlungsstellen zwischen 1999 und 2003 in der Umgebung eniger nahegelegener Grabhügel ermittelt wurden Zu den spektakulärsten Entdeckungen dieser neuen Untersuchungs- und Ausgrabungsphase gehören 2005 die Entdeckung einer über 16 Meter langen Torkonstruktion zwischen Burgplateau und Außensiedlung sowie 2014 der Fund einer über 4 Meter hohen Trockensteinmauer auf der sogenannten Alten Burg im nahegelegenen Langenenslingen, wo sich vermutlich ein frühkeltischer Kultplatz befand.[28]

In der näheren Umgebung der Burganlage sind noch heute zahlreiche Grabhügel zu sehen, die im Unterschied zur Siedlung bereits seit der Mitte des 19. Jahrhunderts das Ziel archäologischer Ausgrabungen waren. Mit fast 80 Metern Durchmesser und 14 Metern Höhe ist dabei der 2 Kilometer westlich der Burg gelegene Hohmichele einer der größten Grabhügel Mitteleuropas.[29] Er wurde erst 1937/38 teilweise ausgegraben, wobei sich die aus Bohlen gefügte und mit einem Rinderfell ausgelegte zentrale Grabkammer als antik geplündert herausstellte. Etwa 12 Meter südöstlich des Zentralgrabs fand man jedoch in einer aus Holz gezimmerten Kammer die unversehrte, reich ausgestattete Nachbestattung eines Mannes und einer Frau, denen man unter anderem einen vierrädrigen Wagen, das Zaumzeug zweier

Pferde und einen großen Bronzekessel mit ins Grab gegeben hatte. 2010 entdeckte man in der Donauebene unterhalb der Heuneburg ein weiteres, mit reichen Beigaben versehenes Grab, dessen Ausstattung infolge des Grundwassers und der Staunässe ungewöhnlich gut erhalten geblieben war und das deshalb en bloc geborgen und zur weiteren Untersuchung ins Landesmuseum Stuttgart gebracht wurde.

Ihre wirtschaftliche Macht verdankten die Herren der Heuneburg zum einen dem Abbau von Rohstoffen wie Eisenerz und Ton, zum anderen der Kontrolle bedeutender Fernhandelsrouten, die entlang der Donau nach Osten, über die Täler der Wutach und des Hochrheins nach Westen sowie über den Hegau und das schweizerische Mittelland über die Alpenpässe nach Italien führten. Weitreichende, intensive Beziehungen zum Mittelmeerraum bezeugen nicht nur die mediterranen Einflüsse bei der Errichtung der Befestigungsanlage, sondern auch die zahlreichen Scherben importierter Keramik aus Südfrankreich, Italien und Griechenland, die im Zuge der Ausgrabungen zutage kamen. Ein unmittelbares Echo dieser Kontakte sind vielleicht Herodots Informationen über den Ursprung der Donau «bei den Kelten» (*Historien* 2,33), die letztlich von Handelspartnern der frühen Griechen aus dem Umkreis der Heuneburg stammen könnten. Dabei ist allerdings zu berücksichtigen, dass die Heuneburg allem Anschein nach nur eine von mehreren zentralörtlichen Anlagen war, die das frühkeltische Siedlungsgebiet vermutlich wie mit einem Netz überzogen. Nordöstlich von ihr liegt etwa am Westrand des Nördlinger Rieses und an der Grenze von Schwäbischer Alb und Frankenalb der Ipf bei Bopfingen, wo zwischen 2004 und 2008 umfangreiche Ausgrabungen und geomagnetische Prospektionen den Nachweis einer planmäßigen Bebauung des Gipfelplateaus und der Präsenz griechischer Importkeramik erbracht haben.[30]

An einer bedeutenden Fernhandelsroute lag auch der frühkeltische Fürstensitz auf dem Mont Lassois im äußersten Westen der Westhallstattkultur.[31] Auf einem steil abfallenden Hügel am linken Ufer der oberen Seine gelegen, war die mit Wall und Graben befestigte Anlage vielleicht ein erster Umschlagplatz für das begehrte Zinn aus Cornwall, das seit dem Seesieg der Karthager über die Griechen in der Schlacht von Alalia 535 v. Chr. nicht mehr den Weg durch die Straße von Gibraltar nehmen konnte, sondern die griechischen Kolonien Südfrankreichs, darunter Massalia, auf dem Landweg durch die Täler der Seine und der Rhône erreichte. Zu den Siedlungsfunden, die unmittelbar aus dem Süden importiert wurden, zählen Reste schwarzfiguriger attischer Keramik, Weinamphoren und Rohkoralle, die man in Werkstätten vor Ort zu Schmuck verarbeitete. Für intensive Kontakte zum Mittelmeerraum spricht ferner die im Umkreis des Mont Lassois hergestellte Keramik, die in Malweise, Ornamentschatz, Formgestaltung und Oberflächenbehandlung eine Vielzahl südlicher Anregungen erkennen lässt. Seit den 1990er Jahren wird die frühkeltische Siedlung auf dem Mont Lassois in einem Gemeinschaftsprojekt der Universitäten von Dijon, Wien und Kiel auch mit Hilfe der Luftbildarchäologie und geomagnetischer Prospektionen untersucht. Festgestellt wurden dabei eine planmäßige Bebauung des Gipfelplateaus mit Wohnhäusern und Speichern sowie eine gut organisierte Wasserversorgung mit Hilfe von Zisternen, aber auch ein großes, hallenähnliches Gebäude mit drei Querschiffen und einem apsidenförmigen Abschluss im Westen, das zweifellos repräsentativen und vielleicht auch kultischen Zwecken diente.

In der Umgebung des Mont Lassois wurden bereits im 19. Jahrhundert vier Grabhügel archäologisch untersucht, jedoch den Gepflogenheiten der Zeit entsprechend nur spärlich dokumentiert. Teilweise noch heute erhalten sind ein Bronzekessel und ein eiserner Dreifuß, die Reste mehrerer vierrädriger Wagen, Teile von Pferdegeschirren und goldene Armreife und Ohrringe, die in Verbindung mit der Monumentalität der Grabhügel den hohen Rang der hier beigesetzten Personen erkennen lassen. Der bedeutendste Grabfund am Mont Lassois gelang in den ersten Januartagen 1953, als man bei einer Probegrabung in völlig ebenem Wiesengelände nahe der Uferböschung der Seine unweit des Ortes Vix auf ein noch unversehrtes Fürstengrab aus der Zeit um die Mitte des 5. Jahrhunderts v. Chr. stieß.[32] Unter einem später eingeebneten Grabhügel von etwa 42 Metern Durchmesser fand man in einer über 2 Meter tiefen Grube eine etwa 3 mal 3 Meter große hölzerne Grabkammer, die neben einem schlecht erhaltenen Skelett die metallenen Überreste eines aufwendig gearbeiteten vierrädrigen Wagens und ein umfangreiches Trinkgeschirr enthielt. Von der persönlichen Ausstattung der hier beigesetzten Person waren unter anderem acht Fibeln, mehrere Stein- und Bernsteinperlen von einer Halskette, Arm- und Fußringe sowie ein hohlgearbeiteter, mit zwei plastischen Darstellungen des Flügelpferds (Pegasus) der griechischen Mythologie verzierter goldener Halsreif erhalten geblieben. Das Trinkgeschirr bestand aus zwei attischen Keramikschalen, einem halbkugeligen Silbergefäß, einer Schnabelkanne, zwei Henkelschalen, einem Becken aus Bronze sowie schließlich einem gewaltigen bronzenen Mischgefäß, das mit über 1,6 Metern Höhe, einem Gewicht von über 208 Kilogramm und einem Fassungsvermögen von 1100 Litern das größte aus der Antike erhaltene Metallgefäß dieser Art darstellt.

Mit der Heuneburg und dem Mont Lassois vergleichbar erscheint der Hohenasperg westlich von Ludwigsburg, wo allerdings auf dem Berg selbst wegen umfangreicher späterer Überbauungen keine archäologischen Untersuchungen möglich waren. Dass auf dem Hohenasperg gleichwohl einer der bedeutendsten frühkeltischen Fürstensitze lag, schließt man zum einen aus seiner beherrschenden topographischen Lage, zum anderen aus der geographischen Nähe zahlreicher reich ausgestatteter Gräber.[33] Bereits im 19. Jahrhundert wurde der südlich von Ludwigsburg gelegene Grabhügel untersucht, der heute unter dem Namen Römerhügel bekannt ist. Dabei stieß man auf zwei mit reichen Beigaben versehene Grablegen, die unter anderem die Reste eines mit Bronzeblech beschlagenen vierrädrigen Wagens nebst Zaumzeug, einen goldenen Halsreif und mehrere Bronzegefäße enthielten. Ein weiteres reich ausgestattetes Grab, der Grafenbühl, wurde 1964/65 archäologisch untersucht. Wie sich dabei herausstellte, war die zentrale Grabkammer bereits kurze Zeit nach der Grablegung ausgeraubt worden. Erhalten haben sich daher nur Reste der einstigen Ausstattung, welche die Grabräuber in der Eile zurückgelassen hatten, darunter zwei goldplattierte Bronzefibeln, Bruchstücke eines Trinkgeschirrs und eines eisenbeschlagenen Wagens sowie verschiedene Gegenstände aus Elfenbein, Knochen und Bernstein, bei denen es sich um Bestandteile aus dem Mittelmeerraum importierter Möbelstücke handeln dürfte.

Eine anschauliche Vorstellung von dem einstigen Reichtum einer solchen Grabausstattung vermittelt das 1968 entdeckte und 1978/79 untersuchte Fürstengrab von Eberdingen-Hochdorf.[34] Hier stießen die Archäologen unter dem in einem Acker gelegenen und fast vollständig eingeebneten Grabhügel auf eine unversehrte zentrale Grabkammer, die das gut erhaltene Skelett eines etwa 40-jährigen Mannes enthielt. Zahlreiche persönliche Gegenstände, darunter einen Hut aus Birkenrinde, drei Angelhaken und einen Köcher mit Pfeilen, hatte man dem Toten mitgegeben. Darüber hinaus war seine Kleidung für die Bestattung mit eigens dafür angefertigtem Goldschmuck verziert worden. Aufgebahrt war er auf einer Liege aus gepunztem

1. Vierrädriger Wagen aus dem Grab von Eberdingen-Hochdorf

Bronzeblech, wie sie zuvor noch in keinem anderen Grab entdeckt worden war. An Grabbeigaben fand man ferner einen vierrädrigen Wagen mit Zaumzeug (Abb. 1) und ein umfangreiches Speise- und Trinkgeschirr. Zu ihm gehörten unter anderen neun Trinkhörner (eines davon aus Eisen, die anderen aus den Hornscheiden von Auerochsen) sowie ein aus dem Mittelmeerraum importierter Bronzekessel mit einem Fassungsvermögen von 500 Litern. Aufgrund günstiger Umweltbedingungen waren die organischen Stoffe ungewöhnlich gut erhalten und gestatteten zahlreiche Rückschlüsse auf die Lebens- und Umweltbedingungen zur Zeit der Grablegung. So etwa gab die Untersuchung des Köchers und der Pfeile Auskunft über die mit großer Sachkenntnis ausgewählten Holzarten. Der Kessel enthielt noch den Bodensatz eines Honigmets, dessen Analyse Hinweise zur Herstellung des Getränks und zur Pflanzenwelt in der Umgebung des Grabes ergab, während die Untersuchung der Textilreste Einsichten in das Material, die Herstellung und die Färbung der verwendeten Tuche erlaubte. 1985 wurde der Grabhügel von Hochdorf mit 7000 Kubikmetern Erde und 280 Tonnen Steinen in der ursprünglichen Größe mit 6 Metern Höhe und 60 Metern Durchmesser wieder aufgeschüttet. Die Originalfunde sind nach der aufwendigen Konservierung und Restaurierung jetzt im Württembergischen Landesmuseum in Stuttgart zu sehen, und vor Ort unterrichtet seit 1991 das Keltenmuseum Hochdorf/Enz mit originalgetreuen Rekonstruktionen über den Grabungsbefund.

Weiterleben nach dem Tode: Fürstengräber als Spiegel des Jenseitsglaubens

Dass die herausgehobene gesellschaftliche Stellung der frühkeltischen «Fürsten» auf der Kontrolle weitreichender Fernhandelswege und damit auf wirtschaftlicher und politischer Macht beruhte, steht außer Frage. Gleichwohl ist damit zu rechnen, dass diese Macht zugleich auch religiös und rechtlich fundiert war, worüber wir jedoch wegen des Fehlens zeitgenössischer Schriftquellen nur Vermutungen anstellen können. Für kultische oder rituelle Funktionen der frühkeltischen Fürsten sprechen allerdings manche Grabbeigaben, wobei in erster Linie an die teilweise aufwendig verzierten vierrädrigen Wagen zu denken ist. Sie waren aufgrund ihrer leichten Bauweise für den Transport schwerer Güter kaum geeignet, wurden jedoch nach Ausweis der eisernen Radreifen und -nägel stets fahrtüchtig gehalten. Vermutlich dienten sie also nicht nur der Repräsentation, sondern wurden auch zu kultischen oder rituellen Umfahrten genutzt. Eine rituelle Bedeutung besaß vermutlich auch die bei der Feldbestellung verwendete sogenannte Ackerschleppe, die bei der Untersuchung des Fürstengrabs vom Magdalenenberg bei Villingen zutage kam. Dabei handelt es sich um zwei 2,2 Meter lange, vierkantig zurechtgehauene Längshölzer, die durch fünf 1,5 Meter lange Querhölzer miteinander verbunden waren. Wie man aufgrund volkskundlicher Parallelen weiß, diente dieses von Rindern gezogene Ackergerät dazu, nach dem Pflügen und Einsäen der Samenkörner die Furchen zu schließen und zugleich den Boden zum Schutz gegen Vögel zu festigen. Da die aus Fichtenstämmen gefertigte Ackerschleppe aus dem Magdalenenberg keinerlei Gebrauchsspuren zeigt, handelt es sich bei ihr wohl um eine Grabbeigabe, die mit Vorstellungen von einer Verantwortung des Herrschers für die Fruchtbarkeit der Felder zusammenhängen könnte.[35]

Im Zusammenhang mit einer Art Totenkult steht vermutlich die aus Oberitalien übernommene Sitte, auf der Kuppe des Grabhügels ein steinernes Abbild des Toten zu errichten. Das wohl eindrucksvollste hallstattzeitliche Beispiel dafür ist die 1963/64 entdeckte Stele von Hirschlanden im Kreis Ludwigsburg.[36] Sie zeigt den Toten aufrecht stehend, nackt und mit erigiertem Phallos. Außer einem Halsring trägt er einen Leibriemen, in dem als Abzeichen seines Standes ein schmaler Dolch steckt, sowie eine flache Kopfbedeckung – wahrscheinlich die Darstellung eines Hutes aus Birkenrinde, wie er später im Grab von Hochdorf gefunden wurde. Das Gesicht erscheint leicht nach unten verrutscht, so dass die Statue den Verstorbenen mit einer Totenmaske darstellen könnte. Zwei Kalksteinfiguren, die 1992 im Eingangsbereich eines Kultbezirks in unmittelbarer Nähe des Grabes von Vix gefunden wurden, sind vielleicht ebenfalls als Indizien eines Ahnen- oder Heroenkults zu werten.[37]

Besondere Beachtung verdient in diesem Zusammenhang auch der scharlachrote Tuchmantel, in den der Tote aus dem Fürstengrab von Hochdorf gehüllt war: Wie die Untersuchung ergab, handelt es sich bei ihm um ein Erzeugnis der heimischen Webkunst, das man jedoch mit einem aus dem Mittelmeerraum importierten, aus der Kermes-Schildlaus gewonnenen und zweifellos kostbaren roten Farbstoff behandelt hatte. Welcher Symbolgehalt mit dem Mantel verbunden war, entzieht sich wegen des Fehlens entsprechender Schriftquellen unserer Kenntnis. Denkbar ist einerseits ein Bezug zum Totenbrauchtum, für das Rot als Farbe des Blutes schon in vorgeschichtlicher Zeit eine bedeutende Rolle spielte, doch könnte es sich andererseits auch um ein Herrschaftsabzeichen ähnlich den Purpurgewändern der persischen und später der hellenistischen Herrscher handeln. Einen nicht näher bestimmbaren Symbolgehalt besaßen zweifellos auch die neun goldverzierten Trinkhörner, die man dem Toten von Hochdorf mit ins Grab gegeben hatte. Die Sitte, aus kostbar verzierten Rinderhörnern zu trinken, begegnet in Mitteleuropa erstmals in der zweiten Hälfte des 6. Jahrhunderts v. Chr. Sie geht wahrscheinlich durch griechische Vermittlung auf Trinksitten vorderasiatischer Reiternomaden zurück, wobei entsprechende Funde bei den Kelten nur aus überdurchschnittlich reich ausgestatteten Gräbern bekannt geworden sind. Die Vermutung liegt nahe, dass das eiserne Trinkhorn den Toten als Gefolgsherrn charakterisieren sollte, wie übrigens noch in den mittelalterlichen inselkeltischen Literaturen die Bezeichnung des Trinkhorns als Metapher für den Herrscher Verwendung findet.[38]

Betrachtet man die bisher bekannt gewordenen Fürstengräber der späten Westhallstattkultur in ihrer Gesamtheit, so gewinnt man den

Eindruck, dass sich die frühen Kelten das Jenseits im Wesentlichen als eine Fortsetzung diesseitiger Verhältnisse vorstellten, in dem die politisch, wirtschaftlich und wohl auch religiös tonangebende Schicht ihre herausgehobene Stellung auch nach dem Tod beibehielt. Dabei kann der über mehrere Generationen hinweg unverändert hohe Reichtum der Grabausstattung nur erstaunen. Auf welche Weise die frühen Kelten den Verlust dieser zweifellos erheblichen materiellen Werte ausglichen, entzieht sich unserer Kenntnis. Die Vermutung liegt jedoch nahe, dass die dadurch verursachte wirtschaftliche Belastung innerhalb der hierarchisch gegliederten Gesellschaften immer wieder zu Spannungen führte. So kann es nicht überraschen, dass in der Welt der frühen Kelten kaum zweihundert Jahre nach dem Aufstieg der Fürstensitze mit ihrer enormen Konzentration der politischen und wirtschaftlichen Macht in den Händen einer kleinen Elite tiefgreifende Veränderungen zu beobachten sind.

2.
DIE FRÜHE LATÈNEKULTUR

Gesellschaft im Umbruch: Das Ende der Hallstattkultur

Im Laufe des 5. Jahrhunderts v. Chr. vollzogen sich im keltischen Mitteleuropa gesellschaftliche, wirtschaftliche und religiöse Umwälzungen, deren Ursachen und Begleitumstände die archäologischen Funde nur in Umrissen erkennen lassen. Klar ist, dass fast alle der im vorigen Kapitel genannten späthallstattzeitlichen Fürstensitze in dieser Zeit an Bedeutung verloren und einige von ihnen ganz aufgegeben wurden. Besonders gut dokumentiert ist diese Entwicklung im Falle der Heuneburg, die nach einem verheerenden Brand in der zweiten Hälfte des 5. Jahrhunderts v. Chr. von ihren Bewohnern verlassen wurde und bis ins frühe Mittelalter weitgehend unbesiedelt blieb. Im Zusammenhang mit diesen Auflösungserscheinungen steht vielleicht auch der Umstand, dass die zentralen Kammern vieler späthallstattzeitlicher Grabhügel besonders in Südwestdeutschland schon bald nach der Grablegung aufgebrochen und geplündert wurden.[39]

Parallel zum Niedergang der alten Fürstensitze lassen Grabfunde auf die Bildung neuer Machtzentren in ehemaligen Randzonen der Westhallstattkultur schließen. Eine solche Region ist das Gebiet zwischen Maas und Rhein, wo man im 5. und 4. Jahrhundert v. Chr. im Bereich der sogenannten Jüngeren Hunsrück-Eifel-Kultur im Zusammenhang mit der Ausbeutung von Eisenerzlagerstätten zahlreiche Fürstengräber anlegte.[40] Einen Schwerpunkt bildete dabei der Saar-Nahe-Moselraum, wo bereits um die Mitte des 19. Jahrhunderts bedeutende Funde zutage kamen. So entdeckte man 1849 die beiden Fürstengräber von Schwarzenbach bei Idar-Oberstein, 1851 und 1866 die beiden Fürstengräber von Weiskirchen im Kreis Merzig-Wadern und 1869 das Grab der Fürstin von Waldalgesheim bei Bingen.[41] Unsere Kenntnis des ursprünglichen Zustands dieser Gräber ist gleichwohl eng begrenzt, da unsachgemäße Methoden bei der Bergung und Restaurierung der Funde sowie eine nach heutigen Maßstäben völlig unzureichende Dokumentation der Ausgrabungen allzu viele Fragen offenlassen. Ein klares Bild von der Ausstattung eines solchen Fürstengrabs ermöglichte daher erstmals 1954 die Entdeckung des Grabs von Reinheim an der deutsch-französischen Grenze.[42] Hier stießen Archäologen etwa 20 Kilometer südöstlich von Saarbrücken in einer Sand- und Kiesgrube bei Reinheim auf ein reich ausgestattetes Frauengrab aus der Zeit um die Mitte des 4. Jahrhunderts v. Chr. Zwar war das Skelett der dort beigesetzten Person in dem kalkverzehrenden Boden vollständig vergangen, doch handelte es sich nach Ausweis der Grabbeigaben zweifellos um eine Frau der oberen Gesellschaftsschicht. Die Tote trug einen goldenen Halsreif, goldene Arm- und Fingerringe sowie zwei Armreife aus Glas bzw. Ölschiefer. Zu ihrer Rechten lag ein Handspiegel aus Bronze, der ursprünglich in einer fein gewebten Tasche aus Stoff steckte, und zu ihrer Linken fand man dicht nebeneinander mehrere Schmuckgegenstände aus Bernstein, Glas und Metall, die sich vermutlich in einem Behälter aus organischem Material befunden hatten. Darüber hinaus enthielt das Grab ein Speise- und Trinkservice, das aus einer vergoldeten Bronzekanne, zwei Bronzetellern und den Überresten von zwei Trinkgefäßen bestand. Bei den meisten dieser frühlatènezeitlichen Fürstengräber im Bereich der Jüngeren Hunsrück-Eifel-Kultur handelt es sich um Einzelgräber oder um kleine Gruppen von bis zu drei Grabhügeln. Vereinzelt fand man auch Fürstengrabnekropolen mit bis zu 16 Hügeln, die jedoch stets von den Gräberfeldern der übrigen Bevölkerung deutlich abgesetzt waren. So wurden die Grabhügel der Fürstengräber zumeist auf Höhenzügen mit weiter Fernsicht, in unmittelbarer Nähe von Verkehrswegen und wichtigen Handelsstraßen sowie in der Nähe der befestigten Höhensiedlungen angelegt.

Eine andere Region, in der seit der zweiten Hälfte des 19. Jahrhunderts mehrere tausend keltische Gräber aus dem 5. Jahrhundert v. Chr. entdeckt wurden, ist die nördliche Champagne.[43] Diese Gräber der sogenannten Marne-Kultur wurden in der Regel in Gräberfeldern unterschiedlicher Ausdehnung außerhalb der Siedlungen oder entlang der einstigen Verkehrswege angelegt. Wie Funde von Tierknochen und reich verzierten Keramikgefäßen bezeugen, gab man vielen Toten feste und flüssige Nahrung mit ins Grab. Darüber hinaus wurden Frauen mit ihrem Schmuck und Männer häufig mit ihren Waffen bestattet. Bei den am spärlichsten ausgestatteten Toten bestand diese Bewaffnung lediglich aus zwei oder drei Wurfspeeren, während reicher ausgestattete Gräber außerdem ein Schwert, einen Dolch und einen Helm enthielten. Angehörige der militärischen Führungsschicht wurden mit einem zweirädrigen leichten Streitwagen bestattet, von dem sich in der Regel nur die Bronzebeschläge der Räder, der Achsen und des Zaumzeugs erhalten haben. Zu den berühmtesten dieser Wagengräber zählt das 1873 unversehrt entdeckte Grab von Somme-Bionne etwa 30 Kilometer nordöstlich von Châlons-sur-Marne.[44] Es enthielt neben der Ausrüstung des Toten und seinem Wagen auch eine etruskische Schnabelkanne und eine rotfigurige griechische Schale aus der Zeit um 420 v. Chr., Zeugen der fortdauernden keltischen Beziehungen zum Mittelmeerraum.

Aus dem 5. und 4. Jahrhundert v. Chr. sind reich ausgestattete Gräber auch aus Regionen östlich der großen späthallstattzeitlichen Fürstensitze bekannt geworden. So etwa entdeckte man 1932 am Dürrnberg bei Hallein in einem bereits antik geplünderten Grabhügel neben den Überresten eines zweirädrigen Wagens eine bronzene, nach etruskischem Vorbild gearbeitete Schnabelkanne aus der zweiten Hälfte des 5. Jahrhunderts v. Chr.[45] Ein weiteres Fürstengrab kam 1959 auf dem «Moserstein», der zentralen Kuppe im Siedlungsgebiet des Dürrnbergs, zutage. An Grabbeigaben fand man hier neben Schwert, Helm, Pfeil- und Lanzenspitzen wiederum die eisernen Reste eines zweirädrigen Wagens sowie eine bronzene Feldflasche, einen großen Eimer aus Bronzeblech und eine griechische Tonschale, die man als Schöpf- und Trinkgefäß benutzt hatte.[46] Über dreihundert weitere Gräber zeugen von dem beträchtlichen Wohlstand, dessen sich die keltischen Bewohner des Dürrnbergs vor allem nach dem Niedergang des Salzabbaus im weiter östlich gelegenen Hallstatt erfreuen konnten. In ihrer Ausstattung vergleichbar sind mehrere Gräber im westlichen Böhmen, darunter die zu Beginn des 20. Jahrhunderts entdeckten Fürstengräber von Chlum.[47]

Ist also im 5. Jahrhundert v. Chr. parallel zum Niedergang der Fürstensitze ein neuer kultureller und wirtschaftlicher Aufschwung in ehemaligen Randzonen der frühkeltischen Welt zu verzeichnen, so gibt es andererseits doch auch Hinweise darauf, dass zumindest einige der alten Machtzentren an den Anfängen dieser Entwicklung beteiligt waren. Der wohl bekannteste Beleg dafür ist der 1879 untersuchte Grabhügel Kleinaspergle südlich der Stadt Asperg bei Ludwigsburg.[48] Dort war zwar die zentrale Grabkammer bereits in der Antike aufgebrochen und geplündert worden, doch stießen die Archäologen in einer Nebenkammer auf ein weiteres reich ausgestattetes Grab, das einige Schmuckgegenstände sowie ein umfangreiches Trinkgeschirr enthielt. Dabei fand man unter anderem zwei rotfigurige griechische Schalen aus der Zeit um 450 v. Chr., die nachträglich mit Goldblech verziert worden waren. Steht das Kleinaspergle ebenso wie die Gräber von Grafenbühl und Hochdorf im Zusammenhang mit dem späthallstattzeitlichen Fürstensitz auf dem Hohenasperg, so ist doch das 1879 entdeckte Grab aufgrund seiner Ausstattung eher mit den oben genannten Gräbern des Mittelrheingebiets zu vergleichen. Während nämlich die Fürstengräber der späten Hallstattzeit in der Regel einen vierrädrigen Wagen und an Waffen allenfalls einen Dolch enthalten, findet man in den reichen Gräbern der Frühlatènezeit stattdessen einen zweirädrigen leichten Streitwagen und als Waffen häufig Speere, ein Schwert und einen Helm. Deutliche Unterschiede zeigen sich ferner in der Zusammensetzung des Trinkgeschirrs sowie in der Dekoration der Metallgegenstände, die einen bis dahin unbekannten selbständigen Kunststil erkennen lassen.

Weltbild im Wandel: Die Geburt der keltischen Kunst

Die heute als Latènezeit bekannte jüngere Periode der vorrömischen Eisenzeit hat ihren Namen von einer La Tène genannten Untiefe bei Marin an der Nordspitze des Neuenburger Sees (Lac Neuchâtel) in der Schweiz.[49] Dort waren Altertumsforscher seit 1857 immer wieder auf eiserne Waffen und Trachtbestandteile sowie auf Überreste hölzerner Strukturen gestoßen. Nach ersten Ausgrabungen in den Jahren 1880–1900 deutete man den Ort zunächst als eine Ufersiedlung der keltischen Helvetier, doch favorisieren die Archäologen heute nicht zuletzt im Hinblick auf die Funde von Haustier- und Menschenknochen eine Interpretation als Opferstätte. Ungeachtet der im Einzelnen auseinandergehenden Deutungen des Gesamtbefundes war man sich seit dem Bekanntwerden der ersten Funde sehr schnell darüber im Klaren, dass die handwerkliche Gestaltung der Gegenstände aus La Tène von jener der Funde aus dem Gräberfeld von Hallstatt so grundsätzlich verschieden ist, dass der Name La Tène schon 1874 gleichbedeutend mit der letzten Phase der vorrömischen Eisenzeit und der Entwicklung einer eigenständigen keltischen Kunst gebraucht wurde.

Kann das Studium griechischer, römischer und mittelalterlicher Kunst auf eine mehrhundertjährige Tradition zurückblicken, so setzte die Erforschung der keltischen Kunst sehr viel später in der Zeit zwischen den beiden Weltkriegen ein. Zum einen liegt dies daran, dass die Geschichte der vorrömischen Eisenzeit Mitteleuropas überhaupt erst mit dem Aufschwung der modernen Archäologie seit dem Ende des 19. Jahrhunderts Konturen anzunehmen begann. Zum anderen wandelten die Kelten Stilelemente der antiken Kunst in so eigenwilliger Weise ab, dass die an den klassischen Vorbildern geschulten modernen Betrachter in den keltischen Werken lange Zeit nur ästhetisch unbefriedigende Nachahmungen ohne selbständigen Wert sahen. In dieser Sicht bestärkte sie noch die charakteristische Eigenart der Griechen und Römer, die gesamte keltische Kultur ohne Rücksicht auf ihr Selbstverständnis mit den Maßstäben der klassischen Antike zu messen. Gleichwohl sollte ein klassischer Archäologe, Paul Jacobsthal (1880–1957), mit seiner 1944 im englischen Exil erschienenen und bis heute grundlegenden Darstellung *Early Celtic Art* als Erster die künstlerische Selbständigkeit der Kelten aufzeigen und kritisch würdigen.[50]

Was dem modernen Betrachter an der keltischen Kunst als Erstes auffällt, ist das weitgehende Fehlen von Ausdrucksmitteln, die sowohl in der mittelalterlichen als auch in der griechisch-römischen und altorientalischen Kunst eine große Rolle spielen. So etwa gibt es keine monumentale Steinarchitektur und nur wenige Beispiele großplastischer Darstellungen aus Holz, Stein oder Metall. Weitgehend ungenutzt blieben auch die Möglichkeiten der szenischen Darstellung von Handlungs- und Bewegungsabläufen und der individuellen realistischen Porträtierung von Menschen oder Tieren. Vielmehr sind die weitaus meisten Werke der keltischen Kunst Erzeugnisse einer handwerklichen Kleinkunst, deren Schöpfer Schmuck, Waffen und Gebrauchsgegenstände aller Art mit großer Liebe zum Detail und technischer Perfektion zu gestalten verstanden. Dabei bedienten sich die Künstler vor allem einer ausgefeilten Ornamentik, die sich durch Abstraktion und Vieldeutigkeit auszeichnet. Nicht selten können einzelne Muster sowohl positiv als auch negativ «gelesen» werden, so dass geradezu der Eindruck eines Vexierbilds entstehen kann.

Im Unterschied zu den starren geometrischen Mustern der Späthallstattkultur bevorzugte man in der Frühlatènezeit, also im 5. und 4. Jahrhundert v. Chr., weiche und fließende Formen. Dabei wurden häufig pflanzliche Motive sowie Darstellungen von Tieren, Fabelwesen und menschlichen Gesichtern in die Ornamentik miteinbezogen. Die Anregungen für diese Neuerungen gingen teilweise von der etruskischen Kunst aus, doch hat man in Einzelfällen auch eine Beeinflussung durch östliche Steppenvölker wie etwa die Skythen in Betracht gezogen. Namengebend für die zweite Phase der keltischen Kunst im 4. und 3. Jahrhundert v. Chr. ist das bereits erwähnte Grab von Waldalgesheim bei Bingen. Der danach benannte Ranken- oder Waldalgesheimstil zeichnet sich gegenüber älteren Arbeiten durch verschlungene Wellenranken und Spiralen aus, während der sogenannte Späte oder Plastische Stil vom 3. bis zum 1. Jahrhundert v. Chr. vor allem durch seine stark abstrahierende dreidimensionale Ornamentik auffällt. Auf dem europäischen Festland endet die Geschichte der keltischen Kunst mit der römischen Eroberung Galliens um die Mitte des 1. Jahrhunderts v. Chr., nach der nur einzelne Stilelemente in der provinzialrömischen Kunst der Kaiserzeit wieder aufgegriffen wurden. Auf den Britischen Inseln und in Irland erlebte die keltische Kunst dagegen nach der Zeitenwende noch einmal eine späte Blüte, wovon im zweiten Teil der vorliegenden Darstellung noch einmal die Rede sein wird. In Verbindung mit Stilelementen der germanischen Kunst erreichte das keltische Kunsthandwerk in der mittelalterlichen irischen Buchmalerei, in Metallarbeiten und monumentalen Steinskulpturen einen letzten Höhepunkt seiner Entwicklung. Nach diesen einleitenden Bemerkungen sei nunmehr der Blick auf einige besonders charakteristische Werke des keltischen Kunstschaffens gerichtet.

Hatten die frühen Kelten des 6. Jahrhunderts v. Chr. intensive Kontakte zur griechischen Kolonie Massalia gepflegt, so gewann im 5. Jahrhundert v. Chr. in zunehmendem Maße der Handel mit den Etruskern Mittel- und Oberitaliens an Bedeutung. Dies bezeugen in eindrucksvoller Weise die sogenannten Schnabelkannen, die in großer Zahl aus Etrurien eingeführt, aber auch von keltischen Künstlern nach einheimischem Geschmack umgearbeitet oder nachgeahmt wurden. Eine solche Kopie, die dem heutigen Betrachter eine gute Vorstellung von der Eigenständigkeit der keltischen Kunsthandwerker vermittelt, kam 1879 bei der Untersuchung des Grabhügels Kleinaspergle zutage.[51] Im Unterschied zum etruskischen Vorbild ist der untere Teil der keltischen Kanne nicht bauchig, sondern verjüngt sich zum Boden hin, so dass die Schulter stärker akzentuiert erscheint und das ganze Gefäß gestreckter und dynamischer wirkt. Das verbreiterte untere Ende des

Henkels, die Attasche, ist ähnlich wie bei etruskischen Kannen mit dem Gesicht eines Satyrn über einer Palmette verziert, doch hat der Künstler hier sein Vorbild in eigenwilliger Weise abgewandelt. So etwa liegen die spitzen Tierohren des Satyrn nicht mehr seitlich, sondern ganz oben am Kopf an, und der Kinnbart ist nun zweigeteilt und setzt sich in der darunterliegenden Palmette fort. Am oberen Ende des Henkels, wo bei etruskischen Schnabelkannen gelegentlich ein Löwenkopf sitzt, hat der keltische Künstler wiederum in Abwandlung seines Vorbilds ein Fabelwesen mit spitzen Tierohren, hervorquellenden Augen und aufgeblähten Backen angebracht.

Eine ähnliche Form, doch eine andere Dekoration, zeigt eine Schnabelkanne, die 1932 am Dürrnberg bei Hallein gefunden wurde (Abb. 2).[52] Hier ist der Kannenkörper ringsum mit einem neunfach wiederholten, plastisch getriebenen Ornament verziert, das nach oben hin halbkreisförmig abschließt und unten in eine Dreiblattpalmette ausläuft. Auf dem Griff sitzt ein stilisiertes katzenartiges Raubtier mit kugelig vorgewölbten Augen und Backen, das im Maul einen menschlichen Kopf festhält. Auffällig an dem am Kannenrand aufsitzenden Kopf sind die stark hervorquellenden Augen mit angedeuteten Pupillen und die durch parallele Striche angedeutete Frisur. Das untere Ende des Henkels ziert ein weiterer, ähnlich gearbeiteter Kopf, der von spiralförmigen Ornamenten umrahmt wird. Auf dem Kannenrand zu beiden Seiten des Henkels sitzen zwei kleine vierfüßige Raubtiere, aus deren Maul noch der Schwanz eines soeben verschlungenen Tieres heraushängt.

Eine augenfällige Parallele finden sowohl die Form als auch die ringsum laufenden plastischen Verzierungen der Kanne vom Dürrnberg in einer Schnabelkanne, die 1994/95 bei der Untersuchung eines Fürstengrabes am Glauberg bei Büdingen in Hessen gefunden wurde.[53] Auch hier sitzt an der unteren Attasche ein kleiner menschlicher Kopf, doch ist der Henkel der Kanne vom Glauberg im Unterschied zu der vom Dürrnberg nicht vollplastisch gearbeitet. Vielmehr lässt hier die Fragilität des Henkels vermuten, dass das Gefäß vielleicht gar nicht zum täglichen Gebrauch, sondern nur zu Zwecken des Kults oder der Repräsentation bestimmt war. An mehreren Stellen ist die Kanne mit feinen ornamentalen und figürlichen Gravierungen geschmückt. Neben Leiern, Palmetten, S-Spiralen und Kreuzblumen sind am unteren Teil der Kanne sowie auf beiden Seiten des Ausgusses Tierdarstellungen zu erkennen. Auffälliger ist indessen der plastische Schmuck der Kanne, die durch eine Dreiergruppe auf dem oberen Rand der Kanne be-

2. Schnabelkanne vom Dürrnberg bei Hallein

herrscht wird. Die beiden äußeren Figuren sind zwei sitzende Tiere mit menschlichen Köpfen, die über die Schulter zurück auf die Gestalt in ihrer Mitte blicken. Bei ihr handelt es sich um einen mit untergeschlagenen Beinen dasitzenden bartlosen Mann, der vielleicht einen lebenden Menschen, vielleicht aber auch einen vergöttlichten Ahn oder einen Gott darstellt. Er ist barhäuptig und trägt als Bekleidung eine kurze Hose, ein Untergewand mit halblangen Ärmeln und einen Lederpanzer. Bemerkenswert an dieser Figur ist zum einen die wirklichkeitsgetreue Darstellung des Lederpanzers, der stark an griechische Abbildungen des 6. Jahrhunderts v. Chr. erinnert, zum anderen die sorgfältige Darstellung der Frisur, die mit ihrem kurzen Haarschnitt und den Löckchen an Stirn und Schläfen ebenfalls aus griechischen Vorbildern abzuleiten ist.

Die große Bedeutung reich verzierter Metallgefäße für das Totenbrauchtum veranschaulicht auch die sogenannte Röhrenkanne aus dem bereits erwähnten Grab der Fürstin von Reinheim.[54] Ihr weich gerundeter, annähernd doppelkonischer Körper wurde aus vergoldetem Bronzeblech getrieben, der röhrenförmige Ausguss und der Henkel mit Nieten daran befestigt. Den Körper der Kanne umziehen mehrere mit Hilfe eines Zirkels konstruierte Friese mit Blüten und Leiern sowie Ornamentstreifen mit Dreiecksmustern, Zickzackbändern und Andreaskreuzen. An figürlichem Schmuck zeigt die Kanne am unteren Ende des Henkels ein bärtiges Gesicht, am oberen Ende einen Männerkopf unmittelbar über einem Widderkopf und als Deckelknauf die Darstellung eines Pferdes mit menschlichem Kopf, wie sie in späterer Zeit auf keltischen Münzen bezeugt ist. Eine ähnliche Ornamentik und einen vergleichbaren Figurenschmuck zeigt die Röhrenkanne aus dem Grab von Waldalgesheim, die als Deckelaufsatz die plastische Darstellung eines Pferdes aufweist und deren Henkel oben mit dem Kopf eines Widders und unten mit dem Kopf eines Menschen verziert ist.[55] Die Gleichartigkeit der auch sonst bezeugten Kombination eines Menschenkopfs mit einem Widderkopf lässt vermuten, dass dieses Motiv eine ganz bestimmte mythologische Bedeutung besaß, die wir jedoch nicht näher bestimmen können.

Zu den bekanntesten und eindrucksvollsten Erzeugnissen der keltischen Kunst gehören reich verzierte Finger-, Arm- und Halsringe aus Bronze, Eisen oder Gold.[56] Sie zeigen eine ausgeprägte Vielfalt von Motiven, darunter geometrische Muster, Pflanzenmotive, Masken und Fratzen sowie eingebundene Tierfiguren und Fabelwesen. Halsringe wurden nach Ausweis ihrer Fundlage in den Gräbern mit der Öffnung nach vorne getragen, wobei sich die ornamentale Verzierung auf die Schauseiten konzentrierte. Aus der Zeit um 400 v. Chr. stammt der Armreif von Rodenbach, dessen Verzierung unter anderem aus tropfenförmigen Ornamenten, stilisierten Abbildungen menschlicher Köpfe sowie Darstellungen hockender vierfüßiger Tiere mit zurückgewendetem Kopf besteht (Abb. 3).[57] Ein ungefähr gleichzeitiger Goldarmreif aus einem Fürstengrab von Bad Dürkheim zeigt zwischen Zierelementen sechs einander paarweise zugeordnete menschliche Köpfe, während der Halsring und die Armringe aus dem Grab von

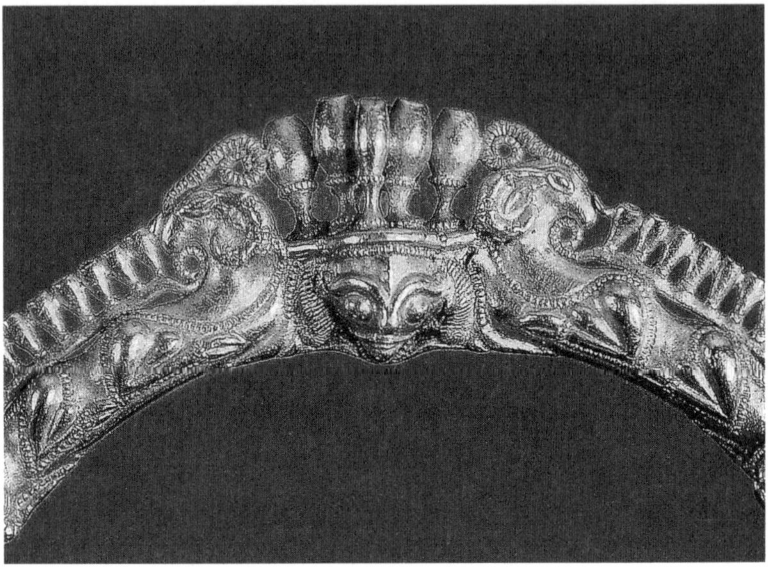

3. Detail des goldenen Armrings aus dem Grab von Rodenbach

Waldalgesheim mit stilisierten Gesichtern zwischen abstrakten Ornamenten geschmückt sind.[58] Wohl aus dem späten 5. oder frühen 4. Jahrhundert v. Chr. stammen vier Hals- und drei Armringe, die im Sommer 1962 bei Erstfeld im Schweizer Kanton Uri, im Hochgebirge auf dem Weg zum St. Gotthard, entdeckt wurden (Abb. 4). Abstrakte Ornamente sowie ineinander verschlungene Vögel, Menschen- und Tierköpfe bilden die Verzierung der Ringe, die man in unwegsamer Höhe auf dem Weg über die Alpen wohl als Weihegabe für eine Gottheit niedergelegt hatte.[59]

Herausragende Beispiele für die ornamentale Verzierung keltischer Waffen sind die beiden halbkugelförmigen Prunkhelme von Amfreville-sous-les-Monts und Agris aus dem 4. Jahrhundert v. Chr. Sie gehörten nach Ausweis der Fundumstände nicht zu einer Grabausstattung, sondern stellten vermutlich Weihegaben für eine Gottheit dar. Der Helm von Amfreville wurde unweit des gleichnamigen Ortes im Département Eure südwestlich von Rouen in einem alten Flussbett der Seine gefunden. Auf seiner aus getriebener Bronze gefertigten Glocke befestigte man ungefähr auf halber Höhe mit goldplattierten Bronzenieten ein umlaufendes Bronzeband, dessen hauptsächliche

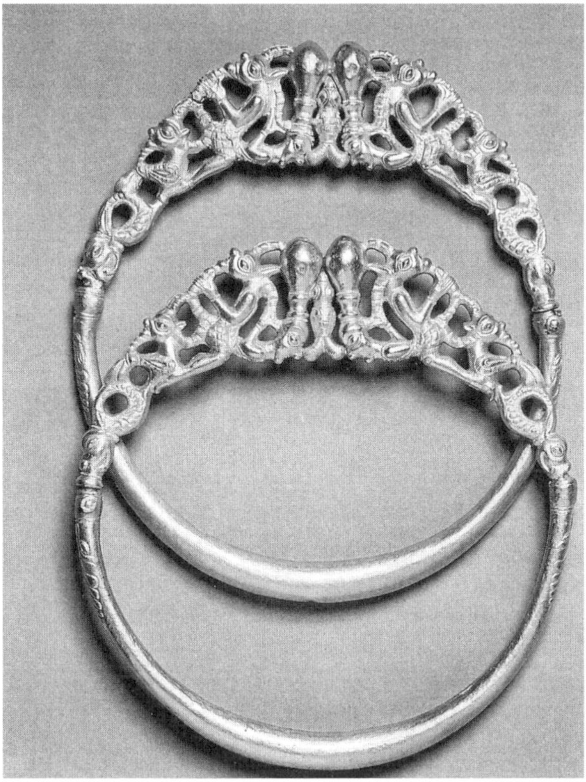

4. Zwei der Goldhalsringe von Erstfeld

Verzierung aus fortlaufenden Spiralen besteht. Dieses Band wurde vor der Anbringung mit feinem Goldblech überzogen, das man mit einem Polierstab aus Holz oder Bein so fest auf die Bronze presste, dass sich deren Verzierung durchdrückte. Zu beiden Seiten dieses Bandes brachte man mit eisernen Nieten Eisenbeschläge an, die mit runden Emaileinlagen dekoriert sind. Den Rand der Helmglocke und den Nackenschutz ziert ein Netzwerk aus Eisendrähten, dessen Zwischenräume mosaikähnlich mit aufgeklebten Emailplättchen gefüllt sind.[60] Die einzelnen Teile des Helms von Agris entdeckte man in den Jahren von 1981 bis 1986 unweit des gleichnamigen Ortes im Département Charente in Westfrankreich in der Höhle Les Perrats. Er besteht aus einer eisernen Glocke, auf der man vier breite, mit Goldblech über-

5. *Der Helm von Agris*

zogene Bronzebänder befestigt hatte. Bei den Ornamenten überwiegen Palmetten, die teilweise mit Koralleneinlagen geschmückt sind. Eine besonders üppige Verzierung aus Gold und Koralle zeigt der Wangenschutz, der auf einer Unterlage aus Eisen verschiedene florale Motive sowie die Darstellung einer gehörnten Schlange erkennen lässt (Abb. 5).[61]

Die gehörnte Schlange begegnet noch auf kaiserzeitlichen gallorömischen Bildwerken und besaß zweifellos eine mythologische Bedeutung, die wir jedoch nicht näher bestimmen können. Sehr wahrscheinlich war die keltische Kunst überhaupt in weiten Bereichen von religiösen oder magischen Vorstellungen geprägt, doch sind bisher keine allgemein anerkannten Entsprechungen zwischen der vorrömischen archäologischen und der sehr viel späteren literarischen Überlieferung aufgezeigt worden. Die Bildersprache der keltischen Kunst bleibt uns daher weitgehend verschlossen, und unsere Kenntnis des religiösen Weltbilds der frühen Kelten beruht fast ausschließlich auf den wenigen Anhaltspunkten, die dem Archäologen vor allem die in großer Zahl bekannten Gräber geben.

Ahnenkult und Amulettgebrauch: Aspekte frühkeltischer Religiosität

Betrachtet man die Gräber der keltischen Völker Mitteleuropas, so fallen zunächst der Gemeinschaftscharakter und die ausgeprägte Kontinuität dieser Anlagen ins Auge. Wie archäologische Untersuchungen gezeigt haben, wurden in der frühkeltischen Späthallstattkultur vielerorts Grabhügel der älteren Hallstattkultur oder sogar der vorausgehenden späten Urnenfelderkultur kontinuierlich weiterverwendet. So etwa erstreckte sich die Nutzung des von der späten Hallstatt- bis in die frühe Latènezeit immer wieder vergrößerten Hügels von Bressey-sur-Tille im Département Côte-d'Or über einen Zeitraum von 250 bis 300 Jahren.[62] Eine vergleichbare Kontinuität zeigen die Gräber vom Eislfeld auf dem Dürrnberg bei Hallein, die aus dem Zeitraum von 570 bis 300 v. Chr. datieren, während das Gräberfeld auf der Hochgerichtsheide von Wederath, dem antiken Belginum, sogar vom 4. Jahrhundert v. Chr. bis zum Ende des 4. Jahrhunderts n. Chr. genutzt wurde.[63]

Wie eine vergleichende Betrachtung der Grablegungen zeigt, waren Grabriten zwar von einer Region zur anderen verschieden, blieben innerhalb der zumeist kleinräumig organisierten Gemeinschaften aber oft über einen längeren Zeitraum hinweg konstant. Vorgegeben waren nach Ausweis der archäologischen Funde zumeist der Personenkreis, dem eine Bestattung zustand, die Wahl des Ortes, an dem die Bestattung erfolgte, die Entscheidung zwischen Brand- und Körperbestattung, Auswahl und Umfang der Grabbeigaben sowie – im Falle der Körperbestattung – die Lage und Orientierung des Leichnams. Auffällig ist dabei insbesondere der Anteil der Kindergräber, der im Vergleich zur zweifellos hohen Kindersterblichkeit unverhältnismäßig niedrig erscheint. Die Vermutung liegt nahe, dass junge Menschen weithin erst ab

6. Darstellung einer Wagenfahrt auf der Rückenlehne der Totenliege aus dem Grab von Eberdingen-Hochdorf

einem bestimmten Alter als vollwertige Mitglieder der Gesellschaft mit dem Anspruch auf eine Bestattung betrachtet wurden.[64]

Von den Riten, die eine Beisetzung begleitet haben mögen, geben die archäologischen Funde zumeist nur einen schwachen Abglanz wieder. So etwa sind die Scherben von mindestens 30 zerschlagenen Tongefäßen am Fuß des hallstattzeitlichen Grabhügels von Tübingen-Kilchberg mit einiger Wahrscheinlichkeit als Spuren eines Totenmahls zu deuten, ohne dass man über die Begleitumstände, die religiöse Motivation und den beteiligten Personenkreis Näheres aussagen könnte.[65] Reste pflanzlichen Bewuchses auf der Sohle des zentralen Grabschachtes von Hochdorf lassen darauf schließen, dass der Leichnam bis zu seiner endgültigen Bestattung mindestens vier Wochen lang konserviert wurde, ohne dass man etwas über die in diesem Zeitraum vollzogenen religiösen Riten wüsste.[66] Möglicherweise finden wir hier einen Hinweis auf die in alten Kulturen weitverbreitete Vorstellung, dass der Verstorbene den Kreis der Lebenden nicht im Augenblick des Todes, sondern erst nach Ablauf einer bestimmten Frist und dem Vollzug besonderer Zeremonien verlässt. Um eine solche Zeremonie könnte es sich im Hinblick auf Parallelen aus der frühgriechischen Kultur vielleicht bei der Darstellung einer Wagenfahrt und eines Schwerttanzes auf der bronzenen Totenliege von Hochdorf handeln, obschon die Liege nach Ausweis der Gebrauchsspuren kein reines Totenmöbel war, sondern über einen längeren Zeitraum hinweg auch wirklich benutzt wurde (Abb. 6).[67] Mit welcher inneren Einstellung die traditionellen Riten bei einer Bestattung vollzogen wurden, ist den uns erhaltenen Spuren in aller Regel nicht zu entnehmen. Dass man vor der Grablegung des Toten von Hochdorf die eigens für die Bestattung angefertigten Goldbleche für die Schuhe in der Eile beschädigte und dabei obendrein rechts und links verwechselte, spricht vielleicht für die ehrfürchtige Scheu der verantwortlichen Personen im Angesicht des Todes, könnte aber auch – mit den Worten des Ausgräbers – ein Indiz für deren «professionelle Kaltschnäuzigkeit» sein.[68]

Die naheliegende Vorstellung, dass alltägliche Gegenstände und Einrichtungen des diesseitigen Lebens über den Tod hinaus von Bedeutung seien, findet ihren augenfälligen Ausdruck in der Sitte, den Toten mit Grabbeigaben zu versehen. Dabei betrifft der Unterschied zwischen Körper- und Brandbestattungen vielleicht oft nur die Art und Weise, wie man sich den Übergang von der Welt der Lebenden in die der Toten vorstellte, während sich das Bild von der Existenz nach dem Tode in vielen Fällen geähnelt haben mag. Im Hinblick auf die Funktion der Grabbeigaben erscheint es sinnvoll, zwischen den beiden Möglichkeiten einer realen und einer symbolischen Bedeutung zu unterscheiden, wobei allerdings eine scharfe Trennung kaum durchzuführen ist. So mögen die fünf eher unscheinbaren Bernsteinperlen, die man am Hals des Fürsten von Hochdorf fand, nicht (nur) zum Schmuck, sondern vielleicht (auch) als schadenabwehrendes Amulett gedient haben. Gestützt wird diese Vermutung durch den Umstand, dass unter den im Hügel aufgefundenen Werkstattresten auch Abfälle von Bernsteinverarbeitung zutage kamen, so dass die Perlen vielleicht ebenso wie ein Teil des Goldschmucks eigens für die Bestattung angefertigt wurden.[69] Auffällig ist in diesem Zusammenhang, dass man bei Grabbeigaben offensichtlich nicht in jedem Fall dieselbe Funktionstüchtigkeit voraussetzte, wie man sie von den betreffenden Gegenständen im diesseitigen Leben erwartete. So fand man im Grab von Hochdorf zwei eigens für die Bestattung angefertigte goldene Schlangenfibeln, die im Gegensatz zu ihren Vorbildern aus Bronze wegen der Materialeigenschaften des Goldes funktionsuntüchtig gewesen sein müssen.[70] Entscheidend war offenbar häufig der von ihrer praktischen Verwendbarkeit unabhängige Symbolcharakter der Grabbeigaben. Dafür spricht auch der Umstand, dass bestimmte Gegenstände nach dem Grundsatz *pars pro toto* stellvertretend für ein größeres Ganzes stehen konnten, so dass man etwa anstelle eines vollständigen Pferdegeschirrs dem Toten nur die bronzenen Zierscheiben mit ins Grab gab.[71]

Ein wesentlicher Grund für die Erhaltung der keltischen Grabmonumente liegt in der Tatsache, dass sie in aller Regel außerhalb des Wohnbereichs angelegt wurden. Dem zugrunde liegenden Gedanken einer Trennung des Bereichs der Lebenden von dem der Toten ist wohl auch die Sitte verpflichtet, die Grabanlage mit Hilfe eines Grabens oder eines Steinkreises von der Umgebung abzugrenzen, was man in günstigen Fällen bei der archäologischen Untersuchung noch nachweisen kann.[72] Für das Bemühen um eine scharfe Trennung des Bereichs der Toten von dem der Lebenden spricht auch der Umstand, dass Gegenstände, die man bei einer Bestattungszeremonie verwendet hatte, häufig durch Zerschlagen und/oder Vergraben einer weiteren profanen Nutzung entzogen wurden. Neben diesen Indizien für das Bemühen um eine Trennung des Bereichs der Lebenden von dem der Toten stehen indessen gewichtige Hinweise darauf, dass die Verstorbenen nach altkeltischer Anschauung dem Kreis der Lebenden auch nach ihrem Tod bis zu einem gewissen Grad verbunden blieben.

An erster Stelle ist in diesem Zusammenhang auf die Wahl des Ortes für die Grabstätten hinzuweisen, die häufig in unmittelbarer Nähe der Siedlungen angelegt wurden.[73] Ein wesentlicher Grund für diesen Umgang mit den Toten bestand zweifellos in der bedeutenden Rolle, die ihnen im Selbstverständnis der Lebenden zukam, sei es, dass sich eine Gemeinschaft insgesamt auf diese Weise nach außen darstellte, sei es, dass sich eine gesellschaftliche Elite durch ihre Abstammung legitimierte und deshalb ihre bevorzugte Stellung durch die Anlage entsprechender Grabstätten dokumentierte. Besonders augenfällig ist der Aspekt der Legitimation im Fall des 1987 aus der Luft entdeckten frühlatènezeitlichen Fürstengrabs am Fuß des Glaubergs bei Büdingen, das zwischen 1994 und 1996 archäologisch untersucht wurde. Hier führte von Südosten her eine 350 Meter lange und knapp 7 Meter breite, von tiefen Gräben flankierte Prozessionsstraße zum Grabhügel, der nach ersten Erkenntnissen der Archäologen Bestandteil eines großen Zentralheiligtums mit weiteren, noch unerschlossenen baulichen Anlagen gewesen sein dürfte.[74] Am Rand des Hügels fand man im Juni 1996 die bis auf die abgebrochenen Füße fast vollständig erhaltene lebensgroße Sandsteinskulptur eines frühkeltischen Kriegers mit Schild und Schwert, bei der es sich um eine idealisierte Darstellung des im Hügel beigesetzten Verstorbenen handeln könnte. Bruchstücke dreier weiterer ganz ähnlicher Statuen kamen ebenfalls zutage. Besondere Beachtung verdient dabei die eigentümliche Kopfbedeckung des Dargestellten, die man im Hinblick auf ihre Ähnlichkeit mit den Blättern einer Mistel als Blattkrone bezeichnet. Sie begegnet ganz ähnlich bei den Darstellungen maskenartiger Köpfe auf dem ungefähr gleichzeitigen Pfeiler von Pfalzfeld, der ursprünglich wohl auch auf einem Grabhügel stand.[75]

Neben der Pflege des Andenkens der Verstorbenen bezeugt das frühkeltische Totenbrauchtum allerdings auch Vorstellungen von einer über den Tod hinaus währenden Gefährdung der Hinterbliebenen. Entsprechende Hinweise bieten vor allem jene Gräber, bei denen sich auffällige Manipulationen am Leichnam nachweisen lassen. So enthielt eines der Gräber vom Eislfeld auf dem Dürrnberg bei Hallein neben zwei Kleinkindern in Hockerlage das beigabenlose Skelett eines Mannes, dem man mit einem großen Steinblock Kopf und Brust zerquetscht hatte. Bei einem anderen Grab desselben Friedhofs war einem erwachsenen Mann das Becken entfernt und auf der Brust niedergelegt worden. Zudem lagen beide Oberschenkelknochen unnatürlich eng zusammen, was auf eine rituelle Fesselung hinweisen könnte.[76] Im Zusammenhang mit solchen Maßnahmen stehen auch Hinweise auf die Verwendung schadenabwehrender Amulette und glückbringender Talismane. Sie hat zwar weder in den Nachrichten der antiken Autoren noch in den inselkeltischen Literaturen des Mittelalters ihren Niederschlag gefunden, ist jedoch als Bestandteil des keltischen Totenbrauchtums für das vorrömische Mitteleuropa gut bezeugt.[77] Wie ein Vergleich mit vereinzelten besonders gut erhaltenen Grabausstattungen aus anderen Regionen und Zeitperioden vermuten lässt, bestanden Amulette häufig aus organischem Material, das in der Mehrzahl der Fälle ohne nachweisbare Spuren vergangen ist. Unter den erhaltenen Gegenständen überwiegen Geräusche verursachende Objekte wie Rasseln und Klapperbleche, Miniaturabbildungen wie z. B. Rädchen, Schuhe oder Füße, Beile und menschliche Figürchen, unfertiger oder nachträglich unbrauchbar gemachter Schmuck wie z. B. Arm- und

Fingerringe sowie eine breite Palette auffälliger Gegenstände ohne erkennbare praktische Funktion wie z. B. Bergkristallstückchen, Silexpfeilspitzen, Versteinerungen, Eberhauer oder aus Bein gefertigte Perlen und Scheibchen. Dass Gegenstände aus Glas und Bernstein nicht in erster Linie als Schmuck, sondern vielmehr als Amulette getragen wurden, schließt man aus dem Umstand, dass sie häufig zusammen mit Amuletten gefunden werden, ansonsten aber in den Gräbern eher selten sind. Für den Amulettcharakter vieler eiserner Gegenstände spricht die auffällige Tatsache, dass bei Kindergräbern mit Amuletten häufig Objekte aus Eisen vorkommen, die bei Erwachsenen normalerweise aus Bronze gefertigt sind. Abnutzungsspuren lassen darauf schließen, dass viele Amulette den Verstorbenen als persönlicher Besitz mit ins Grab gegeben wurden. Dies gilt insbesondere für die zahlreichen durchbohrten oder mit Ösen versehenen Objekte, die auch nach Ausweis der Fundlage häufig an einem Faden um den Hals getragen wurden. Dagegen dürfte es sich bei Amuletten für Neugeborene und Embryonen sowie bei unbrauchbar gemachtem Trachtzubehör wohl eher um Grabbeigaben handeln, die teilweise vielleicht erst für die Bestattung angefertigt wurden.

Statistische Erhebungen haben gezeigt, dass Amulette im vorrömischen Mitteleuropa besonders häufig in den Gräbern von Kindern und jüngeren Frauen begegnen und dass ihre Verwendung oft mit besonderen Manipulationen des Leichnams einhergeht. Ethnographische Parallelen aus anderen Kulturen lassen vermuten, dass man in den betreffenden Toten Personen sah, die «vor ihrer Zeit» gestorben waren und daher nicht in der üblichen Weise bestattet werden durften. Dabei mögen die Amulette vielfach weniger dem Schutz des Toten als vielmehr dem der Hinterbliebenen gegolten haben. Betrachtet man nun die vorrömischen Gräber Mitteleuropas in ihrer Gesamtheit, so scheint der Amulettgebrauch allerdings keineswegs zu allen Zeiten gleich weit verbreitet gewesen zu sein. Dass er in den frühlatènezeitlichen Gräbern einen Höhepunkt erreicht, steht möglicherweise im Zusammenhang mit einer Krise innerhalb der keltischen Gesellschaft, deren Auswirkungen im folgenden Kapitel der vorliegenden Darstellung zur Sprache kommen sollen.

3.
DAS ZEITALTER DER KELTISCHEN EXPANSION

Aufbruch nach Süden: Die Wanderungen der Kelten im Urteil der Antike

> Wie es heißt, fanden die Gallier, die damals von den Alpen wie von einem unüberwindlichen Bollwerk in Schranken gehalten wurden, einen Grund zur Einwanderung in Italien erstmals darin, dass der Helvetier Helico, der als Handwerker eine Weile in Rom gelebt hatte, bei seiner Rückkehr eine getrocknete Feige, eine Traube und Proben von Öl und Wein mitgebracht hatte.

So erklärt um die Mitte des 1. Jahrhunderts n. Chr. Plinius der Ältere das Vordringen der Kelten in die Länder des Mittelmeerraums (*Naturgeschichte* 12,5). Eine andere Motivation nennt im 3. Jahrhundert n. Chr. der Historiker Iustinus in seinem Abriss der um die Zeitenwende entstandenen Universalgeschichte des aus Südgallien gebürtigen Historikers Pompeius Trogus (*Epitome* 20,5,7 f.):

> Der Grund, weshalb die Gallier nach Italien kamen und neue Wohngebiete suchten, waren innere Unruhen und anhaltende Bürgerkriege. Als sie, dessen überdrüssig, nach Italien gekommen waren, vertrieben sie die Etrusker aus ihren Siedlungsgebieten und gründeten Mailand, Como, Brescia, Verona, Bergamo, Trient und Vicenza.

Wiederum eine andere Begründung gibt das Geschichtswerk des Historikers Livius, eines Zeitgenossen des Pompeius Trogus (*Römische Geschichte* 5,34,1–4):

> Über die Einwanderung der Gallier in Italien haben wir folgendes in Erfahrung gebracht: Als Tarquinius Priscus in Rom regierte, wurden die Kelten, die einen der drei Teile Galliens bilden, von den Biturigen beherrscht; sie stellten den König für das Keltenland. Das war Ambigatus, der sich durch Tüchtigkeit und eine glückliche Hand in seinen eigenen wie auch in den öffentlichen Angelegenheiten auszeichnete.

Unter seiner Regierung gab es in Gallien so reiche Ernten und so viele Menschen, dass die ungeheure Zahl kaum mehr regierbar schien. Da der König bereits in vorgerücktem Alter war und sein Reich von der Belastung durch die Menschenmenge befreien wollte, erklärte er seine Absicht, den Bellovesus und den Segovesus, die beiden Söhne seiner Schwester, zwei tatkräftige junge Männer, in die Wohngebiete zu entsenden, die ihnen die Götter durch Vorzeichen anweisen würden. Sie sollten eine beliebig große Zahl von Menschen mit sich führen, so dass kein Volk in der Lage wäre, die Neuankömmlinge aufzuhalten. Daraufhin erhielt Segovesus durch das Los das Hercynische Gebirge. Dem Bellovesus aber wiesen die Götter den sehr viel angenehmeren Weg nach Italien.

Welche Quellen sich hinter diesen Berichten verbergen, ist heute kaum mehr auszumachen. Fußt Livius mit seiner Bemerkung über die Dreiteilung Galliens ganz offensichtlich auf einer entsprechenden Feststellung Caesars (*Der Gallische Krieg* 1,1,1), so könnte die Erzählung vom König Ambigatus und seinen beiden Neffen durchaus auf eine lokale Überlieferung der Kelten Oberitaliens zurückgehen. Wie dem auch sei, in der Frage nach den Ursachen des Vordringens der Kelten in die Länder des Mittelmeerraums kann auch die moderne Forschung nur auf die Vermutungen der antiken Autoren verweisen. Ein gewisser Bevölkerungsüberschuss, innere Unruhen und soziale Spannungen sowie die Attraktivität der südlichen Länder und ihrer materiellen Kultur mögen in der Tat die entscheidenden Gründe für jene Züge gewesen sein, die im 4. und 3. Jahrhundert v. Chr. die Alte Welt in Atem hielten.

Wie man sich die Wanderungen der keltischen Völker im Einzelnen vorzustellen hat, ist den Nachrichten der antiken Autoren und den archäologischen Funden nicht zu entnehmen. Mit hoher Wahrscheinlichkeit aber ist «Kelten» als antike Bezeichnung landsuchender Siedler und plündernder Kriegerscharen aus dem Norden nur ein Sammelbegriff, der Bevölkerungsgruppen unterschiedlicher ethnischer und sprachlicher Zugehörigkeit umfasst. Dabei wird unser Verständnis des Verlaufs der keltischen Wanderungen dadurch erschwert, dass die uns erhaltenen Schriftquellen in der Regel erst bei der Kontaktaufnahme mit den Völkern des Mittelmeerraums einsetzen, so dass die Ereignisse im mitteleuropäischen Kernraum der Kelten weitgehend im Dunkeln liegen. Von der Präsenz der Kelten auf der Iberischen Halbinsel, in Oberitalien und in Kleinasien wird noch in den Kapiteln 5 bis 7 die

Rede sein, während die Geschichte und Kultur der keltischen Völker auf den Britischen Inseln und in Irland überhaupt erst im zweiten und dritten Teil der vorliegenden Darstellung zur Sprache kommen werden. Die folgenden Seiten behandeln daher in erster Linie die Expansion der Kelten nach Südosten, die in griechischen Quellen vielfältigen Niederschlag fand und auf die antike Sicht der Kelten einen prägenden Einfluss ausüben sollte.

Als «Griechenfreunde» *(Philhéllenes)* bezeichnete im 4. Jahrhundert v. Chr. der Historiker Ephoros von Kyme (zitiert bei Strabon, *Erdkunde* 4,4,6) die Kelten. Ihm folgte noch im 1. Jahrhundert v. Chr. der unbekannte Autor einer Beschreibung der Küsten Europas, der die Nachahmung griechischer Sitten durch die Kelten und ihre freundschaftlichen Beziehungen zu den Griechen hervorhob (Pseudo-Skymnos, *Periplus Europae* 183 ff.). Diese positive Einschätzung des Verhältnisses zwischen Kelten und Griechen beruht sehr wahrscheinlich auf uns verlorenen Quellen des 6. Jahrhunderts v. Chr., die das gute Einvernehmen zwischen der griechischen Kolonie Massalia und den Kelten Südgalliens hervorhoben. Spätestens im 3. Jahrhundert v. Chr. hatte sich das Keltenbild der Griechen jedoch grundlegend gewandelt. Als unbeherrscht und unfähig zu staatlicher Ordnung hatte bereits im 4. Jahrhundert v. Chr. Aristoteles die Kelten bezeichnet (*Eudemische Ethik* 1229b 25–30 bzw. *Politeia* 1327b 23–27). Sein Lehrer Platon hatte ihre Trunksucht missbilligt (*Gesetze* 1,637d). Als «spätgeborene Titanen», das heißt Feinde der Götter, charakterisierte sie im 3. Jahrhundert v. Chr. der Dichter Kallimachos (*Hymnos auf Delos* 171 ff.), und ein Epigramm der *Anthologia Graeca* (7,492) geißelt ihren «frevelhaften Übermut, der kein Gesetz anerkennt». Ausschlaggebend für diesen Wandel in der Beurteilung der Kelten waren zum einen die Raubzüge beutehungriger keltischer Scharen auf dem Balkan und in Griechenland, zum anderen der Einsatz keltischer Krieger als Söldner in den kriegerischen Auseinandersetzungen zwischen den Völkern des Mittelmeerraums.[78] Schon im 5. und 4. Jahrhundert v. Chr. waren keltische Völkerschaften in den Siedlungsraum venetischer und illyrischer Stämme an der oberen Adria und auf dem Balkan vorgestoßen. Ihrer Unterstützung versicherte sich der Tyrann Dionysios I. von Syrakus, als er während seines Krieges mit Karthago 386 v. Chr. zum Schlag gegen die reichen italischen Handelsstädte an der oberen Adria ausholte. Als Dionysios 369 v. Chr. den Spartanern im Krieg gegen Theben mit eigenen Truppen zu Hilfe kam, waren darunter auch keltische Söldner. Sie spielten auch in den folgenden Jahrzehnten in den Kriegen zwischen Karthago und Syrakus auf beiden Seiten eine wichtige Rolle und wurden von dem Tyrannen Agathokles von Syrakus bei seiner Invasion Nordafrikas 310–307 v. Chr. erstmals auch gegen die Stadt Karthago selbst eingesetzt. Ein gutes Einvernehmen mit den Kelten suchte 335 v. Chr. auch Alexander der Große während seines Balkanfeldzugs, wie Strabon unter Berufung auf einen der bedeutendsten Feldherren Alexanders berichtet (*Erdkunde* 7,3,8):

> Ptolemaios Lagu sagt, auf diesem Feldzug seien zum Abschluss eines Bündnisses und zur Herstellung freundschaftlicher Beziehungen auch die an der Adria lebenden Kelten mit Alexander zusammengekommen. Der König habe sie freundlich empfangen und nach einem Umtrunk die Frage gestellt, was sie am meisten fürchteten, da er geglaubt habe, sie würden sagen: ihn selbst. Sie aber hätten geantwortet, sie fürchteten nichts, außer dass der Himmel über ihnen einstürzen könnte, schätzten aber die Freundschaft eines Mannes, wie er es sei, über alles.

Nach dem Tod Alexanders 323 v. Chr. mehrten sich die Angriffe der Kelten auf das Gebiet seines zerfallenden Riesenreichs. Nachdem keltische Scharen um 280 v. Chr. Thrakien, Makedonien und Illyrien verheert hatten, fielen sie ein Jahr später von Thrakien aus in Thessalien und Griechenland ein. Nur mit Mühe gelang es den Griechen, das Heiligtum des Apollon von Delphi vor der Plünderung zu bewahren, bis der Einbruch des Winters die Angreifer zum Rückzug zwang. Nach verlustreichen Rückzugsgefechten zogen sich die Kelten daraufhin auf Dauer aus Griechenland und Makedonien zurück und ließen sich in verschiedenen Regionen des nördlichen Balkanraums nieder. So gründete ein Teil von ihnen am Haimos-Gebirge in Thrakien das nach seiner Hauptstadt Tylis so genannte Reich der Tylener. Der Stamm der Skordisker siedelte an der unteren Save und gründete dort als Hauptstadt Singidunum, das heutige Belgrad.[79] Die Vertreibung der Kelten aus Griechenland tat dem Einsatz keltischer Söldner durch die hellenistischen Könige indessen keinen Abbruch. Der Makedonenkönig Antigonos Gonatas, der 277 v. Chr. die Kelten bei Lysimacheia entscheidend geschlagen hatte, bediente sich ihrer im Kampf gegen seinen Rivalen Pyrrhos, der seinerseits keltische Krieger in Sold nahm und ihnen die Plünderung der makedonischen Königsgräber bei Aigai gestattete. Für den Kampf gegen seinen Bruder Magas lieh

Antigonos Gonatas dem König Ptolemaios II. Philadelphos mehrere tausend keltische Söldner, die nach einem Aufstand auf einer Insel im Nil gefangengesetzt wurden und dort umkamen. Immer wieder neu rekrutiert wurden keltische Truppen im Königreich der Tylener, zu dem die ptolemäischen Könige Ägyptens gute Beziehungen unterhielten. Eine weitere Quelle waren die keltisch besiedelten Regionen Oberitaliens, aus denen Karthago während der Punischen Kriege Söldner für den Einsatz gegen Rom und seine italischen Verbündeten aushob.

In welchem Ausmaß die kriegerischen Auseinandersetzungen des 4. und 3. Jahrhunderts v. Chr. das Keltenbild der Antike und damit auch der frühen Neuzeit prägten, zeigt sich in vollem Umfang erst heute, da die Ergebnisse der modernen Archäologie ebenso wie die kritische Lektüre der griechischen und lateinischen Texte in vieler Hinsicht zu einer Berichtigung dieses Bildes zwingen.[80] Tatsächlich waren die antiken Autoren nur allzu geneigt, in ihren Beschreibungen der Kelten reale Beobachtungen mit literarischen Klischees und mythischen Vorstellungen zu verbinden. Ein charakteristisches Beispiel dafür ist die erstmals im 4./3. Jahrhundert v. Chr. bei Timaios von Tauromenion bezeugte Vorstellung von der Abstammung der Galater (das heißt Kelten) von Galates, einem Sohn des schon in der Odyssee erwähnten Kyklopen Polyphem und der Quellnymphe Galateia. Konnte der Name Galateia zur Herleitung des Namens der Galater dienen, so bot die genealogische Verbindung mit dem ungeschlachten Riesen Polyphem die Möglichkeit einer Erklärung vermeintlich typischer Wesenszüge der Kelten, darunter einer gewaltigen Körperkraft bei geringen geistigen Fähigkeiten. Erste Ansätze zu einer literarischen Stilisierung der Kelten nach dem Vorbild der homerischen Kyklopen findet man bereits in den oben zitierten Äußerungen des Kallimachos und der *Anthologia Graeca*. Deutlicher zu erkennen ist sie bei Polybios, nach dessen Worten die Kelten Oberitaliens völlig kulturlos waren und auf Betten aus zusammengescharrtem Laub zu schlafen pflegten (*Historien* 2,17,8–12). Wie Homer den von Odysseus überlisteten Kyklopen Polyphem als dumm und unvernünftig bezeichnet (*Odyssee* 9,361 und 442), so betont nunmehr Strabon den Unverstand und die Einfalt der Kelten, die es dem Klügeren leicht machten, sie zu überrumpeln (*Erdkunde* 4,4,2 und 5). Dass die Intelligenz der nördlichen Völker grundsätzlich unterentwickelt sei, hatte ja bereits Aristoteles festgestellt (*Politeia* 1327b 23), und auf derartige Anschauungen bezieht sich vielleicht auch der Apostel Paulus, wenn er im dritten Kapitel des Galaterbriefs die in ihrem Glauben verunsicherten keltischen Christen Kleinasiens mit den Worten «O ihr dummen Galater!» anredet. In der Tradition der antiken Keltenideologie steht letztlich auch die Comic-Serie *Asterix*, in der die Gallier als gutmütige und kindliche Raufbolde gezeichnet werden.[81] Eine realistischere Einschätzung findet man demgegenüber bei Diodor von Sizilien (*Bibliotheke* 5,31,1), der wohl im Anschluss an eine Bemerkung Caesars (*Der Gallische Krieg* 7,22,1) die rasche Auffassungsgabe der Kelten und ihre Lernfähigkeit hervorhob.

Sind also die antiken Schilderungen der Kelten und ihrer Kultur insgesamt mit großer Vorsicht zu beurteilen, so lassen sie doch zumindest in einem Bereich durchaus persönliche Erfahrung, eine scharfe Beobachtungsgabe und ein lebendiges Interesse erkennen. Dabei handelt es sich um das keltische Kriegswesen, das Griechen und Römern wie kein anderer Aspekt der keltischen Kultur aus eigener Anschauung vertraut war.

Schild, Speer und Schwert: Das keltische Kriegswesen

Über Bewaffnung und Kampfesweise der Kelten unterrichten uns archäologische Funde wie Weihe- und Grabbeigaben, einheimische bildliche Darstellungen, Abbildungen keltischer Krieger in der griechischen, etruskischen und römischen Kunst sowie schließlich Nachrichten antiker Autoren.[82] Obschon auch auf diesem Gebiet mit ausgeprägten regionalen Unterschieden und einer dynamischen zeitlichen Entwicklung zu rechnen ist, ermöglicht eine Kombination dieser verschiedenen Quellengattungen zumindest für das letzte Drittel des 1. Jahrtausends v. Chr. einige allgemeingültige Feststellungen über die Bewaffnung und Ausrüstung des keltischen Kriegers und über deren Einsatz.

Die wichtigste Angriffswaffe war das Schwert. Frühe Exemplare haben eine spitze, für Hieb und Stich gleichermaßen geeignete Klinge von durchschnittlich 60 cm Länge, während sich später das reine Hiebschwert mit einer vorne abgerundeten Klinge von 80 cm und mehr durchsetzte. Wie metallurgische Untersuchungen ergaben, wurden die Klingen gelegentlich zur Erhöhung der Elastizität aus mehreren Eisenstäben unterschiedlicher Härte hergestellt, wobei man das härteste Material für die Schneide verwendete. Für die hohe Wertschätzung des Schwertes spricht, dass man auf den Klingen häufig Markierungen mit Darstellungen von stilisierten Tieren oder Symbolzeichen anbrachte, die man gelegentlich auch mit Goldblech einlegte. Ob es sich bei diesen sogenannten Schlagmarken um reine Fabrikations- bzw. Besitzerstempel handelt oder ob ihnen darüber hinaus eine rituelle oder magische Bedeutung zukam, ist ungewiss. Die Griffe der Schwerter hatten häufig die Form eines langgestreckten X, wobei die beiden Griffschalen zumeist aus Holz oder Bein geschnitzt und gelegentlich mit Schmuckeinlagen verziert waren. Oft wurde der Knauf als rundplastischer Kopf gestaltet, was dem Griff ein menschenähnliches Aussehen verlieh. Die Scheiden der Schwerter bestanden zumeist aus Eisen- oder Bronzeblech und waren häufig an der Öffnung oder an der Spitze, dem Ortband, in Treib-, Ziselier- und Punztechnik verziert. Nach dem Zeugnis der bildlichen Darstellungen wie auch der antiken Autoren trug man das Schwert an einer Kette aus Eisen oder Bronze an der rechten Hüfte. Das hohe Ansehen des keltischen Schwerts in der Alten Welt bezeugt nicht zuletzt der Umstand, dass eine der altkeltischen Bezeichnungen dafür ins Lateinische entlehnt wurde (vgl. lateinisch *gladius* neben altirisch *claideb* und kymrisch *cleddyf*) und dort das alte Erbwort *ensis* weitgehend verdrängte.

Ein keltisches Lehnwort ist auch lateinisch *lancea* (daraus über altfranzösisch *lance* auch mittelhochdeutsch *lanze*), das ursprünglich den mit einem Wurfriemen versehenen Wurfspeer bezeichnete. Aus Wagengräbern des Marnegebiets kennt man Speere von 2,50 Meter Länge, die ein 20 cm langes, schmales Blatt besaßen und vermutlich als Wurflanzen der Streitwagenkrieger Verwendung fanden. Daneben begegnen Stoßlanzen mit Eisenspitzen von 30 bis 60 cm Länge. Ein weiteres keltisches Wort für den Speer war *gaisos* (daraus altirisch *gae* und kymrisch *gwayw*), das in der antiken Überlieferung in Personennamen wie *Gaesatus* «Speerträger» und *Gaisatorix* «Anführer der Speerleute/Krieger» sowie in der Bezeichnung keltischer Söldner als «Gaesaten» (lateinisch *gaesati* oder *gaesates*) belegt ist.

Als Schutzwaffen sind Helme, Panzer und Schilde nachgewiesen. Letztere waren in der Regel aus mit Leder bezogenem Holz, so dass sich in der Mehrzahl der Gräber nur die Metallbeschläge erhalten haben. Die zumeist ovalen Schilde waren anfangs relativ klein (etwa 50 mal 40 cm), später jedoch fast mannshoch und mit ihren eisernen

Schildbuckeln mehrere Kilo schwer. Helme aus Eisen oder Bronze waren nach Ausweis der Grabfunde vergleichsweise selten, doch ist mit einer größeren Zahl uns nicht erhaltener Lederhelme zu rechnen. In ähnlicher Weise waren wohl auch Panzer aus Metall besonders vornehmen Kämpfern vorbehalten, während die große Mehrzahl der Krieger allenfalls Lederpanzer trug.

Auf die Frage nach der praktischen Verwendung der keltischen Waffen und ihrer Wirkung im Kampf geben in erster Linie die Beschreibungen antiker Autoren Auskunft. So schildert etwa im 2. Jahrhundert v. Chr. der Historiker Polybios, wie in der Schlacht von Telamon 225 v. Chr. alle Hügel der Umgebung vom Lärm des Kriegsgeschreis und der Trompeten widerhallten, während der Anblick der vielfach nackten und mit goldenen Arm- und Halsringen geschmückten Gallier die Römer in Angst und Schrecken versetzte (*Historien* 2,29). Die psychologische Wirkung der gallischen Krieger betont auch eine Schilderung des Poseidonios, die sich bei Diodor von Sizilien erhalten hat (*Bibliotheke* 5,29). Ihr zufolge forderten die Kelten vor der Schlacht häufig einzelne Krieger zum Zweikampf heraus, wobei sie ihre Waffen schwangen, lautstark die eigenen Heldentaten und die ihrer Vorfahren rühmten und gleichzeitig den Gegner durch Schmähungen herabzusetzen suchten.

Einen vergleichsweise ausführlichen Bericht über die keltische Kavallerietaktik gibt uns der kaiserzeitliche griechische Reiseschriftsteller Pausanias (*Beschreibung Griechenlands* 10,19 ff.), dessen Darstellung zweifellos eine ältere hellenistische Quelle widerspiegelt. Ihm zufolge beruhte die Kampfesweise der keltischen Reiterei auf einer taktischen Einheit, welche die Kelten selbst *trimarkisía* nannten (vgl. kymrisch *tri* «drei» und *march* «Pferd»). Sie bestand aus je einem berittenen Kämpfer, der von zwei Dienern unterstützt wurde. Diese hielten sich außerhalb des Kampfgeschehens bereit, um dem berittenen Krieger bei einer Verwundung oder dem Verlust seines Pferdes ein frisches Reittier zuzuführen. Wurde der Reiter selbst verwundet, so brachte ihn einer der Diener in Sicherheit, während der andere an seiner Stelle zu Pferd weiterkämpfte. Wie Strabon bemerkt, wurden die Kelten wegen ihrer Geschicklichkeit als Reiter so geschätzt, dass sie nach ihrer Unterwerfung den besten Teil der römischen Kavallerie stellten (*Erdkunde* 4,4,2).

Im Unterschied zu den Germanen gebrauchten die Kelten das Pferd indessen nicht nur zum Reiten, sondern auch als Zugtier für leichte zweirädrige Streitwagen.[83] Die keltische Bezeichnung dafür war *essedon*, was in der Form *essedum* ins Lateinische entlehnt wurde. Wie man aus Originalfunden und bildlichen Darstellungen etwa auf Münzen weiß, wurden diese außerordentlich leichten, nach vorne und hinten offenen Wagen stets von zwei kleinen Pferden oder Ponys gezogen. Diese liefen unter einem hölzernen Joch, das auf dem Rücken oder am Widerrist der Tiere befestigt war. Schon die griechischen Ethnographen schenkten dieser Verwendung des Pferdes ihre besondere Aufmerksamkeit, da sie sich an die Schilderung griechischer Streitwagen bei Homer und damit an ihre eigene Geschichte erinnert fühlten. So schreibt Diodor von Sizilien (*Bibliotheke* 5,29) wiederum unter Verwendung einer Schilderung des Poseidonios:

> Auf Reisen und in Schlachten benutzen sie Zweigespanne, bei denen der Wagen einen Lenker und einen Kämpfer trägt. Wenn sie in der Schlacht auf Reiter treffen, werfen sie ihre Speere auf den Gegner, steigen dann ab und treten zum Kampf mit dem Schwert an.

Während der Streitwagen als taktische Waffe auf dem europäischen Festland im 1. Jahrhundert v. Chr. bereits außer Gebrauch gekommen war, hielt er sich auf den Britischen Inseln und in Irland noch bis ins frühe Mittelalter. Die ausführlichste Beschreibung seiner Verwendung stammt von Iulius Caesar (*Der Gallische Krieg* 4,33), der diese Waffe bei seinen Expeditionen nach Britannien kennenlernte:

> Von den Streitwagen herab kämpft man wie folgt: Zuerst fahren sie überall herum, werfen Speere und bringen zumeist schon durch die Angst vor den Pferden und das Dröhnen der Räder die Reihen der Feinde in Verwirrung. Wenn sie dann in die Abteilungen der Reiterei eingedrungen sind, springen sie von den Wagen herab und kämpfen zu Fuß. Unterdessen fahren die Wagenlenker die Fahrzeuge ein wenig vom Gefechtsfeld weg und stellen sie so auf, dass die Kämpfer freien Rückzug zu ihren Kameraden haben, wenn sie von einer Übermacht an Feinden bedrängt werden. So zeigen sie im Kampf die leichte Beweglichkeit von Reitern und zugleich die Standfestigkeit von Fußtruppen. Durch tägliche Übung und Gewohnheit bringen sie es so weit, dass sie sogar auf stark abschüssigem Gelände die Pferde in vollem Lauf parieren, im Nu in eine langsamere Gangart bringen und eine Wendung vollführen lassen. Dabei laufen sie die Deichsel entlang, stellen sich auf das Joch und eilen von dort mit großer Schnelligkeit wieder in den Wagen zurück.

Eine weitere Schilderung der keltischen Streitwagentaktik in der Schlacht von Sentinum 295 v. Chr. verdanken wir dem Historiker Livius (*Römische Geschichte* 10,28,9), doch ist seine Darstellung möglicherweise unmittelbar von den Worten Caesars beeinflusst und daher nicht als selbständiges Zeugnis zu werten.

Im Gefolge der kriegerischen Auseinandersetzungen zwischen den Kelten und den Völkern des Mittelmeerraums im 4.und 3. Jahrhundert v. Chr. findet man erstmals auch Hinweise auf ein keltisches Gefolgschaftswesen.[84] So schreibt Diodor von Sizilien in Anlehnung an Poseidonios, die keltischen Krieger führten als Diener, Wagenlenker und Schildträger besonders ausgewählte Freigeborene aus den weniger begüterten Schichten mit sich (*Bibliotheke* 5,29,2). Wie Iulius Caesar ausdrücklich vermerkt, war dabei die Bindung des Gefolges an seinen Herrn nicht nur wirtschaftlich und sozial, sondern auch religiös begründet (*Der Gallische Krieg* 7,40,7). In Übereinstimmung damit schreibt Caesar anlässlich seiner Schilderung der Übergabe des Hauptortes der aquitanischen Sotiaten (*Der Gallische Krieg* 3,22,1–3):

> Während die Aufmerksamkeit aller unserer Leute darauf gerichtet war, unternahm aus einem anderen Teil der Stadt ihr Fürst Adiatuanus mit 600 Geweihten, die sie auch «Soldurier» nennen, einen Ausfall. Die Soldurier leben so, dass sie gemeinsam mit denen, deren Freundschaft sie sich geweiht haben, alle angenehmen Dinge im Leben genießen, wenn diesen aber ein Unheil widerfährt, auch dies mit ihnen teilen oder aber sich das Leben nehmen. Und seit Menschengedenken hat bis heute noch keiner nach dem Tod des Mannes, dessen Freundschaft er sich geweiht hat, selbst den Tod gescheut.

Wie man seit langem vermutet, haben entsprechende Berichte möglicherweise auch Tacitus' Schilderung des germanischen Gefolgschaftswesens im dreizehnten Kapitel der *Germania* beeinflusst, doch begegnen dort auch Angaben, die in den uns bekannten ethnographischen Schriften über die Kelten ohne Parallele sind.

Dass Kriegshandlungen von religiösen Riten eingeleitet und begleitet wurden, bezeugt die Bemerkung des Polybios, die keltischen Insubrer hätten zu Beginn eines Krieges mit den Römern aus einem Heiligtum der «Athene», das heißt vermutlich einer keltischen Kriegsgöttin, die als «unbeweglich» bezeichneten goldenen Feldzeichen hervorgeholt (*Historien* 2,32,6). Solche Bilder erwähnt auch Caesar, demzufolge sich mehrere gallische Stämme 52 v. Chr. zu Beginn des allgemeinen Aufstands gegen die Römer unter herbeigeholten Feldzeichen durch einen feierlichen Eid zu gegenseitiger Waffenhilfe verpflichteten (*Der Gallische Krieg* 7,2,2). Dabei handelt es sich vermutlich um Tierstandarten, wie wir sie durch Abbildungen auf Münzen und auf dem römischen Triumphbogen von Orange kennen. Vergleichbare Feldzeichen, die in Friedenszeiten an geweihter Stätte aufbewahrt wurden, besaßen auch die Germanen, berichtet doch Tacitus über «die aus Wäldern oder Hainen hervorgeholten Bilder wilder Tiere», mit denen 69 n. Chr. die Bataver während des Aufstands gegen die Römer in den Kampf zogen (*Historien* 4,22,2). Ein solches als Feldzeichen verwendetes Bildnis mag auch der eherne Stier gewesen sein, bei dem nach den Worten Plutarchs die Kimbern 102 v. Chr. einen Vertrag mit den Römern beschworen (*Leben des Marius* 23,7).

Durch archäologische Funde und das Zeugnis antiker Autoren gleichermaßen gut bezeugt ist der Brauch, als Zeichen des Dankes für die erfolgreiche Hilfe der Gottheit im Kampf die erbeuteten Waffen und gefangengenommenen Gegner zu opfern. Dazu schreibt Diodor von Sizilien wohl im Anschluss an Poseidonios (*Bibliotheke* 5,32,6):

> Als Opfergaben zu Ehren der Götter verwenden sie auch Kriegsgefangene. Einige von ihnen töten auch die im Krieg erbeuteten Tiere zusammen mit den Menschen, verbrennen sie oder bringen sie auf andere Weise ums Leben.

In Übereinstimmung damit berichtet er als eine Episode aus dem Dritten Makedonischen Krieg (*Bibliotheke* 31,13):

> Nachdem der Feldherr der keltischen Barbaren von der Verfolgung zurückgekehrt war und die Kriegsgefangenen zusammengetrieben hatte, beging er eine barbarische und ganz und gar vermessene Tat. Er bekränzte nämlich die bestaussehenden und in der Blüte ihrer Jahre stehenden Kriegsgefangenen und opferte sie den Göttern – wenn denn ein Gott solche Ehrenbezeigungen annimmt.

Zweifellos in Kenntnis und vielleicht unter Verwendung derselben Quelle schreibt Caesar im Anschluss an seine Charakterisierung des von ihm als Mars bezeichneten keltischen Kriegsgottes (*Der Gallische Krieg* 6,17,3–5):

> Wenn sie sich zum Kampf entschlossen haben, geloben sie ihm meistens die Kriegsbeute. Nach dem Sieg opfern sie die erbeuteten Tiere und tragen das übrige an einem Ort zusammen. Bei vielen Stämmen kann man an geweihten Stätten aus Beutegut errichtete Hügel sehen, und nur selten kommt es vor, dass jemand unter Missachtung der schuldigen Ehrfurcht Beute bei sich zu verstecken oder bereits Geweihtes wegzunehmen wagt, worauf eine besonders furchtbare und qualvolle Hinrichtung steht.

Besondere Beachtung schenkten die antiken Autoren im Zusammenhang mit dem keltischen Kriegswesen der Sitte, dem gefallenen Gegner den Kopf abzuschlagen und als Trophäe aufzubewahren.[85] Den frühesten literarischen Hinweis darauf findet man bei Polybios, demzufolge die keltischen Hilfstruppen im Heer Hannibals nach der Schlacht am Ticinus 218 v. Chr. den gefallenen Römern den Kopf abschlugen (*Historien* 3,67,3). Ausführlicher äußert sich Diodor von Sizilien (*Bibliotheke* 5,29,4 f.):

> Den gefallenen Gegnern schlagen sie die Köpfe ab und hängen sie um den Hals ihrer Pferde. Die blutigen Waffen nehmen sie als Trophäen an sich und übergeben sie ihren Dienern, wobei sie ein Dank- und Siegeslied anstimmen. Diese Beute nageln sie an ihre Häuser, so als hätten sie auf der Jagd wilde Tiere erlegt. Die Köpfe ihrer vornehmsten Gegner konservieren sie, verwahren sie sorgfältig in einer Truhe und zeigen sie ihren Gastfreunden. Dabei machen sie viel Aufhebens davon, dass für diesen Kopf einem der Vorfahren, dem Vater oder auch ihnen selbst ein Vermögen geboten worden sei, sie es aber nicht angenommen hätten. Manche sollen damit geprahlt haben, sie hätten sich den Kopf nicht einmal in Gold aufwiegen lassen. Damit zeigen sie einen barbarischen Hochmut, denn es ist nicht etwa vornehm, die Beweisstücke der Tapferkeit nicht zu veräußern, sondern vielmehr viehisch, noch den toten Artgenossen zu bekriegen.

Eine ganz ähnliche Schilderung gibt Strabon (*Erdkunde* 4,4,5) mit dem ausdrücklichen Hinweis auf die Augenzeugenschaft des Poseidonios, der somit auch für Diodor als Quelle vorausgesetzt werden darf. Beachtung verdient dabei, dass der Wortlaut dieser Schilderung in mehreren Punkten an Herodots Beschreibung skythischer Sitten erinnert, da nach den Worten des griechischen Historikers auch die Skythen die Skalpe getöteter Feinde an die Zügel ihrer Pferde hängten und die bedeutendsten ihrer Schädeltrophäen den Gastfreunden zeigten (*Historien* 4,64 f.). Gleichwohl geht aus archäologischen Funden klar hervor, dass diese literarische Parallele nicht auf Entlehnung und damit auf der unkritischen Übertragung eines völkerkundlichen Wandermotivs beruht, sondern vielmehr eine reale Übereinstimmung im Kriegswesen der beiden Kulturen widerspiegelt. So zeigt etwa eine keltische Münze aus der Mitte des 1. Jahrhunderts v. Chr. auf der Rückseite das Porträt eines keltischen Kriegers, der mit der Linken den abgeschlagenen Kopf eines Feindes umklammert.[86] Auf einer frühlatènezeitlichen Reiterdarstellung aus Kärlich bei Koblenz ist sehr wahrscheinlich ebenfalls ein abgeschnittener Kopf abgebildet, der an der zügelführenden Hand des Reiters hängt.[87] In dieselbe Richtung weisen auch die Funde im Heiligtum der Siedlung von Roquepertuse in Südfrankreich. Schon bei Grabungen in den Jahren 1919–1924 hatte man dort drei monolithische Pfeiler aus dem frühen 2. Jahrhundert v. Chr. entdeckt, in die Nischen mit (heute verschollenen) menschlichen Schädeln eingehauen waren. Ging die museale Rekonstruktion von 1926 noch davon aus, dass diese Schädel in apotropäischer Absicht an der Außenseite eines Portikus angebracht worden waren, so erbrachte die 1988 begonnene Neuuntersuchung des Grabungsbefundes den Nachweis, dass die Schädel tatsächlich das Innere des Gebäudes schmückten.[88] Eindeutig apotropäischen Zwecken dienten die Menschen- und Rinderschädel, die im Eingangsbereich des seit 1977 erforschten Heiligtums von Gournay-sur-Aronde einen monumentalen Portalvorbau zierten.[89] Den bislang eindrucksvollsten Beleg für die keltische Sitte der Kopfjagd lieferte indessen 1982 das latènezeitliche Heiligtum von Ribemont-sur-Ancre. Hier förderte die archäologische Untersuchung die Knochen von sechzig kopflosen Kriegern zutage, die man nach Ausweis der Fundlage auf einem erhöhten Podest mitsamt ihren Waffen als menschliche Trophäen zur Schau gestellt hatte.[90] Die volle Bedeutung dieser zuletzt genannten Funde erschließt sich allerdings erst dann, wenn man sie vor dem Hintergrund unserer heutigen Kenntnis der keltischen Religion jener Epoche betrachtet.

Siegesdenkmäler und Opferstätten: Die ältesten keltischen Heiligtümer

Wie archäologische Funde zeigen, wurden Opfer schon in vorkeltischer Zeit häufig an besonders markanten Punkten der Landschaft vollzogen. Eindrucksvolle Beispiele dafür bieten insbesondere die in den Alpen und im nördlichen Alpenvorland weitverbreiteten Brandopferplätze, die sich durch eine geographisch exponierte Höhenlage auszeichnen. So liegt etwa der Kultplatz am sogenannten Burgstall in Südtirol auf einer unwirtlichen Hochfläche in 2500 Meter Höhe fernab jeder menschlichen Behausung. Auf einer 12 mal 16 Meter großen Fläche fand man dort kalzinierten Knochenschotter und große Mengen zerschlagener Keramik, die von periodisch wiederkehrenden Opferhandlungen zeugen.[91] Ein noch heute optisch eindrucksvolles Naturdenkmal ist auch die als Heidentor bezeichnete senkrecht stehende Felswand auf der Oberburg bei Egesheim im Landkreis Tuttlingen, die nach Ausweis der dort gefundenen Fibeln und anderer Kleinfunde in der späten Hallstatt- und frühen Latènezeit als Opferplatz diente.[92]

Vergleichbare Anziehungspunkte für Opferhandlungen stellten Höhlen und Felsspalten dar, bei deren Nutzung sich mitunter eine Kontinuität über viele Jahrhunderte hinweg nachweisen lässt. So wurde etwa das «Felsenloch» im Veldensteiner Forst in Oberfranken von der frühen Bronzezeit bis in die frühe Latènezeit als Opferplatz genutzt.[93] Um einen Opferplatz handelt es sich wohl auch bei jener Höhle in der Nähe von Agris in Westfrankreich, in der 1981–1986 mehrere Teile eines aus Eisen, Bronze, Gold und Silber gefertigten und mit Koralle verzierten Prunkhelms aus dem 4. Jahrhundert v. Chr. gefunden wurden.[94] Gut bezeugt ist ferner die Sitte des Versenkens von Opfergaben in Quellen, Flüssen, Seen, Mooren und Sümpfen, die ebenfalls bis in die vorkeltische Zeit zurückreicht. So entdeckte man an der «Riesenquelle» von Duchcov (Dux) in Nordböhmen in 5 Meter Tiefe einen Bronzekessel mit Fibeln und Ringschmuck aus dem 4. Jahrhundert v. Chr., in 9 Meter Tiefe aber eine Lanzenspitze aus der Bronzezeit.[95] Mit Sicherheit steht ein Großteil der Opfer durch Versenken im Zusammenhang mit der Verehrung unterirdischer Gottheiten, doch kann man nur gelegentlich anhand des Fundguts ermitteln, welche Personengruppen an den Opferhandlungen beteiligt waren. So fehlen z. B. in La Tène die charakteristischen Bestandteile der weiblichen Tracht, die umgekehrt im Fund von Duchcov besonders zahlreich vertreten sind. Wenn Strabon berichtet, in einem See in der Nähe von Tolosa (Toulouse) hätten die Kelten auch Mühlsteine aus gehämmertem Silber versenkt (*Erdkunde* 4,1,13), so wird man am ehesten an Bitt- oder Dankopfer der Ackerbau treibenden Bevölkerung denken dürfen. Zu den eindrucksvollsten Funden der jüngsten Vergangenheit zählt die Entdeckung von ca. 500 Objekten aus Eisen und Bronze, darunter sieben Kriegstrompeten (Carnyx) und ein figürlich verzierter Helm, die im September 2004 bei der archäologischen Untersuchung des gallischen Heiligtums von Tintignac in Westfrankreich zutage kamen.[96]

Wie oft aus einem wiederholt aufgesuchten Opferplatz eine auch architektonisch gestaltete permanente Kultstätte entstanden sein mag, ist nicht abzuschätzen. Ein frühes Beispiel für eine solche Entwicklung ist wahrscheinlich das auf einem steil abfallenden Hügel am Zusammenfluss von Beraun und Moldau gelegene Heiligtum auf dem «Burgwall» von Závist südlich von Prag, wo schon im 6. Jahrhundert v. Chr. an der Stelle des Opferplatzes zunächst eine Kultstätte und im Anschluss daran eine dauerhafte Siedlung angelegt wurden.[97] Vermutlich ebenfalls aus dem 6. Jahrhundert v. Chr. stammt der Goloring bei Koblenz, eine kreisrunde Einfriedung mit Graben und vorgelagertem Wall von ca. 190 Meter Durchmesser, in deren Mitte man einen wohl über 10 Meter hohen Pfahl aufgerichtet hatte.[98] Die unmittelbare Nähe mehrerer Gräberfelder lässt vermuten, dass diese Anlage über mehrere Jahrhunderte als Kultplatz einer größeren Siedlungsgemeinschaft diente. Die bedeutendsten und aussagekräftigsten Beispiele für vorrömische keltische Heiligtümer stammen indessen erst aus der Zeit vom 3. bis zum 1. Jahrhundert v. Chr. und begegnen in einer Zone, die sich von den Ardennen über die Picardie, Ile-de-France und Champagne bis zur Normandie erstreckt. Ihre vor kaum 25 Jahren begonnene systematische Erforschung hat unsere Kenntnis vorrömischer keltischer Kulte in vieler Hinsicht erweitert und auch auf die Frage nach der Kontinuität dieser Kulte im römischen Gallien neues Licht geworfen.[99]

Die Erforschung der nach ihrer geographischen Verbreitung benannten nordfranzösischen Heiligtümer oder Heiligtümer vom *type picard* nahm ihren Anfang 1977 mit der archäologischen Untersuchung des Heiligtums von Gournay-sur-Aronde im Département Oise. Es lag im Tal des kleinen Flusses Aronde auf dem Gebiet des belgischen

Stammes der Bellovaker unweit der Grenze zum Stammesgebiet der Viromanduer und bestand zunächst aus einer 45 mal 38 Meter großen viereckigen Einfriedung, deren Eingang in der Mitte der Ostseite zum Fluss und zur aufgehenden Sonne hin ausgerichtet war. Die erste Einfriedung aus dem 4. Jahrhundert v. Chr. war von einem 2 Meter breiten und 2 Meter tiefen Graben umgeben, der zu Beginn des 3. Jahrhunderts v. Chr. im Zuge eines monumentalen Ausbaus des Heiligtums mit Holz verschalt wurde. Vor dem Graben errichtete man nun eine mächtige Palisade und davor einen weiteren Graben. Eine Erweiterung erfuhr auch der Eingangsbereich, wo man anstelle der einfachen Unterbrechung des Grabens ein Tor einbaute und davor eine große Grube anlegte. An einem auf sechs Pfeilern ruhenden Portalvorbau waren Menschen- und Rinderschädel befestigt, deren Überreste im inneren Graben beiderseits des Eingangs gefunden wurden. Den Mittelpunkt der Anlage bildete eine 3 Meter lange und 2 Meter tiefe Opfergrube, die vermutlich seit dem ausgehenden 3. Jahrhundert v. Chr. von einer hölzernen Halle überdacht wurde.

Unter den kultischen Handlungen im Innern der Anlage sind Tieropfer und die rituelle Zurschaustellung von Waffen zu unterscheiden. Als Opfertiere sind vor allem Rinder, Schweine und Schafe, aber auch Hunde nachgewiesen. Die zum Zeitpunkt der Opferung bereits durchweg sehr alten Rinder wurden mit einem Beilhieb auf das Genick oder die Stirn getötet und unmittelbar danach als Opfergabe für unterirdische Gottheiten unzerteilt in die Opfergrube gestoßen. Dort blieben sie etwa sechs Monate, bis sich die Fleischpartien zersetzt hatten. Danach holte man das zurückgebliebene Skelett heraus und trennte den Schädel ab, der möglicherweise am Eingangsportal angebracht wurde. Die übrigen Teile des Skeletts deponierte man im inneren Graben der Anlage. Im Unterschied zu den vollständigen Skeletten der Rinder fand man von den Schafen und Schweinen nur die Knochen der jeweils besten Teile, die überdies durchweg von sehr jungen Tieren stammten. Man nimmt daher an, dass das Fleisch dieser Tiere, wie in der gesamten Antike weithin üblich, bei gemeinsamen Opfermahlzeiten verzehrt wurde. Bei den zur Schau gestellten Waffen handelt es sich vermutlich um solche gefallener Gegner, die man auf dem Schlachtfeld als Kriegsbeute eingesammelt hatte. Sie wurden teils über dem Portalvorbau, teils im Inneren der Anlage entlang der Einfriedung als Trophäen aufgestellt und nach einigen Jahrzehnten, nachdem die Leder- und Holzteile vollständig vergangen waren, durch Verbiegen, Zerschlagen und Zerstückeln unbrauchbar gemacht und neben den Knochen der geopferten Tiere im inneren Graben deponiert. Neben mehr als 2000 Waffen fand man im Graben auch etwa 60 menschliche Knochen, bei denen Schnittspuren entweder Menschenopfer oder rituelle Manipulationen an Leichen vermuten lassen.

Im Unterschied zu Gournay-sur-Aronde wurde die etwa 50 Kilometer nordöstlich davon gelegene Kultstätte von Ribemont-sur-Ancre bislang nur teilweise ausgegraben.[100] Nach Ausweis der archäologischen Untersuchungen und Luftaufnahmen handelt es sich dabei jedoch um die bedeutendste und am besten erhaltene latènezeitliche Kultstätte, die bisher bekannt ist. Wie in Gournay bestand auch hier das Heiligtum aus einer quadratischen Einfriedung von etwa 40 Meter Seitenlänge, die von einer wohl über 3 Meter hohen Holzpalisade umgeben war. Anders als in Gournay gab es in Ribemont jedoch weder außerhalb noch innerhalb der Umfriedung offene Gräben. An der Südostseite der Palisade befand sich ein monumentales Eingangsportal, das der gesamten Südostseite galerieartig vorgelagert und wie in Gournay mit menschlichen Schädeln geschmückt war. Außerhalb und entlang der Umfriedung entdeckte man ferner auf einer Fläche von über 60 Quadratmetern mehrere hundert Waffen sowie über 10 000 menschliche Knochen, darunter jedoch keine Schädel. Die nähere Untersuchung führte zu der Vermutung, dass man hier mehrere hundert enthauptete und durch Austrocknung mumifizierte Krieger auf einem überdachten Podest mitsamt ihren Waffen zur Schau gestellt hatte. Innerhalb der Einfriedung fand man Deponierungen mit den teilweise verbrannten Knochen mehrerer hundert weiterer Menschen sowie einige tausend latènezeitliche Metallgegenstände, darunter fast 500 Lanzenspitzen. Inwiefern es sich dabei um Menschenopfer handelte, ist zwar nicht sicher zu entscheiden, doch fand man entsprechende Hinweise in einem anderen gallischen Heiligtum, dem Kultplatz von Acy-Romance in den französischen Ardennen.[101] Dort schlossen Archäologen aus Knochenfunden auf Schlachtungen von Rindern und Pferden, deren Fleisch man bei gemeinschaftlichen Opfermahlzeiten verzehrte. Darüber hinaus fand man auf einem freien Platz die Skelette von 19 jungen Männern, die man dort ohne jegliche Grabbeigaben und in stark gekrümmter Haltung mit dem Kopf zwischen den Beinen in flachen Gruben beigesetzt hatte, was sich wohl am ehesten durch die Annahme von Menschenopfern erklären lässt.

Mit den Heiligtümern vom *type picard* vergleichbar erscheint eine Kultstätte, die man 2002 in der latènezeitlichen Siedlung von Roseldorf in Niederösterreich entdeckte.[102] Wie bei den nordfranzösischen Heiligtümern fand man auch dort ein von Gräben markiertes Viereck mit zentraler Opfergrube, wo nach Ausweis des Fundguts insbesondere Waffen sowie Rinder und Pferde geopfert wurden. Zahlreiche Opfergruben und Opferschächte mit den Überresten von Menschen, Tieren und Metallobjekten, die ebenfalls auf eine Kultstätte von überregionaler Bedeutung schließen lassen, entdeckte man ferner 2006 auf dem Mormont, einem 4 Kilometer langen und 600 Meter hohen Hügelzug im Schweizer Kanton Waadt.[103]

Sowohl in Gournay als auch in Ribemont kam die rituelle Zurschaustellung gefallener Krieger zu Beginn des 1. Jahrhunderts v. Chr. außer Gebrauch. Die latènezeitlichen Kultstätten jedoch wurden nach der Eroberung durch die Römer durch einen gallorömischen Tempel ersetzt und der Opferkult unverändert weitergeführt. Eine vergleichbare Kontinuität konnte in den letzten Jahren an zahlreichen weiteren Orten festgestellt werden, indem man unter den Fundamenten gallorömischer Tempel die Überreste latènezeitlicher Kultplätze entdeckte. Es steht daher zu vermuten, dass der religiöse Wandel im Gefolge der Eroberung durch die Römer offenbar weit weniger tiefgreifend war als die politischen, rechtlichen und wirtschaftlichen Veränderungen, welche die Eingliederung Galliens in das Römische Reich mit sich brachte. In der religionsgeschichtlichen Entwicklung waren die entscheidenden Veränderungen allem Anschein nach bereits vor dem Eintreffen der Römer abgeschlossen, was auf die vorangegangenen intensiven Kontakte der Kelten mit den Kulturen des Mittelmeerraums zurückzuführen sein dürfte.

4.

GALLIEN AM VORABEND DER ROMANISIERUNG

Oppida: Die ältesten Städte nördlich der Alpen

Im 2. und 1. Jahrhundert v. Chr. vollzog sich in den politischen, wirtschaftlichen und gesellschaftlichen Strukturen der keltischen Völker Mitteleuropas ein tiefgreifender Wandel. Eine wesentliche Ursache dafür war vermutlich der Niedergang des keltischen Söldnerwesens infolge des Aufstiegs der Römischen Republik zur führenden Macht des Mittelmeerraums. Wie es scheint, kehrten erfolgreiche keltische Söldnerführer nunmehr in größerer Zahl in ihre Heimat zurück und traten dort, gestützt auf ihre Gefolgschaften, mit den etablierten Vertretern der alten Stammesaristokratien in Wettbewerb. Neuerliche intensive Handelsbeziehungen zu den Kulturen des Mittelmeerraums, ein Aufschwung der handwerklichen Produktion und nicht zuletzt bewaffnete Auseinandersetzungen zwischen den einzelnen Stämmen und mit landsuchenden germanischen Völkern wie etwa den Kimbern und Teutonen begünstigten das Aufkommen befestigter städtischer Zentren, die in der angelsächsischen und deutschsprachigen Archäologie als *Oppida* (Singular *Oppidum*) bezeichnet werden.[104] Gleichzeitig mit dem Aufschwung dieser stadtähnlichen Siedlungen vollzog sich im Grab- und Totenbrauchtum des Umlands ein Übergang von der Körperbestattung mit reichen Beigaben zur Brandbestattung mit nur wenigen oder gar keinen Beigaben, so dass die Funde und Befunde aus den Oppida eine Hauptquelle unserer Kenntnis der keltischen Kultur jener Epoche bilden.

Ebenso wie die Fürstensitze des 6. und 5. Jahrhunderts v. Chr. wurden auch die Oppida zumeist auf Höhenzügen, in Flussbiegungen oder in ähnlich geschützter Lage angelegt. Von allen Anlagen früherer und späterer Jahrhunderte unterscheiden sie sich jedoch grundlegend durch ihre gewaltige Ausdehnung, die in einigen Fällen mehrere hundert Hektar beträgt. Ein weiteres augenfälliges Kennzeichen sind umfangreiche Befestigungen, die in vielen Fällen wohl nicht nur der Verteidi-

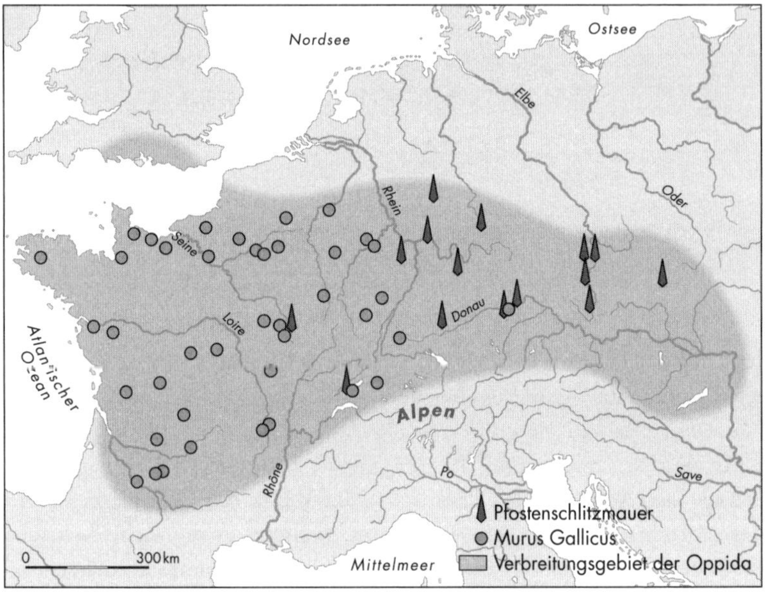

Oppida und ihre Befestigungen

gung, sondern auch einer Demonstration des wirtschaftlichen Wohlstands der betreffenden Gemeinwesen dienten. Kennzeichnend für die Befestigungen der meisten Oppida rechts des Rheins ist die sogenannte Pfostenschlitzmauer. Bei ihrer Anlage errichtete man in regelmäßigen Abständen senkrechte Pfosten, die durch waagrechte Balken mit einer dahinterliegenden Stein- und Erdaufschüttung verbunden wurden. An der Außenfront verkleidete man dann die Zwischenräume zwischen den Pfosten mit Steinblöcken. Charakteristisch für das linksrheinische Gebiet und einige Anlagen in Süddeutschland ist demgegenüber das nach Caesar (*Der Gallische Krieg* 7,23) benannte «Gallische Mauerwerk» *(murus Gallicus)*. Es bestand aus einem Kastenwerk von ausschließlich waagerecht gelegten Längs- und Querbalken, die durch Nägel miteinander verbunden wurden. Das Innere des Kastenwerks wurde mit Erde und Steinschotter gefüllt und die Außenfront mit Steinblöcken verkleidet, so dass die Mauer bei einer Belagerung gegen Feuer und Rammböcke gleichermaßen widerstandsfähig war.[105]

Ausschlaggebend für die Wahl des Standorts war neben einer strategisch günstigen Lage die Nähe von Verkehrswegen und das

Vorkommen von Bodenschätzen. Im Innern der Oppida findet man dementsprechend häufig Hinweise auf eine Vielzahl spezialisierter Handwerksbetriebe, die Rohstoffe wie Eisen, Bronze, Holz, Leder verarbeiteten und Glas produzierten. Eine Schlüsselstellung kam dabei der Eisenverarbeitung zu, deren Aufschwung im 2. und 1. Jahrhundert v. Chr. Rückwirkungen auf die gesamte Wirtschafts- und Lebensweise hatte. Die Verwendung eiserner Nägel und Klammern veränderte die traditionelle Holzbauweise, eiserne Waffen entschieden über die Angriffs- und Verteidigungsfähigkeit eines Stammes, landwirtschaftliche Geräte wie Schaufeln, Hacken, Sicheln, Sensen und Pflugscharen bestimmten die Höhe des landwirtschaftlichen Ertrags, und eine Vielzahl spezialisierter Werkzeuge wie Äxte, Sägen, Hämmer, Bohrer und Zangen leisteten einen wesentlichen Beitrag zur Steigerung der handwerklichen Produktion. Sehr wahrscheinlich war ein Großteil der Handwerkserzeugnisse für die Ausfuhr bestimmt, wobei neben einheimischen auch römische Händler eine wichtige Rolle gespielt haben dürften.

Ein augenfälliges Kennzeichen der damit verbundenen wirtschaftlichen und gesellschaftlichen Veränderungen ist das Aufkommen eigenständiger keltischer Münzen, die in den Oppida wohl auf Veranlassung der jeweiligen Stammesführer in Umlauf gebracht wurden.[106] Für ihre Prägung wurde zunächst das Metall (in der Regel Gold, Silber oder Bronze) in vorbereiteten Formen aus gebranntem Ton, den sogenannten Tüpfelplatten, in genau gleich schwere Stückchen gegossen. Diese sogenannten Schrötlinge wurden sodann mit Hand durch Hammerschlag zwischen zwei Stempeln geprägt, wobei man für die Münzbilder vor allem auf griechische und römische Vorbilder zurückgriff. Wo Münzinschriften vorhanden sind, handelt es sich in der Regel um die Namen von Stämmen und Angehörigen der Stammesaristokratie, nicht aber um die Namen der Prägeorte. Sehr wahrscheinlich hatten viele Münzbilder auch eine religiöse Bedeutung, die aber wegen des Fehlens entsprechender Münzlegenden oder vergleichbarer Schriftquellen kaum näher zu bestimmen ist.[107] Die heute geläufigen Bezeichnungen keltischer Münzen wie etwa Tetradrachme, Drachme oder Stater sind durchweg dem Griechischen entlehnt, da uns die einheimischen keltischen Namen unbekannt sind. Über die Fragen, wer die Höhe der Auflagen einer Prägung bestimmte, wer für ihren Feingehalt bürgte und welche Rolle die Münzen im Wirtschaftskreislauf spielten, kann man nur Vermutungen anstellen, da die Ergebnisse der bislang durchgeführten Ausgrabungen und die wenigen Hinweise bei antiken Autoren uns nur sehr wenig über die politischen und gesellschaftlichen Strukturen der Oppida sagen. Vieles spricht dafür, dass die Bewohner der Oppida allen Schichten der Bevölkerung und nicht etwa nur einer politischen oder militärischen Elite angehörten. Ob alle Bevölkerungsschichten in gleicher Weise am wirtschaftlichen Wohlstand Anteil hatten, ist jedoch weithin ungeklärt. Schwierig zu beurteilen ist auch die Besiedelungsdichte der einzelnen Oppida, da man den städtischen Zentren keine Gräberfelder zuordnen kann und die Anzahl der Bewohner nur annäherungsweise etwa aus der Häuserdichte oder dem Aufkommen von Küchenabfällen (Tierknochen) zu erschließen ist. Zusätzlich erschwert werden entsprechende Schätzungen dadurch, dass die meisten Oppida wegen der Größe der besiedelten Fläche bisher nur zum kleineren Teil untersucht werden konnten. Gleichwohl haben umfangreiche Ausgrabungen gerade in der jüngsten Vergangenheit unsere Kenntnis der Oppida erheblich erweitert, wie die folgenden ausgewählten Beispiele zeigen.

Zu den bekanntesten und am frühesten erforschten Oppida Frankreichs zählt Bibracte, der Hauptort des Stammes der Haeduer im Département Saône-et-Loire.[108] Gegründet in strategisch günstiger Lage mit Zugang zu weitreichenden Handelsrouten entlang den Tälern der Loire und der Saône, erstreckte sich der Ort auf einer Fläche von über 130 Hektar über vier Hügel, darunter den 821 Meter hohen Mont Beuvray. Hier umschloss der über fünf Kilometer lange, von mehreren Toren unterbrochene Mauerring mehrere nach Funktionen getrennte Stadtviertel, wobei die Handwerksbetriebe in der Nähe der Stadttore gelegen waren. Das als Zangentor konstruierte Haupttor der Anlage, die heute sogenannte *Porte du Rebout*, ist mit 40 Metern Länge und 20 Metern Breite eine der größten uns bekannten keltischen Toranlagen. Nachdem Augustus gegen Ende des 1. Jahrhunderts v. Chr. die Umsiedlung der Bevölkerung in die Neugründung Augustodunum, das heutige Autun, befohlen hatte, erfolgten bereits 1865 auf Veranlassung Napoleons III. erste Ausgrabungen in Bibracte, die zuletzt 1984 von einem internationalen Archäologenteam wiederaufgenommen wurden.

Ähnlich wie Bibracte lag auch Vesontio, der Hauptort der Sequaner an einem wichtigen Verkehrsknotenpunkt an den Wasserstraßen von Rhône, Doubs und Saône.[109] Wie noch die heutige Stadt Besançon als ihre Nachfolgerin erkennen lässt, hatte man das Oppidum in einer Fluss-Schleife des Doubs angelegt, so dass es über den Landweg nur an einer Stelle im Südosten über ein ca. 100 Meter hohes und ca. 500 Meter breites Plateau zu erreichen war. Zum Fluss hin war das Oppidum, wie die zwischen 2000 und 2002 durchgeführten Ausgrabungen ergaben, zunächst mit einer Mauer aus Kalksteinblöcken und später mit einem *murus Gallicus* befestigt und im Innern mit dicht nebeneinanderstehenden Holzhäusern bebaut. Zwei weitere in ähnlicher Lage angelegte Oppida kennt man aus der Schweiz. Dort hatte sich in einer dreifachen Fluss-Schleife der Aare nur wenige Kilometer nördlich der Altstadt von Bern auf der Engehalbinsel zunächst eine 5 Hektar große unbefestigte Siedlung und dann in der 2. Hälfte des 2. Jahrhunderts v. Chr. ein bedeutend größeres Oppidum entwickelt. Ein Warenumschlagplatz der Fluss-Schifffahrt unterhalb des Rheinfalls von Schaffhausen war wohl das um die gleiche Zeit in einer großen Doppelschleife des Rheins angelegte Oppidum von Altenburg-Rheinau, wo man Münzen und zahlreiche Überreste mediterraner Amphoren fand.[110]

Im Osten des keltischen Siedlungsgebietes hatte man im Oppidum Hradiště («Burgwall») am Südufer der Beraun bei Stradonice bereits im späten 19. Jahrhundert nach dem Fund etlicher Goldmünzen planlose und undokumentierte Ausgrabungen durchgeführt. Darauf folgten systematische Ausgrabungen unter der Leitung des tschechischen Archäologen Josef Ladislav Píč (1847–1911), dessen 1903 publizierter Bericht seinen französischen Kollegen Joseph Déchelette (1862–1914) in Kombination mit französischen Funden dazu veranlasste, eine von Frankreich bis Böhmen verbreitete *civilisation des oppida* zu postulieren.[111] Ein weiteres bedeutendes Oppidum befand sich auf einem steil abfallenden Hügel am Zusammenfluss von Beraun und Moldau südlich von Prag, wo man bereits im 6./5. Jahrhundert v. Chr. ein Heiligtum sowie einen durch Erdwälle und Palisaden befestigten Platz angelegt hatte. Im 3./2. Jahrhundert v. Chr. entstand dort auf einer Fläche von 170 Hektar mit einem Mauerring von über 9 Kilometern als eine der bedeutendsten ostkeltischen Stadtanlagen das Oppidum Závist.[112] Wie die Funde im Inneren der Anlage bezeugen, entwickelte sich dort vor allem eine intensive Eisenverarbeitung, bis die Siedlung um 20 v. Chr. vielleicht im Zusammenhang mit dem Vordringen germanischer Stämme durch ein verheerendes Feuer völlig zerstört wurde. In späterer Zeit vom Wald überwachsen, wird Závist seit 1963 von Archäologen systematisch erforscht.

In Deutschland sind einige Oppida im Wesentlichen nur der Lage nach bzw. durch einzelne Sondierungsgrabungen bekannt. So etwa lag auf einem Plateau in der Osthälfte des Zartener Talkessels östlich von Freiburg ein Oppidum, in dem man wegen seiner Lage und der Namensähnlichkeit den aus antiken Quellen bekannten Ort Tarodunum zu erkennen glaubt.[113] Am Albtrauf auf der Schwäbischen Alb bei Urach ca. 30 Kilometer südöstlich von Stuttgart lag der Heidengraben bei Grabenstetten, der seine bedeutende Rolle wohl zum einen seiner Lage zwischen den bedeutenden Wasserwegen von Neckar/Rhein und Donau, zum anderen günstigen Voraussetzungen für die Landwirtschaft sowie nahegelegenen Eisenerzvorkommen verdankte.[114] Ein Zentrum der Eisenverhüttung war nach Ausweis der zahlreichen Schürfgrubenfelder, Abraumhalden und Ofenresten auch das auf dem 126 Meter hohen Michelsberg am Zusammenfluss von Altmühl und Donau gelegene Oppidum Kelheim.[115] Das wohl bekannteste Oppidum in Deutschland und eine der größten Anlagen dieser Art überhaupt lag indessen unmittelbar östlich des heutigen Ortes Manching südlich von Ingolstadt.[116] Es erstreckte sich in einer weiten Flussebene am Südufer der Donau über eine Fläche von 380 Hektar und war von einer über 7 Kilometer langen und 5 Meter hohen Mauer umgeben. Nach ersten Grabungen im 19. Jahrhundert wurde der Ort 1938 erstmals archäologisch untersucht und 1955–1990 systematisch erforscht. Dabei konnte man bereits in den ersten Grabungskampagnen eine planmäßige, auf die Haupthimmelsrichtungen bezogene Bebauung von unterschiedlicher Dichte feststellen. Ihre Grundlage bildeten große, hofartig umschlossene Areale mit unterschiedlichen Funktionsbereichen. So fand man etwa in den landwirtschaftlich genutzten Bereichen Ställe, Speicher und zweischiffige Magazinbauten von 50 bis 55 Meter Länge. Die Gebäude waren durchweg aus Holz oder lehmbestrichenem Flechtwerk errichtet und vermutlich mit Riedgras oder Stroh gedeckt. Reste von Farbe an den Lehmbrocken lassen darauf schließen, dass die Wände ursprünglich weiß getüncht waren.

Die Grundlage für die Ernährung der Bevölkerung Manchings bildeten Ackerbau und Viehzucht, wobei nach Ausweis der Knochenfunde Rinder und Schweine die beliebtesten Haustiere waren. Knochen von Wildtieren sind lediglich mit einem Anteil von 0,2 Prozent vertreten, so dass die Jagd zum Zwecke des Nahrungserwerbs wohl kaum eine Rolle spielte. Ein besonderer Reichtum von Manching war Eisen, das in der näheren und weiteren Umgebung abgebaut und in der Siedlung wohl vor allem für den Eigenbedarf verhüttet wurde. Eine wichtige Rolle spielten Handwerk und Handel, so etwa die Fertigung und Ausfuhr von eisernen Werkzeugen, Textilien und Keramik sowie Perlen und Armringen aus farbigem Glas. Für die Verteilung von Waren und Produkten nutzte man wohl vor allem die Schiffahrt auf der Donau. Die ältesten Funde kamen im Gebiet um das Zentrum der Anlage zutage und stammen aus dem 3. Jahrhundert v. Chr. Seine größte Ausdehnung erreichte Manching in der zweiten Hälfte des 2. Jahrhunderts v. Chr., als die gesamte besiedelte Fläche von einer Mauer umgeben wurde. In der zweiten Hälfte des 1. Jahrhunderts v. Chr. wurde die Stadt wohl infolge der gesellschaftlichen und wirtschaftlichen Veränderungen im Zuge des Vordringens der Römer und Germanen allmählich aufgegeben.

Zu den bemerkenswertesten neueren Funden aus Manching zählt ein heute noch 70 cm hohes Bäumchen aus der ersten Hälfte des 3. Jahrhunderts v. Chr., dessen Blätter aus Bronze bestehen und in einer bis dahin nur aus Unteritalien bekannten Technik mit Blattgold überzogen sind. Möglicherweise diente es kultischen Zwecken, doch kann man über seine Funktion nur Vermutungen anstellen. Dies gilt auch für eine eiserne, zum Teil mit Bronze überzogene Pferdeplastik aus dem 2. Jahrhundert v. Chr., die ursprünglich wohl in einem Kultbezirk oder Heiligtum unmittelbar an der Hauptstraße im Zentrum der Anlage aufgestellt war.[117] Ob alle Oppida Kultstätten besaßen, ist beim gegenwärtigen Stand der Forschung nicht sicher auszumachen, da man über die Funktionen größerer Gebäude und freier Plätze zumeist nur Vermutungen anstellen kann. Beachtung verdient immerhin eine Bemerkung Caesars, derzufolge nach gallischer Sitte Kriegshandlungen stets mit der Einberufung eines bewaffneten Landtags begonnen wurden, wobei man den, der sich als Letzter dazu einfand, vor aller Augen hinrichtete (*Der Gallische Krieg* 5,56,2). Dies könnte dafür sprechen, dass die Versammlungsplätze der Oppida nicht zuletzt auch kultischen und rituellen Zwecken dienten, ohne dass ihr sakraler Charakter archäologisch nachzuweisen ist.[118] Eine solche Versammlungsstätte mit religiösem Hintergrund vermutet man innerhalb des Oppidums Bibracte auf dem Mont Beuvray in der Anlage «La Terrasse». Dabei handelt es sich um eine ca. 80 mal 100 Meter große, ebene Fläche, die in der Spätlatènezeit mit Wall und Graben umfriedet war, sich im Innern jedoch als weitgehend fund- und befundleer erwies.[119] Eindeutige Spuren von Schlachtopfern und Opfermahlzeiten fand man im Oppidum von Corent im Tal des

Allier, wo bei der archäologischen Untersuchung eines annähernd quadratischen freien Platzes mit ca. 45 Metern Seitenlänge ein Altarstein, Tierknochen, Amphorenscherben sowie unbrauchbar gemachte Waffen und Trachtbestandteile zum Vorschein kamen.[120] Gerade weil Waffen aus Metall so ungemein kostbar waren, entschied man sich nämlich häufig dafür, ihre Weihung an die Götter dadurch unumkehrbar zu machen, dass man sie vorsätzlich zerstörte und so der Benutzung durch Menschen dauerhaft entzog. Kultische oder rituelle Funktionen besaßen vermutlich auch zumindest einige der sogenannten Viereckschanzen, die man im 2. und 1. Jahrhundert v. Chr. außerhalb der befestigten Siedlungen anlegte. Diese Anlagen sind im Laufe der Forschungsgeschichte jedoch sehr unterschiedlich interpretiert worden und bedürfen daher einer eigenen Erörterung.

Viereckschanzen und Druiden: Spätkeltische Kulte und Riten

Als Viereckschanzen bezeichnet man quadratische oder schwach rechteckige Einfriedungen mit unregelmäßigen Seitenlängen, die durch Wall und Graben von der Außenwelt abgegrenzt waren. Sie begegnen in einer breiten bandförmigen Zone, die von der französischen Atlantikküste bis nach Böhmen reicht, und sind besonders häufig im süddeutschen Raum zwischen Rhein, Main und Inn zu finden.[121] Augenfällige Unterschiede zeigt die Ausdehnung der Viereckschanzen: Von den knapp 200 vermessenen Anlagen in Baden-Württemberg und Bayern nehmen die größten mehr als 1,7 Hektar und die kleinsten weniger als 0,2 Hektar ein. In der Regel haben Viereckschanzen nur ein einziges Tor, das häufig im Osten, seltener im Süden oder Westen, nie aber im Norden liegt. Die Lage der Viereckschanzen im Gelände variiert sehr stark, doch findet man sie nur selten an ausgesprochen exponierter Stelle. Ob die immer wieder beobachtete Nähe von Quellen oder Wasserläufen die Wahl des Standorts beeinflusste, ist unklar.

Am Anfang der Forschungsgeschichte stand aufgrund der rechteckigen Form der Viereckschanzen ihre Deutung als römische Marschlager. Erst gegen Ende des 19. Jahrhunderts datierte man sie nach genaueren archäologischen Untersuchungen allgemein in die späte Latènezeit. Zu jener Zeit überwog noch die Deutung als Gutshöfe oder Fliehburgen, was den Anlagen ihre noch heute geläufige Be-

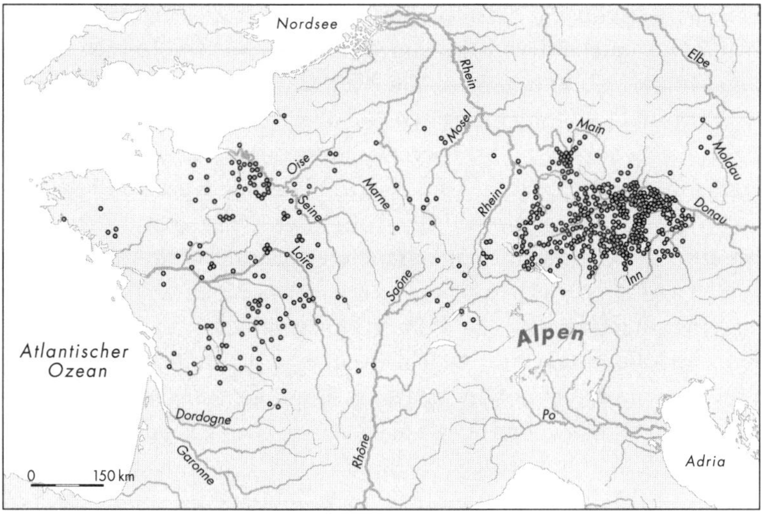

Verbreitung der Viereckschanzen

zeichnung als «Schanzen» eintrug. Grundlegend für die Interpretation der Viereckschanzen als Kultstätten war ein 1931 erschienener Aufsatz des Archäologen Friedrich Drexel, der auf das Fehlen einer regelrechten Befestigung und auf formale Übereinstimmungen mit späteren gallorömischen Tempelanlagen hinwies. Eine Bestätigung dieser Theorie sah man in den Ergebnissen der Ausgrabung, die von 1957 bis 1963 in Teilen der Viereckschanze von Holzhausen im Landkreis München durchgeführt wurde. Dort fand man drei Schächte mit Spuren organischer Substanzen, in denen man Überreste von Opferhandlungen sah, im nördlichen Schacht eine als Kultpfahl gedeutete hölzerne Stange sowie Grundrisse von Pfostenbauten, die in der Form an gallorömische Umgangstempel erinnerten. Ähnliche Befunde erbrachte 1958/59 die archäologische Untersuchung eines Teils der Viereckschanze von Tomerdingen im Alb-Hegau-Kreis, wo in einem über 5 Meter tiefen Schacht ebenfalls eine hölzerne Stange zutage kam.[122] Gegen die Deutung der Stangen aus Holzhausen und Tomerdingen als Kultpfähle sprachen dann allerdings die Befunde in der Viereckschanze von Fellbach-Schmiden bei Stuttgart, die in den Jahren von 1977 bis 1980 archäologisch untersucht wurde.[123] Dort fand man nämlich nahe der Nordseite einen holzverschalten und durch eingefügte

Sprossen begehbaren Schacht, bei dem es sich zweifellos um einen Brunnen handelte. Der Fund von Überresten einer hölzernen Hebevorrichtung gab nunmehr zu der Vermutung Anlass, die vermeintlichen Kultpfähle von Holzhausen und Tomerdingen seien in Wahrheit Teile einer hölzernen Schöpfvorrichtung gewesen. Für Kulthandlungen im Innern oder im Umkreis der Viereckschanze von Fellbach-Schmiden sprach gleichwohl der Fund dreier hölzerner Tierfiguren, bei denen es sich augenscheinlich um die Reste des Kultbilds einer auf beiden Seiten von Tieren flankierten Gottheit handelt. Neue Zweifel an einer überwiegend kultischen Funktion aller Viereckschanzen weckten allerdings die neueren Grabungen in den Anlagen von Ehningen im Kreis Böblingen (1984), Bopfingen-Flochberg im Ostalbkreis (1989–1992) und Riedlingen an der oberen Donau (seit 1991). In diesen Fällen führte das Fehlen der bisher für charakteristisch gehaltenen Schächte, Siedlungsfunde sowie Spuren einer umfangreichen Innenbebauung zu einer Deutung als befestigte landwirtschaftliche Anwesen, wie dies bereits die ältere Forschung vermutet hatte.

Deutlicher vielleicht als andere Bereiche der keltischen Archäologie veranschaulicht die Geschichte der Erforschung der Viereckschanzen somit die Problematik der Interpretation vorgeschichtlicher Bodendenkmäler. Gewissheit über die Funktion bzw. Funktionen einer bestimmten Denkmälergruppe können letztlich nur großflächige Grabungen erbringen, die mit modernen Mitteln an einer größeren Anzahl solcher Anlagen durchgeführt werden müssen. Rückschlüsse von Einzelbefunden auf das Gesamtbild sind demgegenüber ebenso unsicher wie eine Interpretation mit Hilfe kulturübergreifender religionsgeschichtlicher Vergleiche. Dies gilt auch für Deutungen mit Hilfe der antiken Überlieferung, die zwar seit dem 1. Jahrhundert v. Chr. erstmals ausführlichere Nachrichten über die Religion der Kelten bietet, die Viereckschanzen jedoch in keiner Weise erwähnt. Allerdings findet man in den Nachrichten der griechischen und römischen Autoren zahlreiche Hinweise auf einen anderen Bereich der spätkeltischen Religion, der umgekehrt in der archäologischen Hinterlassenschaft keinen Niederschlag gefunden hat. Dabei handelt es sich um die keltische Priesterklasse der Druiden, die erstmals im unmittelbar vorrömischen Gallien ins Licht der geschichtlichen Überlieferung tritt.[124]

Die Anfänge des antiken Interesses an den keltischen Priestern bezeichnet möglicherweise eine Bemerkung des Schriftstellers Diogenes Laertios aus dem 3. Jahrhundert n. Chr. Er erwähnt nämlich gleich zu

Beginn seines Werks über *Leben und Meinungen berühmter Philosophen* die Vermutung einiger älterer Autoren, die Philosophie habe ihren Anfang bei den Barbaren genommen. So habe es bei den Persern die Magier, bei den Babyloniern oder Assyrern die Chaldäer, bei den Indern die Gymnosophisten und bei den Kelten die sogenannten Druiden gegeben. Dies berichteten Aristoteles in seinem *Magikos* und Sotion im 23. Buch seiner *Diadoche.* Falls dieser Quellenhinweis zutrifft, hatten die Druiden also bereits vor dem 1. Jahrhundert v. Chr. die Aufmerksamkeit der antiken Beobachter auf sich gezogen. Eine ausführliche Darstellung ihrer Funktionen und Stellung im Rahmen der keltischen Gesellschaft finden wir allerdings erstmals bei Poseidonios, dessen Angaben aus einem Vergleich entsprechender Bemerkungen bei dem Geographen Strabon und den Historikern Diodor von Sizilien und Timagenes (Letzterer zitiert bei Ammianus Marcellinus) in Umrissen rekonstruiert werden können.

Diodor erwähnt die Druiden als dritte Gruppe neben den Dichtern (Barden) und Wahrsagern und bezeichnet sie als hochgeehrte Theologen und Philosophen, in deren Händen das gesamte Opferwesen liege (*Bibliotheke* 5,31,2 ff.). Einen indirekten Hinweis auf Diodors Vorstellungen vom Inhalt der druidischen Philosophie findet man in seiner Erklärung der keltischen Tapferkeit, die er dem Glauben an die Seelenwanderung zuschreibt (*Bibliotheke* 5,28,6 f.). In ganz ähnlicher Weise erklärt Strabon (*Erdkunde* 4,4,4):

> Bei allen (Galliern) gibt es drei Stände, die besonderes Ansehen genießen, die Barden, die Vaten und die Druiden. Die Barden sind Sänger und Dichter, die Vaten Priester und Naturphilosophen, und die Druiden beschäftigen sich mit Natur- und Moralphilosophie. Sie gelten als besonders rechtschaffen, und deswegen betraut man sie mit der Schlichtung privater und öffentlicher Streitigkeiten, so dass sie früher sogar Kriege entschieden und Gegner, die sich schon zum Kampf anschickten, davon abhielten. Vor allem sprach man ihnen die Entscheidungsgewalt bei Tötungsdelikten zu. Wenn es eine große Menge davon gibt, so gibt ihrer Meinung nach auch der Boden eine gute Ernte. Sowohl die Druiden als auch andere sagen, dass die Seelen und die Welt unzerstörbar seien, obwohl dereinst Feuer und Wasser die Oberhand behalten würden.

Ebenfalls aus Poseidonios schöpft noch im 4. Jahrhundert n. Chr. Ammianus Marcellinus, nach dessen Darstellung die Druiden entsprechend der Lehre des Pythagoras in Bruderschaften organisiert waren

(*Res gestae* 15,9,8). Die bereits von Strabon erwähnte Beschäftigung mit der Naturkunde erwähnt ferner Cicero, der allerdings im Unterschied zu den bisher genannten Quellen den Druiden außerdem noch die Pflege der Mantik mit Hilfe der Zeichendeutung zuschreibt (*De divinatione* 1,41,90).

Die wohl farbigste Schilderung eines von Druiden vollzogenen Opfers enthält eine Notiz des älteren Plinius über die Heiligkeit der Mistel (*Naturgeschichte* 16,249–251):

> Nichts ist den Druiden – so nennen sie ihre Magier – heiliger als die Mistel und der Baum, auf dem sie wächst, wofern es nur eine Eiche ist. Schon deswegen wählen sie Eichenhaine und vollziehen kein Opfer ohne Eichenlaub, so dass sie vielleicht danach in griechischer Deutung «Druiden» zu heißen scheinen. Sie meinen wahrhaftig, dass alles, was auf jenen Bäumen wächst, vom Himmel gesandt und ein Kennzeichen des von der Gottheit selbst erwählten Baumes sei. Eine solche Mistel wird jedoch einigermaßen selten entdeckt und wird, wenn gefunden, mit großer Ehrfurcht aufgesucht, und zwar vor allem am sechsten Tage nach Neumond, zu einem Zeitpunkt, an dem bei ihnen die Monate und Jahre beginnen, sowie nach Ablauf von dreißig Jahren eine Generation. Zu diesem Zeitpunkt habe der Mond schon reichlich Kraft gesammelt, seine Höhe aber noch nicht überschritten. Sie bezeichnen die Mistel mit einem Wort ihrer Sprache als «Allheiler». Nachdem man das Opfer und das Festmahl unter dem Baum feierlich vorbereitet hat, führen sie zwei Stiere von weißer Farbe herbei, deren Hörner dann zum ersten Mal bekränzt werden dürfen. Ein Priester in weißem Gewand steigt auf den Baum und schneidet die Mistel mit einer goldenen Sichel ab. In einem weißen Leinentuch wird sie aufgefangen. Dann schlachten sie alsbald die Opfertiere und beten, der Gott möge seine Gabe denen zum Segen gereichen lassen, denen er sie verliehen habe. Sie glauben, dass durch einen Trunk davon jedem unfruchtbaren Lebewesen Fruchtbarkeit verliehen werde und dass es ein Heilmittel gegen alle Gifte sei.

Dass Plinius nicht der Urheber dieses Berichts ist, steht außer Frage, da die römische Regierung die Druiden zu seiner Zeit bereits verboten hatte. Vermutlich geht seine Darstellung auf eine ältere griechische Quelle zurück und bezieht sich daher auf die Verhältnisse vor der Romanisierung. Dafür spricht zum einen die Ableitung des Namens der Druiden von dem griechischen Wort für «Eiche» *(drys)*, zum anderen der Hinweis auf die keltische Bezeichnung der Mistel als «Allheiler», da lateinisch *omnia sanans* sich wie eine Übersetzung des griechischen Pflanzennamens *pánakes* ausnimmt. Gestützt wird die Annahme einer griechischen Quelle durch Plinius' Hinweis auf die große kalendarische Bedeutung der «Generation» *(saeculum)*, da solche dreißigjährigen «Generationen» *(geneai)* wohl für die griechische, nicht aber für die römische Zeitrechnung eine wichtige Rolle spielten. Der Verdacht liegt nahe, dass Plinius' Mitteilung direkt oder indirekt auf Poseidonios zurückgeht, der ja nicht nur die hier vorausgesetzte zentrale Bedeutung der Druiden für die keltischen Opfer hervorgehoben hatte, sondern sich auch lebhaft für die einheimischen Bezeichnungen der von ihm beobachteten Erscheinungen interessierte.

Caesars Schilderung der Druiden deckt sich weitgehend mit den Angaben der von Poseidonios abhängigen Autoren, bietet aber darüber hinaus zahlreiche weitere Informationen, die nur bei ihm zu finden sind. Mit Diodor, Strabon und Ammianus Marcellinus schreibt auch Caesar den Druiden die Pflege der Theologie, Philosophie und Naturkunde, den Glauben an die Seelenwanderung, die Aufsicht über den Opferkult und richterliche Funktionen zu. Darüber hinaus bezeichnet er sie als die wichtigste gesellschaftliche Gruppierung neben dem Adel und weiß zu berichten (*Der Gallische Krieg* 6,13,8–14,4):

> An der Spitze aller Druiden steht ein Mann, der unter ihnen das höchste Ansehen genießt. Nach seinem Tod folgt ihm entweder der, welcher unter den übrigen an Würde hervorragt, oder es wird ein Bewerber unter mehreren gleichen durch eine Abstimmung der Druiden ausgewählt. Manchmal kämpfen sie auch mit Waffen um den Vorrang. Zu einer bestimmten Jahreszeit versammeln sie sich alle im Gebiet der Carnuten, das man für die Mitte ganz Galliens hält, an einem geweihten Ort. Von überallher kommen dorthin alle, die im Streit miteinander liegen, zusammen, und beugen sich ihren Anordnungen und Entscheidungen. Ihre Lehre soll in Britannien aufgekommen und von dort nach Gallien gelangt sein. Auch jetzt noch reisen die, welche sie besonders genau kennenlernen wollen, zu ihrer Ausbildung dorthin. Üblicherweise beteiligen sich die Druiden nicht am Krieg und zahlen auch keine Abgaben wie die anderen. Vom Kriegsdienst und von allen anderen Leistungen sind sie befreit. Von so großen Vorteilen verlockt, begeben sich viele aus eigenem Antrieb in ihre Lehre oder werden von Eltern und Verwandten dorthin geschickt. Wie es heißt, lernen sie dort eine große Zahl von Versen auswendig. Daher bleiben manche zwanzig Jahre in der Lehre. Ihr Wissen aufzuschreiben, halten sie für frevelhaft,

obwohl sie in fast allen übrigen Angelegenheiten, seien es öffentliche oder private Geschäfte, die griechische Schrift benutzen. Das scheinen sie mir aus zwei Gründen so eingerichtet zu haben: Zum einen wollen sie nicht, dass ihre Lehre sich im Volk verbreite, zum anderen sollen die Schüler nicht im Vertrauen auf Geschriebenes weniger das Gedächtnis üben, wie ja die meisten Menschen beim Gebrauch der Schrift in ihrem Lerneifer und ihrer Gedächtnisleistung nachlassen.

Die Übereinstimmungen in der Funktionsbestimmung der Druiden, der Hinweis auf die Seelenwanderungslehre und die Bemerkung über den Gebrauch der (vorwiegend in Südgallien verbreiteten) griechischen Schrift lassen vermuten, dass Caesar hier ebenso wie die zuvor genannten Autoren von Poseidonios abhängig ist. Auf der anderen Seite ist nicht zu verkennen, dass das Fehlen der bei Diodor, Strabon und Ammianus Marcellinus bezeugten Dreigliederung des Priesterwesens und die starke Betonung der gesellschaftlichen Macht der Druiden von der Darstellung des Poseidonios deutlich abweichen. Die Annahme, Caesar habe hier aus eigener Kenntnis der gallischen Verhältnisse die Schilderung des Poseidonios bewusst erweitert und vielleicht auch aktualisiert, könnte zwar diese Abweichungen erklären, steht jedoch in einem gewissen Gegensatz zu der Tatsache, dass in Caesars Beschreibungen seiner Kämpfe und diplomatischen Verhandlungen mit den Galliern von Druiden nirgendwo die Rede ist. Den Schlüssel zum Verständnis der Stelle bietet vielleicht Caesars abschätzige Bemerkung, dass die Germanen – im Gegensatz zu den Galliern – weder Priester noch ein besonders ausgeprägtes Opferwesen besäßen. Da Caesar auch sonst die Unterschiede zwischen Galliern und Germanen stark übertreibt, um die Akkulturationsfähigkeit der Gallier in ein möglichst günstiges Licht zu rücken, könnte auch seine Schilderung der Druiden in erster Linie den Zweck verfolgen, die gallischen Priester für seine römischen Leser in die Nähe der ihnen wohlbekannten *pontifices* zu rücken: Wie diese haben Caesars Druiden die oberste Entscheidungsgewalt in allen sakralrechtlichen Fragen, üben durch die Kontrolle des Opferwesens erheblichen politischen Einfluss aus, genießen Befreiung vom Kriegsdienst und unterstehen der Aufsicht eines auf Lebenszeit gewählten, dem *pontifex maximus* vergleichbaren Oberpriesters. Römischem Denken verpflichtet erscheinen ferner der Hinweis auf Erlasse *(decreta)* der ansonsten schriftlosen Druiden sowie die mehrfach erwähnte Unterscheidung zwischen öffentlichen und privaten Angelegenheiten. Die Möglichkeit, dass Caesar die gallischen Priester wider besseres Wissen als Gegenstück der römischen *pontifices* geschildert hat, um auch hier die Akkulturationsfähigkeit der Gallier gebührend zu unterstreichen, ist nicht von der Hand zu weisen.

Schwierig zu beurteilen ist die Frage, welche Schlüsse man aus den Hinweisen auf ein Verbot der Druiden vonseiten der römischen Behörden ziehen kann. Wie Sueton in seiner Biographie des Kaisers Claudius berichtet, war römischen Bürgern schon unter Augustus die Teilnahme an der Religion der Druiden untersagt worden, bis der gesamte Priesterstand um die Mitte des 1. Jahrhunderts n. Chr. vollständig verboten worden sei (*Claudius* 25,5). Gleichwohl weiß Tacitus zu berichten, dass Druiden 15 Jahre nach dem Tod des Claudius den Brand des Kapitols bei der Einnahme der Stadt durch die Truppen Vespasians «aufgrund eines eitlen Aberglaubens» als Zeichen dafür werteten, dass nun die Weltherrschaft auf die Völker nördlich der Alpen übergehen würde (*Historien* 4,54). Nimmt man Caesars Angaben über den politischen Einfluss und die landesweite hierarchische Organisation der Druiden für bare Münze, so liegt es nahe, die Verbote der römischen Behörden als Maßnahme gegen einen potenziellen Herd antirömischen Widerstands zu deuten und in den Prophezeiungen des Jahres 69 n. Chr. ein spätes Aufflackern des gallischen Freiheitswillens zu sehen. Gleichwohl ist von einem aktiven Widerstand der Druiden gegen die Romanisierung in unseren Quellen nirgends die Rede, und das Verbot der Druiden wird von den römischen Autoren durchaus glaubhaft allein auf die Unvereinbarkeit ihrer Opferpraktiken mit dem römischen Recht zurückgeführt. Bucht man Caesars Angaben über die landesweite Hierarchie und den gewaltigen politischen Einfluss der Druiden auf das Konto politisch motivierter Propaganda, so gibt es für eine konzertierte und politisch motivierte antirömische Haltung der gallischen Priesterschaft letztlich kaum einen Anhaltspunkt. Hinzu kommt eine weitere Überlegung: Bezeichnet «Druide» mit Bezug auf das vorrömische Gallien den Priester als Offizianten des gemeinschaftlich geübten Kults, so begegnet «Druidin» in der spätantiken *Historia Augusta* im Unterschied dazu als eine allgemeine Bezeichnung gallischer Wahrsagerinnen. So habe im Jahr 235 n. Chr. eine Druidin den Kaiser Alexander Severus beim Ausmarsch in gallischer Sprache davor gewarnt, auf einen Sieg zu hoffen oder seinen Soldaten zu vertrauen (*Alexander Severus* 60,6). Dem späteren Kaiser Diokletian habe in jungen Jahren eine Druidin prophezeit, er werde dereinst Kaiser werden, wenn er den «Eber» (das heißt, wie sich herausstellen sollte, den *praefectus praetorio* Kaiser Numerians mit Namen Aper) töte (*Numerianus* 30,40,2). Dass diese Druidinnen mit den Priestern der vorrömischen Zeit nur noch den Namen gemein haben, liegt auf der Hand. Dies gilt aber vielleicht auch schon für einige ältere Belege des Wortes, so z. B. für eine Bemerkung des älteren Plinius (*Naturgeschichte* 30,13), wo die Formulierung *druidas eorum et hoc genus vatum medicorumque* vielleicht gar nicht mehr eine geschlossene Priesterklasse, sondern ganz allgemein «gallische Wundermänner, Wahrsager und Quacksalber» bezeichnet. Im Hinblick darauf erscheint es durchaus denkbar, dass auch die Druiden, die beim Brand des Kapitols 69 n. Chr. das Ende der römischen Herrschaft voraussagten, eher mit den spätantiken Wahrsagerinnen der *Historia Augusta* als mit den Priestern der vorrömischen Zeit zu vergleichen sind.

Abschließend sei in diesem Zusammenhang nachgetragen, dass die oben zitierte Bemerkung Caesars über die Ablehnung der Schrift durch die Druiden und die Verwendung griechischer Buchstaben in allen anderen öffentlichen und privaten Angelegenheiten durch das Zeugnis der Archäologie vollauf bestätigt wird. Wie Inschriftenfunde zeigen, verwendeten die Kelten Südgalliens unter dem Einfluss der griechischen Kolonien tatsächlich schon seit dem Ende des 3. Jahrhunderts v. Chr. die griechische Schrift zur Aufzeichnung auch der Landessprache.[125] Bis heute fand man ungefähr 70 Inschriften auf Stein und über 200 auf Keramik, von denen allerdings die meisten nur aus wenigen Worten bestehen. Besonders bemerkenswert sind die Grab- und Weihinschriften, die den großen Einfluss der mediterranen Kultur auf die einheimische Bevölkerung erkennen lassen. Erstere bestehen in der Regel nur aus dem Namen des Verstorbenen, gefolgt von dem seines Vaters, während die Weihinschriften neben dem Namen des Stifters und der empfangenden Gottheit gelegentlich auch zusätzliche Angaben wie etwa die Bezeichnung des geweihten Gegenstands enthalten. Charakteristisch ist in dieser Hinsicht die folgende (im Original mit griechischen Buchstaben geschriebene) Inschrift, die 1840 in Vaison im Département Vaucluse gefunden wurde:[126]

SEGOMAROS OUILLONEOS *TOOUTIOUS NAMAUSATIS* *EIOROU BELESAMI SOSIN* *NEMETON*	Segomaros, Sohn des Villu, Bürger von Nîmes, weihte der Belisama dieses Heilig- tum.

Eine andere (im Original ebenfalls mit griechischen Lettern geschriebene) Weihung, die 1886 in Orgon im Département Bouches-du-Rhône gefunden wurde, gilt dem Gott Taranus:[127]

OUEBROUMAROS	Vebrumaros
DEDE TARANOOU	gab dem Taranus
BRATOUDEKANTEM	in Dankbarkeit den Zehnten.

Wie diese beiden Inschriften zeigen, ähnelte das Gallische sehr stark den ihm verwandten und geographisch benachbarten indogermanischen Sprachen wie etwa dem Lateinischen oder dem Griechischen. Diese Ähnlichkeiten betreffen die grammatischen Endungen (gallisch *-os* im Nominativ Singular Maskulin entspricht griechisch *-os*, lateinisch *-us*, und gallisch *-on* im Nominativ/Akkusativ Singular Neutrum entspricht griechisch *-on* und lateinisch *-um*), den Wortschatz (gallisch *dede* ist von derselben Wurzel gebildet wie griechisch *didomi* «ich gebe» oder *tithemi* «ich setze»), die Wortbildung (gallisch *toutios* «Bürger» verhält sich zu *touta* «Stamm, Bürgerschaft» wie lateinisch *patrius* «väterlich» zu *pater* «Vater») und den Namenschatz (den beiden gallischen Namen auf *-maros* entsprechen griechische Namen auf *-moros*). Beachtung verdient, dass das Gallische nach Ausweis dieser und vergleichbarer Inschriften ebenso wie die anderen indogermanischen Sprachen das Subjekt an den Satzanfang setzte, nicht, wie die Mehrzahl der modernen inselkeltischen Sprachen, das Verb. Im Übrigen bieten die gallischen Inschriften gerade im Hinblick auf den Wortschatz und die Grammatik noch immer zahlreiche Verständnisschwierigkeiten, von denen einige wegen der geringen Anzahl dieser Texte wohl auch in Zukunft ungelöst bleiben werden.

Zwischen Römern und Germanen: Der Niedergang der Festlandkelten

Gegen Ende des 2. Jahrhunderts v. Chr. sahen sich die keltischen Völker Mitteleuropas einer doppelten Bedrohung gegenüber. Im Osten hatten germanische Stämme weite Teile des ehemals keltischen Siedlungsraums rechts des Rheins in ihren Besitz gebracht und sollten in der Folgezeit immer wieder auch in die linksrheinischen Gebiete vorstoßen. Im Süden gerieten die Kelten gleichzeitig in Konflikt mit der aufstrebenden Römischen Republik, die nach dem siegreichen Abschluss der Kriege mit Karthago, der Niederwerfung der Keltiberer in Spanien und dem Ausbau ihrer Vormachtstellung in Italien verstärkt ihren Einfluss nordwestlich der Alpen geltend machte. Farbige Schilderungen der kulturellen Zustände in dieser letzten Phase der keltischen Unabhängigkeit auf dem europäischen Festland verdanken wir dem bereits mehrfach zitierten Historiker und Philosophen Poseidonios, so etwa in seiner Schilderung des Fürsten Luernios, der um die Mitte des 2. Jahrhunderts v. Chr. über den Stamm der Arverner herrschte. Wie Poseidonios (zitiert bei Athenaios von Naukratis p. 152 D–F) schreibt, ließ sich Luernios bei seinen öffentlichen Auftritten in einem Wagen durch das Land fahren und streute an die unzähligen Kelten, die ihm folgten, Gold und Silber aus. Ferner richtete er großräumige, viereckige Einzäunungen ein, innerhalb derer er Speisen und Getränke in solcher Menge bereitstellte, dass jeder Vorübergehende mehrere Tage lang nach Belieben eintreten und sich daran gütlich tun konnte. Als ein Dichter nach Abschluss der Bewirtung die Größe des Luernios pries und zugleich seine eigene Verspätung beklagte, habe Luernios von seinem Wagen aus dem an seiner Seite Laufenden einen Beutel mit Goldstücken zugeworfen. Daraufhin habe der Dichter erneut das Loblied des Fürsten gesungen, aus dessen Wagenspuren Gold und Wohltaten für die Menschen hervorgingen.[128]

Bereits 154 v. Chr. hatten die Römer erstmals zugunsten der griechischen Kolonie Massalia in Südgallien militärisch eingegriffen. Seit 125 v. Chr. führten sie erneut Kriege gegen die Nachbarn Massalias, wobei sie 122 v. Chr. dem Volk der Salluvier eine entscheidende Niederlage zufügten, seinen Hauptort Entremont zerstörten und die Stadt Aquae Sextiae, das heutige Aix-en-Provence, gründeten. Als einige Anführer der Salluvier daraufhin zu den benachbarten Allobrogern flohen, bot deren Weigerung, die Flüchtlinge auszuliefern, den Römern den Anlass zur Fortführung und Ausweitung des Krieges. Wie der Historiker Appian wohl ebenfalls unter Benutzung des poseidonischen Geschichtswerkes berichtet, entsandte daraufhin Luernios' Sohn Bituitos einen kostbar gekleideten Gesandten zusammen mit Leibwächtern, Hunden und einem Dichter ins Lager der Römer, um zugunsten der Allobroger zu intervenieren.[129] Als seine Bemühungen erfolglos blieben, ergriff er offen die Partei der Allobroger, wurde jedoch zusammen mit ihnen im August 121 v. Chr. von den Römern besiegt. Nach dieser Niederlage erweiterten die Römer ihren Einflussbereich auf ganz Südgallien von den Pyrenäen bis zum Genfer See und gründeten in Narbo, dem heutigen Narbonne, eine römische Kolonie.[130]

In den Jahren 109 bis 101 v. Chr. bedrohten die germanischen Kimbern und die mit ihnen verbündeten Teutonen und Tiguriner Südgallien, doch konnte Gaius Marius durch entscheidende Siege bei Aquae Sextiae und Vercellae die römischen Besitzungen jenseits der Alpen sichern. Bald nach diesen Ereignissen besuchte Poseidonios den Süden Galliens und beschrieb, ausgehend von seinen persönlichen Eindrücken, ausführlich das Aussehen der Gallier, ihre Kleidung und Bewaffnung sowie den Eindruck, den sie auf Fremde machten (zitiert bei Diodor von Sizilien, *Bibliotheke* 5,28,1–3 und 30,1–31,1):[131]

> Die Gallier sind hochgewachsen, aufgeschwemmt und hellhäutig. Ihr Haar ist nicht nur von Natur aus blond, sondern sie verstärken diese natürliche Farbe noch durch künstliche Behandlung. Sie reiben nämlich das Haar beständig mit Kalkwasser ein und streichen es von der Stirn nach oben gegen den Scheitel und zum Nacken hin zurück, so dass sie im Aussehen Satyrn und Panen ähneln. Durch diese Behandlung werden die Haare so dick, dass sie sich nicht mehr von einer Pferdemähne unterscheiden. Einige rasieren sich, andere lassen sich einen kleinen Bart stehen. Die Vornehmen rasieren die Wangen, tragen aber einen Schnurrbart, dessen Haare den Mund bedecken. Wenn sie essen, geraten die Haare deshalb in die Speisen, und wenn sie trinken, fließt das Getränk wie durch ein Sieb. ... Sie tragen auffällige Kleider, nämlich gefärbte und bunt gemusterte Röcke sowie Hosen, die sie «Braken» nennen. Darüber tragen sie, mit einer Spange an der Schulter befestigt, gestreifte und mit bunten Vierecken gemusterte Umhänge, im Winter dickere, im Sommer leichtere. ... Sie selbst sind schrecklich anzusehen, mit sehr tiefen und rauen Stimmen. Wenn sie reden, machen sie nur wenig Worte und deuten vieles nur an. Häufig übertreiben sie, um sich selbst zu rühmen und andere herabzusetzen. Sie drohen gerne mit Worten und Gesten und lieben theatralisches Auftreten. Gleichwohl haben sie einen scharfen Verstand und sind zum Lernen nicht unbegabt.

Ausführlich äußerte sich Poseidonios auch über die Essgewohnheiten der Kelten:[132]

> Bei ihren Mahlzeiten sitzen die Kelten auf einer Unterlage aus Heu an niedrigen hölzernen Tischen. Ihre Nahrung besteht aus wenig Brot, aber viel Fleisch, das entweder gekocht oder aber auf Kohlenpfannen oder an Spießen gebraten wird. Davon nehmen sie reinlich, aber nach

> Löwenart, indem sie mit den Händen ganze Glieder hochheben und das Fleisch mit den Zähnen abbeißen. Wenn etwas schwer abzureißen ist, schneiden sie es mit einem kleinen Messer ab, das neben dem Schwert in einer eigenen Scheide steckt. Diejenigen, die an Flüssen, am Mittelmeer oder am Atlantik wohnen, essen auch Fisch, den sie mit Salz, Essig und Kümmel würzen und braten. Kümmel tun sie auch in ihr Getränk. Olivenöl verwenden sie nicht, da es kaum zu haben ist und ihnen mangels Gewohnheit unangenehm vorkommt. Wenn sie zu mehreren speisen, sitzen sie im Kreis, wobei der Stärkste, der die anderen durch kriegerische Tüchtigkeit, Abstammung oder Reichtum überragt, wie der Anführer eines Chores in der Mitte sitzt. Ihm zur Seite sitzt der Gastgeber, und daneben auf beiden Seiten die anderen, ein jeder entsprechend seinem Rang. Ihre Schildträger stehen hinter ihnen, während die Speerträger ihnen gegenüber ebenfalls im Kreis sitzen und wie ihre Herren schmausen. Das Getränk tragen die Diener in Gefäßen aus Keramik oder Silber auf, die unseren Trinkschalen ähneln. Aus dem gleichen Material sind auch die Platten, auf denen sie die Speisen auftragen, wobei manche auch Bronzeplatten oder solche aus Flechtwerk und Holz verwenden. Das Getränk der Wohlhabenden ist Wein, der aus Italien oder der Gegend um Massalia eingeführt wird. Dieser ist ungemischt, und nur manchmal gibt man etwas Wasser hinzu. Die weniger Begüterten trinken Weizenbier, das mit Honig versetzt ist, aber die meisten trinken das Bier ohne Zutaten. Man nennt es «Korma».

Die folgenden kritischen Bemerkungen des Poseidonios über den Weinhandel überliefert wiederum Diodor von Sizilien (*Bibliotheke* 5,26,3):[133]

> Da sie den Wein über alle Maßen lieben, trinken sie den von Händlern eingeführten Wein ungemischt. In ihrer Gier sprechen sie dem Getränk unmäßig zu, und in betrunkenem Zustand schlafen sie dann entweder ein oder geraten außer Rand und Band. Aufgrund ihrer bekannten Gewinnsucht betrachten deshalb viele italische Kaufleute die Vorliebe der Gallier für Wein als einen ausgesprochenen Glücksfall. Mit Booten transportieren sie den Wein auf den schiffbaren Flüssen, mit Wagen über das flache Land, und sie erzielen für ihre Ware schier unglaubliche Preise. Für einen Krug voll Wein erhalten sie einen Sklaven und bekommen so einen Mundschenk anstelle des Trunks.

Die Häufigkeit und Selbstverständlichkeit, mit der gerade diese Schilderungen in neuzeitlichen Darstellungen der Kelten und ihrer Kultur zitiert werden, sollte allerdings nicht darüber hinwegtäuschen, dass die Darstellung des Poseidonios zeitlich nur für die erste Hälfte des 1. Jahr-

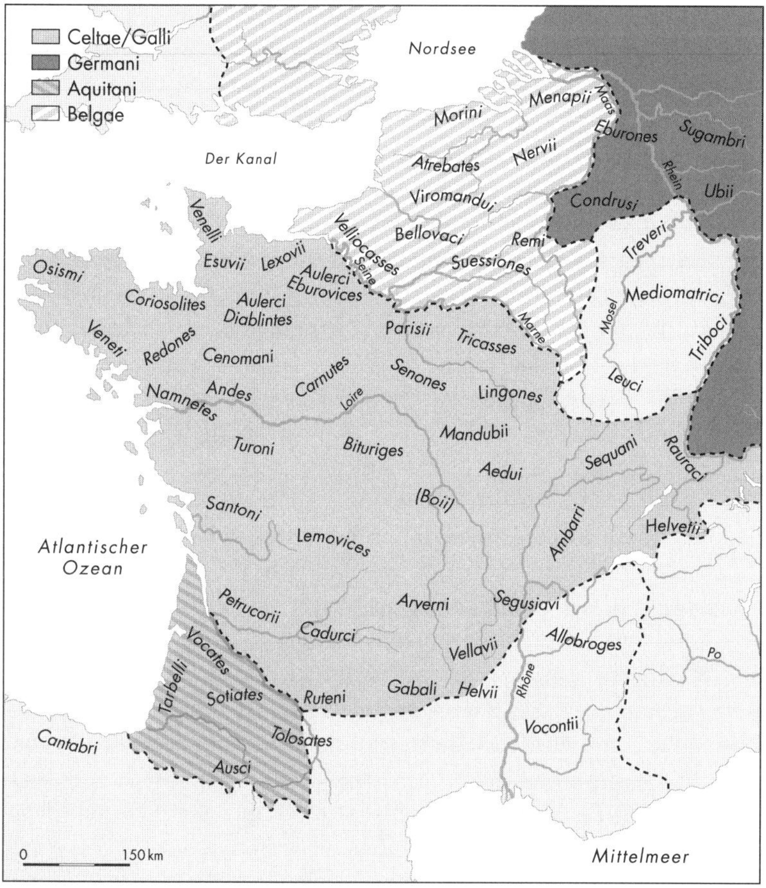

Die Bevölkerung Galliens nach Caesar

hunderts v. Chr. und räumlich nur für den stark hellenisierten Süden Galliens Gültigkeit beanspruchen kann. Beachtung verdient auch, dass Poseidonios wie die gesamte antike Ethnographie gerne das Ungewöhnliche hervorhebt und etwa in seinen Bemerkungen über die keltische Trunksucht von deren Tendenz zu Klischees nicht frei ist. Für den modernen Leser weniger offensichtlich, aber gleichwohl allgegenwärtig sind ferner Anspielungen, die erst aus den kulturphilosophischen Anschauungen des Autors heraus verständlich werden. So etwa ist der Hinweis auf das kleine Messer, das bei den Kelten neben dem Schwert in einer eigenen Scheide steckt, ein Hinweis auf ähnliche Sitten der homerischen Helden (vgl. *Ilias* 3,271 f.), während die Bemerkungen über die Aufgeschwemmtheit der Kelten und ihre tiefen und rauen Stimmen weniger auf der beobachteten Realität als vielmehr auf vorgefassten Anschauungen über den Einfluss des Klimas auf den menschlichen Organismus beruhen dürften. Gleichwohl stellen die Keltenschilderungen des Poseidonios auch in der uns erhaltenen bruchstückhaften Überlieferung eine kulturgeschichtliche Quelle ersten Ranges dar, mit denen der griechische Philosoph den Kelten Mittel- und Westeuropas in den letzten Jahrzehnten ihrer Unabhängigkeit ein bleibendes Denkmal setzte.

Das Ende dieser Epoche zeichnete sich ab, als 58 v. Chr. Gaius Iulius Caesar zum Statthalter der keltischen Gebiete Oberitaliens und der südgallischen Provinz Gallia Narbonensis berufen wurde.[134] Zu diesem Zeitpunkt hatte Caesar bereits eine steile politische Karriere hinter sich und war nunmehr darauf bedacht, durch militärische Aktivitäten seine finanziellen Schulden zu begleichen und sich gleichzeitig ein schlagkräftiges, ihm persönlich ergebenes Heer zu schaffen. Bereits um 70 v. Chr. hatten Germanen unter der Führung ihres Königs Ariovist den Rhein überschritten und sich mit den Sequanern gegen die mit Rom befreundeten Haeduer verbündet. 61 v. Chr. hatte der Haeduer Diviciacus beim römischen Senat um Unterstützung gegen die Sequaner und ihren Verbündeten Ariovist geworben, der jedoch seinerseits 59 v. Chr. mit Rom einen Freundschaftspakt abgeschlossen und dabei auf Antrag Caesars den Ehrentitel «Freund des römischen Volkes» erhalten hatte. Das Kräfteverhältnis änderte sich, als die keltischen Helvetier 58 v. Chr. unter zunehmendem germanischen Druck aus ihren Siedlungsgebieten auszuwandern und dabei die römische Provinz zu durchqueren versuchten. Caesar kam diese Gelegenheit wie gerufen: Unter Hinweis auf einen – vielleicht von ihm selbst veranlassten – Hilferuf der ebenfalls mit Rom verbündeten Haeduer stellte er sich den Auswanderern entgegen. In der Nähe des Oppidums Bibracte besiegte er sie und zwang die Überlebenden zur Rückkehr in ihre Heimat.[135] Ein erneutes Hilfegesuch der Haeduer führte nunmehr auch zum Konflikt mit Ariovist, der von Caesar noch im Herbst desselben Jahres in einer offenen Feldschlacht in der Nähe von Mühlhausen geschlagen wurde und sich daraufhin auf rechtsrheinisches Gebiet zurückziehen musste.

Bereits nach dem ersten Kriegsjahr erhöhte Caesar die Zahl der Legionen unter seinem Kommando von vier auf sechs und in den darauffolgenden Jahren auf insgesamt zehn. Von seiner Machtbasis im südöstlichen Gallien aus unternahm der römische Feldherr daraufhin 57 bis 56 v. Chr. militärische Vorstöße gegen die Belger im Nordosten Galliens, unterwarf die Küstenbewohner im Gebiet der heutigen Bretagne und führte erfolgreich Feldzüge gegen die aquitanischen Stämme in Südwestgallien. Zur militärischen Sicherung seiner Position und zur Demonstration römischer Stärke überquerte er 55 v. Chr. im Gebiet der mit Rom befreundeten Ubier erstmals den Rhein und unternahm kurz darauf auch eine erste Expedition nach Britannien. 54 v. Chr. segelte Caesar ein zweites Mal nach Britannien und erreichte dort die formale Unterwerfung des Fürsten Cassivellaunus, doch kam es wenig später im nördlichen Gallien zu einem folgenschweren Aufstand. Unter der Führung ihres Fürsten Ambiorix vernichteten die Eburonen anderthalb in ihrem Gebiet stationierte Legionen, zu jenem Zeitpunkt wohl ein Fünftel der Armee Caesars. 53 v. Chr. schlug Caesar den Aufstand blutig nieder, rottete die Führungsschicht der Eburonen nahezu aus und überquerte nach erfolgreichen Kämpfen gegen die Treverer im Gebiet des Neuwieder Beckens abermals den Rhein.

52 v. Chr. kam es zum letzten allgemeinen Aufstand der Völker Galliens, der mit der Ermordung römischer Bürger in Cenabum, dem heutigen Orléans, seinen Anfang nahm. Die Führung der Gallier übernahm der Arverner Vercingetorix, der den römischen Truppen durch eine Taktik der verbrannten Erde die Existenzgrundlage zu entziehen versuchte. Nach der Eroberung des erbittert verteidigten Oppidums Avaricum durch die Römer zog sich Vercingetorix in seine Heimatstadt Gergovia zurück, brachte den angreifenden Römern eine schwere Niederlage bei und zwang Caesar dadurch zum Rückzug. Wenig später jedoch wurde Vercingetorix mit seinem Heer im Oppidum Alesia (auf dem Mont Auxois in der Nähe des heutigen Alise-Sainte-Reine) eingeschlossen und musste sich nach dem Scheitern mehrerer Ausbruchsversuche und Entsatzangriffe den Truppen Caesars ergeben. 51 v. Chr. fiel mit der Eroberung des Ortes Uxellodunum durch die Römer die letzte Bastion des gallischen Widerstands. Vercingetorix wurde sechs Jahre gefangen gehalten, 46 v. Chr. von Caesar im Triumph durch Rom geführt und vermutlich wenig später hingerichtet.[136]

Nach der Niederwerfung des letzten großen Aufstands der Gallier gründete Caesar mehrere Kolonien, die der Befestigung der römischen Macht und der Landzuweisung an seine Soldaten dienten. Ein Jahr nach Caesars Tod gründete der Statthalter der Gallia Transalpina noch im Auftrag Caesars am Zusammenfluss von Rhône und Saône die Kolonie Lugudunum, das heutige Lyon, die sich in der Folgezeit zum politischen und wirtschaftlichen Mittelpunkt Galliens entwickelte. 40 v. Chr. gelangte Gallien in den Herrschaftsbereich Oktavians, des späteren Augustus, dessen Statthalter Marcus Agrippa zur Sicherung der Rheingrenze germanische Völkerschaften wie etwa die Ubier auf gallischem Gebiet ansiedelte. Nach wechselvollen Kämpfen gegen aufständische Gallier und eindringende Germanen erfolgte 27 v. Chr. die territoriale Neuordnung der von Caesar eroberten Gebiete, die nun in die drei kaiserlichen Provinzen Aquitania, Lugdunensis und Belgica aufgeteilt wurden. Mit der darauffolgenden verkehrstechnischen und wirtschaftlichen Erschließung Galliens begann die Epoche der gallo-römischen Zivilisation, die als letzter Ausläufer der festlandkeltischen Kultur erst in der Spätantike mit der Landnahme germanischer Völkerschaften ihr Ende finden sollte. Vor einer näheren Betrachtung der Geschichte Galliens unter römischer Herrschaft sei indessen der Blick weg von Mitteleuropa auf die Iberische Halbinsel sowie nach Oberitalien und Kleinasien als den bedeutendsten Randzonen der keltischen Kultur des Altertums gerichtet.

5.

DIE KELTEN DER IBERISCHEN HALBINSEL

Jenseits der Säulen des Herakles: Das Zeugnis der antiken Ethnographie

Gründet sich die moderne Anschauung vom «keltischen» Charakter der gallischen Kultur vor allem auf das Zeugnis der antiken Autoren und die bemerkenswerte Einheitlichkeit der mitteleuropäischen latènezeitlichen Kunst, so beruht unser Bild vom «keltischen» Irland und «keltischen» Britannien, wie noch zu zeigen sein wird, in erster Linie auf der sprachlichen Kontinuität. Anders liegen die Verhältnisse auf der Iberischen Halbinsel, wo die Ornamentik und Bilderwelt der Latènekunst kaum eine Rolle spielte und die schon im Altertum ausgestorbene keltische Sprache eines Großteils der Bevölkerung nur in Inschriften sowie in einzelnen Wörtern des Spanischen, Portugiesischen und Baskischen greifbar ist. Umso wertvoller sind die zahlreichen Hinweise der antiken Autoren, die für die keltischen Bevölkerungsteile der Iberischen Halbinsel die noch heute übliche Sammelbezeichnung «Keltiberer» (lateinisch *Celtiberi*) geprägt haben.[137]

Die ältesten Nachrichten über keltische Völkerschaften am Westrand Europas bietet vielleicht der spätlateinische Dichter Avienus, dessen im 4. Jahrhundert n. Chr. verfasste Beschreibung der spanischen und gallischen Küste *(Ora maritima)* zumindest teilweise auf alten griechischen Quellen aus dem 6. Jahrhundert v. Chr. fußt. Eine genaue Abgrenzung dieser ältesten Quellenschicht von späteren Einschüben und Zusätzen gestaltet sich allerdings schwierig, und der keltische Charakter mehrerer bei Avienus erwähnter Völkernamen ist durchaus umstritten.[138] Festeren Boden gewinnen wir im 5. Jahrhundert v. Chr. mit Herodot (*Historien* 2,33), der in seiner Schilderung Ägyptens auf den (vermeintlich) parallelen Verlauf des Nils und der Donau hinweist und dabei bemerkt:

> Der Istros (die Donau) entspringt bei den Kelten und der Stadt Pyrene und fließt mitten durch Europa. Die Kelten aber wohnen jenseits der Säulen des Herakles und sind Nachbarn der Kynesier, die von allen Völkern Europas am weitesten im Westen leben.

Die Iberische Halbinsel in der Antike

Herodots Quelle waren zweifellos Berichte griechischer Kaufleute und Seefahrer, die auf ihren Fahrten zu den britannischen Zinninseln die als «Säulen des Herakles» bezeichnete Meerenge von Gibraltar durchquerten und die bedeutende Handelsstadt Tartessos im Mündungsgebiet des Guadalquivir aufsuchten. Da die Karthager bereits um 530 v. Chr. nach ihrem Sieg in der Seeschlacht vor Alalia auf Korsika griechischen Schiffen die Durchfahrt durch die Straße von Gibraltar verwehrten, dürfte Herodots Mitteilung letztlich auf Aufzeichnungen aus der ersten Hälfte des 6. Jahrhunderts v. Chr. zurückgehen.[139] Die Kynesier wohnten späteren Autoren zufolge im südlichen Portugal in der heutigen Provinz Algarve, und der Name Pyrene begegnet bereits bei Aristoteles als Bezeichnung der Pyrenäen. Übrigens erwähnt Herodot an anderer Stelle (*Historien* 1,163) als König von Tartessos und Freund der Griechen einen Herrscher namens Arganthonios, dessen Name von einem möglicherweise keltischen Wort für «Silber» (altirisch *argat*, kymrisch *arian*) abgeleitet ist.

Als bedeutendes Volk erscheinen die Kelten um die Mitte des 4. Jahrhunderts v. Chr. bei dem Historiker Ephoros von Kyme, der ihnen eine eigene, noch in Zitaten erhaltene ethnographische Schilderung widmete.[140] Er siedelt die Kelten im äußersten Westen der bewohnten Welt an, so wie er den gesamten Osten den Indern, den Süden den Aithiopen und den Norden den Skythen zuweist. Abgesehen von ihrer positiven Charakterisierung als «Griechenfreunde» erzählte Ephoros von den Kelten auch bereits einige der bei antiken Ethnographen beliebten Absonderlichkeiten, so etwa, dass sie korpulenten jungen Männern beim Überschreiten eines gewissen Leibesumfangs eine Strafe auferlegten oder mit der Waffe in der Hand gegen die Meereswogen angingen. Eine ausführliche Landeskunde der Iberischen Halbinsel gab um die Mitte des 2. Jahrhunderts v. Chr. der Historiker Polybios im Rahmen seiner 40 Bücher zählenden Universalgeschichte. Wie die erhaltenen Fragmente des 34. Buches zeigen, handelte er darin sowohl über geographisch-naturwissenschaftliche Probleme, wie etwa die Ausdehnung Iberiens und die Wirkungsweise der Gezeiten, als auch über die Bevölkerung des Landes und die schon von Cato dem Älteren gerühmten iberischen Bergwerke. Um 100 v. Chr. veröffentlichte Artemidoros von Ephesos seine Geographie des Westens, die jedoch nach Ausweis der erhaltenen Fragmente in erster Linie eine genaue Beschreibung der Küste und nur wenige Angaben über das Landesinnere und seine Bewohner enthalten haben dürfte.

Wohl zu Beginn des 1. Jahrhunderts v. Chr. besuchte Poseidonios die Iberische Halbinsel und verwertete die vor Ort gewonnenen Erkenntnisse in seinem Buch über das Weltmeer wie auch in seiner Fortsetzung der Geschichte des Polybios.[141] Wie die vor allem bei Diodor von Sizilien und Strabon überlieferten Zitate zeigen, behandelte der vielseitig interessierte Philosoph, Ethnograph und Naturforscher dabei nicht nur die Tier- und Pflanzenwelt, die Bodenschätze und die Besonderheiten im Wechsel der Gezeiten, sondern auch die Sitten und Gebräuche der Keltiberer. Wie Diodor schreibt, seien die Kelten und Iberer in alter Zeit miteinander verfeindet gewesen, hätten dann aber Frieden geschlossen, das einst umkämpfte Land gemeinsam bewohnt und schließlich aufgrund ihrer gegenseitigen Vermischung den Namen «Keltiberer» erhalten. Des Weiteren rühmt Diodor die Gastfreundschaft der Keltiberer, die Kraft und Ausdauer ihrer Reiter und Fußtruppen sowie die hohe Qualität ihrer eisernen Waffen. Als befremdliche Eigenart erwähnt er die keltiberische Sitte, sich mit Urin zu waschen und die Zähne zu putzen (*Bibliotheke* 5,33,1–5 und 34,1–2).

Wie aus den antiken Quellen hervorgeht, zerfielen die Keltiberer in zahlreiche Stämme, darunter die Beller mit ihrer bedeutenden Siedlung Segeda im Tal des Jalón, die Arevaker mit der Hauptstadt Numantia im oberen Duero-Becken, etwa in der westlichen Hälfte der heutigen Provinz Soria, die Pelendonen im Gebiet zwischen dem Duero und dem Moncayo und die Beronen am oberen Ebro im Gebiet der nach ihnen benannten Ortschaft Briones. Alle diese Stämme traten erstmals in der ersten Hälfte des 2. Jahrhunderts v. Chr. in den Gesichtskreis der Römer, als sie nach der siegreichen Beendigung des Zweiten Punischen Krieges mit der Niederwerfung Hannibals und der Vertreibung der Karthager aus Spanien ihre Machtstellung in diesem Gebiet zu festigen suchten.

Kampf um Numantia: Die Kriege der Keltiberer gegen Rom

Nachdem die Römer bereits 209 v. Chr. das zwölf Jahre zuvor gegründete Neukarthago (Carthago Nova, heute Cartagena) eingenommen hatten, mussten die Karthager 201 v. Chr. im Friedensvertrag mit Rom alle spanischen Besitzungen endgültig aufgeben. 180 v. Chr. eroberte sodann Tiberius Sempronius Gracchus als Statthalter der Provinz Hispania citerior mehrere keltiberische Siedlungen, legte den von ihm besiegten Stämmen Tributzahlungen auf und verbot ihnen die Anlage neuer befestigter Siedlungen. Als der Stamm der Beller 154 v. Chr. entgegen diesen Abmachungen seinen Hauptort Segeda mit einer neuen großen Stadtmauer umgab, kam es darüber zum Krieg mit den Römern, an dem sich nicht nur die gemeinhin als Keltiberer bezeichneten Stämme, sondern auch die benachbarten Vakkäer im mittleren Tal des Duero, die Vettonen im Gebiet zwischen Tajo und Duero und das Volk der Lusitaner beteiligten. 151 v. Chr. wurde der römische Praetor Servius Sulpicius Galba von den Lusitanern geschlagen, erreichte ein Jahr später jedoch ihre freiwillige Unterwerfung. Entgegen allen Vereinbarungen nutzte Sulpicius Galba jedoch seinen Vorteil aus, um unter den wehrlosen Lusitanern ein Blutbad anzurichten und die Überlebenden in die Sklaverei zu verkaufen. Den Versuch, ihn wegen Verletzung des Völkerrechts in Rom vor Gericht zu stellen, konnte er mit Hilfe seines beträchtlichen Reichtums vereiteln. Zu den überlebenden Lusitanern, denen die Flucht gelang, gehörte Viriatus, der 147 v. Chr. den Oberbefehl im Krieg gegen die Römer übernahm und durch eine wendige Guerillastrategie bedeutende militärische Erfolge erzielte. 147 v. Chr. eroberte er das Tal des Guadalquivir, fügte den Römern mehrere schwere Niederlagen zu und erzwang 140 v. Chr. die Kapitulation des römischen Prokonsuls Quintus Fabius Maximus Servilianus. Der Friedensvertrag, der Viriatus als Herrscher der in Südspanien eroberten Gebiete bestätigte und ihn zum «Freund des römischen Volkes» *(amicus populi Romani)* erklärte, wurde jedoch bereits ein Jahr später vom römischen Senat für nichtig erklärt. Nach dem Ausbruch neuer Kämpfe wurde Viriatus noch im selben Jahr auf Veranlassung des römischen Prokonsuls Quintus Servilius Caepio von seinen eigenen Landsleuten ermordet. In der Folge lag die Führung des Widerstands der Keltiberer gegen Rom bei den Arevakern, die bereits 154 v. Chr. die aus Segeda geflohenen Beller bei sich aufgenommen hatten. Ihr östlicher Vorposten Numantia am Zusammenfluss von Duero und Merdancho auf der Hochebene Altkastiliens wurde zum Zentrum und Inbegriff dieses Widerstands, dem erst Publius Cornelius Scipio Aemilianus Africanus 133 v. Chr. nach mehrmonatiger Belagerung Numantias mit der Einnahme und Zerstörung der Stadt ein Ende setzen konnte.

Nach dem Fall Numantias war der Widerstandswille der keltiberischen Stämme gebrochen, obschon es in den beiden ersten Jahrzehnten des 1. Jahrhunderts v. Chr. unter dem römischen Prokonsul Titus Didius und seinem Nachfolger Quintus Valerius Flaccus wiederholt zu Kampfhandlungen kam. Allmählich wurden die städtischen Siedlungen des Landes jedoch romanisiert, und die lateinische Sprache und Schrift gewann zunehmend an Verbreitung. In den Jahren von 80 bis 71 v. Chr. wurde die gesamte Region stark in Mitleidenschaft gezogen, als sich die Lusitaner unter der Führung des römischen Ritters und ehemaligen Offiziers Sertorius erneut gegen die Römer erhoben. In den ersten Jahren dieses Krieges erzielte Sertorius gegen die römischen Statthalter Quintus Caecilius Metellus und Marcus Domitius Calvinus dank der Anwendung einheimischer Guerillataktik wiederholt militärische Erfolge. Nachdem 77 v. Chr. Pompeius den Oberbefehl in Spanien übernommen hatte, fügte ihm Sertorius ebenfalls schwere Niederlagen zu, wurde jedoch ab 75 v. Chr. trotz eines Bündnisses mit König Mithridates VI. von Pontos zunehmend in die Defensive gedrängt. Nachdem Sertorius 72 v. Chr. von seinen eigenen Anhängern ermordet worden war, konnte Pompeius den Krieg nur ein Jahr später siegreich beenden. 29–19 v. Chr. fand die Unterwerfung der Iberischen Halbinsel mit den Siegen des Augustus über die Asturer und Kantabrer im Gebiet nördlich des Duero ihren Abschluss.

Keltiberisch, Iberisch, Baskisch: Die vorrömischen Sprachen Spaniens

Bis in die erste Hälfte des 20. Jahrhunderts nahm man an, die Sprache der vorrömischen Bevölkerung Spaniens sei eine frühe Form des Baskischen gewesen. Erst nach dem Ende des Zweiten Weltkriegs setzte sich die Einsicht durch, dass das Baskische nicht die Sprache der alten Iberer fortsetzte und dass auf den frühen Inschriften der Pyrenäenhalbinsel zwei völlig verschiedene Sprachen Verwendung gefunden hatten: das nichtindogermanische Iberische und eine altertümliche Form des Keltischen, für die sich ausgehend von der antiken Volksbezeichnung *Celtiberi* die Bezeichnung Keltiberisch durchsetzte.[142] Letztere wurde nach Ausweis der Personen- und Ortsnamen jedoch nicht allein im Gebiet der als «Keltiberer» bezeichneten Stämme, sondern weit darüber hinaus, so etwa auch in Asturien und Kantabrien, gesprochen.

Für die Abfassung der keltiberischen Inschriften bediente man sich teils der auch im Süden des Landes verbreiteten iberischen Silbenschrift, teils des in den römischen Garnisonen und Verwaltungszentren üblichen lateinischen Alphabets. Alle keltiberischen Inschriften stammen ungefähr aus der Zeit zwischen 180 und 50 v. Chr., so dass die Überlieferung erst mit dem Auftreten der Römer in dieser Region einsetzt und – anders als in Gallien – noch vor der Kaiserzeit ihren Abschluss findet. Zu den bedeutendsten keltiberischen Sprachdenkmälern zählen die in lateinischen Buchstaben geschriebene große Felsinschrift von der Peñalba de Villastar in der Provinz Teruel, die man als eine Weihinschrift für den Gott Lugus interpretiert hat, sowie die 1970 bei der archäologischen Untersuchung des antiken Ortes Contrebia Belaisca südlich von Zaragoza entdeckte, in iberischer Schrift beschriebene und bislang nur unzureichend gedeutete erste Bronzetafel von Botorrita. 1992 kam in Botorrita eine zweite in iberischer Schrift beschriebene Bronzetafel zutage, die vor allem Personennamen

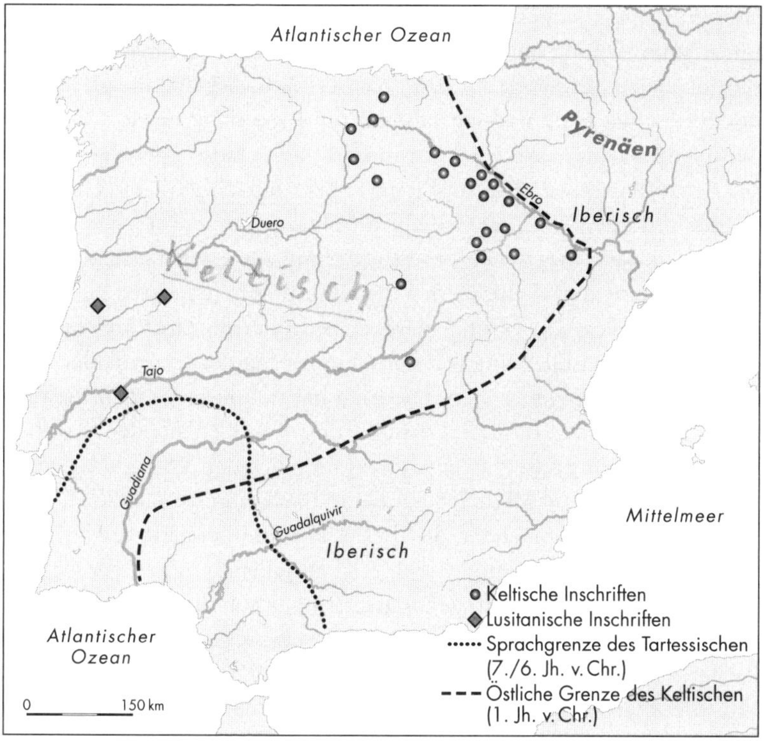

Sprachen der Iberischen Halbinsel

enthält. Beachtung verdienen in diesem Zusammenhang auch die sogenannten lusitanischen Inschriften im Westen der Pyrenäenhalbinsel, in denen man entweder eine besonders altertümliche Form des Keltischen oder aber eine keltisch beeinflusste indogermanische Sprache zu erkennen glaubt. Das wohl bekannteste lusitanische Sprachdenkmal ist die Felsinschrift vom Cabeço das Fráguas bei Guarda in Portugal, in der vermutlich von einem dreifachen Tieropfer nach Art der römischen *suovetaurilia* die Rede ist.

Südlich des lusitanischen Sprachgebiets, in Südportugal und im westlichen Andalusien, findet man außerdem das heute sogenannte Tartessische. Diese Sprache kennen wir aus knapp hundert Inschriften, die in einer Variante der Iberischen Silbenschrift geschrieben sind. Versuche, das Tartessische als eine keltisch beeinflusste indogermanische Sprache oder gar als eine neue Variante des Keltischen zu erweisen, haben jedoch keine allgemeine Zustimmung gefunden.[143] Umstritten ist auch die neuerdings und gleichsam in Umkehr zu älteren Theorien aufgestellte These, das Keltische sei überhaupt erst auf der Iberischen Halbinsel entstanden und habe sich von dort bis nach Mitteleuropa ausgebreitet.[144] Wann und wie sich die keltische Sprache auf der Pyrenäenhalbinsel ausbreitete, liegt tatsächlich weitgehend im Dunkeln. Die ältere Vorgeschichtsforschung rechnete noch mit einer älteren «indogermanischen» Einwanderung im 2. Jahrtausend v. Chr. und einer jüngeren «keltischen» Einwanderung in der ersten Hälfte des 1. Jahrtausends v. Chr., wobei man den postulierten Zustrom keltischer Siedler in Zusammenhang mit der Ausbreitung der Urnenfelder-Kultur brachte. Entgegen diesen Theorien hat sich heute jedoch die Einsicht durchgesetzt, dass die Ausbreitung der Urnenfelder als einer neuen Bestattungsform nicht als Bestandteil einer Völkerwanderung zu verstehen ist und folglich auch keine Rückschlüsse auf die Einführung einer neuen Sprache in die Iberische Halbinsel gestattet. Tatsächlich ist die gesamte Region durch eine auffallend einheitliche bodenständige Kulturlandschaft gekennzeichnet, und die archäologischen Funde in den keltischsprachigen Gebieten lassen sich kaum jemals als Neuerungen mit einem greifbaren Ursprung jenseits der Pyrenäen interpretieren. Inwiefern das Keltiberische seine Ausbreitung der Akkulturation vorkeltischer Bevölkerungsteile verdankt und inwiefern man es auf den Zustrom keltischsprachiger Neuansiedler zurückführen muss, ist daher beim gegenwärtigen Stand der Forschung kaum auszumachen. Eine ähnliche Problematik ist auch im Falle der Kelten Oberitaliens zu beobachten, wo die Ergebnisse der modernen Archäologie und Vergleichenden Sprachwissenschaft sowie die Aussagen der antiken Geschichtsschreiber jeweils unterschiedliche Aspekte eines komplexen historischen Vorgangs ins Blickfeld treten lassen.

6.

DIE KELTEN IN OBERITALIEN

Von der Golasecca- zur Latènekultur: Das Zeugnis der Archäologie

Als 1871 in Bologna der Internationale Kongress für Anthropologie und Prähistorische Archäologie tagte, unternahmen die Teilnehmer auch eine Exkursion zu den Ausgrabungen in der Etruskerstadt bei Marzabotto südlich von Bologna. Dabei veranlasste die Ähnlichkeit bestimmter Grabbeigaben mit Funden aus der Schweiz und der Champagne den französischen Vorgeschichtsforscher Gabriel de Mortillet, die Gräber von Marzabotto mit dem von antiken Historikern bezeugten Einfall keltischer Völker in Italien gegen Ende des 5. und zu Beginn des 4. Jahrhunderts v. Chr. in Verbindung zu bringen. Nach über einem Jahrhundert intensiver Grabungstätigkeit in den Regionen südlich und nördlich der Alpen bestätigt die moderne Archäologie die hier erstmals festgestellten engen Beziehungen, die vor der Romanisierung Oberitaliens im 3. und 2. Jahrhundert v. Chr. zwischen den keltischen Völkern im «Gallien diesseits der Alpen» *(Gallia cisalpina)* und dem «Gallien jenseits der Alpen» *(Gallia transalpina)* bestanden. Dabei lassen die Bodenfunde weitaus mehr als die antiken Schriftquellen auf ein komplexes Mit- und Nebeneinander der Kelten, Etrusker, Ligurer, Veneter und ihrer jeweiligen Kulturen schließen.[145] Besondere Beachtung verdient in diesem Zusammenhang die sogenannte Golasecca-Kultur im Gebiet der oberitalienischen Seen nördlich von Mailand, deren Träger durch die Kontrolle weitreichender Verkehrsverbindungen über die Alpenpässe des St. Bernhard und St. Gotthard augenscheinlich eine Mittlerfunktion zwischen dem mediterranen Süden und dem keltischen Norden ausübten.[146]

Die Erforschung der nach einem Fundort unweit der Südspitze des Lago Maggiore benannten Golasecca-Kultur nahm ihren Anfang um 1870, wobei man sich lange Zeit nicht über die ethnische Zuordnung der Bodenfunde einigen konnte. Sah ein Teil der Forscher in den Kelten die Träger der Golasecca-Kultur, so sprachen sich andere stattdessen für die Ligurer aus oder nahmen mit Rückgriff auf einen

Ausdruck der antiken Ethnographie eine «keltoligurische» Mischbevölkerung an. Wie neuere Ausgrabungen und Untersuchungen älterer Funde ergaben, wurden in der Nähe von Como bereits im 6. und 5. Jahrhundert v. Chr. Inschriften in einer keltischen Sprache, dem sogenannten Lepontischen, abgefasst. Die Frage, wann und wie ihre Sprecher in die Region gelangten, wird jedoch bis heute unterschiedlich beurteilt. Tatsächlich begegnen im Bereich der Golasecca-Kultur bereits um 600 v. Chr. Fibeln, wie sie für die mitteleuropäische Westhallstattkultur charakteristisch sind. Vordergründig könnte es scheinen, als bestätigten diese Funde die Aussage des Historikers Livius (*Römische Geschichte* 5,34), der eine erste Einwanderung keltischer Völker nach Italien in das frühe 6. Jahrhundert v. Chr. datiert. Demgegenüber ist allerdings zu bedenken, dass Livius' Darstellung von älteren Schriftquellen nicht bestätigt wird und dass auch von archäologischer Seite ein Zustrom neuer Bevölkerungsteile am Übergang vom 7. zum 6. Jahrhundert nicht nachzuweisen ist. Vielmehr haben Archäologen darauf hingewiesen, dass man die charakteristischen Merkmale der Golasecca-Kultur ohne nennenswerte Umbrüche bis ins 13. Jahrhundert v. Chr. zurückverfolgen kann. Erst um diese Zeit kann man mit dem Aufkommen der sogenannten Canegrate-Kultur im Töpfer- und Metallhandwerk bedeutsame Neuerungen feststellen, die mit ihren Entsprechungen im Gebiet nördlich der Alpen auf enge Beziehungen zwischen den beiden Regionen hinweisen. In den darauffolgenden Jahrhunderten orientierte sich die Golasecca-Kultur in zunehmendem Maße an der Kultur ihrer südlichen Nachbarn, fungierte indessen nach der Intensivierung des etruskischen Nordhandels seit dem 8. Jahrhundert v. Chr. auch als Vermittler zwischen der Mittelmeerwelt und den Regionen nördlich der Alpen. Dies bezeugen zahlreiche Gegenstände des Kunsthandwerks, die aus den etruskischen Handelsstädten Vetulonia und Felsina (dem späteren Bologna) sowohl in das Gebiet der Golasecca-Kultur als auch in die Westhallstattkultur ausgeführt wurden. Es steht zu vermuten, dass neben Fertigprodukten auch Rohstoffe wie Bernstein, Koralle und Zinn oder Nahrungsmittel wie Wein, Öl und Salz gehandelt wurden.

Ähnlich wie auf der Pyrenäenhalbinsel ist auch im Falle der Golasecca-Kultur letztlich nicht mit Sicherheit auszumachen, inwiefern die Ausbreitung der keltischen Sprache im Gebiet der oberitalienischen Seen auf einem Akkulturationsprozess beruht oder inwiefern hier mit der Zuwanderung keltischsprachiger Bevölkerungsteile zu rechnen ist. Beachtung verdient in jedem Fall, dass Einzelfunde wie etwa die von Teilen des Schwertgehänges bereits für das 5. Jahrhundert v. Chr. die Anwesenheit ortsfremder Kelten in Oberitalien bezeugen, ohne dass man über ihre Aktivitäten oder ihr Verhältnis zur einheimischen Bevölkerung Näheres aussagen könnte. Möglicherweise handelt es sich dabei um Angehörige von Kriegerscharen, die auf eigene Initiative die Alpen überschritten hatten, vielleicht aber auch um angeworbene Söldner. Die großen Keltenwanderungen der Zeit um 400 v. Chr., die in der archäologischen Überlieferung in den Erzeugnissen des latènezeitlichen Kunsthandwerks ihren Niederschlag gefunden haben, bildeten augenscheinlich nur den Höhepunkt eines sehr viel längeren und komplexen Infiltrationsprozesses, der wohl schon Jahrhunderte zuvor seinen Anfang genommen hatte.

Kelten, Etrusker und Römer: Das Zeugnis der Schriftquellen

Kennen wir die keltischsprachige Bevölkerung Oberitaliens vor dem 4. Jahrhundert v. Chr. nur durch archäologische Funde und einige wenige Inschriften, so sind uns aus der Zeit danach die Namen mehrerer großer Völkerschaften überliefert, von denen die meisten bezeichnenderweise auch aus den keltischen Gebieten nördlich der Alpen bezeugt sind. Am weitesten südlich siedelten die Senonen, deren Wohngebiete an der Ostküste Italiens zwischen dem Utens (Uso) und dem Aesis (Esino) lagen. In Gallien selbst begegnet ihr Name erst bei Caesar, nach dessen Darstellung die Senonen südlich der Belger zwischen der mittleren Loire und der Seine ansässig waren. Die nach Italien eingewanderten Senonen kennt man von archäologischer Seite durch die Gräberfelder von Montefortino d'Arcevia und Santa Paolina di Filottrano sowie durch das besonders reich ausgestattete Kriegergrab von Moscano di Fabriano im oberen Tal des Esino. An der Adriaküste zwischen der Mündung des Po und den Apenninen siedelten den Angaben des Polybios und Livius zufolge die Lingonen. Ihr Name, der bis heute in dem der Stadt Langres fortlebt, erscheint bei Caesar als der eines Volkes im Gebiet zwischen den Senonen und Sequanern. Westlich der italischen Lingonen wohnten die Boier, deren Siedlungsgebiet sich von Bononia (Bologna), dem früheren etruskischen Felsina, bis nach Mutina (Modena)

Die Kelten Oberitaliens und ihre Nachbarvölker

und Parma erstreckte und im Norden vom Po begrenzt wurde. Nördlich des Po siedelten zwischen Oglio und Etsch die Cenomaner mit ihren städtischen Zentren Brixia (Brescia) und Verona, westlich von ihnen die Insubrer mit ihrem Hauptort Mediolanium. Kennt man den Namen der Insubrer nur aus Italien, so erscheint jener der Cenomaner wiederum auch in Gallien als Name eines Stammes in der Gegend des heutigen Maine zwischen Loire und Seine.

Nur wenige Jahre, nachdem die Kelten die Etrusker aus der Poebene verdrängt hatten, stießen sie um 390 v. Chr. aus dem Gebiet der Senonen nach Westen gegen Rom vor, besiegten an der Allia ein römisches Heer und eroberten die Stadt am Tiber. Wie die stark ausgeschmückte spätere Überlieferung berichtet, gelang es den Römern lediglich, das Kapitol gegen alle Angriffe zu verteidigen und gegen Zahlung eines gewaltigen Lösegelds den Abzug der Belagerer zu erkaufen. In der Folgezeit spielten die Kelten immer wieder eine gewichtige Rolle in den inneritalischen Auseinandersetzungen, so als Verbündete des Tyrannen Dionysios I. von Syrakus, der nach der Eroberung von

Rhegion 386 v. Chr. seinen Einfluss im Raum der oberen Adria geltend machte und in Ancona sowie auf den Dalmatinischen Inseln Stützpunkte anlegte. Von den kriegerischen Auseinandersetzungen mit Rom hat die spätere römische Geschichtsschreibung eine Reihe sagenhafter Episoden bewahrt. So berichtet der Historiker Livius, dass der Römer Titus Manlius Imperiosus um 360 v. Chr. nach dem siegreichen Zweikampf gegen einen keltischen Krieger dem Unterlegenen den Kopf abschlug, seinen gedrehten Halsring (Torques) an sich nahm und deswegen den Beinamen Torquatus erhielt (*Römische Geschichte* 6,42,5). Von dem Römer Marcus Valerius erzählt Livius, er habe mit Hilfe eines Raben, der sich vor dem Zweikampf auf seinem Helm niederließ, einen ihm körperlich überlegenen keltischen Krieger besiegt und aufgrund dieser Begebenheit den Beinamen Corvus erhalten (*Römische Geschichte* 7,26,1–5).

Bereits 295 v. Chr. unterlagen die mit den Umbrern, Samniten und Etruskern verbündeten Senonen in der Nähe der umbrischen Stadt Sentinum erstmals den Römern. Nachdem es ihnen 285 v. Chr. beim Angriff auf die mit Rom verbündete Stadt Arretium (Arezzo) noch einmal gelungen war, ein römisches Heer zu schlagen, erlitten sie im Jahr darauf eine entscheidende Niederlage gegen die Römer, die daraufhin 283 und 268 v. Chr. an der Adriaküste nördlich von Ancona die Kolonien Sena Gallica (Senigallia) und Ariminum (Rimini) gründeten. 283 v. Chr. behielten die Römer am Vadimonischen See bei Bomarzo auch die Oberhand über die verbündeten Etrusker und Boier, die daraufhin bei den Siegern um Frieden nachsuchen mussten. Schon bald nach dem Ende des Ersten Punischen Krieges (264–241 v. Chr.) bildeten sich indessen neue Spannungen zwischen der Römischen Republik und ihren keltischen Nachbarn. Nachdem Rom 232 v. Chr. das Land der Senonen konfisziert, durch Lose aufgeteilt und römischen Bürgern zugewiesen hatte, verbündeten sich die Boier und Insubrer gegen die Römer, die ihrerseits eine Allianz mit den Venetern, Samniten, Etruskern und Cenomanern bildeten. 225 v. Chr. erlitten die Boier und Insubrer bei der Stadt Telamon in Etrurien eine vernichtende Niederlage, worauf sich die Boier ein Jahr später den Römern unterwarfen. 222 v. Chr. besiegten die Römer in der Schlacht von Clastidium (Casteggio) abermals die Insubrer, eroberten ihren Hauptort Mediolanium und gründeten 218 v. Chr. auf keltischem Gebiet die Kolonien Placentia (Piacenza) und Cremona.

Nach dem Ausbruch des Zweiten Punischen Krieges (218–201 v. Chr.) kämpften sowohl Keltiberer als auch Boier und Insubrer im Heer des karthagischen Feldherrn Hannibal, der nach seinem Übergang über die Alpen den Römern in drei Schlachten an der Trebbia (218 v. Chr.), am Trasimenischen See (217 v. Chr.) und bei Cannae (216 v. Chr.) vernichtende Niederlagen bereitete. Nach der Rückeroberung Neukarthagos durch die Römer (209 v. Chr.), ihrem Sieg über Hannibals Bruder Hasdrubal am Metaurus bei Sena Gallica (207 v. Chr.) und der Abberufung Hannibals nach Karthago (203 v. Chr.) wendete sich jedoch das Kriegsglück zugunsten der Römer, die nach der endgültigen Niederlage der Karthager bei Zama (202 v. Chr.) entschieden gegen die Kelten Oberitaliens vorgingen. 197–194 v. Chr. schlugen sie die Insubrer und 193 v. Chr. die Boier, deren besiegte Reste daraufhin Oberitalien verließen und sich in dem nach ihnen später benannten Böhmen (lateinisch *Boiohaemum*) ansiedelten. 190 bis 189 v. Chr. legten die Römer mit der Entsendung neuer Kolonisten nach Placentia und Cremona und der Gründung einer weiteren Kolonie in Bononia die Grundlage für eine dauerhafte Romanisierung der keltischen Gebiete Oberitaliens.[147]

Gallisch und Lepontisch: Die keltischen Inschriften Oberitaliens

Abgesehen von den keltischen Orts- und Personennamen, welche die griechische und lateinische Literatur bewahrt hat, ist uns die Sprache der Kelten Oberitaliens durch eine Reihe kurzer Inschriften bekannt, bei denen die Vergleichende Sprachwissenschaft eine lepontische und eine gallische Gruppe unterscheidet.[148] Sowohl die lepontischen als auch die gallischen Inschriften sind in einer Variante der nordetruskischen Schrift, dem sogenannten Alphabet von Lugano, abgefasst. Während jedoch die Überlieferung der lepontischen Inschriften aus dem Gebiet der oberitalienischen Seen bereits im 6./5. Jahrhundert v. Chr. einsetzt, stammen die ältesten gallischen Inschriften erst aus der Zeit nach 400 v. Chr., nachdem die Kelten die Etrusker aus der Poebene verdrängt hatten. Einige Probleme, die diese Inschriften der Forschung bis heute aufgeben, mögen die folgenden Beispiele veranschaulichen.

Zu den spätesten Zeugnissen des Lepontischen aus dem 2./1. Jahrhundert v. Chr. gehört eine Gefäßinschrift aus Ornavasso, die sich auf eine Grabbeigabe bezieht:[149]

laTumarui: saPsuTai:	Dem Latumaros und der Sapsuta,
Pe: uinom: naśom.	Wein aus Naxos

Klar zu erkennen sind hier *-ui* und *-ai* als die beiden keltischen Entsprechungen der lateinischen Dativendungen *-o* (Maskulin) und *-ae* (Feminin), das dem lateinischen *-que* (griechisch *te*, sanskrit *-ca*) entsprechende *-pe* in der Bedeutung «und» (keltiberisch bezeugt in der Form *-cue*) sowie die aus lateinisch *vinum* entlehnte keltische Bezeichnung des Weines als *uinom* (irisch *fín*, kymrisch *gwin*). Sehr viel weniger klar ist dagegen die folgende Steininschrift aus Vergiate, die man an den Anfang des 5. Jahrhunderts v. Chr. datiert:[150]

PelKui: Pruiam: Teu: KariTe: iśos: KaliTe: Palam.

Klar ist in diesem Fall, dass die ersten vier und die letzten drei der insgesamt sieben Wörter zwei parallel gebaute Sätze bilden. Das Subjekt ist im ersten Fall das Substantiv *Teu*, im zweiten Fall das Pronomen *iśos*. Als Verben fungieren *KariTe* bzw. *KaliTe*, während die beiden Substantive *Pruiam* und *Palam* (Endung entsprechend der lateinischen Akkusativendung *-m*) das direkte Objekt dieser beiden Verben bezeichnen. In *PelKui* erkennt man unschwer den Dativ eines Personennamens *PelKos* (gesprochen wohl als *Belgos*), während man in *Teu* einen Personenamen *Devu (entstanden aus einer älteren Form Deivo*) sehen könnte. (Die Schreibweise dieser beiden Wörter veranschaulicht die charakteristische Eigenart des Alphabets von Lugano, zwischen den stimmlosen Lauten *p*, *t*, *k* und ihren stimmhaften Entsprechungen *b*, *d*, *g* nicht zu unterscheiden.) Ohne plausible Etymologie sind indessen sowohl die beiden Verben als auch die beiden direkten Objekte, so dass die Bedeutung der Sätze letztlich unklar bleibt.

Sehr viel besser verständlich sind demgegenüber die beiden großen gallischen Steininschriften von Todi und Vercelli, da ihnen eine lateinische Übersetzung beigegeben ist. Bei der 1839 gefundenen Inschrift von Todi in Umbrien handelt es sich um einen einzigen, in der lateinischen Fassung unvollständig erhaltenen Satz, der besagt: Coisis, der Sohn des Drutos, errichtete das Grab seines Bruders Ategnatos, des Sohnes des Drutos.[151]

[ATEGNATEI · DRVTEI · F ·]	ATEKNATI · TRUT-
… … COI]SIS	IKNI · KARNITU
DRVTEI · F · FRATER	ARTUAŠ KOISIS · T-
EIVS MINIMVS · LOCAV-	RUTIKNOS
IT · ET · STATVIT	

Wie ein Vergleich der beiden Fassungen zeigt, ist der lateinische Satz allerdings etwas umfangreicher als der gallische. So entspricht den beiden lateinischen Verben *locavit et statuit* in der gallischen Fassung das einzelne Verb *karnitu*, und die Bezeichnung des Coisis als jüngster Bruder des verstorbenen Ategnatos *(frater eius minimus)* ist im Gallischen gar nicht wiedergegeben. Typisch keltisch ist die Wiedergabe der lateinischen Wendung *Druti f(ilius)* als *Drutiknos*, dient das Element *-cno-* doch auch sonst dazu, den Namen des Vaters einer Person zu bezeichnen. So kennt man neben dem Gott *Taranus* auch seinen Sohn *Taranucnos*, und auf einer 1894 gefundenen Weihinschrift aus Genouilly begegnen Vater und Sohn nebeneinander als *Aneuno(s) Oclicno(s)* «Aneunos, Sohn des Oclos» und *Lugurix Aneunicno(s)* «Lugurix, Sohn des Aneunos».[152] Das Verb *karnitu* in der oben zitierten Inschrift ist vielleicht von jenem keltischen Wort abgeleitet, das im Irischen und Schottisch-Gälischen in der Form *carn* einen Steinhaufen bezeichnet und in dieser Bedeutung als *cairn* auch ins Englische entlehnt wurde.

Eine längere lateinische Inschrift über einer kürzeren gallischen Entsprechung bietet auch die 1960 in einer Kiesgrube am Ufer der Sesia gefundene Inschrift von Vercelli.[153] Sie hatte man in einen 1,5 Meter hohen und ungefähr 70 cm breiten Steinblock eingemeißelt, der wohl ursprünglich als einer von vier derartigen Steinen einen sakralen Bezirk begrenzte. Die ausführlichere und besser erhaltene lateinische Fassung des Textes lautet:

FINIS	Ende
CAMPO · QVEM	des Feldes, welches
DEDIT · ACISIVS	gab Acisios
ARGANTOCOMATER	Argantocomaterecos
ECVS · COMVNEM	zum gemeinsamen Besitz
DEIS · ET · HOMINIB-	für Götter und Menschen,
VS · ITA VTI LAPIDES	da wo vier Steine
IIII · STATVTI SVNT	aufgestellt worden sind.

Kultur- und religionsgeschichtlich besonders interessant ist dabei die Wiedergabe der lateinischen Wendung *communem deis et hominibus* durch das zusammengesetzte Adjektiv *devogdonion* «Göttern und Menschen gehörig», denn es enthält die altkeltischen Wörter für «Gott» (*devos*, woraus irisch *día* und kymrisch *duw*) und «Mensch» (*gdonios*, woraus irisch *duine* und kymrisch *dyn*) in den ältesten uns erhaltenen Formen. Beachtung verdient dabei, dass keltisch *gdonios* mit griechisch *chthon* «Erde» verwandt ist, so dass also die Kelten ebenso wie die Römer und Germanen den Menschen als den «Irdischen» bezeichneten (vgl. gotisch *guma* und lateinisch *homo* «Mann, Mensch» zu lateinisch *humus* «Erdboden»). Der Umstand, dass das hier belegte Adjektiv *devogdonios* ansonsten nirgends bezeugt ist und vor dem Zufallsfund der Inschrift von Vercelli völlig unbekannt war, zeigt deutlich, in welch hohem Maße unsere Kenntnis des Weltbilds der Kelten vom jeweiligen Stand der Forschung abhängt und welche Überraschungen der Boden ehemals keltischsprachiger Regionen für die Zukunft noch bereithält.

7.

DIE KELTEN IN KLEINASIEN

Söldner und Siedler: Die Geschichte der Galater

Verlieren sich die Anfänge der Keltiberer und der keltischen Bewohner Oberitaliens im Dunkel der Vorgeschichte, so liegen die Wanderungen der Kelten in ihre am weitesten östlich gelegenen Wohngebiete auf der anatolischen Hochebene im klaren Licht der hellenistischen Geschichtsschreibung.[154] Die Geschichte der Galater, wie man die keltischen Bewohner Kleinasiens heute – abweichend vom Sprachgebrauch der klassischen Antike – bezeichnet, beginnt bald nach der Etablierung des Königreichs Bithynien im Nordwesten Kleinasiens zu Beginn des 3. Jahrhunderts v. Chr. Nachdem nämlich der Gründer des Königreichs 280 v. Chr. verstorben war, holte sein ältester Sohn und Nachfolger Nikomedes I. im Kampf gegen seinen jüngeren Bruder Zipoites keltische Söldner ins Land, die nach der Niederlage und Hinrichtung des Zipoites 277 v. Chr. zunächst die an Bithynien angrenzenden Regionen unsicher machten, nach und nach jedoch sesshaft wurden. Antiken Quellen zufolge zerfielen die Kelten Kleinasiens in die drei Stämme der Tolistoagier, Tektosagen und Trokmer, wobei die Tolistoagier – der Name erscheint auch in der Form Tolistobogier – im Westen um Pessinus und Gordion, die Tektosagen in der Mitte um Ankyra (Ankara) und die Trokmer im Osten auf dem rechten Ufer des Halys (heute Kızılırmak) um Tavium siedelten. Alle drei Stämme waren in je vier als Tetrarchien bezeichnete Herrschaftsbereiche eingeteilt, an deren Spitze jeweils ein Tetrarch *(tétrarchos)*, ein Richter *(dikastēs)* und ein Befehlshaber des Heeres *(stratophylax)* mit zwei Gehilfen *(hypostratophylakes)* standen. Allen zwölf Tetrarchien gemeinsam war ein Rat der 300, der in einem als *drynémeton* bezeichneten Ort zusammenkam.

Sind uns für die politischen Ämter und Funktionen der galatischen Stämme nur die griechischen Bezeichnungen überliefert, so handelt es sich bei dem von Strabon (*Erdkunde* 12,5,1) überlieferten Namen *drynémeton* augenscheinlich um eine keltische Bezeichnung, die wohl am ehesten als «Eichen-Heiligtum» im Sinne eines Heiligen Haines zu

Der Einfall der Galater in Kleinasien

deuten sein dürfte. Beachtung verdient dabei, dass das Element *dry-* «Eiche» auch im Namen der «eichenkundigen» Druiden begegnet, dass von galatischen Druiden in den antiken Quellen aber nirgendwo die Rede ist. Ob man ihre Existenz in Kleinasien gleichwohl voraussetzen darf, ist unklar.[155]

Als Söldner im Dienst hellenistischer Herrscher spielten die Galater auch nach einer entscheidenden Niederlage gegen König Antiochos I. von Syrien in der sogenannten «Elefantenschlacht» 275 v. Chr. weiterhin eine wichtige Rolle. So eroberte um 250 v. Chr. Ziaëlas, ein Sohn des Königs Nikomedes I., mit Hilfe der Tolistoagier einen Großteil des Königreichs Bithynien, um 240 v. Chr. besiegte König Antiochos

Hierax bei Ankyra mit Hilfe der Galater seinen älteren Bruder und Rivalen Seleukos II., und 217 v. Chr. schlug König Ptolemaios IV. von Ägypten mit Unterstützung keltischer Hilfstruppen König Antiochos III. von Syrien. Schon unter Antiochos II. (261–246 v. Chr.) erhob man eine «Keltensteuer» für Tribute an die Galater, deren Zahlung König Attalos I. von Pergamon (241–197 v. Chr.) jedoch verweigerte. In einer Schlacht an den Quellen des Kaïkos (heute Bakır Çay) bei Pergamon fügte er den Galatern eine entscheidende Niederlage zu und erhielt daraufhin den Beinamen *sotēr* «Retter». Den keltischen Stamm der Aigosagen holte Attalos I. aus Thrakien nach Griechenland und siedelte ihn am Hellespont an.

Nachdem Antiochos III. von Syrien im ersten Jahrzehnt des 2. Jahrhunderts v. Chr. weite Teile Kleinasiens erobert und nach seinem Übergang über den Hellespont auch Thrakien unterworfen hatte, intervenierten die Römer zugunsten der griechischen Städte in Kleinasien. 190 v. Chr. unterlag Antiochos in der Schlacht von Magnesia, und 188 v. Chr. verzichtete er im Frieden von Apameia auf alle seine Eroberungen in Kleinasien. Da bei Magnesia auch Galater gegen die Römer gekämpft hatten, unternahm der römische Oberbefehlshaber Gnaeus Manlius Vulso 189 v. Chr. eine Strafexpedition gegen sie, bei der die wichtigsten Festungen der Tolistoagier auf dem Olympos und der Tektosagen und Trokmer auf dem Berg Magaba östlich von Ankyra von den Römern erstürmt wurden und zahlreiche Galater ums Leben kamen oder in die Sklaverei verkauft wurden. Nutznießer des Friedens von Apameia war Eumenes II. von Pergamon, der dadurch fast das gesamte seleukidische Kleinasien gewann, auch im darauffolgenden Krieg gegen die mit Prusias I. von Bithynien und Pharnakes I. von Pontos verbündeten Galater die Oberhand behielt und seine Erfolge um 180 v. Chr. durch den Bau des Zeusaltars in Pergamon verherrlichte.

133 v. Chr. gelangte das Reich von Pergamon durch die testamentarische Verfügung des letzten Königs Attalos III. an Rom, das seinen neuen Besitz 129 v. Chr. in die Provinz Asia umwandelte. In der Auseinandersetzung zwischen den Römern und König Mithradates VI. von Pontos verbündeten sich die Galater zunächst mit den Römern gegen Mithradates, erkannten dann aber dessen Oberhoheit an und stellten zahlreiche Angehörige des Tetrarchenadels als Geiseln. Nach dem ersten bedeutenden Sieg der Römer bei Chaironeia ließ Mithradates einen Großteil des galatischen Adels ermorden, musste jedoch im

Frieden von Dardanos 85 v. Chr. förmlich auf Galatien verzichten. Nach dem Tod des Mithradates 63 v. Chr. unterstellte Pompeius im Zuge der politischen Neuordnung Kleinasiens jeden der drei Galaterstämme einem einzigen Tetrarchen. Deiotaros, der 86 v. Chr. einem Anschlag des Mithradates entkommen war und alle römischen Feldherren gegen den König von Pontos unterstützt hatte, behielt die Herrschaft über die Tolistoagier, sein Schwiegersohn Brogitaros erhielt die Herrschaft über die Trokmer, und Kastor Tarkondarios wurde Tetrarch der Tektosagen. Nach dem Tod des Brogitaros erhielt Deiotaros 52 v. Chr. vom römischen Senat die Tetrarchie der Trokmer und herrschte nach der Ermordung des Tetrarchen Kastor 44–40 v. Chr. über ganz Galatien. Ihm folgte nach seinem Tod sein Enkel Kastor und 36 v. Chr. sein früherer Staatsschreiber Amyntas, der bereits seit 39 v. Chr. über das Königreich Pisidien im Bereich der westlichen Ausläufer des Taurusgebirges geherrscht hatte. Als Amyntas 25 v. Chr. im Kampf gegen ein pisidisches Bergvolk den Tod fand, wandelte Augustus den galatischen Klientelstaat in eine römische Provinz um.

Im Hinblick auf die Wirtschaftsweise der Galater ist davon auszugehen, dass die Neuankömmlinge aus Mitteleuropa die einheimische Tradition der Landwirtschaft mit Getreideanbau und Schafzucht fortsetzten, wobei die Kontinuität altanatolischer Orts- und Landschaftsnamen vermuten lässt, dass viele dörfliche Siedlungen ebenso wie die vergleichsweise wenigen städtischen Zentralorte auch nach der galatischen Landnahme weiterbestanden. Wie neuere Ausgrabungen in Gordion zeigten, wurden einheimische Traditionen des Kunsthandwerks nach der Eroberung durch die Galater ebenfalls weitergeführt, so dass typisch keltische Beigaben auch in den Gräbern der Oberschicht weitgehend fehlen. Beibehalten wurden jedoch allem Anschein nach manche religiösen Riten, die auch für die Kelten Mitteleuropas bezeugt sind. So etwa berichtet Diodor (*Bibliotheke* 31,13), die Galater hätten während des Krieges mit Eumenes II. von Pergamon die bestaussehenden Kriegsgefangenen bekränzt und den Göttern geopfert, die anderen dagegen einfach niedermachen lassen.[156] Bestätigt wurden galatische Menschenopfer durch Funde von einem Opferplatz in der Unterstadt von Gordion, wo Ausgräber zwischen 1993 und 1995 auf abgetrennte menschliche Schädel, aber auch auf Knochen von Rindern, Pferden, Schweinen, Schafen und Hunden stießen.[157]

Galatische Namen:
Keltisches Sprachgut in griechischer Überlieferung

Mit der Eingliederung des galatischen Staatswesens in den Verband des Römischen Reiches hatte Augustus den Grundstein für die vollständige Romanisierung der Galater gelegt. Unter den Besonderheiten der galatischen Kultur, die nach dem Zeugnis der Inschriften und literarischen Quellen noch bis in die Spätantike fortlebten, ist an erster Stelle die keltische Sprache zu nennen.[158] Wie schon die mitteleuropäische Herkunft der galatischen Stämme erwarten lässt, handelt es sich dabei nicht – wie im Falle des Keltiberischen auf der Pyrenäenhalbinsel und des Lepontischen in Oberitalien – um eine selbständige Ausprägung des festlandkeltischen Sprachzweigs, sondern vielmehr um eine Variante der gallischen Sprache. Im Unterschied zu Gallien sind aus dem kleinasiatischen Raum bislang jedoch keine Inschriften mit fortlaufenden Texten in keltischer Sprache auf uns gekommen, so dass unsere Kenntnis des Galatischen vor allem auf Namen und einzelnen Fremdwörtern in griechischen, seltener auch lateinischen Texten beruht. So zeigen insbesondere die zweigliedrigen Personennamen des galatischen Adels eine auffällige Ähnlichkeit mit den zweigliedrigen gallischen Personennamen, wie sie uns in großer Zahl aus Inschriften und literarischen Quellen bekannt sind.[159]

Von den bereits erwähnten galatischen Personennamen sind hier an erster Stelle *Deiotaros* und *Brogitaros* zu nennen, deren Bedeutung allerdings unklar ist. Beim zweiten Bestandteil *-taros* handelt es sich möglicherweise um das keltische Wort für «Stier» (gallisch *tarvos*, kymrisch *tarw*), während das Erstglied *Deio-* vielleicht mit dem Wort für «Gott» (gallisch *devos*, irisch *día*, kymrisch *duw*) zu verbinden ist. Bei *brogi-* handelt es sich offensichtlich um die keltische Entsprechung des deutschen Wortes «Mark» in der Bedeutung «Grenze, Grenzgebiet» (irisch *bru(i)g*, kymrisch *bro*). Man findet es in der Eigenbezeichnung der Waliser als *Cymry* (aus *kombrogi*) sowie in den gallischen Stammesnamen *Allobroges* und *Nitiobroges*, die dem Wortsinn nach «die in fremden Gebieten Lebenden» (vgl. die germanische Runeninschrift *aljamarkiR* «Ausländer») bzw. «die in eigenen Gebieten Lebenden» (vgl. altindisch *nitya-* «eigen») bezeichnen.

Charakteristisch keltisch sind ferner die galatischen Personennamen auf *-rix* (entsprechend lateinisch *rex* «König»), von denen mehrere auch aus den keltischen Regionen Mittel- und Nordwesteuropas bezeugt sind. So kennt man aus der frühen Kaiserzeit den Angehörigen des Tetrarchenadels *Ateporix*, dessen Sohn *Albiorix* zur Zeit des Tiberius das Amt des Augustuspriesters in Ankyra bekleidete. Enthält der Name *Albiorix*, der aus Südgallien auch als Beiname eines Gottes bezeugt ist, ein altkeltisches Wort für «Welt» (vgl. mittelkymrisch *elfydd* «Land, Welt»), so verbirgt sich in *Ateporix* nach dem Verstärkungspräfix *ate-* die keltische Bezeichnung des Pferdes (vgl. irisch *ech* «Pferd» und kymrisch *ebol* «Fohlen»). Beachtung verdient dabei, dass die Namenbestandteile *-rix* und *-maros* in vielen Verbindungen austauschbar gewesen sein dürften. Begegnet nämlich *Albiorix* als gallischer Götter- und galatischer Personenname, so findet der galatische Personenname *Ateporix* eine genaue Entsprechung in dem gallischen Götternamen *Atepomaros*. Ein Nebeneinander beider Formen bezeugen auch die galatischen Personennamen *Zmertorix* und *Zmertomaros*, deren erster Bestandteil sich im Namen der gallorömischen Göttin *Rosmerta* wiederfindet. Das bereits erwähnte keltische Wort für «Pferd», das auch im Namen der ursprünglich gallischen Pferdegöttin *Epona* erscheint, begegnet ferner in den Namen der beiden Tetrarchen *Eporedorix* und *Eposognatos* («mit Pferden wohlvertraut»), wobei der erste dieser beiden Namen zur Zeit Caesars auch in Gallien von einem Adligen aus dem Stamm der Haeduer getragen wurde. In ihm steckt zwischen *epo-* und *-rix* das Wort *reda*, das einen vierrädrigen Wagen bezeichnete und auch in der gallorömischen Bezeichnung *paraveredus* begegnet. Letztere bezeichnete ursprünglich das «Postpferd, das auf Nebenlinien eingesetzt wurde» (im Unterschied zu *veredus*, dem «Postpferd auf Hauptlinien») und wurde schon im frühen Mittelalter ins Germanische entlehnt, wo es im Deutschen in der Form «Pferd» die alten Erbwörter «Ross» und «Gaul» verdrängte. Von den galatischen Namen auf *-rix* verdient im Übrigen noch *Gaizatorix* besondere Beachtung, da er die Bezeichnung des Kriegers als «Speerträger» (zu keltisch *gaisos* «Speer») enthält.

Wann die galatische Sprache ausstarb, entzieht sich unserer Kenntnis, doch dürfte sie vor allem in ländlichen Gegenden der römischen Provinz Galatien noch bis ins 3. oder 4. Jahrhundert n. Chr. lebendig geblieben sein. Dafür spricht nicht zuletzt die Bemerkung des Kirchenvaters Hieronymus, die Galater sprächen fast dieselbe Sprache wie die Bewohner von Trier, obschon dieser Hinweis sehr wahrscheinlich nicht auf eigener Beobachtung, sondern auf einer Notiz des Kirchenschriftstellers Lactantius beruht.

Der Sterbende Gallier: Die Kelten in der antiken Kunst

Hinterließen die keltischen Bewohner Kleinasiens keine nennenswerten eigenen Kunstwerke oder bildlichen Darstellungen, so inspirierte ihre Anwesenheit doch andererseits die Künstler des Hellenismus zu einer Reihe bedeutender Keltendarstellungen, die das Keltenbild der klassischen Antike und darüber hinaus auch der Neuzeit maßgeblich beeinflussen sollten.[160]

Die frühesten Keltendarstellungen, die aus dem Bereich der Mittelmeerkulturen überliefert sind, stammen aus Oberitalien. Zu ihnen gehört die Abbildung eines Kampfes zwischen italischen und keltischen Kriegern auf einer bauchigen, zweihenkligen Vase aus dem südlichen Etrurien, die man ins erste Viertel des 4. Jahrhunderts v. Chr. datiert. Auf dieser unvollständig erhaltenen Darstellung ist eine Gruppe von insgesamt vier Personen zu sehen: Ganz rechts liegt auf der Erde ausgestreckt ein gefallener nackter Kelte, auf dem sich ein Geier niedergelassen hat, über ihn hinweg reitet ein zweiter Kelte, bekleidet mit einem kurzen Umhang, gefolgt von einem dritten nackten Krieger zu Fuß. Blickt der Reiter nach rechts, so wendet der nur mit Schild und Schwert bewaffnete Kelte hinter ihm mitten im Lauf den Kopf, da er sich von einem bärtigen, mit Schild und Schwert bewaffneten italischen Krieger verfolgt sieht.[161] Eine ähnliche Szene zeigt eine ungefähr zeitgenössische etruskische Grabstele aus Bologna: Hier sprengt ein gepanzerter italischer Reiter mit erhobenem Schwert von rechts nach links auf einen stehenden nackten Kelten zu, der seinerseits mit einem Schwert bewaffnet ist und hinter seinem Schild Deckung nimmt.[162]

Die bekanntesten und zugleich eindrucksvollsten Keltendarstellungen der Antike stammen aus Kleinasien, wo die Könige Attalos I. und Eumenes II. von Pergamon nach ihren Siegen über die Galater den Unterlegenen durch überlebensgroße Bronzeskulpturen monumentale Denkmäler setzten. Ursprünglich aufgestellt auf der Akropolis von Pergamon, sind uns nur einige wenige Figuren dieser Gruppen in Marmorkopien aus der römischen Kaiserzeit erhalten geblieben. Zu ihnen zählt der berühmte «Sterbende Gallier» aus dem Kapitolinischen Museum in Rom, die Darstellung eines tödlich verwundeten keltischen Kriegers, der über seinem Schild und seiner Kriegstrompete zu

Boden gesunken ist und so sein Ende erwartet. Eine weitere Figurengruppe, jetzt im römischen Thermenmuseum, zeigt einen keltischen Krieger mit seiner Frau, die nach dem Kampf auf der Flucht von ihren Verfolgern eingeholt werden und nun freiwillig in den Tod gehen, um nicht in Gefangenschaft zu geraten. Der nur mit einem kurzen flatternden Mantel bekleidete Krieger stützt mit der Linken seine zu Boden sinkende Frau, und während er über die Schulter hinweg den Blick auf die Verfolger richtet, stößt er sich mit der Rechten das Schwert in die Halsschlagader neben dem linken Schlüsselbein.

Unter dem Einfluss der pergamenischen Keltendarstellungen steht der 1896 entdeckte Terracottafries aus einem italischen Tempel, der nach den römischen Siegen über die Boier und Galater wohl um 160 v. Chr. in Civitalba bei Sassoferrato erbaut wurde.[163] Er zeigt eine Gruppe keltischer Krieger, die bei der Plünderung eines mediterranen Heiligtums von den dort anwesenden Göttern in die Flucht geschlagen werden. Noch zu erkennen sind die mit einem Bogen bzw. Speer bewaffneten Göttinnen Artemis und Athena, während die Gestalt des Apollon nicht erhalten geblieben ist. Die Kelten, deren Anführer in einem von zwei Pferden gezogenen Streitwagen steht, sind gekennzeichnet durch ihre länglichen Schilde, ihre Halsreife (Torques) und Schnurrbärte sowie durch das strähnige, aus der Stirn zum Nacken hin zurückgekämmte Haar.

Erwähnt seien in diesem Zusammenhang noch einige Keltendarstellungen auf Münzen, die nach der Unterwerfung Galliens durch Caesar bald nach der Mitte des 1. Jahrhunderts v. Chr. in Rom geprägt wurden.[164] Einer dieser Denare zeigt auf der Vorderseite den bärtigen Kopf eines Mannes, der durch seine Haartracht als Gallier gekennzeichnet ist, und auf der Rückseite einen keltischen Streitwagen, der neben dem Wagenlenker auch einen mit Schild und Speer bewaffneten Krieger trägt. Ein weiterer Denar zeigt auf der Vorderseite den Kopf einer trauernden Frau mit lang herunterhängendem Haar, die durch das beigefügte Attribut eines Karnyx, der typisch keltischen Kriegstrompete, als Gallierin gekennzeichnet ist, und auf der Rückseite eine weibliche Gottheit mit Lanze und Hirsch. Einige andere Denare zeigen auf der Rückseite gefesselte Gallier und erbeutete Waffen, darunter die charakteristischen keltischen Kriegstrompeten und länglichen Schilde.

Überblickt man die antiken Keltendarstellungen in ihrer Gesamtheit, so wird deutlich, dass sie nicht den Blickwinkel des unvoreingenommenen Beobachters, sondern durchweg den des militärischen Gegners widerspiegeln. Der vordergründige Realismus der antiken Künstler geht daher Hand in Hand mit einer unverhohlen propagandistischen Absicht, die den Aspekt des Wilden und Kriegerischen unverhältnismäßig stark betont und am Selbstverständnis der Dargestellten letztlich kein Interesse zeigt. Ihre auch für spätere Zeiten maßgebliche Ausprägung erfuhr diese künstlerische Tradition augenscheinlich in der Kunst des pergamenischen Reichs, deren Keltendarstellungen auch späteren Ethnographen wie etwa Poseidonios bei der Abfassung ihrer Keltenschilderungen vor Augen gestanden haben mögen.

8.

DIE GALLORÖMISCHE KULTUR

Von Augustus bis Chlodwig: Die Geschichte der gallischen Provinzen

Ebenso wie die Galater Kleinasiens auch nach Errichtung der römischen Provinz Galatia in mancher Hinsicht an ihrer kulturellen Eigenart festhielten, bewahrten auch die keltischen Völkerschaften Galliens nach der römischen Eroberung viele Züge ihres angestammten kulturellen Erbes. Aus der Verschmelzung einheimischer und fremder Überlieferungen ging so eine eigenständige gallorömische Kultur hervor, die von den Pyrenäen bis zum Rhein und vom Atlantik bis zu den Alpen noch für nahezu ein halbes Jahrtausend Bestand haben sollte.[165] Anders als in Britannien, wo sich nach dem Abzug der Römer wieder die alte keltische Sprache durchsetzte, wich das Gallische im Laufe der Zeit jedoch immer mehr dem Lateinischen, das sich nach der Landnahme germanischer Stämme allmählich zum Französischen weiterentwickelte.

In politischer Hinsicht wurde Gallien ungeachtet der fortschreitenden Romanisierung auch nach Einrichtung der drei gallischen Provinzen 27 v. Chr. weiterhin durch regionale Aufstände und Überfälle germanischer Scharen aus dem Gebiet rechts des Rheins beunruhigt. So erlitt 16 v. Chr. der römische Statthalter Marcus Lollius eine schwere Niederlage gegen die verbündeten Sugambrer, Usipeten und Tenkterer. 21 n. Chr. erfolgte zur gleichen Zeit ein Aufstand der Treverer und Haeduer, der erst durch das Eingreifen der in Obergermanien stationierten Legionen niedergeschlagen werden konnte. Wie reich ausgestattete Gräber der augusteischen Zeit bezeugen, war Rom schon in den letzten Jahrzehnten v. Chr. darum bemüht gewesen, den gallischen Adel unter anderem durch großzügige Verleihungen des römischen Bürgerrechts den neuen Machthabern gefügig zu machen. In Fortsetzung dieser Politik setzte Kaiser Claudius 48 n. Chr. gegen den Widerstand der stadtrömischen und italischen Aristokratie im Senat die Gewährung des vollen Bürgerrechts für den gesamten gallischen Adel durch.

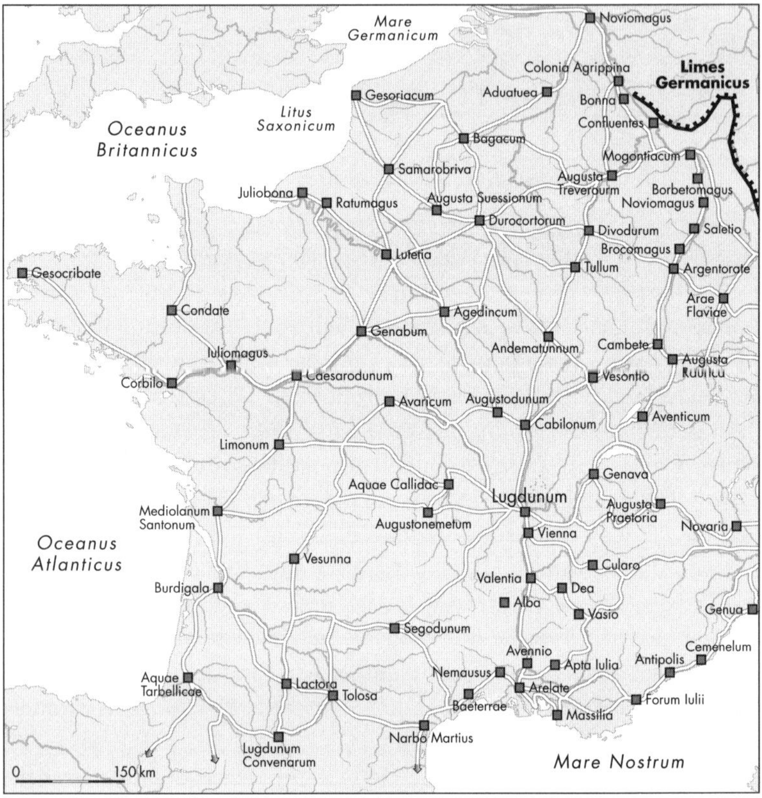

Das römische Gallien

Zu neuerlichen Unruhen kam es zwanzig Jahre später, als der aquitanische Adlige Iulius Vindex, zu jener Zeit Statthalter der Provinz Gallia Lugdunensis, einen Aufstand gegen Nero unternahm und dafür die Unterstützung zahlreicher gallischer Völkerschaften gewann. Als Vindex vom Befehlshaber des obergermanischen Heeres in einer Schlacht bei Vesontio (Besançon) besiegt wurde und sich daraufhin das Leben nahm, brach die Erhebung zusammen. Die Unruhen setzten sich gleichwohl fort, da nun der römische Offizier Iulius Civilis aus dem germanischen Volk der Bataver in den Wirren nach Neros Tod seine Landsleute zum Aufstand überredete und gemeinsam mit den Treverern Iulius Classicus und Iulius Tutor sowie dem Lingonen Iulius Sabinus die Errichtung eines unabhängigen germanisch-gallischen

Reiches in Angriff nahm. Nach wechselvollen Kämpfen entlang der Rheingrenze wurde der Bataveraufstand 70 n. Chr. unter Kaiser Vespasian durch römische Truppen niedergeschlagen. In den beiden letzten Jahrzehnten des 1. Jahrhunderts wurde unter Kaiser Domitian die Grenze zu Germanien durch die Anlage eines Limes rechts des Rheins gesichert, während entlang des linken Rheinufers die beiden Provinzen Ober- und Untergermanien entstanden.

Erfreuten sich die gallischen Provinzen während der ersten Hälfte des 2. Jahrhunderts eines weitgehenden inneren Friedens, so musste Kaiser Marc Aurel bald nach der Jahrhundertmitte einen Einfall der Chatten abwehren. 197 war Gallien der Schauplatz kriegerischer Auseinandersetzungen zwischen Kaiser Septimius Severus und seinem Rivalen Clodius Albinus, in deren Gefolge die Provinzhauptstadt Lugudunum eingeäschert und geplündert wurde. 233/34 durchbrachen erstmals die germanischen Alemannen die römischen Grenzbefestigungen und stießen im Gebiet des Saarlands und des Unterelsass über den Rhein bis nach Gallien vor. Von Kaiser Maximinus Thrax zurückgeworfen, eroberten sie 260 erneut die römischen Gebiete rechts des Rheins und stießen durch die Burgundische Pforte ins untere Rhônetal vor, während gleichzeitig die Franken am Niederrhein nach Gallien eindrangen und auf ihren Zügen bis nach Südgallien und Spanien gelangten. Als Reaktion auf diese Kriegszüge wurde 259 der Truppenführer Postumus nach einem Sieg über die Franken vom Heer zum Kaiser ausgerufen. Er schuf nach der Eroberung Kölns 260 aus den germanischen und gallischen Provinzen ein Sonderreich, das später auch Spanien und Britannien umfasste und bis 273 Bestand hatte.

284 gelangte Diokletian auf den Kaiserthron, der sich vom einfachen Soldaten bis zum Kommandanten der kaiserlichen Leibwache emporgedient hatte. Er führte eine umfassende Reorganisation des gesamten Römischen Reichs durch, wobei er zunächst 286 seinen Freund Maximian zum Mitkaiser ernannte. Ihm fiel die Aufgabe zu, in Gallien die sogenannten Bagauden zu bekämpfen. Dabei handelte es sich um verarmte Landarbeiter, Bauern und Hirten, die aus wirtschaftlicher Not ihre Zuflucht zu bewaffneten Aufständen genommen hatten. 293 adoptierten Diokletian und Maximian ihre Gardepräfekten Galerius und Constantius und ernannten sie zu Nachfolgern und Mitregenten. Dabei fiel Gallien zusammen mit Spanien und Britannien an Constantius, der Trier zu seiner Residenz erhob. Im Zuge einer umfassenden territorialen Einteilung des gesamten Reichs in

zwölf Verwaltungsbezirke, sogenannte Diözesen, entstanden auf gallischem Boden 297 die *Dioecesis Galliarum* mit acht Provinzen und die *Viennensis Dioecesis* mit fünf Provinzen. Durch weitere Teilungen vergrößerte sich die Zahl der Provinzen in der zweiten Hälfte des 4. Jahrhunderts auf insgesamt 17, während die beiden Diözesen zwischen 418 und 425 zu einer einzigen vereinigt wurden.

Nach mehrjährigen Auseinandersetzungen im Gefolge der Abdankung Diokletians herrschte Constantius' Sohn Constantin seit 312 über den Westen und seit 324 über das gesamte Römische Reich. Nach seinem Tod 337 kam es erneut zu Thronwirren, wobei Constantins jüngster Sohn Constans seit 340 über den Westen herrschte, jedoch 350 von dem Offizier Magnentius gestürzt wurde und auf der Flucht nach Spanien ums Leben kam. Im Kampf gegen Magnentius rief Constans' Bruder Constantius II. germanische Völker zu Hilfe, die daraufhin bis weit ins Innere Galliens vordrangen. Durch einen entscheidenden Sieg über die Alemannen in der Nähe von Argentorate (Straßburg) stellte Constantins Neffe Iulian 357 die Rheingrenze wieder her, die daraufhin zwischen 365 und 375 von Kaiser Valentinian durch Bündnisse mit den Germanen und einen systematischen Ausbau der Befestigungsanlagen gesichert wurde.

Zum endgültigen Zusammenbruch des Grenzsystems kam es 406, als die germanischen Vandalen und Sueben zusammen mit den Alanen in großer Zahl bei Mainz den Rhein überquerten, während gleichzeitig im Norden die Franken und im Süden die Burgunden in Gallien einfielen. Da keine Aussicht bestand, die Eindringlinge zurückzudrängen oder auf Dauer vom Reichsgebiet fernzuhalten, ging man nun verstärkt dazu über, sie auf vertraglicher Grundlage innerhalb der Grenzen des Römischen Reiches anzusiedeln und als Verbündete (Foederaten) in das römische Heerwesen zu integrieren. Auf diese Weise erhielten etwa die Burgunden unmittelbar nach ihrem Rheinübergang Land zwischen Mainz, Alzey und Worms und wurden nach ihrer Niederlage gegen den römischen Heermeister Aëtius und die mit ihm verbündeten Hunnen 436 im Rhônegebiet angesiedelt. Die Westgoten gründeten nach Wanderungen auf dem Balkan und Italien um 418 im südwestlichen Gallien ein Reich mit der Hauptstadt Tolosa, das seine größte Ausdehnung um 475 erreichte. Am erfolgreichsten waren indessen die Franken, die bereits gegen Ende des 3. Jahrhunderts in Gebieten westlich des Niederrheins angesiedelt und in großer Zahl ins römische Heer aufgenommen wurden. Im 4. und 5. Jahrhundert hatten sich die salischen Franken im südlichen Belgien zwischen Lüttich (Liège) und Tournai niedergelassen, während die Rheinfranken am Niederrhein siedelten. In der zweiten Hälfte des 5. Jahrhunderts schuf dann der fränkische König Chlodwig durch die Beseitigung der Reste römischer Herrschaft in Nordgallien, militärische Siege über seine Mitkönige und die Eroberung alemannischer und westgotischer Gebiete jenes Fränkische Reich, das auf die weitere politische und kulturelle Entwicklung des Abendlands einen maßgeblichen Einfluss ausüben sollte.

Weihinschriften und Zauberformeln: Das Fortleben der gallischen Sprache

Als Chlodwig 486 den letzten römischen Machthaber Syagrius besiegte und damit ganz Nordfrankreich zwischen Somme und Loire unter seine Herrschaft brachte, konnte Gallien auf ein halbes Jahrtausend der Aneignung römischer Kultur zurückblicken. In dieser Zeit hatten veränderte Herrschafts- und Verwaltungsstrukturen, die Ausbildung städtischer Zentren, Neuerungen in Handwerk, Handel und Verkehr sowie die Übernahme südländischer Lebensart das Gesicht des Landes tiefgreifend verändert. Die Grundlage der römischen Verwaltung hatten die alten Stammesverbände gebildet, deren große Bedeutung schon daraus hervorgeht, dass die alten Stammesnamen in der Spätantike die offiziellen römischen Namen vieler größerer Städte verdrängten und in den französischen Namensformen bis heute weiterleben. Charakteristische Beispiele dafür sind etwa die Namen der *Ambiani* (daraus *Amiens*, vormals *Samarobriva*), der *Carnutes* (daraus *Chartres*, vormals *Autricum*), der *Parisii* (daraus *Paris*, vormals *Lutetia*) und der *Remi* (daraus *Reims*, vormals *Durocortorum*).[166] Bis in die Spätantike bewahrten die keltischen Bewohner des römischen Gallien jedoch nicht nur ihre alten Stammesnamen, sondern auch ihre traditionelle gallische Sprache, deren Kenntnis gerade in den vergangenen drei Jahrzehnten durch aufsehenerregende Neufunde längerer Inschriften erheblich zugenommen hat.[167]

Die meisten gallischen Inschriften, die im Gefolge der Romanisierung mit lateinischen Buchstaben aufgezeichnet wurden, sind Weihinschriften. Sie stammen zum überwiegenden Teil aus dem mittleren Gallien und wurden vermutlich während der ersten hundert Jahre nach der römischen Eroberung abgefasst. Ein charakteristisches Beispiel ist die folgende Inschrift, die bereits 1839 auf dem Mont Auxois, der Stätte des antiken Alesia, zutage kam:[168]

MARTIALIS · DANNOTALI	Martialis, (Sohn) des Dannotalos,
IEVRV · VCVETE · SOSIN	weihte dem Ucuetis dieses
CELICNON ETIC	Gebäude, und zwar gemeinsam
GOBEDBI · DUGIIONTIIO	mit den Schmieden, die Ucuetis
VCVETIN	in Alesia verehren.
IN ALISIIA	

Wie neuere Ausgrabungen vermuten lassen, bezieht sich diese Inschrift auf ein Heiligtum des Gottes Ucuetis, der nach Ausweis einer seither gefundenen lateinischen Weihinschrift dort zusammen mit einer Göttin namens Bergusia verehrt wurde.[169]

Sind die meisten der rund 15 bisher gefundenen gallorömischen Weihungen nur kurz, so kamen bereits 1897 bei Coligny in Südostfrankreich die Bruchstücke einer längeren gallischen Inschrift zutage.[170] Dabei handelt es sich um die Überreste eines gallischen Kalenders, bei dem auf einer Bronzetafel ein Zeitraum von fünf Sonnenjahren dargestellt war. Die Grundlage der Zeiteinteilung bildete ein Mondjahr mit (7 × 30 + 5 × 29 =) 355 Tagen. Die Abweichung gegenüber dem Sonnenjahr glich man dadurch aus, dass man alle zweieinhalb Jahre, das heißt nach jeweils 30 Monaten, einen 30-tägigen Schaltmonat einschob. Der auf dem Kalender dargestellte Fünfjahreszyklus umfasst dementsprechend 62 namentlich im Einzelnen genannte Monate, von denen jeder in zwei Hälften aus 15 + 15 oder 15 + 14 Tagen unterteilt war. Man vermutet, dass der Kalender ebenso wie eine mit ihm zusammen gefundene Götterstatue ursprünglich in einem Heiligtum aufgestellt war und unter anderem auch kultischen Zwecken diente. Lange Zeit datierte man ihn ins 1. Jahrhundert n. Chr., nimmt heute aber eine Entstehung nicht vor dem Ende des 2. Jahrhunderts n. Chr. an.

Der nach seinem Fundort benannte Kalender von Coligny war lange Zeit die umfangreichste gallische Inschrift, bis man im Januar 1971 bei Ausgrabungen im gallorömischen Heiligtum der sogenannten Felsenquelle (source des roches) von Chamalières bei Clermont-Ferrand eine in gallischer Sprache beschriebene Bleitafel entdeckte, deren Länge mit 336 Buchstaben alle bisher bekannten gallischen

Texte übertraf.[171] Noch sehr viel länger war indessen der gallische Text einer weiteren Bleitafel, die im August 1983 als Deckel einer Aschenurne bei der archäologischen Untersuchung eines gallorömischen Gräberfelds bei l'Hospitalet-du-Larzac im Département Aveyron gefunden wurde.[172] Augenscheinlich handelt es sich bei beiden Inschriften um Anrufungen unterweltlicher Gottheiten, und viele der darin verwendeten Wörter und Formeln begegnen in ähnlicher Form über ein halbes Jahrtausend später in den irischen und kymrischen Literaturdenkmälern des Mittelalters. Ein Schlüsselbegriff in beiden Texten ist das Wort *bricta* bzw. *brictom* «Zauber», das in der gleichen Bedeutung in Irland als *bricht* und in Wales als zweiter Bestandteil des Wortes *lledfrith* bezeugt ist. Überdies findet der Ausdruck *bnanom brictom* «Zauber von Frauen» aus der Inschrift von Larzac eine genaue Entsprechung in einem altirischen christlichen Segensspruch, der sich *fri brichtu ban* «gegen den Zauber von Frauen» wendet. Dabei ist die Parallelität des Ausdrucks allerdings weder als Beispiel für die Kontinuität einer magischen Formel noch überhaupt als typisch keltisch anzusehen. Da nämlich Zaubersprüche stets als bevorzugte Waffe der physisch Schwachen gelten, wird Frauen (insbesondere älteren Frauen) auf diesem Feld in vielen traditionellen Kulturen eine besondere Kompetenz zugesprochen. Was genau man in vorchristlicher Zeit unter *bricht* verstand, ist den mittelalterlichen Quellen im Übrigen nicht zu entnehmen, da die Schilderungen in der erzählenden Literatur ausgesprochen phantastische Züge tragen und die immer wieder hervorgehobene Verbindung zu den Druiden möglicherweise nur die christliche Perspektive dieses Schrifttums widerspiegelt. Eine weitere Brücke zwischen den Überlieferungen der Festland- und Inselkelten bildet der in der Inschrift von Chamalières angerufene Gott Maponos, der auch aus mehreren lateinischen Weihinschriften aus Nordengland bekannt ist und in der mittelalterlichen walisischen Überlieferung unter dem Namen Mabon weiterlebt.[173]

Die bislang jüngste längere Inschrift in gallischer Sprache kam 1997 bei der Ausgrabung eines gallorömischen Brunnens in Châteaubleau ca. 70 km südöstlich von Paris zutage. Dabei handelt es sch um eine in lateinischer Kursivschrift geschriebene elfzeilige Inschrift auf einem Ziegel, vermutlich eine rituelle Verfluchung aus dem späten 2. Jahrhundert n. Chr.[174] Ungeachtet der zahlreichen neuen Wörter und grammatischen Formen, die der keltischen Sprachforschung durch diese Inschriften bekannt geworden sind, bestehen in der Interpretation der meisten längeren Texte jedoch zahlreiche Unsicherheiten und unterschiedliche Auffassungen, so dass zuverlässige vollständige Übersetzungen derzeit nicht vorgelegt werden können.

Wann die gallische Sprache endgültig ausstarb, entzieht sich unserer Kenntnis, doch dürfte sie spätestens im 5./6. Jahrhundert von weiten Teilen der Bevölkerung gar nicht mehr oder nur unzureichend verstanden worden sein.[175] Ein spätes Zeugnis für ihren Gebrauch ist das um 400 von dem medizinischen Schriftsteller Marcellus Empiricus aus Burdigala (Bordeaux) verfasste Kompendium *De medicamentis.* Wie nämlich der Autor in der Einleitung zu seinem Werk erklärt, dienten ihm als Quellen nicht nur Angaben der älteren medizinischen Fachliteratur, sondern auch im Gebrauch bewährte Hausmittel, über die er von einfachen Leuten aus dem Volk gelernt hatte. Dabei handelt es sich teils um Hinweise zur Behandlung mit Medikamenten auf pflanzlicher Grundlage, teils um Zauberformeln und Anweisungen zur Durchführung magischer Handlungen, von denen einige ganz oder teilweise in gallischer Sprache gehalten sind.[176]

Interpretatio Romana:
Aspekte der gallorömischen Religion

Wenn im Vorstehenden einige religiöse und magische Texte in gallischer Sprache angeführt werden konnten, so verdanken wir dies der weiten Verbreitung des lateinischen Alphabets, die zweifellos zu den bedeutsamsten Neuerungen im Zuge der Romanisierung gehörte. Im Übrigen konnte die archäologische Forschung der letzten Jahrzehnte bezüglich der gallorömischen Religion eine ausgeprägte Kontinuität der unmittelbar vorrömischen und römischen Periode nachweisen.[177] Zwar waren die Priesterschaft der Druiden und bestimmte Opferpraktiken unter römischer Herrschaft verboten worden, doch suchte insbesondere die ländliche Bevölkerung viele alte Kultplätze auch nach der Eroberung weiter auf und ersetzte sie im Laufe der Zeit nach römischem Vorbild durch einen steinernen Tempel.[178] Ein wesentlicher Aspekt der Religion, über den die Quellen aus dem römischen Gallien Auskunft geben, ist die Götterwelt der Kelten, für die vorrömische Zeugnisse weitgehend fehlen. Sie ist für uns allerdings fast ausschließlich durch die Inschriften und steinernen Bildwerke der am stärksten romanisierten Bevölkerungsteile greifbar, so dass das aus diesen Zeugnissen gewonnene Bild nicht für die gesamte Bevölkerung des römischen Gallien zu verallgemeinern ist und auch keinesfalls in die vorrömische Epoche zurückgespiegelt werden darf.[179]

Eine wichtige Rolle spielten Götter und Göttinnen als Spender der Fruchtbarkeit, wobei diese Funktion für die weitgehend agrarisch bestimmte gallorömische Kultur von zentraler Bedeutung gewesen sein muss. Dies gilt in besonderer Weise von den als Matronen (lateinisch *Matronae / Matres / Matrae*) bekannten Muttergottheiten, deren Kult durch über 1100 Weihinschriften und steinerne Bildwerke vor allem aus der Zeit vom 2. bis zum 4. Jahrhundert n. Chr. bekannt ist.[180] Bildliche Darstellungen zeigen die Matronen zumeist als eine sitzende Dreiergruppe reichgewandeter Frauen, die Blumen, Früchte, Ähren und dergleichen in den Händen halten. Dabei wurden nicht nur verheiratete, sondern auch unverheiratete Frauen (kenntlich am Fehlen der Haube und an den gelösten Haaren) als Matronen dargestellt. In den Inschriften tragen diese Göttinnen keltische, aber auch germanische Beinamen, die häufig von Bezeichnungen für Völker, Stämme oder Orte abgeleitet sind.

Gut bezeugt ist ferner die Heilfunktion keltischer Gottheiten, für die heute eine Fülle kaum mehr überschaubarer Belege vorliegt.[181] So kennt man etwa aus Hochscheid im Hunsrück ein ausgedehntes Quellheiligtum, das außer einem gallorömischen Umgangstempel mit Standbildern des Götterpaares *Apollo Grannus* und *Sirona* auch eine Herberge, ein Badehaus und weitere Gebäude umfasste.[182] Ein anderes bedeutendes Pilgerheiligtum der gallorömischen Göttin *Sequana* wurde bereits 1836–1842 im Quellgebiet der Seine etwa 30 Kilometer nordwestlich von Dijon ausgegraben. 1963–1967 fanden Archäologen dort ungefähr 200 ungewöhnlich gut erhaltene Votivgaben aus Holz, die in der Mehrzahl Personen, aber auch Gliedmaßen und innere Organe abbilden.[183] Ein vergleichbares Quellheiligtum bestand westlich von Clermont-Ferrand in Chamalières, wo 1968–1971 mehrere tausend hölzerne Votivgaben zutage kamen.[184]

Dass sich die Kelten ihre Götter weithin in menschlicher Gestalt vorstellten, bezeugen am eindrucksvollsten anthropomorphe Kultbilder, wie sie in großer Zahl aus römischer Zeit, vereinzelt aber auch schon zuvor belegt sind. Charakteristisch ist hier das Verfahren der heute sogenannten Interpretatio Romana, bei dem die Namen einheimischer und römischer Gottheiten miteinander gleichgesetzt wurden. In Weihinschriften setzte man deshalb häufig beide Namen nebeneinander. Wo man nur die römische Bezeichnung findet, verrät gelegentlich der bei römischen Gottheiten unübliche Zusatz *Deo* bzw. *Deae* «Dem Gott … / Der Göttin …», dass der Stifter an eine einheimische Gottheit dachte. Ausschlaggebend für die Gleichsetzung zweier Gottheiten war ihre Übereinstimmung in einer ganz bestimmten Hinsicht, die nicht immer offensichtlich ist. Das Wesen oder die Funktion einer einheimischen Gottheit kann man daher anhand der Interpretatio Romana nur annäherungsweise bestimmen.

Analog zum menschlichen Leben sind auch in der Götterwelt der Kelten familiäre Bindungen zu erkennen. Den frühesten literarischen Beleg dafür bietet Timaios von Tauromenion (bei Diodor von Sizilien, *Bibliotheke* 4,56,4). Ihm zufolge verehrten die Kelten an der Küste des Ozeans von den Göttern am meisten die Dioskuren, da sie der Überlieferung zufolge in alter Zeit aus dem Meer zu ihnen gekommen seien. Bestätigt wird diese Überlieferung durch die große Popularität der Dioskuren in den gallischen und germanischen Provinzen des Römischen Reichs, wobei der kaiserzeitliche Kult hier wie auch in anderen Fällen an einheimische Vorbilder anknüpfen dürfte.[185] Besonders weit verbreitet war im römischen Gallien indessen die Verbindung männlicher und weiblicher Gottheiten zu Götterpaaren. In manchen Fällen tragen dabei beide Partner entsprechend der Interpretatio Romana die Namen römischer Gottheiten, begegnen jedoch in einer für klassische Verhältnisse ungewohnten Verbindung. Daneben kennt man Inschriften, in denen beide Partner einen keltischen Namen tragen, so z. B. *Sucellus* und *Nantosuelta*, *Borvo* und *Damona* sowie *Ucuetis* und *Bergusia*. Wo nur eine der beiden Gottheiten ihren keltischen Namen behält, ist dies in aller Regel die Göttin, während ihr Begleiter häufig einen römischen Namen zusätzlich zu oder anstelle der einheimischen keltischen Bezeichnung annimmt. Charakteristische Beispiele dafür sind die Paare *Mercurius* und *Rosmerta*, *Mercurius Visucius* und *Visucia* sowie *Apollo Grannus* und *Sirona*. Möglicherweise diente diese unterschiedliche Behandlung der Namen dazu, die Unterordnung der einheimischen Göttin unter den fremden römischen Gott deutlich zu machen.[186]

Charakteristisch für zahlreiche Götter des römischen Gallien ist ferner ihre besondere Beziehung zu bestimmten Haus- und Wildtieren, die teils in der bildlichen Darstellung, teils im Namen der Götter und Göttinnen zum Ausdruck kommt. Einige charakteristische Beispiele seien im Folgenden angeführt.

Der Bär begegnet vereinzelt bereits in der Ikonographie der vorrömischen Zeit, so etwa auf gallischen Münzen. Altkeltische Bezeichnungen des Bären erscheinen in den Namen der Göttinnen *Andarta* und *Artio* (zu kymrisch *arth* «Bär»), vielleicht auch im Namen des Gottes Matunus (zu altirisch *math* «Bär»). Eine der beiden bislang bekannten Inschriften für die Göttin Artio gehört bezeichnenderweise zu einer etwa 20 cm hohen Bronzeplastik, welche die Göttin in sitzender Haltung vor einer Bärin darstellt. In der altkeltischen Gesellschaft war der Bär als Inbegriff der Stärke von so großer Bedeutung, dass altirisch *art* (entsprechend kymrisch *arth* «Bär») in der Dichtung häufig als Metapher für den Krieger begegnet, obwohl Bären in Irland spätestens in der Bronzezeit ausgestorben waren.[187]

Eine bedeutende Rolle spielte ferner der Hirsch, durch dessen Geweih zahlreiche im Übrigen anthropomorphe Götterbilder der vorrömischen und römischen Periode gekennzeichnet sind. Der älteste Beleg dafür ist eine Felszeichnung aus der Val Camonica in Oberitalien, die man ins 4. Jahrhundert v. Chr. datiert. Sie zeigt neben einem mit erhobenen Händen dargestellten Menschen eine überlebensgroße Gestalt, die ein langes hemdartiges Gewand und auf dem Kopf ein Hirschgeweih trägt. An ihrem erhobenen rechten Arm hängt ein Torques, unter dem ebenfalls erhobenen linken Arm windet sich eine Schlange.[188] Aus vorrömischer Zeit stammen ferner die Darstellung einer aufrecht stehenden Gestalt mit erhobenen Armen und Hirschgeweih auf dem Fragment einer bemalten Vase aus Numantia sowie die bekannte Abbildung auf einer der Silberplatten des Kessels von Gundestrup. Letztere zeigt eine mit untergeschlagenen Beinen zwischen Tieren sitzende Gestalt, die durch den Torques um ihren Hals als Gottheit gekennzeichnet ist und auf dem Kopf ein Hirschgeweih trägt. In der erhobenen Rechten hält sie einen weiteren Torques, die erhobene Linke umklammert eine Schlange mit Widderkopf.[189] Darstellungen aus römischer Zeit zeigen den Gott (zum Teil mit den charakteristischen Attributen des Torques und der Schlange) aufrecht stehend oder mit untergeschlagenen Beinen sitzend. Eine Variante dieser Art der Darstellung zeigt vielleicht die 1845 in Bouray ca. 35 Kilometer südlich von Paris aus dem Fluss Juine geborgene Bronzestatue einer Gottheit mit Torques und untergeschlagenen Beinen, die in Hufen enden (Abb. 7). Das mehrfach bezeugte Attribut der Schlange sowie eine Abbildung des gehörnten Gottes mit einem Sack voller Münzen auf einem galloromischen Relief aus Reims haben zu der Vermutung Anlass gegeben, dass alle diese Ab-

7. Der Gott von Bouray

bildungen sich auf einen unterirdischen Gott des Reichtums und der Fülle beziehen, wobei das Geweih als Sinnbild der Stärke oder auch der alljährlichen Erneuerung angesehen werden könnte. Den Namen des gehörnten Gottes bietet nur die unvollständig erhaltene Abbildung auf dem sogenannten Nautenpfeiler von Paris, über der eine Inschrift aus der Zeit des Kaisers Tiberius von *Cernunnos* spricht.[190]

In der Ikonographie der Hallstattzeit noch unbekannt, begegnet der Eber in zahlreichen Darstellungen der unmittelbar vorrömischen und römischen Zeit, so etwa auf gallischen Münzen, als Helmzier in einer Darstellung keltischer Krieger auf dem Kessel von Gundestrup und als Votivgabe in gallorömischen Tempeln. Als mutmaßliches Attribut einer Gottheit finden wir den Eber bei der Sandsteinstatue einer namenlosen Gottheit aus Euffigneix (Haute-Marne), die man aus stilistischen Gründen in das 1. Jahrhundert v. Chr. datiert. Als Reittier der Göttin Diana, die mit der gallischen Göttin *Arduinna* gleichgesetzt wurde, begegnet der Eber bei einer gallorömischen Bronzefigur, die vielleicht aus den Ardennen stammt. Inschriftlich belegt ist der gallorömische Gott *Mercurius Moccus*, dessen Name mit der keltischen Bezeichnung des Schweins (irisch *mucc*, kymrisch *mochyn*) identisch ist.[191]

Im Unterschied zum Eber spielt der Stier bereits in der hallstattzeitlichen Kunst eine bedeutende Rolle. Unter den inschriftlich bezeugten Götternamen ist dabei insbesondere auf die Göttin *Damona* hinzuweisen, deren Name von einer Bezeichnung des Rindes (vgl. irisch *dam* «Ochse; Kuh») abgeleitet sein dürfte. Nach dem Zeugnis der Weihungen verehrte man die Göttin teils allein, teils als Partnerin der Götter *Borvo*, *Albius* und *Moritasgus*. Unmittelbar zu vergleichen ist möglicherweise der Name der Göttin *Sirona*, falls man ihn zu Recht als Ableitung von einem Wort für den Stier deutet. Den augenfälligsten Beleg für den Stier als Sinnbild oder Erscheinungsform einer Gottheit bildet indessen der «Stier mit den drei Kranichen» *(Tarvos Trigaranus)*, dessen Name und Bild ebenso wie die des Gottes *Cernunnos* auf dem Nautenpfeiler von Paris überliefert sind. Das Relief zeigt einen Stier, der hinter einem Baum steht und auf seinem Kopf und Rücken drei Kraniche trägt. Hinter dem Stier sieht man Zweige, die vielleicht einen zweiten Baum oder auch einen ganzen Wald andeuten sollen. Eine Parallele hat diese Darstellung in dem Relief einer Stele aus Trier, wo im dichten Laub einer Baumkrone der Kopf eines Stiers und drei Vögel zu sehen sind. Im unteren Teil des Bildes geht ein Mann in der Kleidung eines Handwerkers mit einer Axt daran, den Baum zu fällen. Möglicherweise handelt es sich dabei um den Gott *Esus*, der auf dem Nautenpfeiler unmittelbar neben dem Stier mit den drei Kranichen in ähnlicher Weise dargestellt ist, doch liegt die mythologische Bedeutung der Abbildungen im Dunkeln.[192]

Charakteristisch für die Götterwelt des römischen Gallien sind Bezeichnungen, die ohne Unterschied sowohl für eine Gottheit als auch für Teile der den Menschen umgebenden Natur gebraucht werden. Augenfällig ist dieser Aspekt bei zahlreichen Flussnamen, die zugleich inschriftlich als Götternamen bezeugt sind, darunter der Rhein *(Rhenus)*, die Seine *(Sequana)*, die Yonne *(Icauna)*, die Marne *(Matrona)* und die Saône *(Souconna)*. Weitere geographische Bezeichnungen, die in römischer Zeit als Götternamen begegnen, sind die einheimischen Namen des Schwarzwalds *(Abnoba)*, der Ardennen *(Arduinna)* und der Vogesen *(Vosegus)*. Auffällig ist weiterhin, dass viele Götter topische Beinamen tragen. So gehört zu Aulun ein Gott *Alaunius*, zu Besançon ein *Mars Vesontius*, zu Bouhy ein *Mars Bolvinnus*, zu Cimiez ein *Mars Cemenelus*, zu Luxeuil ein Gott *Luxovius*, zu Vence ein *Mars Vintius* und zu Vouroux ein *Mars Vorocius*. Im Zusammenhang mit diesen topischen Eigennamen steht wohl eine besondere Eigenheit der gallischen Götter, nämlich ihre regionale Gebundenheit. An erster Stelle ist dabei auf den Umstand hinzuweisen, dass die weitaus meisten Götternamen überhaupt nur ein einziges Mal inschriftlich belegt sind oder aber ausnahmslos auf Inschriften aus ein und derselben Region bzw. ein und demselben Ort vorkommen. Ausdrücklich erwähnt wird eine solche regionale Gebundenheit im Fall des Gottes *Belenus*, den Tertullian als Gott der Provinz Noricum bezeichnet, während Herodian und die *Historia Augusta* ihn als Schutzgottheit der Stadt Aquileia nennen. Bestätigt werden diese Hinweise durch das Zeugnis der Weihinschriften für *Belenus*, von denen eine aus dem Ostalpenraum stammt, während fast alle anderen in und um Aquileia gefunden wurden.[193] Indessen sind auch Fälle, in denen derselbe Name auf Inschriften in weit voneinander entfernten Gegenden vorkommt, nicht durchweg als Beispiele für die überregionale Bedeutung der betreffenden Gottheit anzusehen. So erklärt sich z. B. eine Weihung für *Arduinna* aus Rom neben einer weiteren aus Gey bei Düren aus dem Umstand, dass es sich bei dem Stifter des römischen Monuments nach Ausweis der Inschrift um einen *civis Remus* aus der Heimat der Göttin handelte, der bei der Praetorianergarde in Rom Dienst tat. In ähnlicher Weise wurde *Mars Leucetius/Loucetius* vor allem im Stammesgebiet der Treverer um Mainz, Worms und Wiesbaden verehrt. Von vier Inschriften, die außerhalb dieses Gebiets im englischen Bath, in Großkrotzenburg, in Straßburg und in Angers gefunden wurden, stammen drei mit Sicherheit, die vierte möglicherweise von einem treverischen Stifter. Im Übrigen ist bei Weihungen mit ein und demselben Götternamen aus weit voneinander entfernten Orten auch stets damit zu rechnen, dass Bezeichnungen mit einer für den Sprecher durchsichtigen Bedeutung mehrmals gebildet und völlig unabhängig voneinander vergeben werden konnten. Dies könnte z. B. auf den Namen *Anectlomaros* zutreffen, der nach Ausweis der Etymologie (zu altirisch *anacul* «Schutz» und *már* «groß») den Gott als großen oder mächtigen Beschützer kennzeichnen sollte. Weihungen für Gottheiten dieses Namens kennt man aus South Shields in Nordengland, Avenches in der Westschweiz sowie vielleicht aus der Nähe von Le Mans in Frankreich, ohne dass man eine Beziehung zwischen ihnen annehmen müsste. Für eine mehrfache Verwendung solcher Bildungen spricht nicht zuletzt auch der Umstand, dass viele Götternamen gleichzeitig als Personennamen belegt sind und daher wohl weniger als Bezeichnung einer individuellen Gottheit denn als ehrendes Epitheton aufgefasst wurden. Die alternative Vermutung, man habe die betreffenden Personen nach einem Gott bzw. einer Göttin benannt, erscheint demgegenüber schon deswegen wenig wahrscheinlich, weil viele regional besonders populäre Götter (wie z. B. *Belenus* in der Gegend um Aquileia) in der Personennamengebung der betreffenden Gegenden überhaupt keine Rolle spielen, während umgekehrt Personennamen wie *Camulus*, *Camula*, *Camulata*, *Camulatucus*, *Camulianus*, *Camulinius*, *Camulogenus* und *Camulognata* sehr viel häufiger und weiter verbreitet sind, als man es angesichts der wenigen Weihungen für *Mars Camulus* erwarten würde.

Über die Vorgeschichte der gallorömischen Götterkulte ist nur wenig bekannt, da die spärlichen Bemerkungen, die man bei griechischen Autoren über die Götter der Kelten findet, Angaben über die geographische Verbreitung der betreffenden Kulte durchweg vermissen lassen und überdies anstelle der einheimischen keltischen Götternamen nur Bezeichnungen der klassischen Mythologie bieten. Besondere Beachtung fand deswegen von jeher das Bild, das Caesar am Vorabend der Romanisierung von den gallischen Göttern zeichnete (*Der Gallische Krieg* 6,17,1 f.):

> Von den Göttern verehren sie am meisten Merkur. Von ihm gibt es die meisten Bilder, ihn hält man für den Erfinder aller Künste und einen Führer auf Wegen und Reisen. Man glaubt, er habe in Geld- und Handelsangelegenheiten den größten Einfluss. Nach ihm kommen Apollo, Mars, Jupiter und Minerva. Von diesen haben sie fast dieselbe Auffassung wie andere Völker: Apollo vertreibe Krankheiten, Minerva lehre die Anfänge des Handwerks und der Künste, Jupiter habe die Herrschaft über die Himmel, und Mars lenke die Kriege.

Untersucht man zur Interpretation dieser Darstellung zunächst die Intention des Autors im Rahmen des Verständnishorizonts seiner zeitgenössischen Leser, so steht Caesars Schilderung des gallischen Pantheons ganz offensichtlich im Einklang mit seiner Tendenz, die Religion der Gallier in die Nähe der römischen Religion zu rücken und sie gleichzeitig von der Religion der Germanen so deutlich wie nur möglich abzugrenzen: Besitzen die Kelten ein hierarchisch gegliedertes Pantheon, in dem jeder Gott und jede Göttin eine Entsprechung in der griechisch-römischen Götterwelt findet, so kennen ihre rechtsrheinischen Nachbarn persönliche, das heißt menschengestaltige Götter noch nicht einmal vom Hörensagen (*Der Gallische Krieg* 6,21,2). In Übereinstimmung damit haben die Kelten – wie auch die Römer – ein ausgebildetes Opferwesen und eine privilegierte Priesterklasse (die Druiden), wohingegen die Germanen ohne Druiden auskommen und auf Opfer keinen besonderen Wert legen. Eine genaue Entsprechung finden diese Unterschiede der religiösen Verhältnisse im allgemeinen Zivilisationsniveau, da die Germanen nach den Worten Caesars ihr ganzes Leben mit Kriegsübungen und auf der Jagd verbringen, auf den Ackerbau keinen besonderen Wert legen und sich (wie Nomaden) vor allem von Milch, Käse und Fleisch ernähren.

Dass diese schematische Gegenüberstellung ein Produkt politisch-militärisch motivierter Propaganda darstellt, die mit Blick auf die Eroberungspläne des römischen Feldherrn die Assimilationsfähigkeit der Gallier vor der düsteren Folie germanischer Kulturlosigkeit in ein besonders helles Licht rücken sollte, ist heute allgemein anerkannt. Gegen welche Vorurteile sich Caesar hier wendet, zeigt die 69 v. Chr. gehaltene Rede Ciceros für Fonteius, die ganz im Gegensatz zu Caesars Darstellung noch das hellenistische Klischee von den religions- und gottlosen Galliern als einer Geißel der zivilisierten Menschheit propagiert. Dass *Mercurius* im römischen Gallien tatsächlich der am häufigsten dargestellte Gott war (vgl. Abb. 8), braucht indessen keineswegs für die Richtigkeit der Angaben Caesars und eine bemerkenswerte Kontinuität der religionsgeschichtlichen Entwicklung zu sprechen. Vielmehr erscheint es durchaus denkbar, dass im römischen Gallien gerade der am weitesten romanisierte Teil der Bevölkerung, dessen Religion in den Steindenkmälern dauerhaften Ausdruck fand, eben jenes Konzept verwirklichte, das Caesar erstmals propagierte. Der ausgeprägt lokale und regionale Charakter der weitaus meisten gallischen Kulte wäre dementsprechend nicht als Indiz für die Auflösung und den Zerfall eines weitgehend einheitlichen vorrömischen Pantheons zu deuten, sondern man müsste umgekehrt den Vorgang

8. Überlebensgroße Statue des gallorömischen Gottes Mercurius aus Lezoux

der Interpretatio Romana und die überregionale Ausbreitung einzelner besonders populärer Gottheiten als eine sekundäre Vereinheitlichung der ursprünglichen, kleinräumig organisierten Kultvielfalt werten. Mit der Ausbreitung des Christentums in Gallien gerieten die alten keltischen Götter jedoch auch in ihren neuen römischen Gewändern rasch in Vergessenheit. Fortan sollten sie nur in den Überlieferungen der inselkeltischen Völker, die ihre Sprache über das Ende der Antike und die Völkerwanderung hinaus bewahrten, weiterleben.

ZWEITER TEIL

DIE INSELKELTISCHEN KULTUREN DES MITTELALTERS

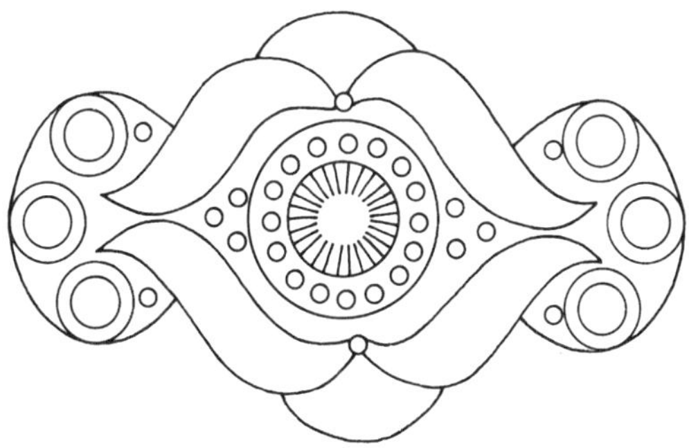

9.
DIE FRÜHEN KELTEN IRLANDS UND DER BRITISCHEN INSELN

Entdecker, Eroberer, Historiker: Das Zeugnis der antiken Schriftquellen

Die frühesten Nachrichten über die Britischen Inseln und Irland verdanken wir griechischen Seefahrern, die im 6. Jahrhundert v. Chr. auf ihren Kaufmannsfahrten durch die Straße von Gibraltar zu den als *Kassiterides* bezeichneten Zinninseln des Nordmeers gelangten.[194] Ihre Aufzeichnungen benutzte der spätrömische Dichter Avienus, der im 4. Jahrhundert n. Chr. mit seinem Werk *Ora maritima* eine unvollständig erhaltene Küstenbeschreibung von Britannien bis zum Schwarzen Meer verfasste. Seine Abhängigkeit von sehr viel älteren griechischen Quellen verrät der lateinische Autor nicht zuletzt durch den Hinweis auf die althergebrachte Bezeichnung Irlands als «Heiliger Insel» *(sacra insula).* Dabei handelt es sich allem Anschein nach um eine Wiedergabe des griechischen Ausdrucks *Hiera nēsos*, der auf der Lautähnlichkeit zwischen der griechischen Bezeichnung Irlands als *Ierne* (altirisch *Ériu*, neuirisch *Éire*) und dem griechischen Wort *hieros* «heilig» beruht. Für Britannien verwendet Avienus den Namen «die Insel der Albionen» *(insula Albionum)*, der ebenfalls auf eine einheimische Bezeichnung zurückgehen dürfte (vgl. altirisch *Albu* «Britannien», neuirisch *Alba* «Schottland»).

In der zweiten Hälfte des 4. Jahrhunderts v. Chr. erreichte der griechische Seefahrer und Geograph Pytheas von Massalia auf einer Entdeckungsreise nach dem Norden Europas Irland und Britannien, doch ist sein Buch «Über das Weltmeer» *(Peri Okeanu)* ebenso wie die umfangreiche Küstenbeschreibung des Politikers und Geographen Artemidoros von Ephesos aus der Zeit um 100 v. Chr. nicht erhalten geblieben. Nähere Auskunft über Britannien erbrachten erst die beiden Expeditionen, die Iulius Caesar 55 und 54 v. Chr. nach dem Südosten der Insel unternahm. In seinen Feldzugsberichten findet man neben der bereits zitierten Schilderung der britannischen Streitwagentaktik auch einen umfangreichen ethnographischen Exkurs, der in klischeehafter

Weise das niedrige Zivilisationsniveau der Bewohner des Binnenlandes mit der höheren Kultur und Gesittung der Küstenanwohner kontrastiert (*Der Gallische Krieg* 5,12–14).

Beschränkten sich die Expeditionen Caesars noch auf eine Demonstration militärischer Macht, so eroberte 43 n. Chr. ein von Kaiser Claudius entsandtes Heer weite Gebiete Englands, die fortan als Provinz Britannia dem Römischen Reich einverleibt wurden. Ausführliche Nachrichten über die Feldzüge des 1. Jahrhunderts n. Chr. bietet der Historiker Tacitus in seinem Geschichtswerk *Annalen* und in dem Buch *Agricola*, einer biographischen Würdigung seines Schwiegervaters Gnaeus Iulius Agricola. Während dessen Statthalterschaft 77–84 drangen die Römer bis nach Schottland vor und umsegelten mit ihrer Flotte die Insel. In der Folgezeit verlief die Nordgrenze der Provinz Britannia abwechselnd zwischen der Linie Carlisle – Newcastle und Firth of Clyde – Firth of Forth, während Irland auf Dauer seine Selbständigkeit gegenüber dem römischen Staat bewahren konnte. Aus der Zeit um 150 stammt das geographische Werk des Mathematikers und Astronomen Klaudios Ptolemaios, das eine Vielzahl keltischer Namen sowohl aus Irland als auch aus Britannien bewahrt hat. Eine Sammlung ethnographischer Kuriositäten aus diesen Regionen enthält die um 200 entstandene Erdbeschreibung des römischen Schriftstellers Iulius Solinus, die vor allem auf der Naturgeschichte des älteren Plinius und dem Werk des Geographen Pomponius Mela aus dem 1. Jahrhundert fußt.

Die Ausbreitung der christlichen Kirche nach Britannien bezeugen die Namen einiger geistlicher Würdenträger, die 314 die Akten des Konzils von Arles unterzeichneten. Für die darauffolgenden Jahrzehnte berichtet der Historiker Ammianus Marcellinus von wiederholten Angriffen des schottischen Volks der Pikten gegen die Nordgrenze der Provinz Britannia, während gleichzeitig die als Skoten *(Scoti)* bezeichneten Iren und die germanischen Sachsen die Küsten der Insel unsicher machten. Im Laufe des 5. Jahrhunderts zogen sich die römischen Truppen endgültig aus Britannien zurück und überließen dessen in unterschiedlichem Maße romanisierte keltische Bewohner einem ungewissen Schicksal.

Von Navan Fort bis Maiden Castle: Eisenzeitliche Funde und Fundstätten

Für den modernen Reisenden sind die archäologischen Spuren der römischen Besetzung Britanniens allenthalben im Gelände und in zahlreichen Museen sichtbar. Überreste in größeren Städten wie Canterbury, London und Colchester, aber auch die umfangreichen Verteidigungsanlagen am Hadrianswall zwischen Carlisle und Newcastle sowie am Wall des Antoninus Pius zwischen Firth of Clyde und Firth of Forth vermitteln dem Betrachter auch heute noch einen nachhaltigen Eindruck von der südländischen Zivilisation und Lebensart, die in den ersten fünf Jahrhunderten nach Christi Geburt das Gesicht der Insel prägten. In augenfälligem Gegensatz dazu steht die geringe Anzahl römischer Objekte in Irland. Hier entdeckte man bei der archäologischen Untersuchung von Gräbern, Siedlungen und Kultstätten bislang nur Kleinfunde wie Tonscherben, Münzen, Fibeln und Schmuck, die vermutlich auf dem Handelsweg nach Irland gelangten.[195]

Sieht man von den römerzeitlichen Funden ab, zerfällt die archäologische Hinterlassenschaft der eisenzeitlichen Bewohner Irlands und der Britischen Inseln im Wesentlichen in drei Fundkategorien, deren Ertrag je nach Periode und Region sehr unterschiedlich ausfällt. Geben Funde und Befunde in Siedlungen Auskunft über das alltägliche Leben der Bevölkerung, so vermitteln Gräber und Kultstätten zusammen einen Eindruck von den Glaubensvorstellungen, der Gesellschaftsordnung und nicht zuletzt dem hohen Stand des Kunsthandwerks, wie er vor allem in den Opfer- und Weihegaben aus Edelmetall ersichtlich ist. Wie auf dem Festland stammt allerdings auch auf den Britischen Inseln und in Irland ein Großteil des Fundguts aus älteren Grabungen, die entweder gar nicht oder nur unzureichend dokumentiert wurden, so dass der archäologischen Interpretation zumeist enge Grenzen gesetzt sind.[196]

Eine Hauptquelle unserer Kenntnis der materiellen Kultur sind die Funde, die in den vergangenen Jahrzehnten bei der archäologischen Untersuchung befestigter Höhensiedlungen (englisch *hillforts*) aus der zweiten Hälfte des 1. Jahrtausends v. Chr. vor allem im Süden und Westen Englands zutage gekommen sind.[197] In der Regel haben diese Anlagen eine Ausdehnung von mindestens 5 Hektar, waren auf allen

Seiten durch Wall und Graben befestigt und im Innern über mehrere Jahrhunderte hinweg dicht besiedelt. Verschiedentlich erbrachten die Ausgrabungen auch Hinweise auf Kultstätten, die möglicherweise alle diese Siedlungen kennzeichneten. Die größte befestigte Höhensiedlung dieser Art ist die Anlage von Maiden Castle in Dorset. Spuren menschlicher Anwesenheit sind hier bereits für die Jungsteinzeit im 4. und 3. Jahrtausend v. Chr. nachgewiesen, doch stammt die älteste Befestigungsanlage mit Wall und Graben erst aus der Zeit um 600 v. Chr. Im 2. Jahrhundert v. Chr. erreichte Maiden Castle mit einer Ausdehnung von über 45 Hektar seine größte Blüte, doch verlor es in den darauffolgenden Jahrhunderten zunehmend an Bedeutung und wurde bald nach der römischen Eroberung Britanniens ganz aufgegeben. Eine vergleichbare irische Anlage ist Dun Aengus auf Inishmore, der größten der drei Aran-Inseln 15 Kilometer westlich der Bucht von Galway. Sie erstreckt sich am Rand einer senkrecht abfallenden Steilküste 100 Meter über dem Atlantik über gut 4,5 Hektar und war auf drei Seiten mit noch heute bis zu 4 Meter dicken und hohen Mauern geschützt. Im Unterschied zu den befestigten Höhensiedlungen in England und Wales sind nennenswerte Spuren menschlicher Besiedelung in Dun Aengus und vergleichbaren irischen Anlagen bislang jedoch nicht zutage gekommen, so dass weder ihre Entstehungszeit noch ihre Funktion und Nutzungsdauer näher bestimmt werden können.

Neben der Erforschung von Siedlungen gibt die archäologische Untersuchung von Gräbern und ihren Beigaben Auskunft über die materielle Kultur der Jahrhunderte um Christi Geburt. Auch in dieser Hinsicht ist allerdings das eisenzeitliche Irland deutlich fundärmer als das benachbarte Britannien.[198] In Irland herrschte zunächst die Sitte der Brandbestattung vor, wobei sich die Grabbeigaben auf wenige persönliche Habseligkeiten wie etwa Fibeln oder Broschen beschränkten. In den ersten Jahrhunderten nach Christi Geburt setzte sich allmählich die Körperbestattung durch, was möglicherweise auf Einflüsse aus dem römischen Britannien zurückgeht. Das Grabbrauchtum des vorrömischen Britannien weist ausgeprägte regionale Unterschiede auf, wobei einige Fundgruppen namengebend für die materielle Kultur einer bestimmten Region wurden. So kennt man aus Südostengland die sogenannte Aylesford-Swarling-Kultur, die sich durch Brandgräber mit teilweise reichen Beigaben auszeichnet. Meist fand man bis zu einem Dutzend solcher Gräber zusammen, doch sind auch ausgedehnte Gräberfelder mit über 400 Bestattungen bekannt. Stammt die Mehrzahl dieser Funde aus den Jahrzehnten um Christi Geburt, so werden die Gräber der sogenannten Arras-Kultur im östlichen Yorkshire ins 4./3. Jahrhundert v. Chr. datiert. Charakteristisch für sie ist die Beisetzung des unverbrannten Leichnams unter einem Hügel in einem Grabhügelfeld. Zu den Grabbeigaben zählen Trachtbestandteile, Keramik und Waffen, in einigen Fällen auch ein zweirädriger Streitwagen. Wie im Falle der Aylesford-Swarling-Kultur werden auch hier die Übereinstimmungen mit zeitgenössischen Gräbern aus dem Norden Frankreichs in der Forschung unterschiedlich beurteilt: Möglicherweise beruhen sie auf dem Zustrom von Neuansiedlern aus diesen Gegenden, vielleicht wurden aber auch nur Einzelheiten des Totenbrauchtums von den Kelten des Festlands übernommen.[199]

Über die vorchristliche Religion der inselkeltischen Völker geben die Grabfunde nur in sehr eingeschränktem Maße Auskunft. Für Vorstellungen von einer Fortsetzung des irdischen Lebens im Jenseits spricht neben Speisebeigaben vor allem der Umstand, dass man die Toten vielfach mit charakteristischen Standesabzeichen bestattete. Welche Mythen und Riten damit verbunden waren, bleibt jedoch wegen des Fehlens zeitgenössischer Schriftquellen weitgehend im Dunkeln. Mit Sicherheit kannten auch die Kelten der Britischen Inseln und Irlands persönliche Götter und Göttinnen, deren Namen, Eigenschaften und Funktionen aus den Weihinschriften des römischen Britannien sowie aus der irischen und kymrischen Literatur des Mittelalters ansatzweise rekonstruiert werden können. Ihren archäologisch fassbaren Ausdruck fand die Verehrung dieser Gottheiten in der Anlage von Kultstätten sowie im Sach-, Tier- und Menschenopfer.

Wie bei den keltischen Heiligtümern Nordfrankreichs erbrachte die neuere Forschung auch im römischen Britannien den Nachweis, dass eine Reihe von römischen Tempeln an der Stelle älterer vorrömischer Heiligtümer errichtet wurde. Ein besonders aussagekräftiges Beispiel ist der steinerne römische Rundtempel von Hayling Island an der Südküste Englands, der eine ältere vorrömische Anlage in Holzbauweise fortsetzt.[200] In Irland stellte sich aufgrund neuerer großflächiger Ausgrabungen heraus, dass eine Reihe prominenter vorgeschichtlicher Anlagen, die in der mittelalterlichen Literatur als Königsburgen einer sagenumwobenen Vergangenheit geschildert werden, in Wahrheit vorchristliche Kultstätten gewesen sein dürften. Dies gilt unter anderem für Tara (Temair) in der Grafschaft Meath, Knockaulin (Dún Ailinne) in der Grafschaft Kildare und Navan Fort (Emain

9. Der Schild von Battersea

Macha) westlich der Stadt Armagh.[201] In allen drei Fällen erschließt man eine religiöse oder rituelle Funktion aus den Überresten von Opferhandlungen, dem Vorhandensein teilweise aufwendiger Holzbauten und dem Fehlen von Hinweisen auf eine dauerhafte Besiedelung. Dabei reichen die Spuren menschlicher Anwesenheit zum Teil bis in die Jungsteinzeit zurück. Welche weitreichenden Kontakte die Erbauer dieser Stätten gepflegt haben mögen, beleuchtet schlaglichtartig der Fund des Schädels eines Berberaffen in Navan Fort, der irgendwann in den letzten Jahrhunderten vor Christi Geburt seinen Weg von der Küste Nordafrikas in den Norden Irlands fand.[202]

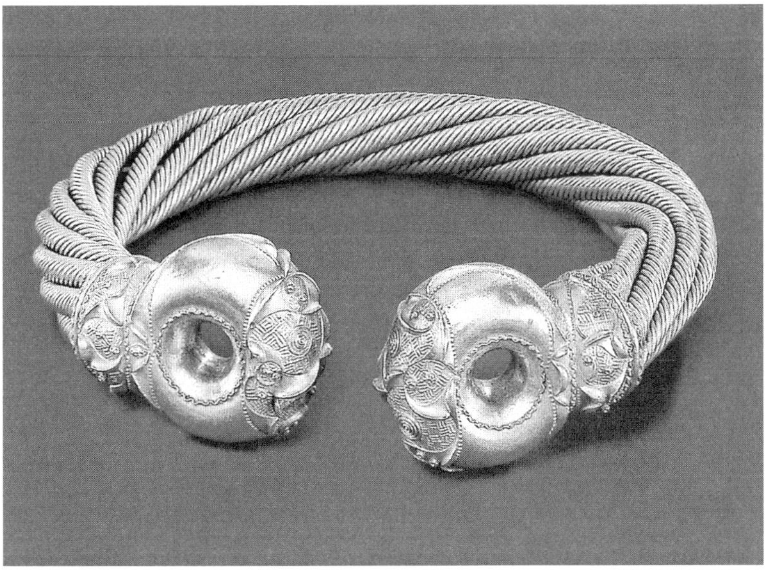

10. Gedrehter Halsring (Torques) aus Snettisham in Norfolk

Im Zusammenhang mit den Kulthandlungen in und um Navan Fort stehen vermutlich einige menschliche Schädel und vier reich verzierte Bronzetrompeten, die 1798 aus dem nahegelegenen See Loughnashade geborgen wurden.[203] Bei vielen vergleichbaren Funden ist das Vorhandensein entsprechender baulicher Strukturen jedoch ungewiss oder unzureichend dokumentiert, so dass ein ritueller Hintergrund nur vermutet werden kann. Dies gilt etwa für den Fund zahlreicher Gegenstände aus Eisen und Bronze in einem Moor bei Lisnacrogher in der Grafschaft Antrim, auf die man gegen Ende des 19. Jahrhunderts durch Zufall beim Torfstechen gestoßen war.[204] Als eine Weihegabe für den Meeresgott deutet man gemeinhin das goldene Modell eines Bootes mit Ruderbänken, Mast und beweglichen Rudern, das 1896 zusammen mit weiteren Gegenständen aus Gold bei Broighter am Ufer des Lough Foyle in Nordirland gefunden wurde.[205]

Aus dem vorrömischen Britannien sind uns durch die Sitte der rituellen Versenkung kostbarer Gegenstände in Flüssen einige der schönsten und bekanntesten Erzeugnisse des keltischen Kunsthandwerks überliefert. Dazu gehören etwa der reich verzierte Bronzebeschlag eines Schildes aus Holz oder Leder, den man in dem Fluss

Witham bei Lincoln fand, zwei Schildbuckel aus Bronze, die man bei Wandsworth aus der Themse barg, sowie ein weiterer bronzener Schildbeschlag und ein bronzener Helm, die man bei Battersea bzw. nahe der Waterloo-Brücke in London in der Themse fand (Abb. 9).[206] Aus dem 1. Jahrhundert v. Chr. stammen zahlreiche Torques aus Gold und Silber sowie weitere Gegenstände aus Edelmetall, die in den Jahren 1948 bis 1991 teils zufällig, teils im Zuge planmäßiger Ausgrabungen auf einem landwirtschaftlichen Gut nahe Snettisham in Norfolk (Ostengland) zutage kamen (Abb. 10).[207] Eine vergleichbare Opferstätte von überregionaler Bedeutung entdeckte man bereits 1942/43 bei der Anlage eines Militärflugplatzes am See Llyn Cerrig Bach an der Westküste der Insel Anglesey. Dort fand man neben größeren Mengen von Tierknochen zahlreiche Metallgegenstände, darunter Schwerter, Speerspitzen, Schildbuckel, Teile von Streitwagen und Pferdegeschirren, die man vom 2. Jahrhundert v. Chr. bis zur römischen Eroberung bald nach der Mitte des 1. Jahrhunderts n. Chr. als Opfergaben in den See geworfen hatte.[208]

Für eine Darstellung der Geschichte der Kelten besitzen alle diese Funde und Befunde gleichwohl einen entscheidenden Nachteil: Man kann aus ihnen weder die Sprache noch die ethnische Zugehörigkeit ihrer Urheber ermitteln. Dass sie ganz allgemein als keltisch bezeichnet werden, beruht in erster Linie auf dem Umstand, dass zwischen ihnen und den keltischsprachigen Kulturen der Römerzeit und des Frühmittelalters kein deutlicher Bruch zu erkennen ist, der auf größere Verschiebungen in der Zusammensetzung der Bevölkerung schließen lassen könnte. Beachtung verdient dabei allerdings, dass ein solcher Bruch auch für die davorliegenden Jahrhunderte, insbesondere für den Zeitraum des Übergangs von der Bronze- zur Eisenzeit, nirgendwo zu erkennen ist. Dass die keltische Sprache vom europäischen Festland auf die Britischen Inseln und nach Irland gelangte und dort die bereits vorhandenen Sprachen vollständig verdrängte, ist sicher. Wann und wie dies geschah, bleibt jedoch weithin rätselhaft, wie denn auch die Gliederung der inselkeltischen Sprachen und ihre Stellung innerhalb des keltischen Sprachzweigs bis heute umstritten sind.

P-Keltisch, Q-Keltisch:
Die Deutung der ältesten Sprachdenkmäler

Wie die in antiken Texten überlieferten Länder-, Orts-, Fluss- und Völkernamen zeigen, sprach man in weiten Teilen der Britischen Inseln und Irlands bereits vor dem Einsetzen einheimischer Schriftquellen eine keltische Sprache. So kann man etwa die griechische Bezeichnung Irlands als *Ierne* auf den altkeltischen Namen **Iwerju* (altirisch *Ériu*) zurückführen, der mit typisch keltischem Schwund des anlautenden *p* eine Entsprechung des griechischen Wortes *pieira* «fruchtbares Land» darstellt. Die griechische Bezeichnung Britanniens als *Albion* stimmt sowohl zum ersten Bestandteil des gallischen Götternamens *Albiorix* als auch zum mittelkymrischen Wort *elfydd* «Welt, Land». Letzteres bezeichnete im Hinblick auf das sprachgeschichtlich verwandte lateinische Wort *albus* «weiß» ursprünglich vielleicht eine «lichte» Oberwelt (im Gegensatz zur dunklen Unterwelt).[209] Bei der römischen Bezeichnung *Britannia* handelt es sich um eine Ableitung von dem Völkernamen *Britanni*, der in griechischen Quellen noch mit anlautendem *p* als *Prettanoi* begegnet. Dass diese griechische Form der ursprünglichen Gestalt des Namens näherkommt, zeigen die späteren kymrischen Namen *Prydain* «Britannien» und *Prydyn* «Land der Pikten», die man auf **Pritani* bzw. **Priteni* zurückführen kann. Letztere Bezeichnung ergab im Irischen in der Form **Quriteni* die Bezeichnung *Cruithin* «Pikten».[210]

Das Nebeneinander von **Priteni* und **Quriteni* bzw. *Prydyn* und *Cruithin* veranschaulicht zugleich einen augenfälligen Unterschied innerhalb der inselkeltischen Sprachgruppe. Wie in allen keltischen Sprachen ist sowohl im Goidelischen (Irisch, Schottisch-Gälisch und Manx) als auch im Britannischen (Kymrisch, Kornisch und Bretonisch) der aus dem Indogermanischen ererbte Laut *p* im Anlaut und zwischen Vokalen geschwunden. Während jedoch im Goidelischen der ebenfalls aus dem Indogermanischen ererbte sogenannte Labiovelar k^w zunächst bewahrt und später zu *k* (geschrieben *c*) vereinfacht wurde, entstand im Britannischen daraus ein neues *p*. Diesen Wechsel von *p* und k^w zeigen auch die festlandkeltischen Sprachen, so dass etwa die keltische Entsprechung des lateinischen Wortes *-que* «und» im Keltiberischen als *-Cue*, im Lepontischen aber als *-pe* erscheint. Die keltische Entsprechung des lateinischen Wortes *equus* «Pferd» begegnet in gallischen Personennamen in der Form *epo-*, doch findet man im Kalender von Coligny noch die ältere Form *equos*. Dass man noch im frühchristlichen Irland das *p* in lateinischen Fremd- und Lehnwörtern durch *k* ersetzte, zeigen Bezeichnungen wie *cruimther* «Ältester» *(presbyter)*, *cásc* «Osterfest» *(pascha)*, *corcur* «Purpur» *(purpura)* und *cland* «Nachwuchs» (*planta* «Pflanze»), wohingegen das *p* in späteren Lehnwörtern wie *purgatóir* «Fegefeuer» *(purgatorium)*, *persan* «Person» *(persona)*, *pardus* «Paradies» *(paradisus)*, *epscop* «Bischof» *(episcopus)*, *peccath* «Sünde» *(peccatum)* und *póc* «Kuss» (*osculum pacis* «Friedenskuss») bewahrt blieb. Gleich zweimal entlehnt wurde der Name des Nationalheiligen Patrick *(Patricius)*, der in den ältesten Quellen als *Cothrige*, später aber in der Form *Pátraic* (heutige Schreibung *Pádraig*) erscheint.[211]

Die Regelmäßigkeit, mit der gerade in den inselkeltischen Sprachen der Laut k^{w} entweder bewahrt blieb oder aber sich zu *p* entwickelte, verführte die ältere Forschung dazu, *Q*-Keltisch und *P*-Keltisch als zwei ursprünglich verschiedene Varianten innerhalb des Keltischen zu unterscheiden. Neuere Untersuchungen haben jedoch gezeigt, dass die Bedeutung dieses Unterschiedes überschätzt wurde und eine ursprüngliche Verschiedenheit der beiden inselkeltischen Sprachzweige Goidelisch und Britannisch fraglich erscheint. Unterschiede der Laut- und Formenlehre und des Satzbaus, wie man sie seit dem Mittelalter zwischen den goidelischen und britannischen Sprachen feststellen kann, sind wahrscheinlich vergleichsweise jungen Datums und können beim gegenwärtigen Stand unseres Wissens nicht in die schriftlose Vorgeschichte zurückgespiegelt werden.

Noch unzureichend erforscht ist die Frage, inwiefern man den Einfluss vorkeltischer Sprachen für einige eigentümliche Unterschiede zwischen der insel- und festlandkeltischen Sprachgruppe verantwortlich machen kann. Dabei handelt es sich neben zahlreichen etymologisch ungeklärten Wörtern im inselkeltischen Wortschatz vor allem um Unterschiede des Satzbaus, so etwa der Stellung des Verbs vor dem Subjekt oder der Umschreibung von Handlungen durch ein Verbalnomen und das Wort für «tun». Wie sprachtypologische Untersuchungen gezeigt haben, finden viele Eigenheiten, durch die sich die inselkeltischen Sprachen sowohl vom Gallischen als auch von den anderen altindogermanischen Sprachen unterscheiden, genaue Entsprechungen in den hamito-semitischen Sprachen, also den Berbersprachen Nordafrikas, dem Altägyptischen und semitischen Sprachen wie etwa dem Hebräischen und Arabischen. Da man von archäologischer Seite mit einer ausgeprägten Kontinuität der vorgeschichtlichen Bevölkerung Irlands und der Britischen Inseln rechnet, sind diese Übereinstimmungen möglicherweise damit zu erklären, dass die Kelten bei ihrer Ankunft auf den Britischen Inseln und in Irland auf eine zahlenmäßig weit überlegene Vorbevölkerung nordafrikanischer Herkunft trafen, die zwar die Sprache der neuen Oberschicht übernahm, jedoch aufgrund des Beharrungsvermögens traditioneller Sprechgewohnheiten das Profil dieser Sprache durchgreifend veränderte. Eine Parallele dazu bietet vielleicht die Geschichte des Englischen in Irland, das als Sprache der Oberschicht das Irische weitgehend verdrängte, zugleich jedoch stark davon beeinflusst wurde. Wie sich die «Landnahme» der Kelten und ihre allmähliche Verschmelzung mit der alteingesessenen Bevölkerung im Einzelnen vollzog, wird allerdings mangels entsprechender Schriftquellen wohl auf Dauer in jenem Dunkel bleiben, das erst durch die Einführung der lateinischen Schrift und Sprache im Gefolge der Christianisierung teilweise erhellt wird.

10.

IRLAND VON DER CHRISTIANISIERUNG BIS ZU DEN EROBERUNGEN DER WIKINGER

Insel der Heiligen: Die frühe irische Kirche

«Zu den Iren, die an Christus glauben, wird als erster Bischof Palladius entsandt, den Papst Coelestin geweiht hat.» So berichtet für das Jahr 431 der zeitgenössische Chronist Prosper von Aquitanien und überliefert uns damit das erste historische Datum der irischen Geschichte.[212] Wie viele Iren zu jener Zeit den christlichen Glauben angenommen hatten, wo diese Christen lebten und aus welchen Motiven sie den alten Göttern abgeschworen hatten, ist uns vollständig unbekannt. Sehr wahrscheinlich hatten britannische Kriegsgefangene, die nach Irland verschleppt worden waren, das Christentum dort bekannt gemacht. Darüber hinaus ist damit zu rechnen, dass irische Siedler die neue Religion im Südwesten des späteren Wales kennenlernten und diese Kenntnis durch den fortgesetzten Kontakt mit ihrer alten Heimat auch dort verbreiteten. Vom weiteren Schicksal des Bischofs Palladius und dem Erfolg oder Misserfolg seiner Mission vermelden die Quellen allerdings nichts. Stattdessen schreibt die spätere Überlieferung die Christianisierung Irlands allein dem heiligen Patrick zu, über dessen Leben und Wirken die historische Forschung jedoch nur wenige gesicherte Angaben machen kann.[213]

Die frühesten Nachrichten über Patrick enthalten zwei von ihm selbst verfasste Schriften, die unter den Titeln *Confessio* (Bekenntnis) und *Epistula ad Coroticum* (Brief an Coroticus) überliefert sind. Die *Confessio* ist eine autobiographisch gefärbte Bekenntnisschrift, die Patrick aus uns unbekannten Gründen vermutlich in fortgeschrittenem Alter zur Rechtfertigung seines Wirkens in Irland verfasste. Die *Epistula* ist ein offener Brief, in dem Patrick in seiner Eigenschaft als Bischof der Iren den Britannier Coroticus wegen der Verschleppung irischer Christen in die Sklaverei zur Rechenschaft zieht.[214] Darüber

Irland im Mittelalter

hinaus besitzen wir aus der Zeit um 670 zwei lateinische Schriften über Patrick aus der Feder der irischen Geistlichen Muirchú und Tírechán sowie aus der Zeit um 900 die größtenteils in irischer Sprache geschriebene Biographie *Bethu Phátraic* (Das Leben Patricks), die wegen ihres dreiteiligen Aufbaus auch unter der Bezeichnung *Vita Tripartita* bekannt ist.[215] Nach dem Zeugnis der *Confessio* stammte Patrick aus einer Familie romanisierter britannischer Kelten und wurde im Alter von 16 Jahren von irischen Seeräubern verschleppt. Sechs Jahre verbrachte er als Sklave in Irland, bevor ihm von der Küste aus mit einem Schiff die Flucht gelang. Aufgrund einer Vision kehrte er jedoch nach Irland zurück, um dort das Christentum zu verbreiten. Von diesen spärlichen Informationen abgesehen, ist uns allerdings kaum etwas über Patrick bekannt. Weitgehende Einigkeit besteht darüber, dass er im 5. Jahrhundert lebte und wirkte, doch kennt man weder sein Geburts- noch sein Todesjahr. Unbekannt sind auch der Ort seiner Gefangenschaft in Irland, Ziel, Zweck und Dauer eines möglichen Aufenthalts auf dem europäischen Festland sowie der Umfang seines Missionsgebietes. Wenn die legendarische Überlieferung dem Heiligen die Bekehrung nahezu der gesamten Insel zuschreibt, so handelt es sich augenscheinlich um eine anachronistische Sichtweise, welche die realen geschichtlichen Vorgänge vereinfacht, verkürzt und im Lichte späterer Entwicklungen verklärt.

Nach kontinentaleuropäischem Vorbild organisierte Patrick die frühe irische Kirche auf der Grundlage von Bistümern, von denen später Armagh die größte Bedeutung erlangen sollte. Bereits im 6. Jahrhundert wurde diese Organisation jedoch durch die Gründung einer Vielzahl von Klöstern in den Hintergrund gedrängt.[216] Zu den wichtigsten Trägern der kirchlichen Leitungsgewalt wurden nunmehr unabhängige Äbte, in deren Händen häufig auch die Verwaltung der umliegenden Ländereien lag. Zu den bedeutendsten Klostergründern, deren Wirken in die Zeit zwischen 500 und 650 zu datieren ist, zählen der 521 verstorbene Búithe, Gründer des nach ihm benannten Klosters Monasterboice (Mainistir Búithe), die um 524 verstorbene Brigit, Gründerin des Doppelklosters Kildare, der 597 verstorbene Columba (Colum Cille), Gründer der Klöster Derry, Durrow und Iona, sowie der um 618 verstorbene Kevin (Coemgen), Gründer des Klosters Glendalough. Als historische Gestalten sind die frühen Klostergründer allerdings bis auf einige wenige Ausnahmen kaum fassbar. Charakteristisch dafür ist unsere völlige Unkenntnis des Lebens der heiligen Brigit, deren Kult sich seit dem 7. Jahrhundert über ganz Irland ausbreitete und mit der irischen Mission auch auf das europäische Festland gelangte. Da bereits die älteste, um 650 von einem Hagiographen namens Cogitosus verfasste Lebensbeschreibung Brigits kaum historische Angaben enthält, steht zu vermuten, dass in Kildare bereits damals keine genaue Erinnerung an sie mehr lebendig war und die

11. Eine irische Klosterwerkstatt
(Diorama im Visitor Centre des Klosters von Clonmacnoise)

Gestalt der Heiligen in der Überlieferung mit einer gleichnamigen keltischen Göttin verschmolz.[217]

Einen guten Eindruck von der strengen Klosterdisziplin vermitteln die für die frühe irische Kirche charakteristischen Bußbücher (Pönitentialien) mit ihren ausführlichen Angaben über mögliche Verfehlungen und die Mittel, diese zu sühnen.[218] Gleichwohl ist schon im 8. Jahrhundert eine gewisse Verweltlichung der Klöster festzustellen, die sich in der engen Verzahnung kirchlicher und politischer Interessen, in der Beteiligung der Klöster an kriegerischen Auseinandersetzungen und sogar in Kämpfen zwischen verschiedenen Klöstern äußerte. Dies lag vor allem daran, dass viele der großen Klöster über eine gute Verkehrslage an Wasser- und Landwegen verfügten, aufgrund von Schenkungen im Besitz großer Ländereien waren und somit zu Zentren einer dynamischen wirtschaftlichen Entwicklung wurden. Sie fungierten daher auch als Grundherren, die von abhängigen Bauern Dienste und Abgaben entgegennahmen, sowie als Förderer der Gelehrsamkeit und der Kunst. Bedeutende Zeugnisse des kirchlich geprägten Kunsthandwerks jener Zeit sind der 1868 entdeckte Schatz von Ardagh und der 1980 entdeckte Schatz von Derrynavlan.[219]

Die große Zahl der kirchlichen Gründungen und ihre engen Verbindungen zur gesellschaftlichen Oberschicht lassen vermuten, dass der vorchristliche Glaube nach deren Etablierung einem raschen Ende entgegenging. Was von den alten Kulten, Riten und Mythen nicht völlig in Vergessenheit geriet, wurde im christlichen Sinn umgedeutet oder fristete fortan als widerwillig geduldeter Aberglaube ein kümmerliches Dasein im Schatten der offiziellen Religion. Maßgeblich beteiligt an diesem Umbruch war wie in allen keltischen Ländern das Aufkommen einer lateinisch geprägten Schriftkultur, deren Einführung sich in mehreren Etappen vollzog. Schon vor der Übernahme des lateinischen Alphabets hatten die Iren in Anlehnung an römische Schreibgewohnheiten die sogenannte Ogam-Schrift erfunden, die in ihrer ältesten bekannten Form mit Hilfe von Punkten und Strichen auf einer fortlaufenden geraden Linie 20 verschiedene Laute unterscheidet.[220] Die ältesten Zeugnisse für die Verwendung dieser Schrift sind ungefähr 300 kurze Inschriften auf Stein, die in verschiedenen Gegenden Irlands sowie in Wales, Devon, Cornwall und auf der Insel Man gefunden wurden. Aus sprachgeschichtlichen Gründen ist zu vermuten, dass die meisten dieser Inschriften aus dem 5. und 6. Jahrhundert stammen. Sie enthalten somit die ältesten Zeugnisse der irischen Sprache, doch handelt es sich dabei in der Regel nur um Personen- und Stammesnamen. Zwar berichten mittelalterliche irische Erzählungen, dass man die Ogam-Schrift auch zur Aufzeichnung schriftlicher Mitteilungen auf Holz verwendete, doch werden hier vielleicht nur zeitgenössische Vorstellungen in eine ferne Vergangenheit zurückgespiegelt. Ob man die Ogam-Schrift ähnlich wie die germanischen Runen auch für magische Praktiken verwendete, ist nach dem heutigen Stand der Forschung zweifelhaft, und obschon die Kenntnis des Lautwerts der Schriftzeichen in Irland bis in die Neuzeit lebendig blieb, wurde die Ogam-Schrift schon bald nach der Christianisierung des Landes vom lateinischen Alphabet vollständig verdrängt.

Da Irland niemals ein Teil des Römischen Reiches gewesen war, wurde das Lateinische dort zunächst als eine reine Sakralsprache gepflegt, zu deren Studium man sich unter anderem der Werke des spätantiken Grammatikers Donatus bediente. Gegenstand ausgedehnter Studien bildeten vor allem die Bibel, die man in der altlateinischen Fassung und in der Übersetzung des Hieronymus kannte, sowie die

Schriften der Kirchenväter. Einen eindrucksvollen Beleg für die große Bedeutung der Bibel für die frühen irischen Mönche, aber auch für die weitgespannten kulturellen Beziehungen der frühirischen Klosterkultur lieferte im Juli 2006 der Fund eines frühmittelalterlichen Psalters, der beim Torfabbau bei Faddan More im County Tipperary zutage kam.[221] Exegetische Arbeiten mit einer Vorliebe für die historische Interpretation der Bibel bezeugen eine rege Beschäftigung mit der Heiligen Schrift, wie sie auch die zahlreichen altirischen Glossen zum lateinischen Text erkennen lassen.[222] Daneben findet man auf freien Stellen der uns erhaltenen Handschriften gelehrten Inhalts immer wieder lyrische Verse, die das erfüllte Leben im Kloster und die Schönheit der Schöpfung, aber auch den Konflikt zwischen der Lebensfreude und den asketischen Idealen der Autoren behandeln.[223]

Im Zusammenhang mit der Berechnung des Ostertermins entstanden nach Jahren geordnete Aufzeichnungen über die Inauguration und den Tod von Königen, die Gründung und Zerstörung von Klöstern, Kriege, Missernten und ähnliche Ereignisse, die später zu umfangreichen Annalen, darunter den als historische Quelle besonders wertvollen «Annalen von Ulster» *(Annála Ulad)*, zusammengestellt wurden.[224] Andere Bereiche der klösterlichen Gelehrsamkeit waren liturgische und hymnologische Texte, Schriften über das Königtum wie der altirische Fürstenspiegel *Audacht Morainn* (Moranns Vermächtnis) sowie Heiligenleben, von denen die ältesten, noch in lateinischer Sprache geschriebenen aus der zweiten Hälfte des 7. Jahrhunderts stammen.[225] Weitere Beispiele für die stilistische und inhaltliche Vielfalt der alt- und mittelirischen religiösen Literatur sind der wohl um 600 von dem Dichter Dallán Forgaill verfasste Lobpreis des Missionars und Klostergründers Columba *(Amra Choluim Chille)*, die wohl im 8. Jahrhundert entstandene allegorische Erzählung *Echtrae Chonnlai* und der wohl ungefähr gleichzeitige Text *Immram Brain* (Brans Seefahrt), der ähnlich wie die in lateinischer Sprache überlieferte *Navigatio Sancti Brendani* von der abenteuerlichen Seefahrt des Titelhelden zu wunderbaren Inseln jenseits der von Menschen bewohnten Welt berichtet.[226] Erwähnt seien auch zwei ebenfalls im 8. Jahrhundert von dem Geistlichen Blathmac mac Con Brettan verfasste Gedichte über das Leben Christi sowie die im 9./10. Jahrhundert entstandene Erzählung *Fís Adamnáin* (Die Vision des Adamnán) mit ihrer Schilderung einer Reise des Titelhelden durch die verschiedenen Regionen des Jenseits.[227] Mit welchem Selbstbewusstsein die frühe irische Kirche auf die heidnische Vergangenheit zurückblickte, zeigt der im frühen 9. Jahrhundert entstandene Heiligenkalender des Geistlichen Oengus mac Oengobann *(Félire Oenguso)*, der in 365 vierzeiligen Strophen für jeden Tag des Jahres den jeweiligen Hauptheiligen nennt und in der Einleitung zu seinem Werk die christliche Gegenwart Irlands mit der heidnischen Vergangenheit des Landes kontrastiert:[228]

Dún Emna ro tetha	Die Burg von Emain ist zerfallen,
acht mairde a clocha;	nur ihre Steine stehen noch.
is rúaim iarthair betha	Doch dauert fort des Westens Rom,
Glend dálach Dá Locha.	das vielbesuchte Glendalough.

Insel der Könige: Recht, Wirtschaft und Gesellschaft

Zu den wertvollsten Quellen, die über das gesellschaftliche Leben im Irland des 7. und 8. Jahrhunderts Auskunft geben, zählen volkssprachliche Rechtstexte, von denen viele einer als *Senchas Már* («Große Überlieferung») bekannten Sammlung entstammen.[229] Dabei handelt es sich um Traktate und Kompendien für den Unterricht der Rechtskundigen im traditionellen einheimischen Recht, das man im Unterschied zum lateinischsprachigen kirchlichen Recht als *fénechas* bezeichnete. Die ältesten dieser Texte wurden im Zeitraum von der Mitte des 7. bis zur Mitte des 8. Jahrhunderts aufgezeichnet, sind uns jedoch zum größten Teil erst in Handschriften des 14.-16. Jahrhunderts zusammen mit späteren Randbemerkungen, Einschüben und Kommentaren überliefert. Die irischen Rechtsgelehrten (Plural *brithemain*, anglisiert *brehon*) fassten das einheimische Recht in erster Linie im Sinne einer mündlichen Überlieferung auf, so dass seine schriftliche Fixierung wohl auch als Reaktion der einheimischen Rechtsschulen auf die Einführung des primär geschriebenen kirchlichen Rechts zu verstehen ist. Eine wichtige Rolle spielte dabei wohl auch die Zusammenstellung des kirchlichen Rechts zu der Sammlung *Collectio Canonum Hibernensis* im frühen 8. Jahrhundert.[230]

Charakteristisch für die frühe irische Gesellschaft ist die Einbindung des Einzelnen in den Familienverband oder die Sippe *(fine)* und seine Zugehörigkeit zu einem bestimmten Stamm (*túath*, Plural *túatha*). Von den verschiedenen Arten der *fine*, die in den Rechtstexten genannt werden, besaß dabei die *derbfine*, deren Mitglieder ihre Abkunft auf ein und denselben Urgroßvater zurückführten, die größte Bedeutung. Eine solche Sippe besaß gemeinschaftlich Land *(fintiu)* und haftete unter bestimmten Umständen für die Vergehen oder Schulden der einzelnen Mitglieder. Das Oberhaupt der *fine* nannte man *agae fine* oder *cenn fine*. Es wurde aufgrund seines Vermögens, seiner gesellschaftlichen Stellung und seiner charakterlichen Vorzüge gewählt und vertrat die Belange der *fine* in der Öffentlichkeit.

Als *túath* bezeichnen die Rechtstexte sowohl eine Personengruppe als auch das Gebiet, das diese Gruppe bewohnt, so dass der Begriff je nachdem mit «Stamm» oder «Kleinkönigreich» zu übersetzen ist. Man vermutet, das es im früh- und hochmittelalterlichen Irland mindestens 150 solcher Kleinkönigreiche gab, wobei die durchschnittliche Zahl der Mitglieder einer *túath* bei 3000 gelegen haben könnte. Die große Mehrheit der irischen Bevölkerung verbrachte zweifellos ihr ganzes Leben innerhalb der Grenzen ihrer *túath*, außerhalb derer der Einzelne in der Regel rechtlos war und nur Angehörige der gelehrten Stände sich frei bewegen konnten. Das Wort *túath* geht zurück auf eine ältere Form *teuta*, die in der Bedeutung «Volk» in mehreren indogermanischen Sprachen bezeugt ist und im Gallischen unter anderem im Götternamen *Teutates* erscheint. Von der althochdeutschen Form *diot* ist das Adjektiv *diutisc* abgeleitet, das in späterer Zeit die Bedeutung «deutsch» annahm.

Im Unterschied zu modernen Verhältnissen war die frühmittelalterliche irische Gesellschaft nicht egalitär, sondern vielmehr streng hierarchisch gegliedert. An der Spitze jeder *túath* stand der König *(rí)*, dem jedes freie Mitglied eines Stammesverbands Gehorsam und die Zahlung einer besonderen Abgabe schuldete.[231] Ihm oblag im Angriffs- oder Verteidigungsfall die Einberufung des Aufgebots der waffenfähigen Männer *(slógad)* sowie in Friedenszeiten der politischen Versammlung *(óenach)*. Der König vertrat die Belange seiner *túath* nach außen, indem er mit dem König eines benachbarten Stammes einen Freundschaftsvertrag *(cairde)* abschloss oder durch die Annahme von Geschenken, die Zahlung eines Tributs oder die Stellung von Geiseln einen benachbarten mächtigeren Herrscher als «Oberkönig» *(ruiri)* anerkannte. Ebenso wie der Kleriker, der Dichter *(fili)* und derjenige, der als Herr *(flaith)* über abhängige Vasallen *(céili)* gebot, gehörte auch der König zu einer besonders privilegierten Schicht, welche die Rechtstexte als *nemed* bezeichnen. Es steht zu vermuten, dass die bevorzugte Stellung dieser Gesellschaftsschicht ursprünglich auch religiös fundiert war, da die zugrunde liegende altkeltische Form *nemeton* ursprünglich das (vorchristliche) Heiligtum bezeichnete. Wer nicht zu dieser Schicht gehörte, galt entweder als frei *(sóer)* oder unfrei *(dóer)*, wobei man mehrere Grade der Unfreiheit vom jederzeit kündbaren abhängigen Pächter *(fuidir)* bis hin zum rechtlosen Sklaven *(mug)* unterschied. Die große Bedeutung der Sklaverei geht nicht zuletzt daraus hervor, dass das Wort für «Sklavin» *(cumal)* in den Rechtstexten häufig als Werteinheit etwa zur Bezeichnung der Höhe eines Kaufpreises oder einer Geldstrafe begegnet. Ausschlaggebend für die gesellschaftliche und damit auch rechtliche Stellung des Einzelnen war die Höhe seines «Ehrenpreises» *(lóg n-énech)*, die im Streitfall über den Wert seines Eides oder – im Falle einer Verletzung seiner Rechte – über die Höhe der ihm zustehenden Entschädigung entschied. Ein solcher Ehrenpreis stand allerdings nur freien Männern zu: Bei Vergehen gegen Frauen zahlte man die Entschädigung an den Ehemann und bei solchen gegen Unfreie an deren Herrn.

Charakteristisch für die Gesellschaft des frühmittelalterlichen Irland war ihr ausgeprägt ländlicher Charakter.[232] Die weitaus meisten Menschen lebten in Einzelgehöften, und stadtähnliche Siedlungen entwickelten sich nur vereinzelt im Umkreis der großen Klöster. Die Grundlage des wirtschaftlichen Lebens bildeten Ackerbau und Viehzucht, wobei der Tauschhandel nach Ausweis der Rechtstexte nur eine untergeordnete Rolle spielte. Vereinzelte Hinweise in den Schriftquellen lassen allerdings darauf schließen, dass man in Handelsniederlassungen an der Küste im Süden und Osten der Insel Handelsgüter wie Wolle, Felle und Pelze exportierte und im Gegenzug Luxusgüter wie Wein oder feine Tuche einführte. Entscheidende Bedeutung für die Versorgung der Bevölkerung mit Nahrung besaß der Anbau verschiedener Getreidesorten wie Hafer, Gerste, Weizen und Roggen, ferner die Viehhaltung, wobei Rinder weniger als Fleisch- denn als Milchlieferanten dienten. Die Jagd auf Hoch- und Niederwild dürfte vor allem zum Vergnügen betrieben worden sein, doch besaß die Fischerei sowohl an den Küsten als auch im Landesinnern große wirtschaftliche Bedeutung.

Ein Land, fünf Provinzen: Aspekte der politischen Geschichte

Mittelalterlicher Anschauung zufolge bestand Irland aus fünf «Provinzen», die einheimische Quellen als «Fünftel» (*cóiced*, Plural *cóiceda*) bezeichnen. Ihre traditionellen Bezeichnungen waren Connacht *(Connachta)*, Ulster *(Ulaid)*, Leinster *(Laigin)*, Munster *(Mumu)* und Meath *(Mide)*, wobei die drei zuerst genannten Namen (ähnlich wie die deutschen Stammesnamen *Schwaben*, *Bayern* und *Sachsen*) sowohl die betreffenden Regionen als auch deren Bewohner bezeichnen konnten. Im Hintergrund steht die Fiktion, dass alle großen Dynastien des Landes von einem einzigen gemeinsamen Ahnherrn abstammten, dessen Nachkommen im Zuge der Landnahme Irland wie Brüder untereinander aufgeteilt hätten.[233]

Im Westen der Insel lag die Provinz Connacht, deren Namen man von dem des sagenumwobenen Königs Conn Cétchathach («Conn mit den hundert Schlachten») ableitete. Traditionell unterschied man «drei Connachta» *(teóra Connachta)*, die man mit den Familienverbänden der Uí Briúin, Uí Fiachrach und Uí Maine gleichsetzte und auf drei Brüder des Königs Niall Noígiallach («Niall mit den neun Geiseln») zurückführte. Niall Noígiallach selbst galt als Ahnherr der überaus erfolgreichen und weitverzweigten Dynastie der «Nachkommen Nialls» (Uí Néill), die seit dem 5. Jahrhundert vom Westen Irlands aus ihre Macht in nördlicher und östlicher Richtung auszudehnen begann. Im Norden Irlands lag die Provinz Ulster, in deren westliche Gebiete eine Hauptstoßrichtung der Uí Néill zielte. Als wichtigste Dynastien erscheinen hier die Dál Fíatach, die Dál nAraide und die Dál Riata, die ihre Herrschaft seit dem 6. Jahrhundert auch auf Gebiete im westlichen Schottland ausdehnten. Den Osten der Insel nahm die Provinz Leinster ein, deren Kernraum aus den Becken der drei Flüsse Liffey, Barrow und Slaney bestand. Ihre natürlichen Grenzen bildeten im Westen die großen Moore des Mittellandes, im Norden die Wälder jenseits der Liffey und im Süden das Hochland westlich der Barrow. Möglicherweise erstreckte sich die Provinz ursprünglich sehr viel weiter nach Norden und umfasste damit auch das Gebiet nördlich der Liffey mit dem Königssitz Tara. Als wichtigste miteinander konkurrierende Dynastien begegnen in historischer Zeit die Uí Chennselaig im Süden und die Uí Dúnlainge im Norden von Leinster. Der Südwesten Irlands bildete die Provinz Munster mit dem Königssitz Cashel (irisch *Caisel* aus lateinisch *castellum*). Sie pflegte im frühen Mittelalter enge Beziehungen zu Britannien, aber auch zum westgotischen Spanien und wurde vom 7. bis zum frühen 10. Jahrhundert beherrscht von der weitverzweigten Dynastie der Eóganachta, die ihre Abkunft auf Eógan Már, einen sagenumwobenen Herrscher des 2. Jahrhunderts, zurückführte. Als fünfte Provinz Irlands gilt Mide («die Mitte»), deren Name in dem der heutigen Grafschaften Meath und Westmeath weiterlebt. In ihrem Gebiet lag der Hügel von Uisnech, der als Mittelpunkt Irlands galt. Beherrscht wurde sie von der Dynastie der Clann Cholmáin, einem Zweig der Uí Néill, der seit der Mitte des 8. Jahrhunderts zu einer wichtigen politischen Kraft im mittleren Irland wurde.

Bereits um die Mitte des 7. Jahrhunderts begegnet in literarischen Quellen die Vorstellung, dass der «König von Tara» *(rí Temro)* den höchsten Rang bekleide und somit über allen anderen Königen Irlands stehe. In der politischen Wirklichkeit jener Zeit dürfte diese Vorstellung zunächst nur eine untergeordnete Rolle gespielt haben. Gleichwohl bemühten sich prominente Vertreter erfolgreicher Dynastien in der Folgezeit immer wieder, den Anspruch auf die Hochkönigswürde gegenüber rivalisierenden Herrschern auch tatsächlich durchzusetzen. Die wichtige Rolle der Kirche als Grundbesitzer brachte es mit sich, dass dabei insbesondere solche Dynastien ihre Stellung ausbauen konnten, bei denen sich ein geistlicher Zweig über mehrere Generationen hinweg ein einflussreiches kirchliches Amt wie etwa die Abtswürde eines der großen Klöster sichern konnte. Prominente Anwärter auf die Hochkönigswürde waren zunächst die Könige der Uí Néill, seit der Mitte des 8. Jahrhunderts auch mehrere Herrscher aus der Dynastie der Eóganachta von Munster. Eine deutliche Verschiebung im inneririschen Kräfteverhältnis ergab sich allerdings schon bald durch das Auftreten norwegischer Wikinger, die erstmals 795 die irischen Küsten heimsuchten.

11.
IRLAND VON DEN ZÜGEN DER WIKINGER BIS ZUR ANKUNFT DER NORMANNEN

Kampf um die Vorherrschaft: Wikinger und einheimische Herrscher

Is acher in gaíth in-nocht,	Scharf bläst der Wind heute Nacht,
fu·fuasna fairggæ findfolt:	zerzaust der Wogen weißes Haar.
ni·ágor réimm Mora Minn	So fürchte ich keine Fahrt übers Meer
dond láechraid lainn ua Lothlind.	der beutegierigen Nordlandschar.

So schrieb ein unbekannter irischer Mönch des 9. Jahrhunderts auf die leere Stelle einer Handschrift, die heute im Kloster von Sankt Gallen aufbewahrt wird.[234] Nachdem die Wikinger 795 erstmals Klöster an der Westküste Irlands überfallen und geplündert hatten, dehnten sie ihre Raubzüge bald auf die gesamte Küstenlinie aus, wobei der Norden und Osten der Insel besonders schwer in Mitleidenschaft gezogen wurden.[235] Begehrtes Ziel dieser Überfälle waren dabei nicht nur liturgisches Gerät und Reliquienschreine aus Edelmetall, sondern auch Viehbesitz und Vorräte an Nahrungsmitteln, wie man sie gerade in den Klostersiedlungen aufgrund ihrer größeren Bevölkerungsdichte und wirtschaftlichen Stärke erwarten konnte. Während der ersten vier Jahrzehnte gingen diese Angriffe noch von leicht beweglichen, kleinen Verbänden aus, doch seit 830 erschienen immer wieder größere Flotten von Wikingerschiffen, die auf Flüssen wie der Liffey, der Boyne und dem Shannon nun auch ihren Weg ins Landesinnere fanden. Seit 840 legten die Wikinger an der Küste dauerhafte Stützpunkte an, von denen Dublin langfristig die größte Bedeutung erlangen sollte. Machte die Anlage solcher befestigter Siedlungen die Wikinger verwundbarer gegenüber irischen Gegenangriffen, so führte sie andererseits doch auch dazu, dass sich die Iren an die Anwesenheit der Nordleute gewöhnten und sie nunmehr in ihren inneren Zwistigkeiten für ihre eigenen Zwecke zu nutzen suchten. In der zweiten Hälfte des

9. Jahrhunderts erscheinen die Wikinger daher immer wieder als Verbündete irischer Könige, während sich die Hauptstoßrichtung ihrer Fahrten in zunehmendem Maße auf die Irische See, Nordwestengland und das neuentdeckte Island konzentrierte. Bis zum Beginn des 10. Jahrhunderts hatten sich die irischen Wikinger vielerorts mit den Iren verbündet und verschwägert, sich ihnen in ihrer Lebensweise angeglichen und sogar den christlichen Glauben angenommen. Den größten Einfluss übten sie zweifellos auf die Entwicklung des Handels und der Schifffahrt aus, doch sind die Auswirkungen der wikingischen Besiedelung auch auf die bildende Kunst und Literatur nicht zu unterschätzen.[236] Größere Raubzüge innerhalb Irlands waren zu dieser Zeit selten geworden, doch mit dem Erstarken des Königreichs Wessex in England, der Errichtung des Herzogtums Normandie und dem allmählichen Abschluss der Besiedelung Islands wurde Irland ab 914 erneut von beutesuchenden Scharen skandinavischer Seeräuber heimgesucht, bevor in der zweiten Hälfte des 10. Jahrhunderts die einheimischen irischen Herrscher in den daraus resultierenden kriegerischen Auseinandersetzungen immer öfter die Oberhand behielten.

Bis um die Mitte des 10. Jahrhunderts war der Kampf um die Vorherrschaft in Irland mit wechselndem Erfolg zwischen den Dynastien der Uí Néill im Norden und der Eóganachta im Süden ausgetragen worden. In den beiden letzten Dritteln des 10. Jahrhunderts vollzog sich der Aufstieg der in Munster beheimateten Dynastie der Dál Cais, welche die Eóganachta aus ihrer beherrschenden Stellung im Süden Irlands verdrängte und bald auch die Hochkönigswürde für sich beanspruchte. Ihr bedeutendster Herrscher war Brian Boru (Brian Bóruma), der die jahrhundertelange Vorherrschaft der Uí Néill im Norden Irlands beendete und seit 1002 fast ganz Irland beherrschte, bevor er 1014 in der Schlacht von Clontarf gegen die mit dem König von Leinster verbündeten Wikinger einen entscheidenden Sieg errang, dabei aber selbst den Tod fand. Die politische und militärische Leistung Brians, der nach seinem Tod in Armagh bestattet wurde, trug wesentlich zur Popularisierung der Vorstellung von einem nationalen Königtum Irlands bei. In der Folgezeit unternahmen daher Provinzialkönige aus allen Teilen der Insel mit wechselndem Erfolg Versuche, den Anspruch auf die Hochkönigswürde im Sinne eines die ganze Insel umfassenden Königtums gegenüber ihren Rivalen durchzusetzen. Einer der mächtigsten Könige seiner Zeit war der seit 1106 über Connacht herrschende Toirdelbach Ua Conchobair (Turlough O'Connor), der sich in seiner fünfzigjährigen Regierungszeit vor allem gegen die Ansprüche der Könige von Leinster zur Wehr setzen musste. 1166 erlangte Toirdelbachs Sohn Ruaidrí die Hochkönigswürde, während gleichzeitig Diarmait Mac Murchada (Dermot Mac Murrough) von Leinster vor seinen Gegnern aus Leinster fliehen musste. Da er innerhalb Irlands keine Verbündeten mehr fand, suchte Diarmait im Exil die Unterstützung anglonormannischer Adliger, deren militärisches Eingreifen in Irland 1169 in der Geschichte des Landes ein neues Kapitel eröffnen sollte. Vor einer näheren Betrachtung der weiteren Ereignisse sollen im Folgenden jedoch zwei Aspekte der irischen Kultur im Frühmittelalter zur Sprache kommen, die von besonders hoher kulturgeschichtlicher Bedeutung sind: die Entstehung einer umfangreichen volkssprachlichen Literatur und die Wirkung der irischen Mission auf dem europäischen Festland.

Anknüpfung und Abgrenzung: Die heidnische Zeit in der Literatur

Zu den bedeutendsten Leistungen der irischen Klosterkultur, die bis ins 12. Jahrhundert das Erscheinungsbild der irischen Kirche prägte, gehört die Aufzeichnung einer umfangreichen erzählenden Literatur über die Zeit vor, während und nach der Christianisierung.[237] Eine wesentliche Voraussetzung dafür bestand darin, dass die vorchristlichen Dichter *(filid)* als Hüter und Tradenten der kulturell relevanten, identitätsstiftenden Überlieferung *(senchas)* ihre hohe gesellschaftliche Stellung auch unter der neuen Religion zu bewahren verstanden. Der altertümlich anmutende Stil und Inhalt dieser Literatur gab bis in die jüngste Vergangenheit immer wieder zu der Vermutung Anlass, es handle sich dabei um ursprünglich heidnische, nur oberflächlich verchristlichte Erzählungen. Gleichzeitig führte das Fehlen vergleichbarer Texte aus dem festlandkeltischen Altertum und aus dem mittelalterlichen Wales vielfach dazu, dass man spezifisch irische Erzählungen als schlechthin keltisch verallgemeinerte. Obschon bis heute unbestritten ist, dass viele alt- und mittelirische Erzählstoffe tatsächlich bis in die vorchristliche Zeit zurückreichen und in einigen Fällen in den Nachrichten der antiken Autoren über die Kultur der Festlandkelten genaue Entsprechungen finden, bedarf es doch einiger Erläuterungen, um Missverständnisse bei der Deutung dieser Zeugnisse zu vermeiden.

Betrachtet man zunächst die konkreten Angaben über die heidnische Religion, Kultur und Gesellschaft in den uns erhaltenen Texten, so ist zunächst festzustellen, dass nur sehr wenige davon aus einer Zeit stammen, als sich das Christentum noch nicht als alleinige Religion der keltischsprachigen Bewohner Westeuropas durchgesetzt hatte. Die weitaus meisten Nachrichten über die religiösen und gesellschaftlichen Verhältnisse vor der Christianisierung sind dagegen erst aus einer Zeit überliefert, als das Christentum in allen keltischen Ländern bereits auf eine mehrhundertjährige Geschichte zurückblicken konnte. Ob man zu dieser Zeit von der alten heidnischen Kultur noch eine zutreffende Vorstellung hatte, muss angesichts der zahlreichen eindeutig nachweisbaren Anachronismen und Rückprojektionen christlicher Vorstellungen und Einrichtungen durchaus zweifelhaft erscheinen. Doch selbst unter der fragwürdigen Voraussetzung, dass man sich an vorchristliche Glaubensvorstellungen, Riten und Mythen noch bis ins frühe und hohe Mittelalter erinnert habe, hängt der religionsgeschichtliche Quellenwert der inselkeltischen Literaturen doch allein davon ab, ob die uns vorliegenden Texte auch wirklich Bezug darauf nehmen. Gerade diese über lange Zeit selbstverständliche Anschauung ist neuerdings zunehmend ins Wanken geraten, da die mittelalterliche irische Literatur nach dem Urteil der neueren Erzählforschung mündlichen Überlieferungen in sehr viel geringerem Maße verpflichtet ist, als man sich dies lange Zeit vorstellte. Umgekehrt wird der Einfluss christlich-lateinischer Gelehrsamkeit heute sehr viel höher veranschlagt, als es im Gefolge romantischer Kontinuitätstheorien und eines übersteigerten Nationalismus weithin üblich war. Darüber hinaus geht man inzwischen davon aus, dass die Beschäftigung mit der Vergangenheit im mittelalterlichen Irland keineswegs einem letztlich zweckfreien antiquarischen Interesse entsprang, sondern vielmehr die Besitz- und Machtansprüche jener geistlichen und weltlichen Herren legitimieren sollte, unter deren Patronat literarische Werke abgefasst, überliefert und verbreitet wurden. Dass viele Erzählungen auf den modernen Leser ausgesprochen ungefüge wirken, verführte die ältere Forschung zu der Annahme, die mittelalterlichen Autoren seien bei der Aufzeichnung mit einer treuherzigen Biederkeit und ehrfürchtigen Scheu vor der mündlichen Tradition zu Werke gegangen. Im Gegensatz dazu rechnet man heute jedoch mit einer unbekümmerten Willkür der mittelalterlichen Historiker und Juristen, die Überlieferungen unterschiedlichen Alters nach Gutdünken aktualisierten und dabei auch vor Verdrehungen, Fälschungen und Erfindungen nicht haltmachten. Von vornherein auszuschließen ist demnach, dass man sich im Zuge dieser fortgesetzten Umdeutungen der heidnischen Vergangenheit um die Authentizität der Fakten bemüht habe. Vielmehr zeigt ein Vergleich mit den oft nur wenig jüngeren altnordischen Quellen zur Religion der Nordgermanen, dass sowohl Iren als auch Isländer die vorchristliche Kultur stets durch die Brille der christlichen Theologie betrachteten. Auch wenn also die Geschichte mancher Stoffe und Motive in den uns erhaltenen Werken tatsächlich bis in die vorchristliche Zeit zurückreichen dürfte, erfordert doch die Unterscheidung von mythischen und märchenhaften Elementen in jedem einzelnen Fall eine sorgfältige Prüfung.[238]

Die wichtigsten volkssprachlichen Literaturwerke, die von der Geschichte Irlands vor und während der Christianisierung des Landes erzählen, sind in einigen großen Sammelhandschriften aus dem 11. und 12. Jahrhundert überliefert. An erster Stelle zu nennen ist hier «Das Buch der dunklen Kuh» *(Lebor na hUidre)*, das vermutlich im späten 11. Jahrhundert im Kloster Clonmacnoise entstand. Es zählt heute noch 67 teilweise unvollständig erhaltene Pergamentblätter und befindet sich seit 1844 in der Bibliothek der Royal Irish Academy in Dublin.[239] Die umfangreichste der älteren irischen Sammelhandschriften ist das heute sogenannte «Buch von Leinster» *(Lebor Laignech)*, das ursprünglich unter dem Namen «Buch von Nuachongbáil/Oughaval» *(Lebor na Núachongbála)* bekannt war. Es zählt heute noch 187 Pergamentblätter, von denen zehn in der Bibliothek der Franziskaner in Killiney und die übrigen in der Bibliothek des Trinity College in Dublin aufbewahrt werden.[240]

Aus späterer Zeit, nämlich aus dem 14. Jahrhundert, stammen das «Buch von Ballymote» (*Leabhar Bhaile an Mhóta*, seit 1785 in der Bibliothek der Royal Irish Academy), das «Buch von Lecan» (*Leabhar Leacáin*, heute in den Bibliotheken des Trinity College Dublin und der Royal Irish Academy) und das «Gelbe Buch von Lecan» (*Leabhar Buidhe Leacáin*, heute in der Bibliothek des Trinity College Dublin). Sucht man sich einen Überblick über die inhaltliche Vielfalt des alt- und mittelirischen Erzählguts zu verschaffen, so leistet die seit dem 19. Jahrhundert weithin übliche Einteilung dieser Geschichten in verschiedene Zyklen gute Dienste. Üblicherweise unterscheidet man einen Ulster-, Finn-, Königs- und Mythologischen Zyklus, wobei allerdings manche Erzählungen mehreren Zyklen zuzuordnen sind und einige bedeutende Werke außerhalb dieser Einteilung stehen.

Den Ulster-Zyklus bildet eine Gruppe von Erzählungen, deren Handlung in der Zeit um Christi Geburt spielt.[241] Ihren Namen verdanken sie den Protagonisten dieser Geschichten, deren Heimat die Provinz Ulster im Norden Irlands ist. Hauptthelden sind König Conchobor mac Nessa und sein Neffe Cú Chulainn, als deren Gegenspieler das Königspaar Ailill und Medb aus der Provinz Connacht auftreten. Die längste und bedeutendste Erzählung dieses Zyklus, der einige weitere Geschichten als «Vorerzählungen» *(remscéla)* zugeordnet sind, ist die Geschichte des Rinderraubs von Cuailnge *(Táin Bó Cuailnge)*.[242] Sie schildert, wie Ailill und Medb mit einem großen Heeresaufgebot von ihrer Residenz Cruachain in Connacht nach Cuailnge in der Provinz Ulster ziehen, um dort den berühmten Stier Donn Cuailnge zu erbeuten. Da sich die erwachsenen Männer von Ulster gerade in einem periodisch wiederkehrenden Schwächezustand befinden, kann allein der Knabe Cú Chulainn den Feinden entgegentreten. In zahllosen Gefechten hält er den Vormarsch des Heeres immer wieder auf, kann jedoch den Raub des Stieres nicht verhindern. Durch seine erbitterte Gegenwehr hat sich der Feldzug aber so lange hingezogen, dass die Krieger von Ulster nun doch noch in den Kampf eingreifen können. Auf dem Rückzug bringen sie den Eindringlingen eine vernichtende Niederlage bei, so dass nur wenige Überlebende mit dem erbeuteten Stier nach Connacht zurückkehren. Weitere bedeutende Erzählungen des Ulster-Zyklus sind «Die Geschichte vom Schwein des Mac Dathó» *(Scéla mucce meic Dathó)*, die vom Kampf der Krieger von Ulster und Connacht um den Vorrang bei einem Gastmahl berichtet, und die tragische Geschichte von der «Zerstörung der Halle Da Dergas» *(Togail Bruidne Da Derga)*. Ihr Held ist der junge Conaire Mór, Sohn der Königin Mes Buachalla und eines Unbekannten, der sich Mes Buachalla noch vor ihrer Heirat in Vogelgestalt genähert hatte. Nach dem Tod des alten Königs wird Conaire mit Hilfe eines heidnischen Brauchs zum König bestimmt. Seine Herrschaft ist zunächst reich gesegnet, doch seine Ziehbrüder treiben als Plünderer ihr Unwesen im Land. Indem Conaire es versäumt, sie angemessen zu bestrafen, verletzt er das Gebot der «Gerechtigkeit des Herrschers» *(fír flathemon)* und führt dadurch seinen eigenen Untergang herbei: In der Halle seines Freundes Da Derga wird er von seinen Ziehbrüdern überfallen und nach erbitterter Gegenwehr erschlagen.[243]

Als Finn-Zyklus oder Ossianischen Zyklus bezeichnet man die Erzählungen um den Sagenhelden Finn mac Cumaill und seine Gefolgsleute, die Fianna.[244] Ihre Handlung spielt zur Zeit des Königs Cormac mac Airt zu Beginn des 3. Jahrhunderts n. Chr., und als wichtigste Helden treten neben Finn als dem Anführer der Fianna sein Sohn Oisín und dessen Sohn Oscar auf. Die meisten Geschichten dieses Zyklus, der in der frühen Zeit nur eine untergeordnete Rolle spielte, jedoch seit dem späten Mittelalter zunehmend an Popularität gewann, handeln von Jagdabenteuern, Liebeshändeln und kriegerischen Auseinandersetzungen. Das umfangreichste Werk dieser Art, das verschiedene Episoden in einer Rahmenerzählung vereinigt, ist «Die Unterredung mit den Alten» *(Acallam na Senórach)*, in dem Oisín und sein Neffe Caílte zusammen mit einigen weiteren Überlebenden der Kriegerschar Finns in hohem Alter dem heiligen Patrick und seinem Gefolge begegnen. Auf einer gemeinsamen Wanderung durch Irland erfahren die heiligen Männer von den sagenhaften und mythischen Überlieferungen, die sich an die einzelnen Orte und markanten Punkte der Landschaft knüpfen.

Sind die Geschichten des Ulster- und Finn-Zyklus durch ihre jeweiligen Hauptfiguren vergleichsweise eng miteinander verbunden, so handelt es sich bei den Erzählungen des Königs- oder Historischen Zyklus eher um eine Sammlung von Zyklen, in deren Mittelpunkt jeweils ein bedeutender Herrscher aus der Zeit vom 3. Jahrhundert v. Chr. bis zum 11. Jahrhundert n. Chr. steht.[245] Zu den bedeutendsten dieser Könige zählen Labraid Loingsech, der im 4. oder 3. Jahrhundert v. Chr. über die Provinz Leinster geherrscht haben soll, Conn Cétchathach und sein Enkel Cormac mac Airt, die der Sage zufolge im 2. und 3. Jahrhundert über ganz Irland herrschten, sowie die auch aus zeitgenössischen Quellen bekannten Herrscher des 7. Jahrhunderts, Diarmait mac Aeda Sláine, Domnall mac Aeda und Mongán mac Fiachna. Anders als es die konventionelle moderne Bezeichnung «Historischer Zyklus» vermuten lässt, verarbeiten diese Erzählungen allerdings nicht nur genuin historische, sondern auch mythische sowie sagen- und märchenhafte Überlieferungen.

Im Unterschied zu den bisher genannten Werken stehen in den Erzählungen des Mythologischen Zyklus nicht sterbliche Menschen, sondern Elfen und Feen im Mittelpunkt des Geschehens. Im Irischen werden die Hauptfiguren dieser Geschichten zumeist als *fir/mná/áes síde* «Männer/Frauen/Leute des *síd*» bezeichnet, da die künstlich aufgeschütteten Grabhügel *(síd)* der vorkeltischen Bevölkerung Irlands als ihre Wohnungen galten.[246] Viele Erzählungen identifizieren die *áes síde* mit den zauberkundigen Túatha Dé Danann, in denen die mittelalterlichen Iren eine vor langer Zeit aus Asien eingewanderte Vorbevölkerung sahen, die von der modernen Forschung jedoch als historisierte Gestalten der vorchristlichen irischen Mythologie betrachtet werden. Die bedeutendste Erzählung des Mythologischen Zyklus ist die Geschichte der Schlacht von Mag Tuired *(Cath Maige Tuired)*, die vom Kampf der Túatha Dé Danann mit den dämonischen Fomoire erzählt.[247]

Außerhalb der heute allgemein gebräuchlichen Einteilung in Zyklen stehen die beiden großen Kompilationen *Dindshenchas* (Ortsnamenkunde) und *Lebor Gabála Érenn* (Buch der Einnahme Irlands). Bei dem in drei verschiedenen Fassungen überlieferten *Dindshenchas* handelt es sich um eine Sammlung von Sagen zur Erklärung von Ortsnamen, wobei jedoch die meisten dieser Erzählungen auf mittelalterlicher gelehrter Spekulation und nur wenige auf lokalen mündlichen Überlieferungen beruhen dürften.[248] Der *Lebor Gabála Érenn* ist eine im 11. Jahrhundert zusammengestellte fiktive Geschichte Irlands, die mit der Weltschöpfung beginnt und das wechselvolle Schicksal Irlands und seiner Bewohner von der ersten Besiedelung durch eine Enkelin Noahs bis zur Abfassungszeit des Werks behandelt.[249] Breiten Raum nimmt die Schilderung von sechs aufeinanderfolgenden Einwanderungswellen ein, wobei die Iren als Nachkommen der zuletzt eingewanderten Söhne des Míl gelten. Ähnlich wie die Erzählungen des Mythologischen Zyklus zeugt auch das «Buch der Einnahme Irlands» von dem Bemühen der mittelalterlichen Kleriker, die Geschichte Irlands vor der Christianisierung mit der biblischen Überlieferung in Einklang zu bringen. Es verarbeitet neben Stoffen und Motiven aus dem Alten Testament und der antiken Literatur auch einheimische Sagen und Mythen und beeindruckt durch ein Geschichtsbild, dessen Schöpfer und Träger sich von der heidnischen Vergangenheit abzugrenzen und zugleich voller Stolz daran anzuknüpfen verstanden.

Wegbereiter des Mittelalters: Die irische Mission in Europa

«Zieh fort aus deinem Land, aus deiner Verwandtschaft und aus deines Vaters Haus in das Land, das ich dir zeigen werde.» So lautete den Worten des Alten Testaments zufolge Gottes Aufruf an Abraham (*Genesis* 12,1). «Wer Vater oder Mutter mehr liebt als mich, ist meiner nicht wert», sprach Jesus nach den Worten des Evangelisten Matthäus (10,37) zu seinen Jüngern. Aus diesen und vergleichbaren Stellen der Bibel sowie aus der traditionellen irischen Strafe der Verbannung *(indarbe)* entwickelten die frühen Christen Irlands das asketische Ideal des *peregrinus pro Christo* oder *deorad Dé*, des «Verbannten um Christi willen», der in seinem Streben nach religiöser Vollkommenheit die Geborgenheit und Sicherheit seiner Umgebung aufgibt, um in der Fremde Gott zu dienen.[250]

Der erste große Missionar, den Irland hervorbrachte, war Columba (Colum Cille), von dem noch im Zusammenhang mit der Christianisierung Schottlands die Rede sein wird. Sein jüngerer Zeitgenosse war Columbanus, der im Unterschied zu Colum Cille auch als «Columba der Jüngere» bekannt ist.[251] Um 543 in Leinster geboren, erhielt Columbanus seine Ausbildung im nordirischen Kloster Bangor, bevor er sich um 590 von Irland ins Frankenreich begab. In der Einsamkeit der Vogesen gründete er dort unter dem Schutz König Childeberts II. von Burgund und Austrasien in den Ruinen der Römerfestung Anagrates (Annegrey) sein erstes Kloster. Die Zahl seiner Schüler wuchs rasch, so dass bald nur wenige Meilen entfernt auf dem Boden des alten Luxovium (Luxeuil) ein zweites, größeres Kloster entstand. Für die Mönche, die in diesen beiden Klöstern nach irischer Tradition lebten, schrieb Columbanus eine Mönchsregel und ein Bußbuch, doch sind auch Briefe, Predigten und an klassischen Vorbildern geschulte Gedichte aus seiner Feder bekannt. Als er nach Childeberts Tod von dessen Sohn und Nachfolger wegen seiner Kritik an dessen Lebensführung verbannt wurde, begab sich Columbanus an den Hof des Königs von Neustrien, von dort nach Metz, rheinaufwärts in die Gegend um den Bodensee und schließlich nach Italien. Dort gründete er auf Einladung des Langobardenkönigs in dem abgelegenen Ort Bobbio in den Apenninen noch einmal ein Kloster, in dem er am 23. November 615 starb.[252]

12. Grabplatte aus dem 8./9. Jahrhundert mit der irischen Inschrift Or(OIT) DO THUATHAL SAER ‹Ein Gebet für den Handwerker Tuathal› (jetzt im Visitor Centre des Klosters Clonmacnoise)

Ein Schüler des Columbanus war Gallus, dessen irische Herkunft allerdings nicht gesichert ist.[253] Er gelangte zusammen mit Columbanus in die Gegend am Bodensee, wo er sich von seinem Begleiter trennte und an der oberen Steinach als Einsiedler niederließ. Nach seinem Tod um 650 entstand dort ein örtlicher Heiligenkult mit Wallfahrt, und im frühen 8. Jahrhundert das Kloster Sankt Gallen. Zwar waren die ersten namentlich bekannten Schreiber des Klosters Alemannen, doch spielte Sankt Gallen seit der Mitte des 9. Jahrhunderts bei der Verbreitung irischen Kulturguts auf dem Festland eine wichtige Rolle, von der zahlreiche Handschriften in der Sankt Galler Stiftsbibliothek noch heute Zeugnis ablegen. Unter irischen Einfluss geriet in jener Zeit auch das nahegelegene Kloster Reichenau, dessen um 754 verstorbener Gründer Pirmin allerdings wohl kein Ire, sondern Spanier war.[254]

Als Missionar in Ostfranken und Thüringen wirkte der Ire Kilian, der um 689 zusammen mit seinen Begleitern Kolonat und Totnan bei Würzburg das Martyrium erlitt.[255] 752 ließ Burchard, den Bonifatius zum ersten Bischof von Würzburg geweiht hatte, die Gebeine der Heiligen in seine Kathedrale überführen. Dort entwickelte sich bald ein lebhafter Kult, der schon im 9. Jahrhundert bis nach Irland ausstrahlte. Dieser Verehrung Kilians verdankt Würzburg wohl auch die berühmte, mit irischen Glossen versehene Handschrift mit dem Text der Paulusbriefe, die im 9. Jahrhundert mit irischen Pilgern in die Stadt am Main gelangt sein dürfte.

Mit dem Bistum Salzburg ist der Name des heiligen Virgil (Fergil) verbunden.[256] Nachdem er um 742 seine irische Heimat verlassen hatte, begab er sich 745 mit einer Empfehlung des fränkischen Hausmeiers Pippin III. zu Herzog Odilo von Bayern, der ihn mit der Verwaltung des vakanten Bistums Salzburg betraute. Dort organisierte er in päpstlichem Auftrag die Slawenmission in Karantanien und ließ 774 den ersten Salzburger Dom erbauen. 1181 entdeckte man beim Dombau Erzbischof Konrads III. das verschollene Grab des 784 verstorbenen Virgil. 1233 wurde er heiliggesprochen.

Zwei weitere Faktoren, die seit dem Ende des 8. Jahrhunderts immer wieder irische Mönche aus ihrer Heimat auf das europäische Festland lockten, waren die Plünderungen irischer und schottischer Klöster durch die Wikinger sowie das Aufblühen kontinentaler Bildungszentren im Zuge der Reformen Karls des Großen. Zu den bedeutendsten irischen Gelehrten, die im 9. Jahrhundert im Karolingerreich wirkten, zählen Dungal, der als Mönch des Klosters Saint-Denis neben einer Verteidigung der Bilderverehrung auch eine Abhandlung über die Sonnenfinsternis des Jahres 810 verfasste, Dicuil, der neben Versen *De Grammatica* eine Schrift über Astronomie sowie ein bedeutendes Werk über Geographie *(Liber de mensura orbis terrae)* hinterließ, der Dichter, Grammatiker und Theologe Sedulius Scottus sowie der philosophisch hochgebildete Mystiker Johannes Scottus Eriugena (um 810–877), der die «Himmlische Hierarchie» des Pseudo-Dionysios Areopagita und andere griechische Schriften ins Lateinische übersetzte, Kommentare zum Johannesevangelium, zu Martianus Capella und zu Boethius verfasste und sich in seinem – im 13. Jahrhundert als Irrlehre förmlich verurteilten – Hauptwerk *De divisione naturae* (Von der Einteilung der Natur) zu einer pantheistisch verstandenen Einheit des Schöpfers und der Schöpfung bekannte.[257] Angemerkt sei in diesem Zusammenhang, dass die Verwendung des Beinamens *Scot(t)us*, «der Ire», für die beiden zuletzt genannten Autoren noch den frühmittelalterlichen Sprachgebrauch widerspiegelt. Als Bezeichnung für einen «Schotten» begegnet lateinisch *Scot(t)us* erst in späterer Zeit, nachdem die als *Scot(t)i* bezeichneten Einwanderer aus Irland dem Norden der britischen Hauptinsel ihren Namen gegeben hatten. Um einen Iren handelt es sich denn auch bei dem in Fulda und Mainz wirkenden Chronisten Marianus Scotus (1028–1082), wohingegen der in Paris und Köln lehrende scholastische Philosoph Johannes Duns Scotus (1266–1308) tatsächlich aus Schottland stammte.

Nach dem späten 9. Jahrhundert übten irische Theologen auf das intellektuelle Leben Mitteleuropas keinen bedeutenden Einfluss mehr aus, doch ist gut 200 Jahre später mit der Gründung der sogenannten Schottenklöster noch einmal eine Welle irischen Einflusses zu verzeichnen.[258] Dabei handelt es sich um einen mit besonderen Privilegien ausgestatteten Verband irischer Benediktinerklöster (unter anderem in Regensburg, Würzburg, Nürnberg, Erfurt, Konstanz, Eichstätt und Wien), die ihre engen Beziehungen zu Irland jahrhundertelang aufrechterhielten und erst am Ausgang des Mittelalters von deutschen Benediktinern übernommen wurden. Zu diesem Zeitpunkt hatten sich in der irischen Kirche tiefgreifende Veränderungen vollzogen, die nicht zuletzt auf die immer engeren Beziehungen zur englischen Kirche zurückzuführen sind.

12.

IRLAND VON DER ANKUNFT DER NORMANNEN BIS ZUR KOLONISIERUNG

Irland, England und die Anglo-Iren: Politische Entwicklungen

Als der aus Irland vertriebene König Diarmait Mac Murchada 1166 König Heinrich II. von England um Unterstützung angegangen war, hatte er von ihm als Gegenleistung für die Anerkennung seiner Oberhoheit die Erlaubnis erhalten, innerhalb seines Herrschaftsgebietes Hilfstruppen anzuwerben. Als wichtigsten Verbündeten gewann Diarmait daraufhin den Grafen von Pembroke, Richard FitzGilbert (genannt Strongbow), so dass er im August 1167 an der Spitze eines aus Anglonormannen, Walisern und Flamen zusammengesetzten Söldnerheeres die Rückkehr nach Irland wagen konnte. Drei Jahre später kam nach wechselvollen Kämpfen mit den Truppen des Hochkönigs Richard FitzGilbert selbst an der Spitze eines Expeditionsheeres nach Irland und vermählte sich dort mit Diarmaits Tochter Aoife (Eva). Entsprechend einer früheren Zusage seines Verbündeten beanspruchte er nach dem Tode Diarmaits im Frühsommer 1171 die Königswürde von Leinster und konnte dank der militärischen Überlegenheit seiner Truppen diesen Anspruch gegen allen Widerstand sowohl vonseiten des Hochkönigs als auch aus den Reihen seiner eigenen irischen Untertanen durchsetzen. Die starke Stellung, die er sich damit geschaffen hatte, erweckte indessen den Argwohn Heinrichs II., der zur Sicherung seines Einflusses wenige Monate später selbst an der Spitze eines Heeres nach Irland übersetzte. Auf der Synode von Cashel 1172 erkannten sowohl die Anglonormannen als auch zahlreiche irische Herrscher die Oberhoheit des englischen Königs an, der daraufhin Dublin direkt der Krone unterstellte und die Provinzen Leinster und Meath an Richard FitzGilbert und Hugh de Lacy als Lehen vergab. Bereits wieder nach England zurückgekehrt, schloss Heinrich II. durch seinen Statthalter Hugh de Lacy mit dem Hochkönig Rory O'Connor 1175 den Vertrag von Windsor, demzufolge Rory die Lehenshoheit Heinrichs anerkennen und Irland in ein anglonormannisches und ein vom irischen Hochkönig beherrschtes Gebiet aufgeteilt werden sollte. Zwei Jahre später schuf Heinrich II. mit der Ernennung seines damals zehnjährigen jüngsten Sohnes Johann zum Herrn oder Lord von Irland *(Dominus Hiberniae)* die Lordschaft Irlands, die in unterschiedlicher Ausdehnung bis 1541 Bestand haben sollte.[259]

Ungeachtet der im Vertrag von Windsor vorgesehenen Zweiteilung Irlands dehnten die anglonormannischen Gefolgsleute des englischen Königs in den darauffolgenden hundert Jahren ihren Machtbereich auf Kosten der einheimischen Herrscher insbesondere nach Süden und Westen immer weiter aus, bis sie schließlich über zwei Drittel der Insel unter ihre Kontrolle gebracht hatten. In den eroberten Gebieten errichteten sie Burgen, gründeten Städte, vergaben Ritterlehen an ihre Gefolgsleute und etablierten so das englische Herrschafts-, Rechts- und Verwaltungssystem.[260] Wurden diese Eroberungen durch die Zerstrittenheit der Iren untereinander begünstigt, so verliefen sie doch andererseits weithin planlos und ohne Abstimmung mit der englischen Krone, der die Herrschaft über ihre irischen Besitzungen immer wieder zu entgleiten drohte. Seit dem 13. Jahrhundert gingen die irischen Herrscher dazu über, die militärische Unterlegenheit ihrer Truppen durch Söldner von den Hebriden, sogenannte *gall-óglaigh* (anglisiert *gallowglasses)* auszugleichen, und zu Beginn des 14. Jahrhunderts kam die Expansion der Anglonormannen nicht zuletzt wegen der Zerstrittenheit der Barone untereinander, der zahlenmäßigen Überlegenheit der irischen Bevölkerung und der fehlenden Einflussmöglichkeiten des englischen Königs weitgehend zum Stillstand.

Wie gefährdet die Besitzungen der englischen Krone in Irland waren, offenbarte der Krieg mit Edward Bruce, einem Bruder des schottischen Königs Robert Bruce, der 1315 an der Spitze eines Invasionsheeres in Irland landete und ein Jahr später in Dundalk zum König von Irland gekrönt wurde, bevor er im Oktober 1318 in einem Gefecht in der Nähe seines Krönungsortes den Tod fand.[261] Abgesehen von der Rechtlosigkeit und den Plünderungen, die der Krieg mit sich brachte, litten die englischen Siedler in den darauffolgenden Jahrzehnten wiederholt unter Missernten sowie unter der Pest, so dass viele von ihnen sich zur Rückkehr nach England entschlossen. Mit Argwohn und Sorge beobachtete die englische Krone das Verhalten vieler anglo-irischer Adliger, die entweder ihre irischen Ländereien zugunsten weiterer Besitzungen in England, Wales und Frankreich vernachlässigten oder aber, sofern sie sich zum Verbleib in Irland entschlossen, in zunehmendem Maße die Lebensweise, Tracht und Sprache der einheimischen Bevölkerung annahmen.[262] Als Reaktion darauf verabschiedete ein 1366 zusammengetretenes Parlament die Statuten von Kilkenny, die neben Maßnahmen für eine wirkungsvollere Verteidigung der Grenzgebiete genaue Anweisungen für eine strikte Trennung zwischen Anglo-Iren und Iren enthielten. Darin wurden Mischheiraten und Adoptionen ebenso untersagt wie das Tragen irischer Kleidung und der Gebrauch der irischen Sprache. Ungeachtet der drakonischen Strafen, welche die Statuten von Kilkenny den Übertretern dieser Bestimmungen androhten, schritt jedoch die Verschmelzung der irischen und anglo-irischen Bevölkerung im späten 14. und 15. Jahrhundert immer weiter voran, während gleichzeitig das nach seinen Grenzpfählen als *Pale* bekannte Gebiet der englischen Lordschaft im Osten der Insel immer kleiner wurde.

Grundlegende Veränderungen zeichneten sich ab, als der englische König Heinrich VIII. im Zuge seiner Bemühungen um die Schaffung eines zentralistischen Staates 1536 seine Anerkennung als Oberhaupt der irischen Kirche durchsetzte und 1541 nach Aufhebung der Lordschaft den Titel «König von Irland» annahm.[263] Da Heinrich aufgrund seiner außenpolitischen Isolierung befürchten musste, Irland könnte im Kriegsfall zu einem Stützpunkt seiner ausländischen, katholischen Gegner werden, suchte er seinen Einfluss auf die Insel auszudehnen und durch die Verleihung englischer Adelstitel nunmehr auch alle irischen Herrscher in das englische Rechtssystem einzugliedern. Nach Heinrichs Tod 1547 wurde dieses System der «Unterwerfung und Belehnung» *(surrender and regrant)* jedoch wieder aufgegeben, und seit der zweiten Hälfte des 16. Jahrhunderts verfolgte die englische Krone in zunehmendem Maße eine Politik der Kolonisierung, in deren Gefolge aufständische Iren und Anglo-Iren systematisch gegen loyale englische Siedler ausgetauscht wurden. Welche negativen Folgen diese Zwangsansiedlungen *(plantations)* in Verbindung mit den Auswirkungen der Reformation zeitigten, sollte sich in vollem Umfang jedoch erst im 17. und 18. Jahrhundert herausstellen.

Angleichung an Rom: Die irische Kirche und die Normannen

Sucht man zum besseren Verständnis der Geschichte Irlands in der Neuzeit die Auswirkungen der englischen Reformation auf die Nachbarinsel nachzuvollziehen, so ist zunächst die Geschichte der irischen Kirche seit dem Ende der Wikingerzeit ins Auge zu fassen. Schon in der zweiten Hälfte des 11. Jahrhunderts sind in Irland parallel zur gregorianischen Kirchenreform auf dem Kontinent Ansätze zu einer grundlegenden Erneuerung der irischen Kirche zu erkennen, wobei die Anstöße dazu sowohl von Rom selbst als auch vom Erzbistum Canterbury ausgingen. Dass die irischen Klöster zu dieser Zeit immer noch einen guten Ruf als Ausbildungsstätten genossen, zeigt das Beispiel des walisischen Adligen Sulien, der seine Ausbildung im Kloster Glendalough erhielt und später zweimal das Amt des Bischofs von St. David's bekleidete. Zu den wichtigsten Veränderungen, die man bald nach seiner Zeit in Angriff nahm, zählt die Einrichtung territorial abgegrenzter Bistümer, wie sie in Irland zwar seit den Tagen des heiligen Patrick bekannt, aufgrund der monastisch geprägten Ordnung der Kirche jedoch seit dem 6. Jahrhundert von untergeordneter Bedeutung gewesen waren. Nachdem eine erste Reformsynode bereits 1101 auf die Initiative des Königs von Munster hin in Cashel zusammengetreten war, beschloss zehn Jahre später eine zweite Reformsynode in Ráith Bresail die Einteilung der gesamten Insel in zwei Kirchenprovinzen mit je zwölf Diözesen und Erzbistümern in Cashel und Armagh, wobei allerdings mehrere Bistümer, darunter Dublin, zunächst außer Betracht blieben. Ihren Abschluss fand die territoriale Neuordnung 1152 auf einer Synode, die unter dem Vorsitz eines aus Rom entsandten päpstlichen Legaten zunächst in Kells und dann in Mellifont zusammentrat und die gesamte irische Kirche unter dem Primat von Armagh den vier Erzbistümern Armagh, Tuam, Dublin und Cashel zuordnete. Im Zusammenhang damit ging man nun auch verstärkt dazu über, nach kontinentalem Vorbild steinerne Bischofskirchen zu errichten.

Ein Teilnehmer der Reformsynode von Ráith Bresail war Cellach aus der Familie der Uí Sinaich, der seit 1106 als erster Geistlicher seit 200 Jahren das Amt des Abtes und des Bischofs von Armagh in seiner Person vereinigte. Zu den bedeutendsten Reformern der ersten Hälfte des 12. Jahrhunderts zählt sein Nachfolger Malachias, auf dessen Einfluss die ersten Gründungen der Augustiner und Zisterzienser in Irland zurückzuführen sind. Auf einer Reise nach Rom lernte er in Clairvaux den heiligen Bernhard kennen, der ihm in enger Freundschaft verbunden blieb und nach Malachias' Tod im Jahr 1148 dessen Lebensbeschreibung verfasste. In dieser *Vita Malachiae* entwarf Bernhard ein düsteres Bild von dem Zustand der irischen Kirche und dem Fortbestehen heidnischer Bräuche, das auch auf die päpstliche Einschätzung der Lage nicht ohne Folgen bleiben sollte: Bereits 1155 forderte Papst Hadrian IV., ein geborener Engländer, König Heinrich II. von England in der Bulle *Laudabiliter* zur Eroberung Irlands auf, um die Grenzen der Kirche zu erweitern und einem unzivilisierten und unwissenden Volk die Wahrheit des christlichen Glaubens zu bringen. Ein ähnlich negatives Irlandbild findet man bei Giraldus Cambrensis (Gerald de Barri), der 1146 als jüngster Sohn eines anglonormannischen Adligen und einer Mutter walisischer Abstammung in Südwestwales geboren wurde, nach theologischen Studien in Gloucester und Paris von 1184 bis 1194 als Kaplan am Hof Heinrichs II. weilte und neben zwei Büchern über seine Reisen in Wales (*Itinerarium Cambriae* und *Descriptio Cambriae*) eine Beschreibung Irlands *(Topographia Hiberniae)* sowie eine Darstellung der normannischen Eroberung Irlands *(Expugnatio Hiberniae)* verfaßte.[264] Mit der Ausdehnung des anglonormannischen Siedlungs- und Einflussgebiets und einer zunehmenden Feudalisierung der einheimischen irischen Herrscher schritt die Angleichung der irischen Kirche an Rom jedoch ungeachtet aller Rivalitäten zwischen einheimischen irischen und anglonormannischen Geistlichen weiter voran, wobei nach den Zisterziensern und Augustinern nun auch die Dominikaner (seit 1224) und Franziskaner (seit 1231) auf der Insel Fuß fassten.[265]

Ebenso wie die Politik der «Unterwerfung und Belehnung» Heinrichs VIII. in Irland auf breite Zustimmung stieß, fand auch seine Kirchenpolitik zunächst den Beifall der irischen und anglo-irischen Adligen, da die englische Krone nach Auflösung der Klöster vielen von ihnen beträchtliche Ländereien übereignete. Im Unterschied zu England, wo andere gesellschaftliche und wirtschaftliche Voraussetzungen bestanden, regte sich in Irland jedoch sehr bald Widerstand gegen die Änderungen in der Kirchenlehre, der Liturgie und Heiligenverehrung, die nach dem Tod Heinrichs VIII. von seinem Sohn und Nachfolger Eduard VI. ins Werk gesetzt wurden. Viele Iren begrüßten daher den kirchenpolitischen Richtungswechsel unter der Regierung Marias der Katholischen (1553–1558), während sie die erneute Hinwendung ihrer Nachfolgerin Elisabeth I. zum Protestantismus ablehnten. Vielerorts förderte der gemeinsame Widerstand gegen die Reformation und das Festhalten am Katholizismus die ethnische und kulturelle Verschmelzung der Iren und Anglo-Iren, wobei Letztere zur Abgrenzung von den neueingewanderten Kolonisten der Tudorzeit nunmehr als «Altengländer» *(Old English)* bezeichnet wurden. Der Umstand, dass die «Neuengländer» ausnahmslos Anhänger der Reformation waren, verlieh den Auseinandersetzungen zwischen ihnen und der Bevölkerungsmehrheit seit dem 17. Jahrhundert immer mehr den Charakter eines Religionskrieges, dessen Folgen die Geschichte Irlands bis in die Gegenwart prägen sollten.

Tradition und Innovation: Die irische Literatur des Spätmittelalters

Für die Geschichte der irischen Literatur waren die kirchlichen Reformen des 11. und 12. Jahrhunderts wie auch die Ankunft der Anglonormannen von großer Bedeutung. War die Literatur bis dahin vor allem in den großen Klöstern gepflegt worden, so lag diese Aufgabe seit dem 12./13. Jahrhundert immer mehr in den Händen bedeutender Gelehrtenfamilien, die sich unter dem Patronat des Adels auf bestimmte Bereiche der historischen und literarischen Überlieferung spezialisierten. Brachten einige Familien vor allem Historiker und Genealogen hervor, so zeichneten sich andere durch ihre Rechtsgelehrten aus oder erlangten aufgrund ihrer Dichter Berühmtheit.

Zu den beliebtesten einheimischen Stoffen der irischen Literatur des Spätmittelalters gehörten nach Ausweis der reichen handschriftlichen Überlieferung die bereits im vorigen Kapitel erwähnten Erzählungen um den Sagenhelden Finn mac Cumaill und sein Gefolge. Ausschlaggebend dafür war wohl in erster Linie ihr ausgeprägt märchenhafter Charakter, der einer weitverbreiteten literarischen Strömung der Zeit entgegenkam, während die in älterer Zeit populären Erzählungen des Ulster- und Königszyklus aufgrund der veränderten politischen und gesellschaftlichen Bedingungen ihre einstige Relevanz und Aktualität weitgehend eingebüßt hatten. Charakteristisch für die Finn-Sagen der anglonormannischen Zeit ist die wegen ihrer

Nähe zur Tristan-Sage berühmt gewordene Erzählung *Tóraigheacht Dhiarmada agus Ghráinne* (Die Verfolgung des Diarmaid und der Gráinne), die von der tragischen Liebe der mit dem alternden Finn verheirateten jungen Gráinne zu dem Krieger Diarmaid Ua Duibne erzählt. Sie war nach Ausweis der Anspielungen in anderen irischen Literaturwerken wohl schon im 9./10. Jahrhundert im Umlauf, ist uns jedoch erst in einer Fassung aus dem 15. Jahrhundert überliefert.[266] Weite Verbreitung gewannen nun auch Balladen um Finn und seine Fianna, von denen 69 aus dem Zeitraum vom 12. bis zum frühen 17. Jahrhundert in einer Handschrift aus der Zeit um 1627, dem «Liederbuch Finns» *(Duanaire Finn)*, erhalten geblieben sind.[267]

Bereits lange vor dem Eintreffen der Anglonormannen hatte man in Irland ausländische literarische Stoffe aufgegriffen und übersetzt oder bearbeitet. So etwa entstand bereits im 10. Jahrhundert auf der Grundlage der *Historiae adversus paganos* des spätantiken Historikers Orosius eine Geschichte Alexanders des Großen *(Scéla Alaxandair)*. «Die Irrfahrten des Aeneas» *(Imtheachta Aeniasa)* ist der Titel einer Version der *Aeneis* Vergils, während der unter dem Namen des Dares von Phrygien überlieferte lateinische Troia-Roman wohl um dieselbe Zeit in einer freien irischen Bearbeitung unter dem Titel *Togail Troí* (Die Zerstörung von Troia) populär wurde.[268] Die Beliebtheit dieser auswärtigen Stoffe wuchs mit der Zunahme des anglonormannischen Einflusses in Irland, wobei man neben antiken Werken wie Lukans *Bellum Civile* (irisch *In Cath Catharda*) nun auch Sagen um Karl den Großen und Erzählungen um König Artus und den Gral ins Irische übersetzte.[269]

Mit der Übernahme der irischen Sprache und Kultur durch die Anglo-Iren und der Feudalisierung des alteingesessenen irischen Adels fand seit dem 14. Jahrhundert auch das Ideal der höfischen Liebe *(amour courtois)* Eingang in die irische Literatur.[270] Ein frühes Beispiel für die davon inspirierten Liebesgedichte *(dánta grádha)* verdanken wir dem Grafen Gerald Fitzgerald (Gearóid Iarla, 1338–1398), dem ersten namentlich bekannten irischen Dichter anglonormannischer Herkunft. Eine weitaus größere Rolle als solche Dichter aus Neigung und Gelegenheit spielten indessen die professionellen Bardischen Dichter, die nach mehrjähriger Ausbildung in einer Bardenschule unter dem Patronat des Adels zu offiziellen Anlässen Gedichte verfassten und vortrugen.[271] Wie die ungefähr 2000 erhaltenen Gedichte dieser Art zeigen, verfassten die professionellen Dichter ihre

Werke nach genau festgelegten metrischen Regeln in einer formelhaften und ausgeprägt konservativen Literatursprache, doch haben einige von ihnen neben offiziellen Gedichten etwa zum Herrschaftsantritt oder zur Heirat des jeweiligen adligen Gönners auch weniger formelle persönliche Verse hinterlassen. So etwa kennen wir von dem Dichter Muireadhach Albanach Ó Dálaigh aus der ersten Hälfte des 13. Jahrhunderts nicht nur Preisgedichte auf irische und anglonormannische Adlige, sondern auch religiöse Verse, in denen er die Jungfrau Maria anruft, und eine Klage um den Tod seiner Frau, die ihm in zwanzig Ehejahren elf Kinder schenkte. Seinen Beinamen Albanach («der Schotte») erhielt Muireadhach Ó Dálaigh, weil er sich längere Zeit in Schottland aufhielt, wo er später als Ahnherr der Dichterfamilie MacMhuirich galt. In seiner persönlichen Biographie spiegeln sich damit die engen politischen, gesellschaftlichen und literarischen Beziehungen, welche die keltischsprachigen Regionen Irlands und Schottlands gerade im späten Mittelalter und der frühen Neuzeit miteinander verbanden. Die Entstehung und Geschichte dieser Beziehungen, die sich in verwandtschaftlichen Bindungen des Adels, Gemeinsamkeiten in der Organisation der Kirche und nicht zuletzt der Existenz einer einheitlichen Literatursprache äußerten, sollen den Gegenstand des folgenden Kapitels bilden.

13.
SCHOTTLAND VON DER ANKUNFT IRISCHER SIEDLER BIS ZUR REFORMATION

Skoten und Pikten: Aspekte der politischen Geschichte

Wohl schon im 3. Jahrhundert hatten irische Siedler aus der Region der späteren Grafschaft Antrim den Nord-Kanal überquert und sich im Westen Schottlands niedergelassen. Sie bezeichneten sich selbst mit einem Wort ihrer eigenen Sprache als Gälen und gaben diesen Namen auch ihrer neuen Heimat, der «Gälenküste» (schottisch-gälisch *Earraghaidheal*, englisch *Argyll*). Lateinische Quellen indessen bezeichnen die Neuankömmlinge als Skoten (*Scoti* oder *Scotti*), weshalb der nördliche Teil der Britischen Hauptinsel jenseits der Cheviot Hills und des Tweed in späterer Zeit den Namen Schottland erhielt.[272] Einen Wendepunkt in der Geschichte dieser irischen Kolonisten markierte späterer Überlieferung zufolge um das Jahr 500 die Übersiedlung ihres Herrschers Fergus Mór mac Eirc aus dem Königshaus der Dál Riata nach Schottland. Einen ersten Höhepunkt erreichte die Macht des neuen Königreichs unter Fergus' Enkel Aedán mac Gabráin, der 574 im Kloster Iona von dessen Abt Columba (Colum Cille) zum König gesalbt wurde. Mit diplomatischer Unterstützung Columbas festigte er durch ein Bündnis mit dem König der nördlichen Uí Néill seine Stellung und errang militärische Erfolge von der Insel Man im Süden bis zu den Orkney-Inseln im Norden. Einen empfindlichen Rückschlag erlitt das Königreich der Dál Riata jedoch unter Aedáns Enkel Domnall Brecc, der 629 den Thron bestieg. Er verlor 637 gegen die zuvor mit den Dál Riata verbündeten nördlichen Uí Néill die Schlacht von Mag Rath und fiel um 642 in der Schlacht von Strathcarron gegen britannische Kelten aus der Region Strathclyde.

Im Norden und Osten des Königreichs Dál Riata lag das Reich der Pikten.[273] Sie treten in der zweiten Hälfte des 6. Jahrhunderts ins Licht der Geschichte, als Columba ihrem Herrscher seine Aufwartung

Schottland im Mittelalter

machte und damit ihre Christianisierung einleitete. Die Beziehungen der piktischen Herrscher zu den Königen der Dál Riata gestalteten sich wechselvoll. Die innere Stabilität des Reichs der Pikten setzte dem Expansionsdrang der irischen Kolonisten enge Grenzen, und so lassen die Quellen nicht nur auf kriegerische Auseinandersetzungen, sondern auch auf Bündnisse zur Sicherung des Friedens und zur Abwehr gemeinsamer äußerer Feinde schließen. In der zweiten Hälfte des 7. Jahrhunderts gerieten die Pikten ebenso wie die Iren von Dál Riata und die britannischen Kelten der Region Strathclyde unter die Oberhoheit der Angeln Nordhumbriens. 685 jedoch bereitete der piktische Herrscher Brudei mac Bili König Egfrith von Nordhumbrien in der Schlacht von Nechtanesmere bei Forfar eine vernichtende Niederlage und konnte so das Reich der Pikten konsolidieren. Nach drei Jahrhunderten kulturellen Austauschs und wechselseitiger politischer Einflussnahmen gelang es 843 Kenneth mac Alpin, dem König von Dál Riata, die beiden Reiche miteinander zu vereinen. Mit der Einrichtung neuer Zentren weltlicher und geistlicher Macht in Scone und Dunkeld verlagerte er den Schwerpunkt seines Reichs deutlich nach Osten. Er starb 858 als König eines geeinten Schottland, das sich im Süden bis zur Linie zwischen dem Firth of Forth und dem Firth of Clyde erstreckte.

Ein Faktor, der seit dem Ende des 8. Jahrhunderts die politischen, kulturellen und sprachlichen Verhältnisse in Schottland maßgeblich beeinflusste, waren die Raubzüge norwegischer Wikinger. Nach der Plünderung des Klosters Lindisfarne vor der Küste Nordhumbriens 793 überfielen sie 795 erstmals das Kloster Iona und weiter südlich die Küste von Wales, 797 die Halbinsel Kintyre und die Insel Man. Im Unterschied zu Irland, wo die Wikinger Städte gründeten und Handel trieben, nahmen sie in Schottland und auf der Insel Man weite Landstriche in Besitz und kolonisierten sie.[274] Dies gilt insbesondere für die Orkney- und Shetland-Inseln, die Region Caithness an der Nordspitze Schottlands und die Hebriden, die infolge des Zustroms norwegischer Siedler von da an den schottisch-gälischen Namen *Innse Gall* «die Inseln der Fremden» tragen sollten, obschon sich in späterer Zeit dort wieder die gälische Sprache durchsetzte.[275]

Englischsprachige Bevölkerungsteile hatten sich in der Region südlich des Firth of Forth und Firth of Clyde bereits im 7. und 8. Jahrhundert angesiedelt. Erst 1018 besiegte der schottische König Malcolm II. in der Schlacht von Carham ein nordhumbrisches Heer und sicherte damit die südöstliche Grenze Schottlands entlang des Tweed. 1040 wurde Malcolms Nachfolger Duncan I. von seinem Rivalen Macbeth ermordet, doch gelangte nach seinem Tod 1057 Duncans Sohn, Malcolm III., auf den schottischen Thron. (Eine eher sagenhafte als historisch verbürgte Version der Ereignisse während der Herrschaft Macbeths gestaltete Shakespeare in seiner gleichnamigen Tragödie, die vermutlich im Sommer 1606 am Hof des englischen Königs Jakob I. uraufgeführt wurde.) Während der Regierungszeit Malcolms III. nahm der Einfluss der englischen Sprache und Kultur weiter zu und dehnte sich nach der Heirat des Herrschers mit der englischen Königstochter Margarete, der Anerkennung der Lehnsoberhoheit Wilhelms des Eroberers und dem Zuzug englischsprachiger Händler und anglonormannischer Adliger vor allem im Tiefland, aber auch entlang der gesamten Ostküste immer weiter aus. Nach dem Erlöschen des schottischen Königshauses 1286 bestimmte der englische König Eduard I. 1292 John Balliol zum König und nahm dessen Lehnshuldigung für ganz Schottland entgegen. Anführer des Widerstands gegen den englischen König wurde der in späterer Zeit als Freiheitsheld verherrlichte William Wallace, der indessen nach einer militärischen Niederlage bei Falkirk 1298 im August 1305 hingerichtet wurde. Erst 1314 stellte der anglonormannische Adlige Robert Bruce durch seinen Sieg bei Bannockburn die schottische Unabhängigkeit wieder her.[276]

1371 gelangte das Haus Stuart auf den schottischen Thron, während dessen Herrschaft sich der Gegensatz zwischen dem wirtschaftlich aufstrebenden, stark anglisierten Tiefland und dem in traditionellen Strukturen verharrenden, gälischsprachigen Hochland weiter verschärfte. Ein früher Zeuge dieses Konflikts ist der Chronist John von Fordun, der um 1380 die englischsprachige Bevölkerung des Tieflands und der Küste als kultiviert, zuverlässig, friedliebend und fromm, die gälischsprachigen Bewohner des Hochlands und der Inseln jedoch als wild, räuberisch, arbeitsscheu und brutal bezeichnete.[277]

Im Spannungsfeld zwischen den Königreichen Schottland, Norwegen und England lagen die Hebriden, wo sich nach der Verschiebung des politischen Mittelpunkts Schottlands nach Osten im 9. Jahrhundert eine Dynastie skandinavischer Seekönige etablierte.[278] Um 1156 machte sich Somerled, der seine Abkunft auf einen Gefolgsmann des Königs Kenneth mac Alpin zurückführte, von seiner Machtbasis in Argyll aus zum Herrn über die südlichen Hebriden. Die nördlichen Inseln wurden dagegen weiterhin von skandinavischen Herrschern regiert, bis Norwegen 1266 im Vertrag von Perth die Hebriden an Schottland abtrat und deren Herrscher somit zumindest formal der schottischen Krone unterstanden. In der Schlacht von Bannockburn unterstützte Somerleds Nachfahre Angus Óg MacDonald von Islay zu seinem Vorteil den schottischen König Robert Bruce, und sein Sohn John konnte durch geschicktes Taktieren zwischen England und Schottland seine Vormachtstellung auf den Hebriden weiter ausbauen. Seit 1354 führte er den lateinischen Titel *Dominus Insularum* (schottisch-gälisch *Rí Innse Gall*, englisch *Lord of the Isles*) und machte die Hebriden zu einem Mittelpunkt der gälischen Kultur mit engen Beziehungen zu Irland. Seine Nachfolger gerieten indessen zunehmend in Konflikt mit der schottischen Krone, und als John MacDonald 1462 durch einen Pakt mit König Eduard IV. von England mehr Unabhängigkeit zu erlangen suchte, wurde die Inselherrrschaft 1493 von Jakob IV. aufgehoben. In der Folgezeit verstärkte die Krone ihre Bemühungen, sich auf den Hebriden und im westlichen Hochland Geltung zu verschaffen, bis schließlich 1609 einige der bedeutendsten Adligen jener Region dazu gezwungen wurden, in den Statuten von Iona ihre Treue zu Krone und Kirche förmlich zu beschwören und auf verschiedene der Zentralgewalt abträgliche Privilegien zu verzichten. Versuche, die Macht und den Titel des Herrn der Inseln wiederzubeleben, wurden noch in der ersten Hälfte des 17. Jahrhunderts unternommen, von der Zentralregierung jedoch stets erfolgreich unterdrückt.

Während seiner 25jährigen Herrschaft (1488–1513) verschaffte Jakob IV. nicht nur der Krone erneut Autorität gegenüber Adel und Parlament, sondern sicherte darüber hinaus durch die Heirat mit Margarete Tudor, einer Tochter Heinrichs VII., seinen Nachkommen den Anspruch auf die Nachfolge in England. Unter seinem Sohn Jakob V. (1513–1542) flammte indessen der Konflikt mit dem Adel wieder auf, der sich der in England bereits siegreichen Reformation anschloss. 1560 gründete der Adel unter der Führung von John Knox, einem Schüler des Genfer Reformators Calvin, die schottische Nationalkirche, die nach der erzwungenen Abdankung Maria Stuarts 1567 von Jakob VI. (dem späteren Jakob I. von England) zur Staatskirche erhoben wurde. Noch im selben Jahr erschien als erstes gedrucktes Buch in schottisch-gälischer Sprache John Carswells *Foirm na n-Urrnuidheadh*, eine Übersetzung des *Book of Common Order* mit einer erweiterten Übersetzung des kleinen Katechismus Calvins.[279] Für die Kirchengeschichte Schottlands bezeichnet die Einführung der Reformation eine so folgenreiche Wende, dass an dieser Stelle ein Blick zurück auf die Anfänge des Christentums in Schottland angebracht erscheint.

Herrscher und Heilige: Das frühe Christentum in Schottland

Der entscheidende Impuls zur Christianisierung Schottlands ging von der monastisch orientierten irischen Kirche aus, insbesondere von dem Klostergründer Columba (irisch Colum Cille). Um 520 als Ur-Urenkel des Gründers der Dynastie der Uí Néill im Norden Irlands geboren, gründete Columba 546 das Kloster Derry und in späteren Jahren die Klöster Durrow und Kells.[280] Um 565 begab er sich mit einigen Begleitern ins Reich der Pikten und gründete auf der Hebrideninsel Iona ein Kloster, in dem er nach seinem Tod 597 bestattet wurde. Ein weiterer Missionar der Pikten war späterer Überlieferung zufolge der heilige Bláán oder Blane, der in einem nach ihm benannten Kloster bei Kingarth auf der Insel Bute bestattet sein soll (Abb. 13).

In besonderer Weise mit Iona verbunden war König Oswald von Nordhumbrien, der nach dem Tod seines Vaters dort Zuflucht gefunden und sich hatte taufen lassen. Nachdem es ihm 634 gelungen war, sein Reich zurückzuerobern, ersuchte er Iona um Unterstützung bei der Christianisierung Nordhumbriens, worauf dessen Abt Aedán 635 auf einer kleinen Insel vor der Küste das Kloster Lindisfarne gründete.[281] Ein frühes Zeugnis klösterlicher Gelehrsamkeit sind die Werke Adamnáns, der um 624 geboren wurde und von 679 bis zu seinem Tod 704 als neunter Abt das Kloster von Iona leitete. Aus seiner Feder stammen ein Buch über die Stätten des Heiligen Landes und eine historisch wertvolle Biographie des Klostergründers Columba.[282]

Ebenfalls ins 7. Jahrhundert fällt der Streit um die richtige Berechnung des Ostertermins, in der sich die keltischen Kirchen von Irland, Schottland und Wales deutlich von der ansonsten im lateinischen Westen üblichen Praxis unterschieden. Auf der im Jahre 664 von König Oswiu von Nordhumbrien einberufenen Synode von Whitby setzten sich die Anhänger der römischen Berechnungsweise durch, doch wurde die dort vereinbarte Neuerung nicht sogleich überall durchgeführt: Während die irischen Kirchen sich allmählich im Laufe des 7. Jahrhunderts anpassten, führten die Kirchen im Gebiet der Pikten

13. St. Blane's Church auf der Insel Bute (12. Jh.)

ebenso wie Iona die römische Art der Osterberechnung erst um 716 ein, während Wales sogar bis 768 am alten System festhielt.

Zeitgleich mit den Überfällen der Wikinger gewann seit dem Ende des 8. Jahrhunderts in Schottland ebenso wie in Irland die mönchische Reformbewegung der «Vasallen Gottes» (irisch *Céli Dé*, anglisiert *Culdees*) mit ihrem Streben nach strengerer Disziplin und einer Erneuerung des asketischen Ideals an Boden. Eines ihrer Zentren war Iona, doch prägte der Einfluss der *Céli Dé* auch St. Andrews, Abernethy, Brechin und weitere weniger bedeutende Kirchen.[283] Eine grundlegende Neuerung bedeutete die Einführung kontinentaler Mönchsorden, darunter Benediktiner, Augustiner, Zisterzienser und Prämonstratenser, die seit dem Ende des 11. Jahrhunderts vor allem im englischsprachigen Südosten Schottlands Fuß fassten und bis zum Ausgang des Mittelalters das Erscheinungsbild der Kirche bestimmten.

Entscheidende Impulse vermittelte das Christentum dem Kunsthandwerk, von dem uns vor allem Metallarbeiten, monumentale Steinskulpturen und illuminierte Handschriften erhalten geblieben sind. Frühe Zeugnisse des Metallhandwerks sind mehrere aus Bronze

14. *Adler als Evangeliensymbol aus dem Evangeliar von Durrow*

und Silber gefertigte Reliquienschreine sowie eine Sammlung reich verzierter silberner Schalen, Spangen und anderer Objekte, die wohl um 800 zur Zeit der Wikingerüberfälle unter dem Fußboden einer Kirche auf der kleinen Sankt-Ninians-Insel, einer der Shetland-Inseln, versteckt wurden. Sehr viel zahlreicher sind indessen die Zeugnisse der Bildhauerkunst, wie sie vor allem aus dem Einflussbereich der Inselherrschaft erhalten geblieben sind. Besondere Beachtung verdienen dabei die mit Figuren und Ornamenten verzierten monumentalen Hochkreuze, in deren Dekor sich ähnlich wie in Irland die Tradition der christlichen Kunst des Orients mit germanischen und keltischen Elementen verbindet. Das Kreuz von Ruthwell in Dumfriesshire aus dem späten 7. oder 8. Jahrhundert mit einer Runeninschrift im nordhumbrischen Dialekt des Altenglischen gehört zu den frühesten und schönsten Zeugen dieser Tradition, an die man nach Ausweis der lateinischen Inschriften im westlichen Hochland und auf den Hebriden vor allem vom späten 13. Jahrhundert bis in die erste Hälfte des 16. Jahrhunderts anknüpfte.[284] Die Bildhauer der Pikten dagegen schufen im Unterschied zu denen Irlands und Nordenglands keine freistehenden Kreuze, sondern meißelten ornamental verzierte Kreuze in große Steinplatten, die sie darüber hinaus mit geometrischen Symbolen und bildlichen Darstellungen von Menschen und Tieren schmückten.[285]

Eine Verschmelzung frühchristlich-orientalischer, germanischer und keltischer Elemente findet man auch in den frühmittelalterlichen illuminierten Handschriften, deren Ornamentik stark vom Metallhandwerk beeinflusst ist und ebenso wie die Steinskulpturen die engen Kulturbeziehungen zwischen Irland, Schottland und dem christlichen Nordhumbrien bezeugt.[286] Auf Iona oder in Nordhumbrien entstand in der zweiten Hälfte des 7. Jahrhunderts das nach seinem späteren Aufbewahrungsort benannte Evangeliar von Durrow, das heute in der Bibliothek des Trinity College in Dublin aufbewahrt wird (Abb. 14). Als kostbarster Besitz der Bibliothek befindet sich dort auch seit 1661 das Evangeliar von Kells aus der zweiten Hälfte des 8. Jahrhunderts, für das ebenfalls ein schottischer Ursprung möglich erscheint.[287] Ein Evangeliar des 10. Jahrhunderts ist das Buch von Deer, das lange Zeit im Kloster Deer in Nordostschottland aufbewahrt wurde, bis es 1715 in die Universitätsbibliothek von Cambridge gelangte. Seine besondere Bedeutung beruht auf einigen im 12. Jahrhundert hinzugefügten urkundlichen Notizen in gälischer Sprache, die hier erstmals auf schottischem Boden durch fortlaufende Texte bezeugt ist.[288]

Mit dem Christentum und der antiken Kultur gelangte auch die Steinbauweise nach Schottland. Zwar war das erste Kloster auf Iona noch aus Holz gebaut, doch führten Handwerker aus Nordhumbrien die neue Technik schon im frühen 8. Jahrhundert im Nordosten Schottlands ein. Zu den schönsten heute noch erhaltenen Denkmälern jener Zeit gehört der 26 Meter hohe, um 1000 nach irischem Vorbild erbaute Rundturm des Klosters Brechin in der Nähe von Forfar. Frühe Zeugnisse romanischer Architektur findet man in den Kirchen, die seit dem Ende des 11. Jahrhunderts mit der Einführung kontinentaler Mönchsorden im Land gebaut wurden.[289]

Sieben Zungen, sechs Nationen: Die Sprachen Schottlands im Mittelalter

In der Beschreibung Britanniens, mit der er seine 731 vollendete Englische Kirchengeschichte beginnt, schreibt der Benediktinermönch Beda Venerabilis der Insel fünf Sprachen und vier Nationen zu. Während nämlich die Angelsachsen, Britannier, irischstämmige Schotten und Pikten jeweils ihre eigene Sprache hätten, seien alle diese Völker geeint durch den Gebrauch des Latein als Mittel zum Studium der Heiligen Schrift. Fasst man im Unterschied zu Beda das gesamte Mittelalter ins Auge, so erhöht sich für Schottland die Anzahl der Völker mit eigener Sprache sogar noch um das von den norwegischen Wikingern ins Land gebrachte Altnordische und um das von den Normannen bei Hofe eingeführte Anglofranzösische.

Am wenigsten wissen wir über das Piktische, wie es uns in den ältesten Inschriften aus dem 7.–9. Jahrhundert überliefert ist. Früher vermutete man, es handle sich dabei wie beim Baskischen in Spanien und Frankreich um eine vorindogermanische Sprache, die in historischer Zeit vielleicht nur noch für bestimmte Zwecke in Gebrauch war und bald nach Aufzeichnung der letzten Inschriften ausstarb. Mehrheitlicher heutiger Forschungsmeinung zufolge war das Piktische tatsächlich jedoch der nördlichste Ausläufer einer britannischen Sprache, die eng mit dem Kumbrischen in Südschottland und Nordengland und dem Kymrischen in Wales verwandt war.[290] Während die keltische Sprache des Piktenlandes vermutlich bereits im 9. Jahrhundert ausstarb, hielt sich das Kumbrische noch bis in die Zeit um 1100. Im Unterschied zum Kymrischen, Kornischen und Bretonischen kennt man von diesen beiden Tochtersprachen des alten Britannischen allerdings nur einzelne Wörter, vor allem Orts- und Personennamen.[291]

Die wichtigste Verkehrssprache im Gebiet nördlich des Firth of Forth und Firth of Clyde war indessen vom 9. Jahrhundert an das Schottisch-Gälische, das die irischen Siedler in Schottland eingeführt hatten.[292] Da die ältesten fortlaufenden Texte jedoch erst aus dem 12. Jahrhundert stammen, kann man die frühe Geschichte der Sprache nur in den Grundzügen anhand von Ortsnamen und Hinweisen auf ihren Gebrauch in lateinischen Quellen rekonstruieren. Bis zum 12. Jahrhundert dürfte sich das Schottisch-Gälische nur wenig vom Irischen unterschieden haben, doch zeigen neuzeitliche Texte charakteristische Abweichungen, die möglicherweise mit dem Einfluss des britannischen Keltischen auf das Gälische zu erklären sind. So hat sich im Schottisch-Gälischen ebenso wie im Kymrischen ein umschreibendes Präsens entwickelt (vgl. schottisch-gälisch *Tha mi a' dol* mit walisisch *Rydw i'n mynd*, englisch *I'm going*), während das alte Präsens nunmehr in beiden Sprachen futurische Bedeutung annahm.

Stark beeinflusst wurde das Schottisch-Gälische auch vom Altnordischen, das seit dem Ende des 8. Jahrhunderts mit den Wikingern ins Land gekommen war. Dies zeigen etliche Lehnwörter aus dem Bereich der Schifffahrt und der Fischerei, darunter *acair* «Anker» (altnordisch *akkeri*), *stiùir* «Ruder» (altnordisch *stýri*) und *trosg* «Dorsch» (altnordisch *þorsk*), vor allem aber charakteristische Eigenheiten der Aussprache und Satzmelodie einiger schottisch-gälischer Dialekte.[293] Die einstige weite Verbreitung des Altnordischen bezeugen noch heute die besonders auf den Hebriden zahlreichen Ortsnamen skandinavischer Herkunft.

Die bedeutende Rolle der lateinischen Sprache als Medium der antiken Kultur und des christlichen Glaubens geht aus zahlreichen lateinischen Lehnwörtern hervor, die (zum Teil über das Britannische) schon früh ins Irische gelangten und noch heute im Schottisch-Gälischen lebendig sind. Dazu gehören insbesondere spezifisch christliche Begriffe wie *aingeal* «Engel» (lateinisch *angelus*), *aoine* «Fasten» (lateinisch *ieiunium*), *beannachd* «Segen» (lateinisch *benedictio*) und *diabhal* «Teufel» (lateinisch *diabolus*) sowie Begriffe der Schriftkultur wie *leabhar* «Buch» (lateinisch *liber*), *litir* «Buchstabe» (lateinisch *littera*) und *sgoil* «Schule» (lateinisch *schola*).

War der Gebrauch des Anglofranzösischen in Schottland stets auf einen vergleichsweise kleinen Kreis von Adligen beschränkt, so gewann die schottische Variante des Englischen als Sprache des Hofes und der aufblühenden Handelsstädte seit dem späten Mittelalter zunehmend an Bedeutung. Entsprechend zahlreich sind die englischen Lehnwörter im Schottisch-Gälischen, doch kann man gerade in der älteren Zeit wegen des hohen Anteils französischer und lateinischer Wörter im Englischen die ursprüngliche Herkunft eines Lehnworts oft nicht mehr feststellen. Die ältesten schottisch-gälischen Lehnwörter im Englischen stehen vermutlich im Zusammenhang mit der Mission der Kirche von Iona in Nordhumbrien. Aus dieser Zeit stammen *clugge* «Glocke», *dry* «Zauberer» (Druide) und vielleicht auch *stær* «Geschichte» (aus lateinisch *historia*). Spätere Entlehnungen findet man in Urkunden und Dokumenten, die sich auf die Gesellschaftsordnung, das Recht und die Topographie des gälischsprachigen Hochlands beziehen, darunter die noch heute geläufigen Bezeichnungen *loch* «See» (erstmals 1375), *glen* «Schlucht» (erstmals 1489), *bog* «Sumpf» (erstmals 1505), *cairn* «Steinhaufen» (erstmals 1535) und *strath* «Tal» (erstmals 1540). Die Bezeichnung *Gaelic* begegnet erstmals 1596, doch nannte man die keltische Sprache des Hochlands und der Hebriden im Englischen zumeist *Irish* und in der schottischen Variante des Englischen *Erse*.

Ein Schmelztiegel verschiedener keltischer Idiome war die Insel Man, wo Ortsnamen sowie Inschriften und literarische Zeugnisse des frühen und hohen Mittelalters auf den Gebrauch der goidelischen wie auch der britannischen Variante des Inselkeltischen schließen lassen. Eine wichtige Rolle spielte darüber hinaus das Altnordische, das im Gefolge der Wikingerzüge des 9. Jahrhunderts auf der Insel eingeführt wurde, sowie das Anglofranzösische, dessen Einfluss auf die Sprachentwicklung im Zusammenhang mit den Eroberungen der Normannen in Irland steht. Wie eine kurze zweisprachige Inschrift aus der Zeit um 500 zeigt, hatte das Lateinische als Sprache des Christentums bereits Jahrhunderte zuvor auf der Insel Fuß gefasst. Spätestens in der zweiten Hälfte des 14. Jahrhunderts setzte sich eine lokale Variante des Irischen als Umgangssprache durch und erlangte im Gefolge der Reformation den Rang einer Schriftsprache. Neben Übersetzungen der Bibel sowie liturgischer und katechetischer Werke wurden seit dem 18. Jahrhundert auch Balladen aufgezeichnet. Im Laufe des 19. Jahrhunderts jedoch gewann das Englische als Sprache des wirtschaftlichen Fortschritts namentlich in den Städten immer mehr die Oberhand, und der letzte Sprecher des Manx, Ned Maddrell, starb im Alter von 97 Jahren am 27. Dezember 1974.[294]

14.
WALES VOM ABZUG DER RÖMER BIS ZUR ANKUNFT DER NORMANNEN

Kelten und Angelsachsen: Die Geschichte Britanniens im Frühmittelalter

Verdankt das keltische Schottland sein unverwechselbares kulturelles Gepräge also nicht allein dem Zustrom irischsprachiger Kolonisten, sondern auch dem Beitrag der Pikten und der alteingesessenen britannischen Kelten, so gilt dies umso mehr für das keltische Wales, dessen Bewohner nach ihrer Isolierung von den übrigen Kelten Britanniens im Gefolge der angelsächsischen Eroberungen in den Gebirgsregionen im Westen der Insel an ihrer alten Sprache und Kultur festhielten.[295]

Vor allem seit dem 5. Jahrhundert hatten sich germanische Stämme in größerer Zahl auf Dauer in Britannien niedergelassen. Dabei siedelten die Jüten im Südosten der Insel, das heißt im Gebiet des heutigen Kent sowie auf der Insel Wight und dem gegenüberliegenden Küstenstreifen. Die Sachsen besetzten den übrigen Süden bis zur Themse, während die Angeln das Land nördlich der Themse über die heutige englisch-schottische Grenze hinaus bis zum Firth of Forth in Besitz nahmen. Über die territorialen Grenzen und innere Organisation der keltischen Königreiche, die zur gleichen Zeit vor allem im Norden und Westen Britanniens entstanden, sind wir mangels zeitgenössischer Schriftquellen nur unzureichend unterrichtet. Ganz im Südwesten, im Gebiet des heutigen Cornwall und Devon, lag das Königreich Dumnonia, von dem aus keltische Siedler die gegenüberliegende Bretagne besiedelten. Nördlich des Bristol-Kanals und der Mündung des Flusses Severn, das heißt im Süden des späteren Wales, erstreckten sich im Westen das Königreich Dyfed und im Osten das Königreich Brycheiniog, deren Herrscher sich als Nachfahren irischer Einwanderer betrachteten. Den Nordwesten von Wales mit der Insel Anglesey und der Region Snowdonia beherrschte das Königreich Gwynedd, während im Nordosten und in der Mitte des späteren Wales das Königreich Powys entstand. Nördlich von Wales erstreckte sich von Lancashire und dem Lake District über die spätere schottisch-englische Grenze

Wales im Mittelalter

hinaus bis nach Galloway und Dumfries das Königreich Rheged. Es grenzte im Norden an das Königreich von Strathclyde mit seiner wichtigsten Festung Dumbarton Rock am Nordufer des Clyde bei Glasgow und im Osten an das Territorium der Gododdin mit seinem Hauptort Din Eidyn, dem späteren Edinburgh.

Bereits 577 wurde nach der Schlacht von Deorham bei Bath das Tal der Severn mit den Städten Gloucester, Cirencester und Bath von den westwärts vordringenden Sachsen erobert, wodurch die Landverbindung zwischen den keltischen Stämmen in Wales und ihren südlichen Nachbarn in Devon und Cornwall auf Dauer unterbrochen wurde. 615 unterlag der König von Powys in der Schlacht von Chester den nordhumbrischen Angeln, so dass die walisischen Kelten nunmehr auch von ihren nördlichen Landsleuten getrennt wurden. Endgültig besiegelt wurde ihre territoriale Isolierung 654 durch den Sieg des Königs von Bernicia über die vereinigten Truppen des Königs von Mercia und mehrerer keltischer Fürsten in der Schlacht von Winwaed Field bei Leeds. Schon 638 war das Königreich der Gododdin nach der Eroberung seiner wichtigsten Festung Din Eidyn den Angriffen der Angeln erlegen, während gleichzeitig das Königreich Rheged durch eine dynastische Heirat unter die Oberhoheit Nordhumbriens geraten war. Von den britannischen Königreichen außerhalb von Wales bewahrte lediglich das Reich von Strathclyde seine Unabhängigkeit bis ins 11. Jahrhundert, während alle anderen bis dahin unter dem Ansturm der Angelsachsen ihr Ende gefunden hatten und nur in der Erinnerung weiterlebten.

Ähnlich wie Irland setzte sich auch das frühmittelalterliche Wales aus einer Vielzahl rivalisierender Königreiche zusammen, was eine gemeinsame Verteidigung gegen das Vordringen der Angelsachsen nachhaltig erschwerte. Schon um die Mitte des 7. Jahrhunderts fiel der Osten des Königreichs Powys an das angrenzende anglische Königreich Mercia, während gleichzeitig das Königreich Gwynedd im Nordwesten von Wales seine Vormachtstellung ausbauen konnte. Nach der *Historia Brittonum* aus der Zeit um 830 war einst der Fürst Cunedda aus dem Territorium der Gododdin im Norden Britanniens von den Bewohnern des späteren Wales um Hilfe gerufen worden, um ihr Land gegen Angreifer aus Irland zu verteidigen. Sein Urenkel Maelgwn Gwynedd herrschte in der ersten Hälfte des 6. Jahrhunderts von seinem Hof in Degannwy bei Conwy aus über das Königreich Gwynedd. Einen bedeutsamen Erfolg im Abwehrkampf gegen die Angeln erzielte König Cadwallon ap Cadfan, der, gestützt auf ein Bündnis mit dem heidnischen König Penda von Mercia, 632 in der Schlacht von Heathfield bei Doncaster König Edwin von Nordhumbrien besiegte. Nachdem man schon während der Regierungszeit König Ethelbalds von Mercia (716–757) eine Erdbefestigung zur Sicherung der walisischen Grenze in Angriff genommen hatte, ließ

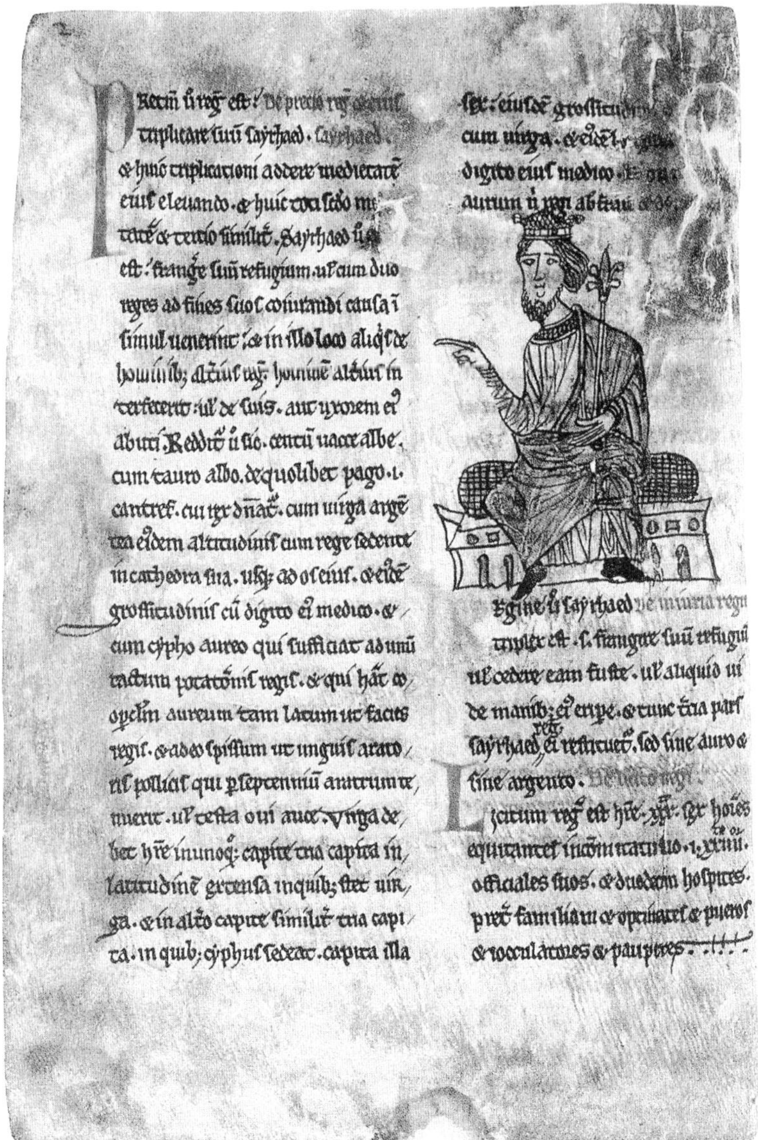

15. Herrscherdarstellung aus einem walisischen Rechtsbuch des 13. Jahrhunderts

Ethelbalds Nachfolger Offa (757–796) zu demselben Zweck einen über 200 Kilometer langen Wall mit vorgelagertem Graben anlegen, der sich mit einigen Unterbrechungen von Prestatyn in Nordwales bis nach Sedbury an der Severn-Mündung im Süden erstreckte. Bekannt als *Offa's Dyke*, markiert er mit einigen Abweichungen noch heute den ungefähren Verlauf der walisisch-englischen Grenze.

Einen großen Schritt auf dem Weg zu einem vereinigten Wales tat um die Mitte des 9. Jahrhunderts Rhodri Mawr, der nach dem Tod seines Vaters 844 dessen Nachfolge als König von Gwynedd antrat. 855 wurde er nach dem Tod seines Onkels König von Powys und besiegte 856 die dänischen Wikinger in einer Seeschlacht vor der Insel Anglesey. Nach dem Tod seines Schwagers fiel ihm 872 auch die Herrschaft über das Königreich Seisyllwg zu, doch war sein Erfolg nur von kurzer Dauer, da sein Reich nach seinem Tod 878 unter seine sechs Söhne aufgeteilt wurde. Als eine unmittelbare Folge der daraus entstandenen Rivalitäten akzeptierten zahlreiche walisische Herrscher zumindest formal die Oberhoheit König Alfreds des Großen von Wessex (871–899), dessen Abwehrkampf gegen die Dänen zusammen mit seiner Reorganisation des Staats- und Bildungswesens die Grundlagen eines vereinten englischen Königreichs legte.

Als bedeutendster walisischer Herrscher des 10. Jahrhunderts galt den Zeitgenossen wie auch der Nachwelt Rhodris Enkel Hywel ap Cadell mit dem Beinamen «der Gute» (Hywel Dda). Er herrschte ursprünglich über das Königreich Seisyllwg, das er von seinem Vater geerbt hatte. Nach dem Tod seines Schwiegervaters Llywarch ap Hyfaidd, des letzten Herrschers von Dyfed, vereinigte er 904 die beiden Territorien zu dem neugeschaffenen Königreich Deheubarth und errang 942 die Herrschaft über Gwynedd. Indem er die Oberhoheit König Aethelstans von Wessex anerkannte, gelang ihm die Sicherung eines langjährigen Friedens mit seinen angelsächsischen Nachbarn. Als erster walisischer König ließ Hywel Münzen mit seinem Namen prägen und unternahm eine Kodifikation des traditionellen walisischen Rechts, die zwar erst aus Handschriften des 12.-18. Jahrhunderts mit vielfältigen Zusätzen und Änderungen bekannt ist, jedoch bis heute seinen Namen trägt (*Cyfraith Hywel Dda / The Law of Hywel Dda*; vgl. Abb. 15).[296]

Nach Hywels Tod wurde Wales jahrzehntelang sowohl von inneren Zwistigkeiten als auch von Kriegen mit Engländern und Wikingern heimgesucht, ohne dass einer seiner Herrscher für dauerhafte Stabilität hätte sorgen können. Erst Gruffudd ap Llywelyn gelang es nach 1039, weite Teile von Wales unter seiner Herrschaft zu vereinigen. Als Gruffudd 1063 im Kampf gegen Harold von Wessex von seinen eigenen Landsleuten beseitigt wurde, verlor Wales seinen bis dahin mächtigsten Herrscher. Bereits drei Jahre später fiel jedoch auch Harold im Kampf gegen seinen Rivalen Wilhelm von der Normandie, dessen Invasion 1066 in der Geschichte von England und Wales ein neues Kapitel eröffnen sollte.

Römisches Erbe:
Die frühe Geschichte des Christentums in Wales

Pan darffo heddwch Rhufain
fe saif tangnefedd ein Harglwydd;
Offrwm beunyddiol offeiriaid Crist
yw meini saernïaeth ein dinas,
A chredo ddisyflyd yr Eglwys
balmanta undod gwareiddiad.

Geht auch die Waffenruhe Roms zu Ende, hat doch Bestand der Friede unseres Herrn. Das Opfer, das der Priester Christi täglich darbringt, sind die Steine, unsere Stadt zu bauen, und was die Kirche unerschütterlich bekennt, das bahnt der Einheit der Kultur den Weg.

So kommentiert in dem erstmals 1937 ausgestrahlten Hörspiel *Buchedd Garmon* des modernen walisischen Dramatikers Saunders Lewis (1893–1985) ein Augenzeuge den Abzug der römischen Legionen aus Britannien.[297] In der Tat sollte das Christentum der romanisierten Britannier nach den Eroberungen der Angelsachsen eine weitaus größere Lebenskraft beweisen als etwa das römische Recht, die städtische Kultur oder auch die lateinische Sprache, die anders als in Gallien schon bald nach dem Ende der römischen Herrschaft den verschiedenen keltischen und germanischen Idiomen Platz machte.[298]

Die britannische Kirche des frühen Mittelalters wies ebenso wie die gallische eine episkopale Struktur auf, die noch aus der Zeit der römischen Besatzung stammte. Sie war andererseits jedoch auch stark geprägt von der monastischen Bewegung, die ausgehend vom Vorderen Orient bereits in der Spätantike Gallien erfasst hatte und in nachrömischer Zeit auch in Irland und auf den Britischen Inseln aufblühte. Als einem der ersten britannischen Theologen von überregionaler Bedeutung begegnen wir dem Mönch Pelagius, der um 384 nach

Rom kam und dort bis zum Angriff der Westgoten 410 als Laienasket und Schrifterklärer wirkte. Seine Ablehnung der augustinischen Lehre von der Erbsünde und seine Hervorhebung der Willensfreiheit des Menschen führten zur Verurteilung des nach ihm benannten Pelagianismus, der bereits 411 im Westen, 431 auch im Osten des Römischen Reichs als Häresie gebrandmarkt wurde. Wie Beda Venerabilis in den Kapiteln 17–21 des ersten Buchs seiner englischen Kirchengeschichte berichtet, reiste Bischof Germanus von Auxerre zusammen mit Bischof Lupus von Troyes 429 nach Britannien, bekämpfte dort erfolgreich die pelagianische Lehre und verhalf überdies den christlichen Britanniern zu einem bedeutenden militärischen Sieg über die heidnischen Sachsen.

Als «Zeitalter der Heiligen» schildern jüngere Quellen das 5. und 6. Jahrhundert, in denen nach dem Zeugnis der zumeist im 11./12. Jahrhundert entstandenen Lebensbeschreibungen die bedeutendsten Klostergründer, Kirchenmänner und Missionare lebten.[299] Charakteristisch für ihr Wirken sind die vielfach noch heute lebendigen Ortsnamen, die aus dem Element *Llan-*, der Bezeichnung einer klösterlichen Einfriedung, und dem Namen des betreffenden Gründers zusammengesetzt sind. Als einer der frühesten walisischen Heiligen gilt Dyfrig (Dubricius), der eine besondere Beziehung zum Südosten von Wales gehabt haben dürfte. Mit derselben Region verbindet sich auch die Erinnerung an den heiligen Cadog, dem die Überlieferung die Gründung des Klosters Llancarfan zuschreibt, sowie die Legende von Illtud, der als Schüler des Bischofs Germanus von Auxerre das Kloster Llanilltud Fawr (Llantwit Major) gegründet haben soll. Mit dem Südwesten von Wales verbindet sich demgegenüber die Gestalt des heiligen Teilo, des Gründers von Llandeilo Fawr in Carmarthenshire, sowie die des späteren walisischen Nationalheiligen David (Dewi Sant). Ihm schreibt die Überlieferung die Gründung des Klosters St. David's (Tŷ Ddewi) in Glyn Rhosyn zu, das in späterer Zeit zum Bischofssitz aufstieg und vor allem seit dem 12. Jahrhundert zahlreiche Pilger anzog.[300] Mit Stätten im Norden von Wales verbindet man Beuno, der besonders auf Anglesey und in Llŷn verehrt wurde, und Deiniol, dem man die Gründung des Klosters Bangor in Arfon, aber auch eine besondere Beziehung zu dem weiter östlich gelegenen Kloster Bangor-Is-Coed zuschrieb.

Ebenso wie die irische Kirche des frühen Mittelalters wich auch die walisische in einigen Besonderheiten ihrer Organisation, ihrer

Liturgie und namentlich in ihrer Berechnung des Ostertermins von der allgemein üblichen römischen Praxis ab. Dem Benediktinermönch Augustinus, der 596 von Papst Gregor I. nach England gesandt wurde, gelang es ungeachtet seiner bedeutenden missionarischen Erfolge nicht, diese Abweichungen zu beseitigen. Erst um 768 übernahmen die Waliser als letzte der sogenannten Keltischen Kirchen die römische Art der Osterberechnung. Weitere Eigenheiten, wie etwa die Möglichkeit der Priester zu heiraten, wurden allerdings vielerorts erst in den darauffolgenden Jahrhunderten preisgegeben.

Wie in Irland pflegte die Kirche auch in Wales eine reiche Schriftkultur, die sich noch nach dem Ende der römischen Herrschaft des Lateinischen als der traditionellen Verkehrs- und Verwaltungssprache bediente. Als «unsere Sprache» *(nostra lingua)* bezeichnete es im 6. Jahrhundert der Mönch Gildas, der in seiner Abhandlung *De excidio Britanniae* («Über die Zerstörung Britanniens») den Verfall der Sitten seiner Landsleute geißelte.[301] Wohl aus der Zeit um 830 stammt die älteste Fassung der lateinischen Geschichte Britanniens und seiner Bewohner, die in späterer Zeit fälschlich einem Kleriker namens Nennius zugeschrieben wurde und heute allgemein unter der Bezeichnung *Historia Brittonum* bekannt ist.[302] Eine im Kloster St. David's entstandene lateinische Chronik aus der Mitte des 10. Jahrhunderts zählt zu den Quellen jener Texte des 12. und 13. Jahrhunderts, die man heute nach dem Vorbild des ersten Herausgebers zusammenfassend als *Annales Cambriae* bezeichnet.[303] Bereits seit dem frühen Mittelalter gebrauchten Kleriker die lateinische Schrift indessen auch zur Aufzeichnung volkssprachlicher Texte und schufen so die Voraussetzungen für die Entstehung einer eigenen kymrischen Literatur.

Sagen aus dem alten Norden: Die frühe kymrische Literatur

Die ältesten Zeugnisse der kymrischen Sprache stammen aus dem späten 6. Jahrhundert, als sich das keltische Idiom der Bewohner von Wales in seiner Entwicklung von dem nahe verwandten Kornischen (in Cornwall), Kumbrischen (in Nordengland) und Bretonischen (in der Bretagne) weit genug entfernt hatte, um als eigenständige Sprache gelten zu können.[304] Bis zum Ende des 8. Jahrhunderts erstreckt sich die Epoche des Frühkymrischen, das man vor allem durch Namen auf

Inschriften und in lateinischen Texten kennt.[305] Die Anfänge der kymrischen Literatur bezeichnen traditionell die Werke der sogenannten «Frühen Dichter» *(Cynfeirdd)* Aneirin und Taliesin, die der *Historia Brittonum* zufolge im späten 6. Jahrhundert im Gebiet der Gododdin bzw. in Rheged, dem «Alten Norden» des keltischen Britannien, lebten. Ob die Verse, die unter ihrem Namen in sehr viel jüngeren Handschriften und in einer modernisierten Sprachform überliefert sind, tatsächlich auf diese frühe Zeit zurückgehen, wird jedoch gerade in der neueren Forschung mit guten Gründen bezweifelt. Den Sänger Aneirin bezeichnet das nach ihm benannte «Buch Aneirins» aus der zweiten Hälfte des 13. Jahrhunderts als Autor des heroischen Gedichts *Y Gododdin*, das vom Untergang einer ausgewählten Schar berittener Krieger aus dem Stamm der Gododdin bei ihrem Zug gegen den Ort Catraeth, das heutige Catterick in Yorkshire, erzählt. Erhalten in zwei Fassungen mit insgesamt über 1400 Zeilen, wirft das Gedicht ein helles Licht auf das kriegerische Ethos jener Gesellschaftsschicht, zu deren Verherrlichung es entstand.[306] Aneirins Zeitgenosse Taliesin galt im mittelalterlichen Wales als Verfasser einer Vielzahl unterschiedlicher Gedichte, doch kann man aus inhaltlichen und sprachlichen Gründen allenfalls elf Preisgedichte sowie eine Totenklage auf Owain, den Sohn des Fürsten Urien Rheged, dem historischen Taliesin zuweisen. Die übrigen dem Dichter zugeschriebenen Verse setzen demgegenüber bereits die Stilisierung des Dichters zu einem sagenhaften Weisen der Vergangenheit voraus und sind sicherlich nicht vor dem 10. Jahrhundert entstanden.[307] Vielleicht aus dem frühen 7. Jahrhundert stammt *Moliant Cadwallon*, ein Preisgedicht auf den 633 im Kampf gegen Oswald von Bernicia gefallenen König Cadwallon von Gwynedd, das allerdings erst in einer Handschrift aus dem 17. Jahrhundert bezeugt ist.[308]

In den Zeitraum vom späten 8. bis zur Mitte des 12. Jahrhunderts datiert man das Altkymrische, das nicht mehr nur durch Namen, sondern auch durch erklärende Zusätze in lateinischen und altenglischen Handschriften bezeugt ist. Fortlaufende Texte sind allerdings nur sehr wenige aus dieser Zeit erhalten geblieben. Zu ihnen gehört das sogenannte *Surexit*-Memorandum, ein juristischer Vermerk in einem lateinischen Evangeliar aus dem 8. Jahrhundert, das als «Buch des heiligen Teilo», unter der englischen Bezeichnung *The Book of St. Chad* oder auch – nach seinem späteren Aufbewahrungsort – als *The Lichfield Gospels* bekannt ist.[309] Ein weiterer altkymrischer Text ist das *Compu-*

tus-Fragment, eine 23-zeilige, bruchstückhaft erhaltene Abhandlung über Kalenderberechnung vermutlich aus dem frühen 10. Jahrhundert. Von der altkymrischen Dichtung sind in zeitgenössischen Manuskripten (und damit ohne spätere Zusätze und Umformungen) nur die sogenannten Juvencus-Englynion, zwei anonyme Gedichte mit drei bzw. neun Strophen, in einer Handschrift mit dem Evangelienbuch des spätlateinischen Dichters Juvencus auf uns gekommen.[310] Einige weitere Gedichte, die vermutlich in jener Zeit entstanden, sind allerdings in jüngeren Handschriften und modernisierter Sprachform überliefert. Ins ausgehende 9. Jahrhundert datiert man das Gedicht *Edmyg Dinbych Penfro*, das in sieben Strophen den Lobpreis der Festung von Tenby in Pembroke mit der Klage um den Tod des dort ansässigen Herrschers verbindet. Ein bemerkenswertes Zeugnis der Auseinandersetzungen zwischen Kelten und Angelsachsen ist das wohl um 930 entstandene prophetische Gedicht *Armes Prydein*, das in über 200 Zeilen die Vision eines Bündnisses der Waliser mit Cornwall, der Bretagne, den Iren und den Wikingern von Dublin zur Vertreibung der Angelsachsen aus Britannien entwirft.[311] Aus dem 9. oder 10. Jahrhundert stammen zwei Verszyklen um die Sagenhelden Llywarch Hen und Heledd. Sie gestalten in Form von Dialogen und Monologen die dramatischen Höhepunkte uns unbekannter Erzählungen, deren Handlung vermutlich in Prosa erzählt oder als bekannt vorausgesetzt wurde.[312] Llywarch Hen war der Sage zufolge ein Vetter des Königs Urien Rheged, der im ausgehenden 6. Jahrhundert im Norden Britanniens lebte. Die spätere Überlieferung verknüpfte sein Andenken jedoch mit Orten und Landschaften in Nordwales. Im sogenannten *Cân yr Henwr* («Lied des Greises») schildert Llywarch sich selbst als gramgebeugten, einsamen und kranken alten Mann. In anderen Strophen beklagt er den Tod seiner 24 Söhne, die auf seinen Befehl hin in den Krieg zogen und darin umkamen. Als Schwester des Königs Cynddylan, der im 7. Jahrhundert über das Königreich Powys herrschte, galt Heledd. Sie schildert in dem Gedicht *Ystafell Gynddylan* («Die Halle Cynddylans») den trostlosen Zustand der königlichen Burg, die nach dem Tod des Herrschers von den Feinden zerstört wurde. Wo einst Feuer und Kerzen brannten, herrscht nun Finsternis, und wo Lieder erklangen, Schweigen. In anderen Strophen beklagt Heledd den Tod ihrer Brüder, die Verwüstung des Landes und ihr eigenes Schicksal, das sie schutzlos den Feinden preisgab. Mehrfach klagt sie sich selbst an, am Untergang des Königshauses Mitschuld zu tragen, ohne dass die uns erhaltenen Strophen den genauen Sinn der betreffenden Verse erhellen könnten.

In die erste Hälfte des 12. Jahrhunderts datiert man die Anfänge der mittelkymrischen Sprachperiode, aus der erstmals großen Literaturdenkmäler überliefert sind. Ihre Bewahrung verdanken wir mehreren umfangreichen Sammelhandschriften aus dem 13.–15. Jahrhundert, darunter dem «Schwarzen Buch von Carmarthen» *(Llyfr Du Caerfyrddin)*, dem «Buch Aneirins» *(Llyfr Aneirin)*, dem «Buch Taliesins» *(Llyfr Taliesin)*, dem «Weißen Buch Rhydderchs» *(Llyfr Gwyn Rhydderch)* und dem «Roten Buch von Hergest» *(Llyfr Coch Hergest)*.[313] Sie entstanden in der Regel in walisischen Klöstern, doch gehen gerade die ältesten der darin überlieferten Texte vielfach auf Ereignisse zurück, die mit den Namen von Sagenhelden aus dem keltischen Norden Britanniens verknüpft sind. Als einer dieser «Männer des Nordens» (*Gwŷr y Gogledd*) galt den Walisern auch der Dichter Myrddin, der nach der Sage als Gefolgsmann des Königs Gwenddoleu in der Schlacht von Arfderydd 573 den Verstand verlor, aus Furcht vor Gwenddoleus Gegner Rhydderch Hael in den Wäldern Schottlands Zuflucht suchte und in der Einsamkeit die Gabe der Weissagung erlangte.[314] Das älteste Zeugnis dieser Sage, die in vieler Hinsicht an die irische Überlieferung um den König Suibhne Geilt erinnert, findet man in einigen Strophen, die im «Schwarzen Buch von Carmarthen» überliefert sind. Unter dem Namen Merlin sollte Myrddin seit dem 12. Jahrhundert außerhalb der keltischen Literaturen weithin bekannt werden und noch in der Neuzeit gerade auch deutschsprachige Dichter und Dramatiker inspirieren – von Dorothea von Schlegel über Ludwig Uhland und Karl Immermann bis hin zu Tankred Dorst.[315] Die wichtigste Voraussetzung für diese Entwicklung war die Adaption traditioneller walisischer Überlieferungen durch die Anglonormannen, deren wechselvolle Beziehungen zu den walisischen Fürstentümern den Gegenstand des folgenden Kapitels bilden sollen.

15.

WALES VON DER ANKUNFT DER NORMANNEN BIS ZUR UNION MIT ENGLAND

Von der Teilung zur Annexion: Politische Entwicklungen

Schon bald nach seinem Sieg über Harold II. in der Schlacht von Hastings und seiner Krönung am Weihnachtsfest 1066 unterwarf Wilhelm I. ganz England und belehnte einige seiner treuesten Gefolgsleute mit drei Markgrafschaften an der walisischen Grenze rings um die Städte Hereford, Shrewsbury und Chester. Von dort aus unternahmen die neuen Machthaber in den folgenden Jahrzehnten mit wechselndem Erfolg Vorstöße in «das eigentliche Wales» *(Pura Wallia)*, wie die noch bestehenden walisischen Königreiche Gwynedd, Powys und Deheubarth von nun an im Unterschied zur «Mark von Wales» *(Marchia Walliae)*, dem Herrschaftsbereich der normannischen Adligen, genannt werden sollten.[316] Die größten militärischen Erfolge erzielten die Normannen dabei im Süden des Landes, wo sie nach dem Tod des Königs Rhys ap Tewdwr von Deheubarth 1093 weite Landstriche an der Küste in ihre Gewalt bringen konnten.

Für die betroffenen Regionen brachte die normannische Eroberung eine Reihe bedeutsamer Veränderungen in der Siedlungs- und Wirtschaftsweise mit sich. Allenthalben sicherten die neuen Machthaber ihren Herrschaftsbereich durch den Bau einfacher Burgen, die an strategisch günstigen Punkten angelegt und mit Palisaden, Wall und Graben befestigt wurden. Im Schutz der Burgen entstanden ummauerte Städte, in denen rechtlich bevorzugte normannische Händler und Handwerker angesiedelt wurden. Außerhalb der Städte praktizierte man besonders in den tiefergelegenen Landstrichen des Südens und Ostens auf ausgedehnten Rittergütern neue Formen der Landwirtschaft, während in den weniger fruchtbaren Bergregionen die alteingesessene Bevölkerung an der traditionellen Wirtschaftsweise festhielt.

Tiefgreifende Veränderungen brachte der Einfluss der Normannen auch für die Kirche. Sie wurde nun nach kontinentalem Vorbild in die vier Diözesen Bangor, St. David's, Llandaff und St. Asaph eingeteilt, deren Bischöfe häufig normannischer Abkunft waren und unmittelbar dem Erzbischof von Canterbury unterstanden. Unter den kontinentalen Orden, die sich unter dem Schutz der neuen Herren in Wales niederließen, sind an erster Stelle die Augustiner und Zisterzienser zu nennen. Priorate der Augustiner entstanden in Llanthony Prima (1103), Carmarthen (1148) und Haverfordwest (1200), und im Laufe des 13. Jahrhunderts schlossen sich in Penmon, Bardsey und Beddgelert bereits bestehende Klöster dem Orden an. Die erste Abtei der Zisterzienser entstand 1131 in Tintern, gefolgt von einer weiteren Niederlassung in Margam (1147). Zwei weitere Klöster in Neath und Basingwerk schlossen sich 1147 ebenfalls dem Zisterzienserorden an. Um 1140 entstand die Abtei Whitland mit bedeutenden Tochterhäusern in Strata Florida (Ystrad Fflur, 1164), Strata Marcella (Ystrad Marchell, um 1170) und Cwm Hir (1176). Tochterhäuser der Abtei von Strata Florida entstanden in Llantarnam (1179), Llanllŷr (um 1180) und Aberconwy (1186).

Als Zentren der Kultur und Gelehrsamkeit genossen die neuen Klöster die Protektion nicht nur der normannischen, sondern auch der walisischen Fürsten, die im 12. Jahrhundert nach anfänglichen territorialen Verlusten ihre Stellung gegenüber den Normannen erfolgreich verteidigten. Deheubarth erreichte den Höhepunkt seiner Macht unter Rhys ap Gruffudd (1132–1197), während Powys eine späte Blüte unter Madog ap Maredudd (gestorben 1160) erlebte.[317] Eine deutliche Vormachtstellung errang wiederum Gwynedd, dessen Herrscher Gruffudd ap Cynan (um 1055–1137) und Owain ap Gruffudd (um 1100–1170) ihre Position durch eine geschickte Diplomatie festigen konnten.[318] Auf den Höhepunkt seiner Macht gelangte Gwynedd unter Llywelyn ap Iorwerth (1173–1240), dem mit Abstand mächtigsten walisischen Fürsten seiner Zeit. Sein Enkel Llywelyn ap Gruffudd (um 1225–1282) behauptete 1267 im Vertrag von Montgomery gegen Anerkennung der Oberhoheit des englischen Königs den Titel eines Fürsten von Wales, geriet jedoch nach der Thronbesteigung Eduards I. 1272 zunehmend in Gegensatz zur englischen Krone.[319] Ein erster Krieg 1276–1277 endete mit der Niederlage Llywelyns, der im Vertrag von Aberconwy einen wesentlichen Teil seines Territoriums und seines Einflussbereichs abtreten musste. 1282 entfesselte Llywelyns jüngerer

Bruder Dafydd, der zuvor auf der Seite des englischen Königs gestanden hatte, einen neuerlichen Aufstand, in dessen Verlauf Llywelyn am 11. Dezember 1282 während eines Scharmützels bei Cilmeri ums Leben kam. Daraufhin übernahm Dafydd die Führung des Aufstands, doch wurde er bereits im Juni 1283 gefangen genommen und im Oktober desselben Jahres in Shrewsbury als Hochverräter hingerichtet.

O laith Llywelyn	Verstört ist mein Sinn
cof dyn ni m'daw.	durch Llywelyns Tod,
Oerfelawg calon	Gefroren das Herz
dan fron o fraw.	in der Brust vor Not.
Poni welwch-chwi'r môr yn merwinaw	Seht ihr nicht die Flut,
-'r tir?	die die Küste bedroht?
Poni welwch-chwi'r gwir	Seht ihr nicht verachtet
yn ymgweiriaw?	der Wahrheit Gebot?
Poni welwch-chwi'r haul yn hwylaw	Seht ihr nicht die Sonne
-'r awyr?	am Himmel blutrot?

Wie kein anderes Dokument der Epoche vermitteln diese von dem Dichter Gruffudd ab yr Ynad Coch verfassten Zeilen aus der Totenklage um Llywelyn ap Gruffudd eine Vorstellung von dem Eindruck, den das Ende des letzten Fürsten von Wales auf die Zeitgenossen machte. Im Statut von Rhuddlan 1284 verfügte Eduard I. die territoriale Neuordnung des unterworfenen Fürstentums, das in eine nördliche und eine südliche Hälfte mit Verwaltungszentren in Caernarfon und Carmarthen aufgeteilt wurde. Bereits 1283 hatte man auf den Befehl des Königs mit dem Bau der gewaltigen Burganlagen von Caernarfon, Conwy und Harlech begonnen. In ihrem Schutz entstanden alsbald befestigte Städte, die zu bewohnen oder in Waffen zu betreten der einheimischen Bevölkerung verboten war. 1301 übertrug Eduard I. die Herrschaft über das Fürstentum seinem Sohn, dem späteren König Eduard II., und noch heute führt jeder britische Thronfolger entsprechend der damals begründeten Tradition den Titel eines *Prince of Wales.*

Im 14. Jahrhundert genoss Wales eine Periode der inneren Sicherheit und des wirtschaftlichen Aufschwungs, wobei zahlreiche Angehörige des niederen Adels einen Platz in der Verwaltung oder im Heer des englischen Königs fanden. Gleichwohl führte die gesellschaftliche, wirtschaftliche und rechtliche Benachteiligung der Waliser zu einer nachhaltigen Unzufriedenheit mit der englischen Herrschaft, die durch die Verschlechterung der wirtschaftlichen Lage infolge eines starken Rückgangs der Bevölkerung im Gefolge der Pest von 1348/49 noch zunahm. Zu einem allgemeinen Aufstand kam es, als am 16. September 1400 Owain Glyndŵr (um 1354–um 1416), ein Nachkomme der Könige von Powys und Deheubarth, von einer kleinen Gruppe von Anhängern zum Fürsten von Wales ausgerufen wurde. Erbittert durch die drakonischen Strafmaßnahmen der englischen Krone, unterstützten weite Teile der Bevölkerung die Aufständischen, die 1404 die Burgen von Harlech und Aberystwyth einnahmen. Noch im selben Jahr berief Owain Glyndŵr in Machynlleth ein walisisches Parlament ein und wurde im Beisein französischer, schottischer und kastilischer Abgesandter zum Fürsten von Wales gekrönt. Bereits 1406 gewann der englische König jedoch wieder die militärische Oberhand. Nach der Rückeroberung von Harlech und Aberystwyth 1408 kam der Aufstand binnen weniger Jahre zum Erliegen, ohne dass es den englischen Truppen jemals gelungen wäre, Owain Glyndŵr gefangen zu nehmen oder seinen letzten Aufenthaltsort zu ermitteln.[320]

Die folgenden Jahrzehnte standen im Zeichen der wirtschaftlichen Erholung, aber auch der zunehmenden Gesetzlosigkeit infolge des Niedergangs der öffentlichen Ordnung. Große Hoffnungen wurden geweckt, als am Ende der Rosenkriege nach der Schlacht von Bosworth 1485 mit Henry Tudor (1457–1509) ein Waliser als Heinrich VII. den englischen Thron bestieg. Indem der König jedoch viele seiner Anhänger in hohe Ämter nach London berief oder mit englischen Ländereien für ihre Dienste belohnte, wurden zahlreiche walisische Adlige ihren Landsleuten in zunehmendem Maße entfremdet. Die Unfähigkeit der Krone, der mit dem Autoritätsverlust einhergehenden Gesetzlosigkeit unter den bestehenden Verhältnissen Herr zu werden, sowie das Streben Heinrichs VIII. nach einer möglichst starken Zentralgewalt führten schließlich wie in Irland zu einer territorialen Neuordnung. 1536 und 1543 wurde der Sonderstatus des Fürstentums und der Mark aufgehoben und ganz Wales in zwölf Grafschaften mit entsprechender Vertretung im englischen Parlament aufgeteilt. Englisch wurde offiziell zur Sprache der Verwaltung und der Gerichte, und das englische Recht wurde für Waliser wie Engländer gleichermaßen verbindlich.

Keltische Tradition und höfische Ideale: Die mittelkymrische Literatur

Für die Geschichte der kymrischen Literatur war die Präsenz der Anglonormannen von weitreichender Bedeutung, da die Eroberer einerseits neue literarische Stoffe und Formen in Wales einführten, andererseits traditionelle keltische Stoffe weit über die walisischen Grenzen hinaus bekannt machten. So spiegeln sich in den literarischen Werken des 12.–15. Jahrhunderts nicht nur die kriegerischen Auseinandersetzungen jener Epoche, sondern auch ein reger kultureller Austausch.

In der Dichtung beginnt bald nach 1100 mit dem Wiedererstarken des Königreichs Gwynedd unter Gruffudd ap Cynan die Zeit der «Fürstendichter» *(Beirdd y Tywysogion)*, die unter Rückgriff auf anerkannte Vorbilder aus Sage und Dichtung in einer gesucht altertümlichen, alliterierenden Sprache den lebenden Herrscher priesen und den toten beklagten, aber auch religiöse und lyrisch gefärbte persönliche Zeilen hinterließen.[321] Zur Abgrenzung von den «frühen Dichtern» *(Cynfeirdd)* Aneirin und Taliesin bezeichnet man die Verfasser dieser Werke häufig als «recht frühe Dichter» *(Gogynfeirdd)*, wobei diese Benennung im Unterschied zur Bezeichnung «Fürstendichter» auch auf jene Dichter Anwendung findet, die nach dem Tod des letzten walisischen Fürsten 1282 noch bis zum Ende des 14. Jahrhunderts ihre Gedichte in den traditionellen Metren und sprachlichen Formen abfassten. Der früheste namentlich bekannte Vertreter dieser Gruppe ist der Dichter Meilyr (Meilyr Brydydd). Er war als Hofdichter ein Gefolgsmann des Königs Gruffudd ap Cynan, ebenso wie sein Sohn Gwalchmai ap Meilyr dessen Sohn und Nachfolger Owain ap Gruffudd diente. Ein illegitimer Sohn des Fürsten war Hywel ab Owain Gwynedd, der als erster Dichter nach französischem Vorbild höfische Liebesgedichte verfasste. Als bedeutendster Fürstendichter gilt indessen Cynddelw Brydydd Mawr, dessen Werke nicht nur die Herrscher seines heimatlichen Powys, sondern auch die Fürsten von Gwynedd und Deheubarth verherrlichten. Feierte der Dichter Llywarch ap Llywelyn (Prydydd y Moch) noch den Aufstieg Gwynedds unter Llywelyn ap Iorwerth, so beklagte nur zwei Generationen später der Dichter Bleddyn den Tod der beiden Enkel Llywelyns, mit dem auch die Zeit der Fürstendichter zu Ende ging. Als letzter bedeutender Vertreter ihrer

Kunst gilt Gruffudd ap Maredudd ap Dafydd, der in der zweiten Hälfte des 14. Jahrhunderts seiner Heimatinsel Anglesey und der dort ansässigen Familie der Tudor von Penmynydd ein Denkmal setzte.

Hatten die Fürstendichter ihre Werke überwiegend in den traditionellen Formen der *awdl* und des *englyn* verfasst, so bevorzugten ihre Nachfolger im Dienste des niederen Adels, die sogenannten *Beirdd yr Uchelwyr* («Landadelsdichter»), seit der ersten Hälfte des 14. Jahrhunderts die neuere Form des *cywydd*.[322] Bei ihr bestand jedes Gedicht aus reimenden Verspaaren mit einer festgelegten Anzahl von Silben (meist sieben) und verschiedenen Formen von Konsonantenentsprechungen *(cynghanedd)*. Als bedeutendster Dichter dieser Epoche, wenn nicht der walisischen Literatur überhaupt, gilt gemeinhin Dafydd ap Gwilym (um 1320–um 1370), der in formal virtuosen Liebesgedichten Elemente der einheimischen und der höfischen anglonormannischen Literatur zu einer neuen Einheit verschmolz.[323] Vertraut mit ausländischen Dichtungsformen wie dem Tagelied, der Serenade und der Pastorelle, kannte Dafydd auch Literaturwerke wie den *Roman de la Rose* und erzielte in seinen Versen durch die Kombination von Lehnwörtern französischer Herkunft mit dem reichen Wortschatz der traditionellen walisischen Dichtung eine bis dahin unbekannte Ausdrucksfähigkeit. Ein Zeitgenosse Dafydds war Iolo Goch, der als einer der Ersten zum Ruhm des englischen Königs und verschiedener walisischer Adliger Preisgedichte in der Form des *cywydd* verfasste. Zu den bedeutendsten Adelsdichtern des 15. Jahrhunderts zählen Siôn Cent, Lewys Glyn Cothi und Dafydd ab Edmwnd. Ein Neffe und Schüler des zuletzt Genannten war Tudur Aled, nach dessen Tod um 1525 die Tradition der Preisdichtung zusehends verfiel.

Von deutlich geringerem Umfang, doch einer bemerkenswerten inhaltlichen Vielfalt ist die mittelkymrische Prosaliteratur. Einen hohen Anteil bilden hier erbauliche religiöse Schriften, von denen viele im «Buch des Anachoreten» *(Llyfr Ancr Llanddewibrefi)*, einer Handschrift aus der Mitte des 14. Jahrhunderts, überliefert sind. Erhalten haben sich Heiligenleben, Visionsberichte, Abhandlungen zur Exegese sowie Übersetzungen biblischer, apokrypher und pseudepigraphischer Werke.[324] Keine Übersetzung, sondern ursprünglich in kymrischer Sprache geschrieben ist die Schrift *Ymborth yr Enaid* (Die Nahrung der Seele), die als Teil einer Abhandlung über Spiritualität und Mystik um 1250 von einem unbekannten Dominikaner verfasst wurde.[325] Zahlreich überliefert sind ferner historische Schriften, darunter *Ystorya*

Dared, eine Übersetzung der lateinischen *Historia Daretis Phrygii de Excidio Troiae*, *Brut y Brenhinedd*, eine in verschiedenen Fassungen überlieferte Bearbeitung der *Historia Regum Britanniae* des Geoffrey von Monmouth, und *Brut y Tywysogion*, die Übersetzung einer verlorenen lateinischen Chronik der walisischen Fürsten von 682–1282.[326] Zu den zahlreichen Werken eher unterhaltenden Charakters, die seit dem frühen 12. Jahrhundert aus dem Anglo-Normannischen ins Kymrische übertragen wurden, zählen verschiedene Erzählungen um Karl den Großen, das anonyme Epos *La Geste de Boun de Hantone* und das *Bestiaire d'amour* von Richart de Fornival.[327]

Anders als in Irland, wo die reiche handschriftliche Überlieferung eine kaum überschaubare Fülle einheimischer Prosaerzählungen bewahrt hat, sind aus dem mittelalterlichen Wales nur elf solcher Bearbeitungen des traditionellen Erzählguts auf uns gekommen. Dass ursprünglich sehr viel mehr Geschichten dieser Art in Umlauf waren, zeigen die als «Triaden der Insel Britannien» *(Trioedd Ynys Prydain)* bekannten Merksprüche, die jeweils drei berühmte Namen aus Sage oder Geschichte unter einem gemeinsamen Oberbegriff zusammenfassen und die damit verbundene Überlieferung gelegentlich mit wenigen Worten erläutern: Hier findet man zahlreiche Namen, die ansonsten entweder gar nicht oder nur aus einigen Anspielungen in der gelehrten Dichtung jener Zeit bekannt sind.[328]

Die elf erhaltenen Prosaerzählungen sind seit ihrer erstmaligen Veröffentlichung und Übersetzung durch Lady Charlotte Guest (1812–1895) 1838–1849 gemeinhin unter dem Namen «die Mabinogion» bekannt, obwohl diese Bezeichnung – der Form nach ein Plural des in seiner Bedeutung unklaren Wortes *mabinogi* – in der handschriftlichen Überlieferung nur ein einziges Mal vorkommt und allem Anschein nach auf einer Verschreibung beruht. Als «Vier Zweige des Mabinogi» *(Pedair Cainc y Mabinogi)* bezeichnet man dabei die sowohl im Weißen Buch Rhydderchs als auch im Roten Buch von Hergest in derselben Reihenfolge enthaltenen Erzählungen von Pwyll, dem Fürsten von Dyfed *(Pwyll Pendefig Dyfed)*, Branwen, der Tochter Llŷrs *(Branwen ferch Lŷr)*, Manawydan, dem Sohn Llŷrs *(Manawydan fab Llŷr)* und Math, dem Sohn Mathonwys *(Math fab Mathonwy)*.[329] Sie sind vermutlich das Werk eines einzigen Autors aus dem 12. Jahrhundert, verarbeiten jedoch Stoffe und Motive aus Märchen, Sagen und vorchristlichen Mythen, die zuvor über einen längeren Zeitraum hinweg mündlich überliefert worden waren. Als Geschichten zur Unterhaltung eines mittelalterlichen adligen Publikums spielen die Vier Zweige in einer nicht näher bezeichneten vorchristlichen Vergangenheit an verschiedenen Orten vor allem im Nord- und Südwesten von Wales und schildern die wunderbaren Erlebnisse einer großen Zahl von Personen, deren Schicksale vielfach nur lose miteinander verknüpft sind.

Zu den Mabinogion zählen ferner die Geschichte von Lludd und Llefelys *(Cyfranc Lludd a Llefelys)*, in welcher der britannische König Lludd mit Hilfe seines Bruders Llefelys sein Land von drei unbesiegbar scheinenden Plagen befreit, und die Geschichte vom Traum des Herrschers Macsen *(Breuddwyd Macsen Wledig)*, die von der Werbung des römischen Kaisers Macsen um die britannische Prinzessin Elen erzählt. Für die weitere Entwicklung der europäischen Literatur und Kultur sind indessen die übrigen fünf Erzählungen vielleicht die bedeutendsten. In ihrem Mittelpunkt steht der Sagenheld Arthur, der im 12. Jahrhundert unter dem Namen Artus als Inbegriff der höfischen Kultur keltisches Erzählgut weit über die Grenzen des keltischen Sprachraums hinaus bekannt machen sollte.

Arthur – Artus: Der Beitrag der Kelten zur Weltliteratur

Die Überlieferung um Arthur (lateinisch *Arturus*, daraus französisch und deutsch *Artus*) beruht auf walisischen und bretonischen Erzählungen aus der zweiten Hälfte des 1. Jahrtausends, in denen sich die Erinnerung an historische Personen des 6. Jahrhunderts mit Märchenmotiven und Namen aus der vorchristlichen keltischen Mythologie verband.[330] Als siegreicher Heerführer *(dux bellorum)* in zwölf Schlachten gegen die vordringenden Sachsen erscheint Arthur im 9. Jahrhundert in der *Historia Brittonum*, doch sind diese wenigen historischen Konturen in der walisischen Überlieferung mit sagen- und märchenhaften Zügen weitgehend übermalt. So schildern ihn die kurzen und teilweise schwer verständlichen Gedichte *Pa ŵr yw'r Porthor?* («Wer ist der Torwächter?») und *Preiddeu Annwfn* («Die Beute Annwfns») als Anführer einer Schar kühner Krieger mit allerlei wunderbaren Fähigkeiten und Eigenschaften.[331] Diese Recken begleiten Arthur auch in der Geschichte von Culhwch und Olwen *(Culhwch ac Olwen)*, die als älteste Prosaerzählung des arthurischen Sagenkreises von der Werbung des Titelhelden Culhwch um Olwen, die Tochter des Riesen Ysbaddaden Bencawr, handelt.[332] Hier erscheint Arthur als Vetter Culhwchs, dem seine Stiefmutter das Schicksal bestimmt hat, niemand anderen als Olwen zur Frau zu nehmen. Gemeinsam mit Arthur und dessen Gefolgsleuten zieht Culhwch zur Festung Ysbaddadens und erringt nach der Erfüllung einer Reihe schier unlösbar scheinender Aufgaben die Hand Olwens.

Ein völlig neues Bild Arthurs zeichnete demgegenüber um 1137 Geoffrey von Monmouth (lateinisch Galfridus Monemutensis) in seiner *Historia Regum Britanniae* (Geschichte der Könige Britanniens).[333] Gestützt auf das Werk des Gildas, die Kirchengeschichte Bedas, die *Historia Brittonum* und mündliche Überlieferungen aus Wales und der Bretagne, erzählte Geoffrey die Geschichte der Könige Britanniens von ihren Anfängen bis zur Eroberung der Insel durch die Angelsachsen, um so dem Machtanspruch der anglonormannischen Könige des 12. Jahrhunderts eine quasi-historische Grundlage zu verleihen. Als mythischer Ahnherr der Könige Britanniens tritt der Troianer Brutus auf, der in Geoffreys Darstellung als Urenkel des Aeneas nach einer abenteuerlichen Irrfahrt durch die Länder des Mittelmeerraums mit einigen Anhängern auf die später nach ihm benannte Insel Britannien gelangte. Der eigentliche Held des Werks ist indessen Arthur, den Geoffrey als mächtigen Feudalherrscher und ebenbürtigen Gegner des Römischen Reiches schildert. Obschon Geoffrey bereits von einigen Historikern der unmittelbar folgenden Generationen wegen seiner phantasievollen Ausgestaltung der Überlieferung verurteilt wurde, fand seine Darstellung doch weithin Anklang. Um 1155 schuf der anglonormannische Dichter Wace auf ihrer Grundlage sein Versepos *Roman de Brut*, das seinerseits um 1200 von dem Geistlichen Layamon ins Englische übertragen wurde.[334]

Hatten Geoffrey und Wace die Gestalt Arthurs aus der keltischen Überlieferung in die lateinische bzw. anglonormannische Literatur eingeführt, so wurde der altfranzösische Dichter Chrétien de Troyes zwischen 1160 und 1190 mit seinen Versromanen *Erec et Enide*, *Lancelot ou le chevalier de la charette*, *Yvain ou Le chevalier au lion* und dem unvollendet gebliebenen *Perceval ou le conte del graal* zum eigentlichen Begründer der höfischen Artus-Literatur.[335] Im Unterschied zu seinen Vorgängern löste Chrétien die Figuren der Sage weitgehend von ihren historischen und geographischen Bezügen und stellte nicht mehr Artus selbst, sondern jeweils einen einzelnen Ritter aus seinem Gefolge in den Vordergrund einer weitgehend märchenhaften Handlung. Die

16. Tafelrunde des Königs Artus aus einer französischen Handschrift des 13. Jahrhunderts

Darstellung der Prüfung und Bewährung dieser Ritter steht im Mittelpunkt des Geschehens, für das der Artushof nur noch die glanzvolle Folie abgibt. Dabei aktualisierte Chrétien das traditionelle Erzählgut geschickt durch die Verarbeitung zeitgenössischer gesellschaftlicher und philosophischer Ideen, die auf eine umfassende Bildung des Dichters und eine genaue Kenntnis verschiedener Gesellschaftsschichten schließen lassen. Als *Matière de Bretagne* sollten sich die Erzählungen um Arthur/Artus neben den nationalen Geschichtsepen und der Literatur der klassischen Antike alsbald in ganz Europa einer erstaunlichen Beliebtheit erfreuen, boten sie den Dichtern doch in idealer Weise die Möglichkeit, Wunsch- und Idealvorstellungen der höfischen Gesellschaft ihrer Zeit in eine unbestimmte Vergangenheit zurückzuspiegeln und ihnen dadurch eine quasi-historische Rechtfertigung zu verleihen (vgl. Abb. 16).

In der mittelkymrischen Literatur finden Chrétiens Versromane *Erec et Enide*, *Yvain* und *Perceval* genaue Entsprechungen in den drei Prosaerzählungen *Owein* oder *Iarlles y Ffynnawn*, *Peredur fab Efrawg* und *Gereint fab Erbin*.[336] Sie werden aufgrund ihrer Nähe zu den französischen Romanen in der walisischen Forschung gerne zusammenfassend als «Die Drei Romanzen» *(Y Tair Rhamant)* bezeichnet, da sie in ihrer Beschreibung der materiellen und geistigen Kultur deutlich dem höfischen Gesellschaftsideal des 12. Jahrhunderts verpflichtet sind. Augenfällige Unterschiede hinsichtlich des Stils, des Aufbaus und der Handlungsführung lassen darauf schließen, dass diese drei Erzählungen von verschiedenen Verfassern stammen, die ihre französischen Vorbilder durchaus selbständig und in zum Teil eigenwilliger Weise umsetzten. Keine solche freie Bearbeitung, sondern ursprünglich auf Kymrisch verfasst ist die satirische Erzählung vom Traum Rhonabwys *(Breuddwyd Rhonabwy)*, in welcher der Titelheld Rhonabwy des Nachts im Traum von einer ebenso ärmlichen wie schmutzigen Herberge in das glanzvolle Heerlager Arthurs versetzt wird.[337] Im Unterschied zu den Drei Romanzen spielt *Breuddwyd Rhonabwy* zwar ähnlich wie *Culhwch ac Olwen* an genau bezeichneten Orten in Wales und Cornwall, doch spiegelt sich auch hier – namentlich in der Sprache des Erzählers – deutlich der Einfluss der anglonormannischen Kultur.

Im deutschen Sprachraum wurden die Erzählungen um Arthur/Artus gegen Ende des 12. Jahrhunderts heimisch.[338] Zwischen 1180 und 1205 übersetzte Hartmann von Aue die beiden Versromane *Erec et Enide* und *Yvain* ins Mittelhochdeutsche, wobei er sich in seinem *Iwein* eng an die altfranzösische Vorlage anschloss, mit seinem *Erec* jedoch den gleichnamigen Roman Chrétiens erheblich erweiterte und in Einzelheiten veränderte. Chrétiens *Perceval* fand einen Bearbeiter in Wolfram von Eschenbach, der um 1200 mit seinem ungefähr 25 000 Zeilen zählenden Epos *Parzival* die Sage vom Gral in die deutsche Literatur einführte. Die in der älteren keltischen Überlieferung nur bruchstückhaft erhaltene Sage von Tristan (kymrisch *Drystan*) gestalteten um 1180 Eilhart von Oberge und bald nach 1200 Gottfried von Straßburg.[339]

Eine bis heute andauernde Renaissance erlebt die Artus-Literatur seit dem frühen 19. Jahrhundert.[340] Im Zuge der romantischen Rückbesinnung auf das Mittelalter entstanden insbesondere im angelsächsischen, aber auch im deutschen Sprachraum zahlreiche Nacherzählungen, Tondichtungen, Gemälde und Filme, während gleichzeitig mit dem Aufschwung der germanischen, romanischen und keltischen Philologien die wissenschaftliche Beschäftigung mit den mittelalterlichen Literaturwerken einsetzte. Dabei stellte sich im Hinblick auf die keltischen Quellen der Artus-Literatur heraus, dass die englischen, französischen und deutschen Dichter in der Regel nur Namen und Motive, nicht aber ganze Erzählungen aus der keltischen Überlieferung entlehnten.[341] Als Quelle dienten ihnen sowohl walisische als auch bretonische Erzählungen, die den französischen und anglonormannischen Autoren durch zweisprachige Vermittler bekannt wurden. Da die walisische und bretonische Überlieferung jedoch größtenteils verloren ging, findet man dort oft nur die Namen von Sagengestalten, während viele charakteristische Erzählmotive allein in der besser erhaltenen irischen Literatur bezeugt sind. Der bedeutende Anteil der Bretagne an der Entstehung der Artus-Literatur mag an dieser Stelle zum Anlass dienen, die Geschichte und Kultur dieser im frühen Mittelalter von Britannien aus besiedelten Region genauer ins Auge zu fassen.

16.

DIE BRETAGNE VON DER VORZEIT BIS ZUR UNION MIT FRANKREICH

Land am Meer: Von den frühen Siedlern bis zur «Britannia minor»

Die ältesten Spuren menschlicher Anwesenheit in der Bretagne reichen bis in die Altsteinzeit zurück.[342] Auf die frühen Jäger und Sammler folgten im 5. Jahrtausend v. Chr. die ersten Ackerbauern und Viehzüchter, denen das Land die noch heute zahlreich vorhandenen aufrecht stehenden Steine (Menhire) und steinernen Kammergräber (Dolmen) verdankt. In der zweiten Hälfte des 3. Jahrtausends v. Chr. kam der Gebrauch von Bronzewerkzeugen auf, der den Bewohnern der Bretagne dank der natürlichen Zinnvorkommen des Landes einen bedeutenden wirtschaftlichen und kulturellen Aufschwung bescherte. Mit dem Beginn der mitteleuropäischen Eisenzeit um 700 v. Chr. verloren die alten Handels- und Kulturverbindungen entlang der Atlantikküste jedoch zunehmend an Bedeutung, so dass die eisenzeitliche Kultur der Bretagne im Vergleich zu jener der aufblühenden Gemeinschaften Zentral- und Ostfrankreichs rückständig erscheint. Erst in den letzten Jahrhunderten v. Chr. ist eine zunehmende Intensivierung der Handelsbeziehungen sowohl mit Britannien als auch mit dem zentralen und südlichen Gallien zu verzeichnen. Dabei lassen die archäologischen Funde auch auf eine deutliche Zunahme der Bevölkerung und die Ausbildung kleinerer Stammeskönigreiche schließen. Ein eindrucksvolles Zeugnis der religiösen Kunst jener Zeit ist die etwa 40 cm hohe, 1988 im Graben der befestigten Siedlung von Paule gefundene Schieferstatuette eines Gottes mit Leier und Torques aus der Zeit um 100 v. Chr.[343]

In den Jahren 57 und 56 v. Chr. eroberte Iulius Caesar das «Land am Meer» *(Aremorica)*, wie die Bretagne mit ihrem gallischen Namen fortan von den Römern genannt werden sollte.[344] Nach der Neuordnung des von Caesar eroberten Territoriums durch Augustus gehörte die Bretagne zur Provinz Gallia Lugdunensis. In den Gebieten der fünf unter ihren latinisierten Namen als Redones, Namnetae, Veneti,

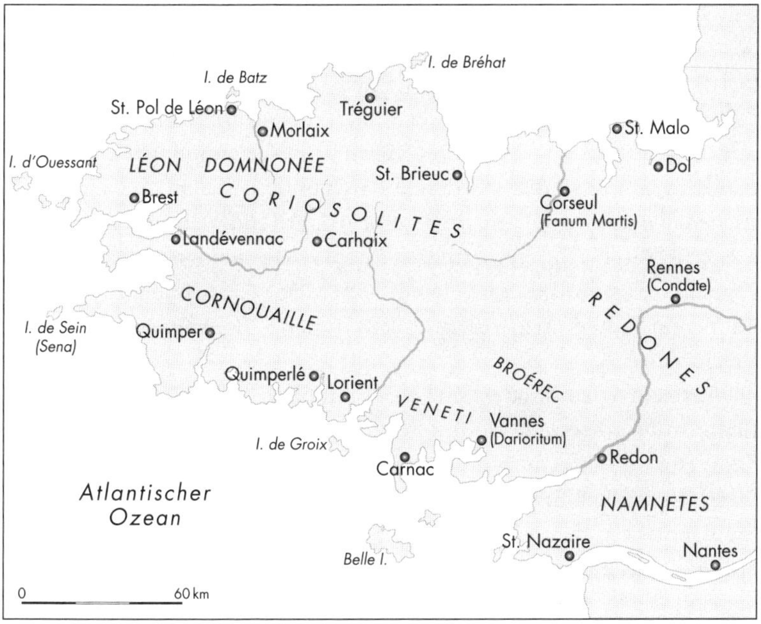

Die Bretagne in Antike und Mittelalter

Coriosolites und Ossismi bekannten Stämme *(civitates)* entstanden als bedeutende städtische Zentren die Orte Condate (später Civitas Redonum, heute Rennes), Portus Namnetum (heute Nantes), Darioritum (heute Vannes), Civitas Coriosolitum (heute Corseul) und Vorgium (heute Carhaix). Ein ausgedehntes Straßennetz und eine intensive Küstenschifffahrt verbanden die Bretagne nunmehr mit dem ganzen Römischen Reich. Die für das gesamte Gallien charakteristische Verschmelzung einheimischer und römischer religiöser Vorstellungen bezeugt in eindrucksvoller Weise der Kopf einer Bronzestatuette der Göttin Minerva, der 1913 bei Kerguilly im Département Finistère gefunden wurde.[345]

Einen deutlichen Rückschlag erfuhr die Romanisierung in der zweiten Hälfte des 3. Jahrhunderts n. Chr. durch die Angriffe von Seeräubern und die Einfälle germanischer Scharen. Im Gefolge der daraus entstandenen Unruhen, Plünderungen und Zerstörungen wurden Rennes, Nantes und Vannes auf verkleinertem Grundriss neu errichtet und durch Ringmauern befestigt. Corseul wurde zugunsten von Aletum (heute St. Malo) aufgegeben, während Brest und Quimper die Funktionen von Carhaix übernahmen. Von großer Tragweite für die weitere Geschichte des Landes und seiner Kultur erwies sich die Einwanderung britannischer Kelten, die wohl bereits im späten 3. und 4. Jahrhundert von den Römern zur Verteidigung entvölkerter Landstriche angesiedelt wurden und sich unter irischem und angelsächsischem Druck vor allem im 5. und 6. Jahrhundert in der Aremorica niederließen. Nach ihrer früheren Heimat nannte man die Gebiete der Ossismi, Coriosolites und Veneti seit dem 6. Jahrhundert *Britannia* oder – im Unterschied zur Insel Britannien - *Britannia minor* («Klein-Britannien»).[346]

Aus dem 6. Jahrhundert sind vier bretonische Fürstentümer bekannt: Léon im Nordwesten, Domnonée an der Nordküste, Cornouaille im Südwesten und das auch als Broérec bekannte Vannetais im Südosten. Über das frühe Christentum in diesen Regionen berichten zahlreiche Heiligenleben, deren Überlieferung allerdings erst im 9. Jahrhundert einsetzt. Ihnen zufolge kamen die bedeutendsten Klostergründer Samson (Dol), Paulus Aurelianus (Saint-Pol-de-Léon), Briocus (Saint-Brieuc) und Winwaloë/Guénolé (Landévennec) im Laufe des 6. Jahrhunderts aus dem christlichen Britannien ins Land, um ihre ausgewanderten Landsleute beim Aufbau des Kirchenwesens zu unterstützen. Charakteristische Ortsnamenelemente wie etwa *Plou-* (kymrisch *plwyf* «Kirchspiel» aus lateinisch *plebem*), *Tre-* «Weiler» (kymrisch *tre* «Dorf») und *Lan-* (kymrisch *llan* «Kloster») bezeugen die geographische Ausdehnung dieser frühen Kirchengründungen.[347] Im Westen und Norden der Bretagne war das kirchliche Leben dementsprechend weitgehend monastisch geprägt, während im Osten die gallorömische Kirche der Spätantike im Verband der Kirchenprovinz Tours mit Bischofssitzen in Rennes, Vannes und Nantes fortbestand. Wie in Irland, Schottland und Wales war auch das kirchliche Leben der Bretagne durch Besonderheiten in der Liturgie, der Bischofsweihe und der Berechnung des Ostertermins gekennzeichnet, die erst seit dem späten 7. Jahrhundert allmählich außer Gebrauch kamen.

Bretonen und Franzosen: Aspekte der politischen Geschichte

Im Osten der Bretagne regierten die fränkischen Merowinger, deren Oberhoheit die bretonischen Fürsten zwar formal immer wieder anerkannten, in Grenzstreitigkeiten und zumal in ihren inneren Angelegenheiten jedoch weitgehend ignorierten. Wie Gregor von Tours berichtet, eroberte in der zweiten Hälfte des 6. Jahrhunderts der bretonische Herrscher Waroc die Stadt Vannes und brandschatzte die Gebiete um Rennes und Nantes. Für die darauffolgenden anderthalb Jahrhunderte liegen die Beziehungen zwischen Franken und Bretonen jedoch wegen des Fehlens schriftlicher Quellen weitgehend im Dunkeln, so dass wir erst zu Beginn der Karolingerzeit wieder über ausführliche Nachrichten verfügen.[348]

Möglicherweise bemächtigte sich bereits Pippin III. der Jüngere der Stadt Vannes und der umliegenden Gebiete. Für das Jahr 778 erwähnt der Chronist Einhard (im neunten Kapitel seiner *Vita Caroli Magni*) erstmals die «Bretonische Mark», wie man das Gebiet der drei fränkischen Grafschaften von Nantes, Rennes und Vannes von da an nannte. Anlass für diese Erwähnung war der Tod des «Präfekten» *(praefectus)* der Mark – jenes Hruodlandus, der später zum Haupthelden des altfranzösischen und mittelhochdeutschen Rolandsliedes werden sollte. Für die folgenden Jahrzehnte berichten die Annalen wiederholt von Feldzügen Karls des Großen und seines Sohnes Ludwig des Frommen, denen jedoch kein dauerhafter Erfolg beschieden war. 830 musste ein allgemeiner Feldzug gegen die Bretonen schon während der Vorbereitungen infolge des Aufstands der Söhne Ludwigs des Frommen abgebrochen werden. Nach der Wiederherstellung seiner Macht setzte der Kaiser 831 den bretonischen Adligen Nominoë zum Grafen von Vannes ein und ernannte ihn zum *missus imperatoris* für die gesamte Bretagne. Nominoë verhielt sich zu Lebzeiten Ludwigs loyal gegenüber dem Frankenreich, geriet nach 840 jedoch in Konflikt mit Ludwigs Sohn und Nachfolger Karl dem Kahlen. 845 unterlag Karl gegen Nominoë und 851 ein zweites Mal gegen Nominoës Sohn Erispoë. Dieser herrschte daraufhin über die gesamte Bretagne einschließlich der Grafschaften Rennes und Nantes sowie über das Gebiet um Retz südlich der Loiremündung. Zwar huldigte er dem westfränkischen König als seinem Oberherrn, wurde jedoch auch seinerseits von Karl als König anerkannt. Als Erispoë 857 von seinem Vetter Salomon ermordet wurde, erkannte Karl der Kahle den Machtwechsel notgedrungen an und belehnte den neuen Herrscher mit weiteren Gebieten zwischen den Flüssen Mayenne und Sarthe. 874 wurde Salomon jedoch nach einer Verschwörung bretonischer und fränkischer Adliger ermordet und sein Land unter die beiden Herrscher Gurvant und Pascweten aufgeteilt. Nach deren Tod gelang zwar Pascwetens Bruder und Nachfolger Alan I. 888 noch einmal die Erneuerung des Königtums, doch geriet das Land nach seinem Tod 907 infolge der Aktivitäten dänischer Wikinger in eine tiefe Krise.

Bereits 843 hatten Normannen die Stadt Nantes überfallen und sich danach auf Dauer im Süden der Bretagne an der Loiremündung festgesetzt. 847 hatten sie einen Sieg über Nominoë errungen und 872 Angers heimgesucht. Als 911 ihr Anführer Rollo (Hrolf) nach der Annahme des Christentums von Karl III. mit der Normandie belehnt wurde, verstärkte sich der Druck auf die Bretagne in den darauffolgenden Jahrzehnten derart, dass zahlreiche Mönche und Adlige aus dem Land ins Innere Frankreichs oder übers Meer nach England flohen. Unter den Flüchtlingen am Hof des englischen Königs Athelstan befand sich auch der Schwiegersohn Alans I. Seinem Sohn Alan II. (Alain Barbetorte) gelang 937 mit Unterstützung der englischen Flotte die Rückeroberung von Nantes, während gleichzeitig Athelstan durch seinen Sieg über die verbündeten Dänen, Schotten und Waliser die Einheit Englands behaupten konnte.

Zum Zeitpunkt der Rückkehr Alans II. hatten die bretonischen Herrscher die einstmals enge Verbindung zu ihrem Herkunftsland infolge der angelsächsischen Eroberungen schon seit Langem verloren und sich in zunehmendem Maße zum Frankenreich hin orientiert. Schon in der ersten Hälfte des 9. Jahrhunderts führte man auf Betreiben Ludwigs des Frommen in mehreren bretonischen Klöstern, darunter dem 832 gegründeten Kloster von Redon, die benediktinische Regel ein. Um dieselbe Zeit wurde die gesamte Bretagne über die alten gallorömischen Bistümer Rennes, Vannes und Nantes hinaus in Diözesen eingeteilt, während sich auf politischer Ebene nach karolingischem Vorbild die Einrichtung des Grafenamts durchsetzte. Als Lehnsherren mehrerer Grafschaften führten die bretonischen Herrscher seit Alan II. im Zuge dieser Feudalisierung immer häufiger den Titel eines Herzogs *(dux)*, während der alte Anspruch auf die Königswürde in zunehmendem Maße bedeutungslos wurde.

Die folgenden Jahrhunderte sind gekennzeichnet durch innerbretonische Rivalitäten der Fürstenhäuser von Nantes, Rennes und Cornouaille sowie durch Auseinandersetzungen mit mächtigen Nachbarn wie den Herzögen der Normandie und den Grafen von Blois und Anjou. Durch die Verlagerung des politischen Schwerpunkts in den französischsprachigen Osten der Bretagne, die Übernahme feudaler Strukturen französischer Prägung und den kirchlichen Einfluss der großen Klöster an der Loire verloren althergebrachte bretonische Traditionen in der Folgezeit immer mehr an Bedeutung.[349] In der zweiten Hälfte des 12. Jahrhunderts geriet die Bretagne in den Machtbereich Heinrichs II. von England, doch erlangte nach einer Erbfolgekrise zu Beginn des 13. Jahrhunderts 1213 mit Pierre de Dreux (genannt Mauclerc) ein französischer Prinz aus der Linie der Kapetinger die Herzogswürde. Unter dem von ihm begründeten, bis 1341 regierenden Herrscherhaus wurden das Staatswesen, die Wirtschaft und das Recht modernisiert, die Verwaltung zentralisiert und zugleich die Verbindungen zu Frankreich weiter ausgebaut.

Schwere Verwüstungen erlitt die Bretagne während der ersten Jahrzehnte des Hundertjährigen Krieges, bis 1364 das Haus Montfort den Streit um die Herzogswürde für sich entscheiden konnte. Danach erlebte die Bretagne eine Periode des politischen Aufstiegs und der wirtschaftlichen Blüte, während sich England und Frankreich noch bis um die Mitte des 15. Jahrhunderts in kriegerischen Auseinandersetzungen erschöpften. Mit dem Wiedererstarken Frankreichs unter Karl VII. gerieten die Herzöge der Bretagne jedoch zunehmend ins Fahrwasser des französischen Königs, in dessen Dienst bretonische Truppen in den entscheidenden Schlachten gegen die Engländer 1450–1453 eine wichtige Rolle spielten. Nach dem Regierungsantritt des von seinen Vorrechten überzeugten Ludwig XI. 1461 verstärkten sich die Spannungen zwischen dem französischen König und Herzog Franz II. der Bretagne, der 1477 mit Karl dem Kühnen von Burgund seinen mächtigsten Verbündeten verlor. Nach der vernichtenden Niederlage der Bretonen in der Schlacht von Saint-Aubin-du-Cormier und dem Tod des Herzogs 1488 versuchte Franz' Tochter Anna, sich durch ein Bündnis mit Österreich die Thronfolge zu sichern. Ihre 1490 vollzogene Verbindung mit Maximilian von Habsburg wurde jedoch bereits im folgenden Jahr unter französischem Druck wieder gelöst. Im Dezember 1491 vermählte sich Anna mit dem französischen König Karl VIII., und nach dessen Tod 1499 mit seinem Nachfolger

Ludwig XII. Ihre Tochter Claudia wiederum wurde mit dem französischen Thronerben Franz von Angoulême verheiratet. Die damit eingeleitete staatliche und dynastische Bindung der Bretagne an Frankreich fand ihren Abschluss 1532, als Franz I. acht Jahre nach Claudias Tod die «immerwährende Vereinigung» *(union perpetuelle)* der Bretagne mit Frankreich proklamierte.

Namen, Glossen und Gedichte: Die frühen Zeugnisse des Bretonischen

Als britannische Kelten in der Spätantike in die Bretagne einwanderten, brachten sie auch ihre inselkeltische Sprache mit, aus der sich später das dem Kornischen und Kymrischen eng verwandte Bretonische entwickeln sollte.[350] Ob das Gallische zu dieser Zeit bereits vollständig außer Gebrauch gekommen war, ist ungewiss, und man hat versucht, dialektale Verschiedenheiten innerhalb des Bretonischen mit dem Einfluss des Gallischen in einigen Regionen des Landes zu erklären. Auch zur Zeit ihrer größten Ausdehnung erstreckte sich die bretonische Sprache im Osten jedoch nie bis Nantes oder Rennes, so dass die Bretagne im politischen Sinn stets Siedlungsgebiete einer ausschließlich französischsprachigen Bevölkerung umfasste.

Aus der Periode des Altbretonischen (zwischen dem 6. und 11. Jahrhundert) sind fast ausschließlich erklärende Zusätze (Glossen) zu lateinischen Texten sowie Orts- und Eigennamen auf uns gekommen. Wichtige Quellen dafür sind Sammlungen von Urkundenabschriften (Kopialbücher oder Chartularien), wie sie etwa für die Klöster Redon und Landévennec erhalten geblieben sind. Zusammenhängende Texte sind aus jener Zeit jedoch nicht überliefert, was teils auf die Vormachtstellung des Lateinischen als Schriftsprache, teils auf den kulturellen und wirtschaftlichen Niedergang im Gefolge der Normanneneinfälle sowie auf die zunehmende Hinwendung des Adels zur französischen Kultur zurückzuführen ist.

Die Existenz einer umfangreichen mündlichen Überlieferung bezeugen in erster Linie die Bearbeitungen keltischer Sagenstoffe in der altfranzösischen Literatur, darunter vor allem jene märchenhaften Erzählungen um Arthur/Artus, die man schon um 1200 als *Matière de Bretagne* von der antikisierenden *Matière de Rome* und der historisierenden *Matière de France* unterschied. Einen keltischen Hintergrund besitzen auch die als *Lais* bekannten Versnovellen der Dichterin Marie de France (um 1130 – um 1200), die als gebürtige Französin am englischen Hof Heinrichs II. lebte und sich in ihren Werken mehrfach auf bretonische Vorlagen beruft.[351] Bretonisch ist denn auch die Bezeichnung dieser Texte als *lais*, was im Hinblick auf irisch *laíd* «Gedicht, Lied» ursprünglich die Bezeichnung der strophisch gegliederten Lieder bretonischer Harfner gewesen sein dürfte.

Aus der Zeit um 1350 stammen einige wenige Zeilen eines Liebesgedichts, die uns der bretonische Schreiber eines lateinischen Textes am Rand der Handschrift hinterlassen hat:[352]

An guen heguen am louenas *An hegarat an lacat glas.*	Das blonde Mädchen mit der freundlichen Miene machte mich froh, / das liebliche mit den blauen Augen.

Ob der Schreiber sich hier als Dichter versuchte oder ob er ein verbreitetes volkstümliches Lied zitierte, wissen wir nicht, da vergleichbare bretonische Texte aus dem Mittelalter nicht erhalten geblieben sind. Überliefert sind lediglich ein Versdialog zwischen König Arthur und dem Weisen Guinglaff *(An dialogue etre Arzur, roe d'an Bretounet ha Guynclaff)* und religiöse Dramen, unter anderem über die Zerstörung Jerusalems, das Leiden und die Auferstehung Christi und das Leben der bretonischen Heiligen Nonne. Um 1464 entstand als erstes bretonisch-französisch-lateinisches Wörterbuch das *Catholicon* des Geistlichen Jehan Lagadeuc, das 1499 in Tréguier gedruckt wurde und etwa 5500 Einträge enthält.[353]

Hingewiesen sei in diesem Zusammenhang noch auf die keltische Sprache Cornwalls, die näher mit dem Bretonischen als mit dem Walisischen verwandt ist.[354] Ihre Verbreitung hatte sich nach dem Zeugnis der Ortsnamen (*Pen-* «Kopf, Ende, Spitze», *Porth-* «Hafen», *Tre-* «Gehöft, Weiler») bereits im 12. Jahrhundert weitgehend auf den westlichen Teil der Halbinsel beschränkt und ging in der Folgezeit immer weiter zurück. Kennt man das Altkornische (10.–12. Jahrhundert) vor allem aus mehreren hundert Einträgen eines lateinisch-kornischen Glossars, so besitzen wir aus der Periode des Mittelkornischen (13.–16. Jahrhundert) einige umfangreiche religiöse Gedichte und Versdramen, darunter die über 8000 Zeilen zählende Dramentrilogie *Ordinalia* über Themen der Schöpfung, der Geschichte Israels und des

Leidens Christi. Als der walisische Gelehrte Edward Lhuyd um 1700 Cornwall besuchte, war jedoch die gesamte Bevölkerung bereits zweisprachig, und in der zweiten Hälfte des 18. Jahrhunderts hatte die englische Sprache das Kornische vollständig verdrängt.

In dem Bemühen um eine Wiederbelebung des keltischen Idioms veröffentlichte Henry Jenner 1904 ein Handbuch der kornischen Sprache, und 1928 führte man nach walisischem Vorbild erstmals einen Dichterwettstreit *(gorsedd)* durch. 1967 wurde eine kornische Sprachbehörde gegründet, die sich 1987 für die Verbreitung eines auf Grundlage der umfangreichen mittelalterlichen Literaturzeugnisse entwickelten «Gemeinkornisch» *(Kernewek Kemmyn)* aussprach. Welche Rolle das Kornische im dezentralisierten Großbritannien der Gegenwart und nahen Zukunft spielen wird, bleibt abzuwarten.

DRITTER TEIL

GESCHICHTE, SPRACHE UND KULTUR DER KELTEN VOM HUMANISMUS BIS ZUR GEGENWART

17.
IRLAND VON DER KOLONISIERUNG BIS ZUR KATHOLIKENEMANZIPATION

Alteingesessene und Neuansiedler: Irland in der frühen Neuzeit

Die neuzeitliche Geschichte der Kelten nimmt ihren Anfang mit der allmählichen Eingliederung sämtlicher keltischsprachiger Regionen Westeuropas in den Machtbereich der aufstrebenden englischen und französischen Monarchien. Dabei ist parallel zum Verlust der politischen Selbständigkeit der Schwund eigenständiger rechtlicher und gesellschaftlicher Ordnungen zu verzeichnen, so dass sich die Geschichte der Kelten seit dem 16. Jahrhundert in erster Linie als eine Geschichte der keltischen Sprachen und Literaturen, aber auch der Wiederentdeckung ihrer mittelalterlichen Vorläufer und der keltischen Kultur des Altertums darstellt.

Ungeachtet aller chronologischer Parallelen und gemeinsamer Tendenzen vollzog sich der Übergang vom Mittelalter zur Neuzeit in den einzelnen keltischsprachigen Regionen jedoch keineswegs einheitlich, was vor allem an den unterschiedlichen gesellschaftlichen, wirtschaftlichen und geopolitischen Voraussetzungen lag. So konnte Wales im Laufe des 16. Jahrhunderts ohne bewaffnete Auseinandersetzungen von England annektiert und für die Reformation gewonnen werden, wohingegen sich in Irland die Gegenreformation durchsetzte und die englische Krone zur Sicherung ihrer militärischen Eroberungen immer wieder zum Mittel der Zwangsansiedlung loyaler englischer und schottischer Siedler griff.[355] Die ersten dieser Ansiedlungen *(plantations)* erfolgten unter der Regierung Marias der Katholischen (1553–1558) im Gebiet von Leix und Offaly, wodurch sich der englische Einflussbereich von seinem traditionellen Zentrum um Dublin zur Mitte Irlands hin ausdehnte. Weitere Ansiedlungen veranlasste Marias Nachfolgerin Elisabeth I. in Munster, nachdem 1579–1583 ein mit spanischen und italienischen Söldnern geführter Aufstand gegen die englische Herrschaft die gesamte Provinz schwer in Mitleidenschaft gezogen hatte. Ähnlich wie im Falle ihrer überseeischen Besitzungen vergab die Krone dabei das von den Aufständischen eingezogene Land an Spekulanten, die dort englische Familien ansiedeln sollten.

Drei Jahre nach dem Untergang der spanischen Armada 1588 gründete Elisabeth I. zur Förderung der Reformation in Irland mit dem Trinity College Dublin die erste Universität in Irland. Die letzte Bastion der traditionellen irischen Gesellschaft war nunmehr Ulster, wo Hugh O'Neill, Graf von Tyrone, seit 1585 seine Machtposition beständig ausgebaut hatte.[356] 1595 erhob er sich zusammen mit seinem Verbündeten Red Hugh O'Donnell gegen die englische Krone, erlitt jedoch trotz anfänglicher Erfolge und der Entsendung eines spanischen Expeditionsheeres in der Schlacht von Kinsale 1601 eine vernichtende Niederlage. Nachdem Red Hugh O'Donnell sich bereits 1602 nach Spanien begeben hatte und dort verstorben war, unterwarf sich Hugh O'Neill im März 1603 Elisabeths Nachfolger Jakob I. und ging 1607 zusammen mit Hugh O'Donnells Nachfolger Rory und weiteren irischen Adligen für immer außer Landes. Mit dieser «Flucht der Grafen» *(Flight of the Earls)* fand nicht nur die letzte Machtbasis der einheimischen irischen Herrscher, sondern auch die aus dem Mittelalter überkommene irische Rechts- und Gesellschaftsordnung ihr Ende.

Der Umstand, dass Hugh O'Neill und seine Begleiter ihre Abreise geheim gehalten hatten, diente der englischen Krone als willkommener Anlass, die Flucht der Grafen als Verrat auszulegen und ihre umfangreichen Ländereien zu beschlagnahmen. Man übereignete sie teils verdienten Mitarbeitern der Krone, teils englischen und schottischen Unternehmern zum Zweck weiterer Zwangsansiedlungen, wodurch der Anteil englischer und schottischer Protestanten im Norden Irlands stark anstieg. Die dadurch ausgelösten gesellschaftlichen Spannungen entluden sich 1641 in einem Aufstand, in dessen Verlauf die alteingesessenen Bewohner im Norden der Insel Tausende von Kolonisten umbrachten und einige der wichtigsten Städte und militärischen Stützpunkte besetzten.[357] Als wenig später in England der Bürgerkrieg zwischen König Karl I. und dem Parlament ausbrach, kämpften Iren und Altengländer aufgrund ihrer gemeinsamen katholischen Konfession in der Konföderation von Kilkenny Seite an Seite gegen das von Puritanern beherrschte Parlament, unterlagen jedoch 1649/50 den mit aller Härte vorgehenden Truppen Oliver Cromwells. Der endgültigen Niederschlagung des irischen Aufstands 1652 folgten neuerliche umfangreiche Enteignungen, so dass nunmehr der größte Teil des Landes in protestantische Hände überging.

1660 gelangte mit der Restauration der Monarchie Karl II. auf den englischen Thron, doch wurden die Hoffnungen der katholischen Iren auf eine Änderung der Besitzverhältnisse nicht erfüllt. Als Karls Nachfolger Jakob II. die Wiederherstellung des Katholizismus in England betrieb, rief das Parlament 1688 seinen Schwiegersohn Wilhelm von Oranien aus den Niederlanden nach England, worauf Jakob nach Frankreich floh. Bei dem Versuch, von Irland aus den Thron zurückzugewinnen, erlitt er mit seinem aus katholischen Iren und Franzosen zusammengesetzten Heer am 12. Juli 1690 in der Schlacht an der Boyne gegen die Truppen Wilhelms III. eine entscheidende Niederlage. Infolge der 1695 abgeschlossenen Friedensregelung des Vertrags von Limerick wurde die politische, wirtschaftliche und rechtliche Benachteiligung der irischen Katholiken durch umfangreiche Strafgesetze *(penal laws)* noch einmal verschärft. Das 18. Jahrhundert steht dementsprechend ganz im Zeichen der protestantischen Vorherrschaft *(Protestant ascendancy)*, die zwar eine gewisse politische Stabilität, aber auch eine allgemeine wirtschaftliche Stagnation und weitverbreitete Armut mit sich brachte.[358]

Neuerlichen Auftrieb gewannen radikale politische Strömungen trotz einer Lockerung der Strafgesetze ab 1778 im Gefolge der Französischen Revolution von 1789, als der republikanisch gesinnte Bund der «Vereinten Iren» *(United Irishmen)* in Zusammenarbeit mit dem katholischen Geheimbund der «Verteidiger» *(Defenders)* und der französischen Regierung auf eine vollständige Trennung Irlands von England hinarbeitete. Radikale Gegenmaßnahmen der englischen Regierung führten 1798 abermals zu bewaffneten Aufständen, die jedoch trotz der Landung eines französischen Expeditionsheeres von den Regierungstruppen innerhalb weniger Monate niedergeschlagen wurden.[359] Um Irland stärker an England anzubinden, setzte der englische Premierminister William Pitt 1800 mit einer *Act of Union* die Vereinigung des irischen und englischen Parlaments durch, doch scheiterte die von ihm erstrebte volle bürgerliche Gleichstellung der irischen Katholiken nicht zuletzt am Widerstand König Georgs III. Die politische Führung der irischen Katholiken übernahm nunmehr der Anwalt Daniel O'Connell (1775–1849), der 1823 mit der Gründung der *Catholic Association* eine Massenbewegung initiierte und schließlich 1829 mit der Verabschiedung der Katholischen Emanzipationsakte die Zulassung der Katholiken zum Parlament und zu öffentlichen Ämtern durchsetzte. Durch die politische Mobilisierung der katholischen Bevölkerungsmehrheit ging die Vorherrschaft der Protestanten bis zum Ende des 19. Jahrhunderts allmählich immer weiter zurück, während sich das irische Nationalbewusstsein immer mehr mit einem zunehmend römisch geprägten Katholizismus verband.[360]

Dichter und Gelehrte: Die irische Literatur im 17. und 18. Jahrhundert

Mit dem politischen Niedergang der einheimischen irischen Herrscher im Zuge der elisabethanischen Eroberungen war auch die gesellschaftliche Bedeutung der traditionellen Gelehrtenfamilien und der von ihnen gepflegten Literatur immer weiter zurückgegangen. Gleichzeitig hatten englischsprachige Autoren wie Richard Stanihurst (1547–1618), Edmund Spenser (1552–1599) und John Davies (1569–1626) die moralische und zivilisatorische Überlegenheit des protestantischen England über das katholische Irland hervorgehoben.[361] Hatten die Bardischen Dichter des 12. bis 16. Jahrhunderts den irischen und altenglischen Adel als Garanten der rechtmäßigen politischen Ordnung gefeiert, so flüchteten ihre Nachfolger im 17. und 18. Jahrhundert nach dem Niedergang der alteingesessenen Aristokratie immer mehr in Zukunftshoffnungen und politisches Wunschdenken. Die Beschäftigung mit der Geschichte sollte nun nicht mehr wie bisher die bestehenden Verhältnisse sanktionieren, sondern vielmehr dem negativen Irlandbild der neuenglischen Kolonisten etwas Gleichwertiges entgegensetzen, um in der Zukunft den erhofften politischen und gesellschaftlichen Umschwung aus der Vergangenheit begründen zu können.[362]

Einer der letzten Bardischen Dichter des späten 16. Jahrhunderts war Tadhg Dall Ó hUiginn (1550–1591), der seinen adligen Gönner Brian Ó Ruairc in einem seiner Gedichte noch zum unnachgiebigen Kampf gegen die Engländer aufforderte.[363] Die darauffolgenden politischen Umwälzungen spiegeln sich im Werk des Dichters Dáibhí Ó Bruadair (um 1625–1698), in dem Spottverse auf die Neuengländer, Preisgedichte auf katholische Adlige, politische Propaganda im Dienst Jakobs II. und bittere Klagen über die materielle Not des Dichters in einer veränderten Welt gleichermaßen vertreten sind.[364] Ähnliche Themen findet man im Werk des Dichters Pádraig Haicéad (gest. 1654), der neben politischer Propaganda im Dienst der Konföderation von Kilkenny auch persönlicher gehaltene Verse in der Tradition der höfischen Liebesgedichte *(dánta grádha)* hinterließ.[365] Charakteristisch für die politische irische Dichtung nach dem endgültigen Sieg Wilhelms III. ist die dichterische Gattung des Traumgesichts oder der *aisling* (Vision). Sie schildert die Begegnung des Dichters mit einer überirdisch schönen Frau, die sich im Gespräch mit ihm als Irland zu erkennen gibt, die Abwesenheit ihres rechtmäßigen Gatten – des verbannten Königs aus dem Hause Stuart – bitter beklagt und schließlich die Rückkehr des rechtmäßigen Herrschers prophezeit. Zu den bedeutendsten Vertretern dieser Form der politischen Dichtung zählen Aodhagán Ó Rathaille (um 1670–1729), Seán Clárach Mac Domhnaill (1691–1754) und Eoghan Rua Ó Súilleabháin (1748–1784), nach dessen Tod die traditionelle Form der *aisling* aufgrund der veränderten politischen Lage ihrem Ende entgegenging.[366] Von großer Bedeutung für die irische Literatur nach der Niederlage Jakobs II. und der Einführung der Strafgesetze war die Etablierung geistlicher Bildungsstätten auf dem europäischen Festland, unter denen das franziskanische Collegium des heiligen Antonius von Padua in Löwen (Louvain) besonders wichtig wurde.[367] 1606 von Philipp III. von Spanien gegründet, verdankte es seine Existenz der Initiative des franziskanischen Theologen Flaithrí Ó Maoilchonaire (Florence Conry, um 1560–1620), der 1601 das spanische Expeditionsheer nach Irland begleitet hatte und 1609 in Rom von Papst Paul V. zum Erzbischof von Tuam geweiht werden sollte. Geschätzt als Kenner der Werke des heiligen Augustinus, veröffentlichte er 1616 als Übersetzung eines katalanischen Werks mit dem Titel *El Desseoso* die Erbauungsschrift *Desiderius* oder *Scáthán an Chrábhaidh* (Spiegel der Frömmigkeit).[368] Zwei weitere irische Gelehrte, die 1607 den Weg nach Löwen fanden, waren Giolla Bríghde Ó hEódhasa (Bonaventura O'Hussey, um 1575–1614), der nach Studien in Douai 1611 in Antwerpen das katechetische Werk *An Teagasg Críosdaidhe* (Die christliche Lehre) verfasste, sowie Aodh Mac Aingil (Hugh Mac Cathmhaoil oder Mac Caghwell, 1571–1626). Letzterer hatte 1600 Hugh O'Neills Sohn Henry nach Salamanca begleitet und war dort nach theologischen Studien 1603 dem Franziskanerorden beigetreten. Neben dem 1618 in Leuven veröffentlichten *Scáthán Shacramuinte na hAithridhe* (Spiegel des Beichtsakraments) verfasste er lateinische Werke über die Philosophie des Johannes Duns Scotus, bevor er sich 1623 nach Rom begab, wo er kurz vor seinem Tod zum Erzbischof von Armagh ernannt wurde.

Seit 1616 wirkte der Theologe Hugh Ward (Aodh Mac an Bhaird, 1593–1635) in Löwen, auf dessen Initiative hin Míchéal Ó Cléirigh (um 1590–1643) und weitere irische Gelehrte eine systematische Sammlung kirchengeschichtlich relevanter irischer und lateinischer Texte in Angriff nahmen. Auf der Grundlage dieser Sammlung veröffentlichte der Franziskaner John Colgan (um 1592–1658) 1645 die *Acta Sanctorum Veteris et Maioris Scotiae seu Hiberniae* über all jene irischen Heiligen, deren Festtag in das erste Viertel des Kalenderjahres fiel. Ausgespart blieben dabei Brigit (1. Februar), Patrick (17. März) und Columba (9. Juni), denen Colgan 1647 einen eigenen Band mit dem Titel *Trias Thaumaturga* widmete. Da beide Werke auch inzwischen verloren gegangene Handschriften auswerten, besitzen sie heute den Rang von Primärquellen. Dies gilt auch für die als «Annalen der Vier Meister» *(Annals of the Four Masters)* oder «Annalen des Königreichs Irland» *(Annála Ríoghachta Éireann)* bekannte Sammlung irischer Annalen, die Míchéal Ó Cléirigh zwischen 1632 und 1636 mit Hilfe einheimischer Gelehrter im nordirischen Franziskanerkloster von Bundrowse zusammenstellte.[369] Zu den darin ausgewerteten Quellen zählt auch eine historisch wertvolle Biographie des 1602 verstorbenen Fürsten Red Hugh O'Donnell, die um 1616 von Míchéal Ó Cléirighs Vetter Lughaidh Ó Cléirigh verfasst wurde.[370] Ein weiterer irischer Historiker, der im Exil die traditionelle irische Kultur gegen die Angriffe der anglo-irischen Autoren zu verteidigen suchte, war Philip O'Sullivan Beare (um 1590–um 1634), dessen Abriss der Geschichte des katholischen Irland *(Historiae Catholicae Iberniae Compendium)* 1621 in Lissabon erschien. Erinnert sei in diesem Zusammenhang noch an den Philosophen John Toland (1670–1722), der neben seinen Hauptwerken *Christianity not Mysterious* (1696) und *Pantheisticon* (1720) auch eine *Critical History of the Celtic Religion and Learning* (entstanden 1718/19, gedruckt 1726) vorlegte.[371]

Gälisches Erbe:
Von der Altertumskunde zur Keltologie

Unter den katholischen Gelehrten, die sich in ihrer irischen Heimat unter den erschwerten Bedingungen der neuen Zeit um die Bewahrung des gälischen Erbes bemühten, ragt Dubhaltach Mac Fhir Bhisigh (um 1600–1671) hervor, dem spätere Generationen die Abschrift und Übersetzung historisch wichtiger Texte, insbesondere Genealogien, verdanken.[372] Einer seiner Schüler war der Geistliche John Lynch (um 1599–um 1673), der zunächst in Galway Klassische Philologie unterrichtete, 1652 jedoch nach der Übergabe Galways an die Truppen des Parlaments nach Frankreich übersiedelte und dort zehn Jahre später mit dem lateinischen Werk *Cambrensis Eversus* eine Gegendarstellung zum negativen Irlandbild des Giraldus Cambrensis veröffentlichte. Zu seinen irischen Schülern zählt Roderick O'Flaherty (1629–1718), der ebenfalls von Dubhaltach Mac Fhir Bhisigh in die Tradition der Bardischen Dichtung eingeführt wurde und dessen lateinisch geschriebene Chronologie der irischen Geschichte *Ogygia, seu Rerum Hibernicarum Chronologia* dank der Vermittlung eines einflussreichen Gönners 1685 in London gedruckt werden konnte.[373] Die wohl bekannteste und einflussreichste Darstellung der irischen Geschichte bis zum Tod des letzten Hochkönigs Rory O'Connor 1198 ist indessen die «Grundlage der Kenntnis Irlands» *(Foras Feasa ar Éirinn)* des katholischen Geistlichen Geoffrey Keating (Seathrún Céitinn, um 1580–1650).[374] Selbst Nachkomme anglonormannischer Eroberer – der Name Céitinn geht zurück auf Mac Étienne, das heißt FitzStephen –, betrachtete der Verfasser sein Werk weniger als Vermächtnis einer untergegangenen Kultur denn vielmehr als Grundlage des Ausgleichs und der Verständigung zwischen den «Alten Gälen» *(Sean-Ghaedhil)* und den anglo-irischen «Alten Ausländern» *(Sean-Ghaill)* angesichts der gemeinsamen Bedrohung vonseiten der «Neuen Ausländer» *(Nua-Ghaill)*, das heißt der neuenglischen Kolonisten.

Dass vereinzelt auch Angehörige der protestantischen Oberschicht an der Geschichte des gälischen Irland Anteil nahmen, zeigt das Beispiel des Regierungsbeamten Sir James Ware (1594–1666), der sich von Dubhaltach Mac Fhir Bhisigh Abschriften irischer Texte anfertigen ließ und in seiner 1633 veröffentlichten *Historie of Ireland* das allzu negative Irlandbild der darin erstmals abgedruckten Abhandlung *A View of the Present State of Ireland* von Edmund Spenser aus dem Jahr 1596 kritisierte. Ein positives Interesse an der Geschichte und Kultur des gälischen Irland entwickelte sich in der protestantischen Oberschicht des Landes allerdings erst im letzten Drittel des 18. Jahrhunderts aufgrund des gesamteuropäischen Interesses an der vermeintlich keltischen Ossian-Dichtung – wovon im Zusammenhang mit der Geschichte Schottlands noch die Rede sein wird –, des gesteigerten Selbstbewusstseins der irischen Protestanten und der Lockerung der antikatholischen Strafgesetze. Maßgeblich beteiligt an dieser Entwicklung waren der Altertumsforscher Charles Vallancey (1721–1812),

Gründer der Zeitschrift *Collectanea de Rebus Hibernicis* (1770–1804), der katholische Gelehrte Charles O'Conor (1710–1791), Verfasser eines *Account of the Ancient Government, Letters, Science, Religion, Manners and Customs of Ireland* (1753, ^{2}1766), und die Übersetzerin Charlotte Brooke (um 1740–1793), Herausgeberin der einflussreichen Anthologie *Reliques of Irish Poetry* (1789).[375] Eine der ersten Sammlungen traditioneller irischer Melodien veröffentlichte der Organist Edward Bunting (1773–1843) mit seinem Werk *General Collection of the Ancient Music of Ireland* (1792).

Beredten Ausdruck fand das neuerwachte Interesse an der keltischen Vergangenheit Irlands in der Gründung der *Royal Irish Academy* (1785), die sich im 19. Jahrhundert zu einem Mittelpunkt der philologischen, archäologischen und historischen Forschung in Irland entwickelte.[376] Zu den bedeutendsten mit ihr verbundenen Gelehrten jener Zeit zählen der Archäologe George Petrie (1789–1866), der Dichter und Kritiker Samuel Ferguson (1810–1886) und der Philologe James Henthorn Todd (1805–1869). Wegweisende Arbeiten auf paläographischem, philologischem und historischem Gebiet verfassten John O'Donovan (1809–1861), der 1848–1851 eine zweisprachige Ausgabe der «Annalen des Königreichs Irland» vorlegte, und Eugene O'Curry (1796–1862), der 1855 auf den Lehrstuhl für Irische Geschichte an der neugegründeten Katholischen Universität von Dublin berufen wurde.

Von großer Bedeutung für die weitere Geschichte dieser literarischen und historischen Forschungen sollte sich die Entstehung der Vergleichenden Indogermanischen Sprachwissenschaft in der ersten Hälfte des 19. Jahrhunderts erweisen. Nachdem ihr Begründer Franz Bopp (1791–1867) 1838 die Zugehörigkeit der keltischen Sprachen zur indogermanischen Sprachfamilie nachgewiesen hatte, begründete Johann Kaspar Zeuss (1806–1856) mit seiner 1853 erschienenen *Grammatica Celtica* die moderne Keltologie.[377] Einer der ersten irischen Keltologen war der Jurist Whitley Stokes (1830–1909), der 1901–1903 zusammen mit John Strachan (1862–1907) die zweibändige Ausgabe der ältesten irischen Sprachzeugnisse *Thesaurus Palaeohibernicus* und 1880–1905 zusammen mit Ernst Windisch (1844–1918) die fünfbändige Reihe Irische Texte (1880–1905) veröffentlichte.[378] Maßgeblich beteiligt am Aufbau der Keltologie in Irland war Windischs Schüler Kuno Meyer (1858–1919), der 1896 zusammen mit Ludwig Christian Stern (1846–1911) die *Zeitschrift für celtische Philologie* begründete und von 1900–1907 zusammen mit Whitley Stokes das *Archiv für Celtische*

Lexikographie herausgab.[379] Auf seine Initiative hin entstand 1903 in Dublin die *School of Irish Learning*, Vorläuferin der 1940 gegründeten *School of Celtic Studies* des *Dublin Institute for Advanced Studies*.[380]

Erheblichen Einfluss hatte die damit verbundene Rückbesinnung auf die irische Sprache und die mittelalterliche irische Kultur auch auf die anglo-irische Literatur, die im späten 19. und frühen 20. Jahrhundert in vieler Hinsicht an Stoffe und Motive der neu erschlossenen Literatur des mittelalterlichen Irland anzuknüpfen suchte. So schuf der Jurist Standish James O'Grady (1846–1928) zahlreiche Nacherzählungen irischer Sagen in englischer Sprache, während sich der Lyriker und Dramatiker William Butler Yeats (1865–1939) zusammen mit Lady Augusta Gregory (1852–1932) unter Rückgriff auf die Sagen des Finn- und Ulster-Zyklus um die Schaffung eines nationalen irischen Theaters bemühte.[381]

18.
IRLAND VON DER KATHOLIKENEMANZIPATION BIS 1945

Vom Anschluss zur Unabhängigkeit: Aspekte der politischen Geschichte

Die politischen und wirtschaftlichen Probleme, die 1798 zu den bewaffneten Aufständen der Vereinten Iren geführt hatten, waren auch durch die am 1. Januar 1801 in Kraft getretene Union Irlands und Großbritanniens nicht gelöst worden. So waren weite Teile der irischen Bevölkerung noch immer der Auffassung, ihr Land werde allein im Interesse der protestantischen Minderheit regiert, während man in England die Nachbarinsel nach wie vor als eine Art Kolonie betrachtete. Zusätzlich verschärft wurden die Spannungen durch den beständigen Bevölkerungszuwachs, in dessen Gefolge die landwirtschaftlichen Güter in immer kleinere und letztlich unrentable Pachtbezirke unterteilt wurden, während gleichzeitig die Landbesitzer ihre Gewinne vorzugsweise außerhalb Irlands ausgaben und dadurch der Insel das dringend notwendige Kapital entzogen. Staatliche Gegenmaßnahmen wie etwa die Schaffung von Arbeitsplätzen durch den Aufbau eines nationalen Eisenbahnnetzes wurden mehrfach erwogen, aufgrund der Laissez-faire-Politik des vorherrschenden Wirtschaftsliberalismus jedoch immer wieder verworfen. Leistungsfähige Industrien entwickelten sich fast ausschließlich im Nordosten der Insel, während die Bevölkerung der übrigen Landesteile nahezu vollständig von der Landwirtschaft, insbesondere dem Kartoffelanbau, abhing. 1840 führte die Unzufriedenheit mit der Union zur Gründung einer «Vereinigung zur Aufhebung der Unionsakte» *(Repeal Association)*. Ihre Anhänger rekrutierten sich jedoch vornehmlich aus dem Lager der Katholiken, während die Presbyterianer der nordirischen Industriezentren aus Furcht vor den wirtschaftlichen Folgen einer Auflösung der Bindung an England sich nunmehr dem politischen Standpunkt der protestantischen Landbesitzer annäherten. Einen stark von der Romantik geprägten und konfessionell ungebundenen Nationalismus vertraten die Anhänger des «Jungen Irland» *(Young Ireland)*, die zunächst gemeinsam mit Daniel O'Connell die Aufhebung der Union anstrebten, sich jedoch 1845/46 wegen seiner Forderung nach strikter Gewaltlosigkeit und seiner uneingeschränkten Verbindung von Nationalismus und Katholizismus mit ihm überwarfen.

Während die Gegner und Anhänger O'Connells noch im Streit miteinander lagen, wurde Irland 1845–1848 durch den mehrjährigen Ausfall eines Großteils der Kartoffelernte von einer gewaltigen Hungerkatastrophe *(The Great Famine)* heimgesucht, deren Ausmaß alles bisher Dagewesene in den Schatten stellte.[382] Man schätzt, dass bis zu einer Million Menschen verhungerten oder durch Fieberkrankheiten umkamen, während ebenso viele Iren nach Amerika auswanderten. Als sich das Land von der wirtschaftlichen und politischen Erschöpfung zu erholen begann, erwuchs nicht zuletzt aus der Verbitterung über die unzureichenden Maßnahmen der britischen Regierung angesichts der Hungersnot die Forderung nach Selbstverwaltung *(home rule)* in der Form eines nationalen, aber von England abhängigen Parlaments. Eine Fortsetzung fand die revolutionäre Ideologie des Jungen Irland nun in der 1858 gegründeten «Irisch-Republikanischen Bruderschaft» *(Irish Republican Brotherhood)* und ihrem amerikanischen Flügel, der «Bruderschaft der Fenier» *(Fenian Brotherhood)*.[383] In den darauffolgenden Jahren versuchte der gemäßigte Rechtsanwalt Isaac Butt (1813–1879) mit seiner 1870 gegründeten *Home Government Associaton* (später umbenannt in *Home Rule League*), Konservative und Liberale, Katholiken und Protestanten in einer neuen Bewegung zu vereinen. Sein Nachfolger Charles Stewart Parnell (1846–1891) suchte in einer Politik des «Neuen Weges» *(New Departure)* das Bündnis sowohl mit der Irisch-Republikanischen Bruderschaft als auch mit der 1879 gegründeten Land-Liga *(Land League)*, die sich um eine Verbesserung der Lage der Pachtbauern bemühte. 1886 wurde ein erster Gesetzantrag auf Selbstverwaltung für Irland eingebracht, scheiterte jedoch an der Uneinigkeit der Liberalen und dem Widerstand der Konservativen, die insbesondere die wirtschaftlich von England abhängigen nordirischen Protestanten zum Widerstand gegen derartige Pläne aufriefen. Seinen Höhepunkt erreichte der daraus resultierende Konflikt, als das Unterhaus 1912 eine Selbstverwaltungsakte verabschiedete, worauf die Protestanten in Ulster die bewaffneten Einheiten der *Ulster Volunteer Force* und die südirischen Nationalisten im Gegenzug die *Irish Volunteers* aufstellten.

Nachdem der Ausbruch des Ersten Weltkriegs im August 1914 die politische Umsetzung der Selbstverwaltungsakte verhindert hatte, schritt der radikale Flügel der irischen Nationalisten nach der Proklamation der Irischen Republik am Ostermontag 1916 zum bewaffneten Aufstand, der jedoch innerhalb weniger Tage von britischen Truppen niedergeschlagen wurde. Nach der Hinrichtung der meisten Anführer, die mit ihrem gewaltsamen Vorgehen nur im Sinne einer kleinen Minderheit gehandelt hatten, fanden die Befürworter einer radikalen Loslösung Irlands von England nunmehr breite Zustimmung in der Bevölkerung. Nutznießer der veränderten politischen Lage war die 1907 gegründete Partei *Sinn Féin* («Wir selbst»), die unter der Führung von Eamon de Valera (1882–1975) nach einem überwältigenden Wahlsieg im Januar 1919 in Dublin ein eigenes irisches Parlament, die *Dáil Éireann*, ins Leben rief und nach einem zweijährigen Guerilla-Krieg 1922 die Gründung des Irischen Freistaats *(Saorstát Éireann)* mit dem Status eines Dominions im Rahmen des British Empire erreichte. Abgetrennt blieben allerdings sechs Grafschaften im Norden Irlands, nicht zuletzt infolge ihrer engen wirtschaftlichen Bindungen an Großbritannien.[384] Bereits unmittelbar nach dem Inkrafttreten der irischen Verfassung und dem Abzug der britischen Truppen kam es darüber zum offenen Bürgerkrieg, den die Befürworter des Irisch-Britischen Vertrags erst im Mai 1923 endgültig für sich entscheiden konnten. Noch im Spätsommer desselben Jahres trat Irland dem Völkerbund bei, und mit der Verabschiedung des Statuts von Westminster im Dezember 1931 erlangte Irland zusammen mit den anderen Dominions des British Empire eine weitgehende Autonomie. 1932 wurde Eamon de Valera, ein erklärter Gegner des Vertrags von 1921, zum Ministerpräsidenten gewählt. Unter seiner Regierung wurden die Bindungen an Großbritannien weiter abgebaut, so dass der 1937 in *Éire* umbenannte irische Staat im Zweiten Weltkrieg seine Neutralität erfolgreich behaupten konnte.

Sprache und Identität: Die Rolle des Irischen in der Gesellschaft

Obschon bereits die 1366 verabschiedeten Statuten von Kilkenny den Geltungsbereich der irischen Sprache zugunsten des Englischen zu begrenzen suchten, war doch das Irische bis zum Ausgang des 16. Jahrhunderts die Sprache des alteingesessenen Adels und das alleinige Verständigungsmittel eines Großteils der Bevölkerung geblieben. Dies änderte sich im Verlauf des 17. Jahrhunderts, als umfangreiche Enteignungen, ein beständiger Zustrom englischsprachiger Neuansiedler und schließlich repressive Strafgesetze die beherrschende Stellung des Irischen immer mehr unterhöhlten. Während sich das Englische als Sprache der protestantischen Landbesitzer, der Regierung, der örtlichen Verwaltung, der Rechtsprechung und des Handels durchsetzte, verlor das Irische mit dem politischen und wirtschaftlichen Niedergang der alten katholischen Oberschicht sein gesellschaftliches Prestige und konnte nur noch in den unteren Gesellschaftsschichten seine Stellung behaupten. War die Kenntnis des Englischen für die verarmte Landbevölkerung eine unerlässliche Voraussetzung für die Wahrnehmung und Verteidigung ihrer ohnehin bescheidenen Rechte, so bildete sein Gebrauch in Wort und Schrift für die katholische Mittel- und Oberschicht eine willkommene Möglichkeit, ihre Loyalität gegenüber der Regierung zu bekunden und so auf eine Lockerung der Strafgesetze hinzuwirken. Englisch war dementsprechend auch die Sprache des Bildungswesens, das insbesondere seit der Einrichtung der staatlichen Grundschulen 1831 den Niedergang des Irischen beschleunigte. Hinzu kam, dass die Große Hungersnot der Jahre 1845–1848 gerade die irischsprachige Landbevölkerung am härtesten traf, so dass die Zahl der Sprecher in der zweiten Hälfte des 19. Jahrhunderts infolge des Rückgangs der Bevölkerung durch Tod und Emigration stark zurückging.

Erste Gegenmaßnahmen erfolgten 1876 mit der Gründung der «Gesellschaft zur Bewahrung der irischen Sprache» *(Society for the Preservation of the Irish Language)*, aus der 1880 die «Gälische Union» *(Gaelic Union / Aondacht na Gaeilge)* mit ihrer einflussreichen, zweisprachigen Kulturzeitschrift *Irisleabhar na Gaedhilge (The Gaelic Journal)* hervorging. Entscheidende kulturpolitische Bedeutung gewann indessen erst die 1893 von Douglas Hyde (1860–1949), Eoin MacNeill (1867–1945) und anderen gegründete «Gälische Liga» *(Gaelic League / Conradh na Gaeilge)*, die über die politischen und konfessionellen Gegensätze hinweg die irische Sprache als integralen Bestandteil des nationalen Erbes propagierte.[385] Sie fand vor allem unter den englischsprachigen Angehörigen der städtischen Mittelschicht Anklang, wohingegen ihr Einfluss auf die irischsprachige Landbevölkerung begrenzt war. Zu ihren wichtigsten Aktivitäten gehörte die Organisation von Sprachkursen, Kulturfesten und Kampagnen zur Stärkung der Position des

Irischen im Bildungswesen, aber auch die Veröffentlichung irischer Bücher und der zweisprachigen Kulturzeitschrift *An Claidheamh Soluis* (Das Lichtschwert). Nach der Gründung der *Ulster Volunteer Force* und der *Irish Volunteers* geriet die Gälische Liga zunehmend in ein politisches Fahrwasser, worauf ihr Präsident Douglas Hyde 1915 seinen Rücktritt erklärte. Zahlreiche Mitglieder schlossen sich nach dem gescheiterten Osteraufstand des Jahres 1916 der *Sinn Féin*-Partei an und übernahmen nach der Einrichtung des Freistaats 1922 Funktionen in der Regierung, in deren Programm folglich auch die Pflege und Förderung des Irischen eine wichtige Rolle spielte. 1925 wurde zu diesem Zweck das staatliche Verlagshaus *An Gúm* («Der Plan») ins Leben gerufen, das der Veröffentlichung staatlich geförderter Lehrbücher, irischer Originalwerke und irischer Übersetzungen ausländischer Literatur diente. Ungeachtet aller seither eingeleiteter Maßnahmen wie etwa der Verbesserung des Bildungswesens, der wirtschaftlichen Förderung strukturschwacher ländlicher Gebiete und der Einrichtung irischsprachiger Radio- und Fernsehprogramme ist jedoch die *Gaeltacht*, wie man die irischsprachigen Regionen zusammenfassend nennt, seither immer weiter zusammengeschmolzen, so dass das Überleben der irischen Sprache auch heute keineswegs als gesichert gelten kann.[386] Immerhin verabschiedete das irische Parlament 2003 die *Official Languages Act 2003* (irisch *Acht na dTeangacha Oifigiúla 2003*), die verschiedene Maßnahmen zur Konsolidierung des Irischen und die Einsetzung eines eigenen, vom Präsidenten ernannten Sprachbeauftragten vorsieht, und seit 2007 ist Irisch eine offizielle Sprache der Europäischen Union.

Wege in die Moderne: Die irische Literatur im 19. und 20. Jahrhundert

In der Geschichte der irischen Literatur bildete das 18. Jahrhundert mit seiner politischen Vorherrschaft der englischsprachigen Protestanten eine Zeit der kulturellen Verarmung, in der die Möglichkeiten für den Druck und die handschriftliche Verbreitung zeitgenössischer irischer Literaturwerke allenthalben stark eingeschränkt waren. Als im Gefolge romantischer Strömungen gegen Ende des 18. und zu Beginn des 19. Jahrhunderts eine breite Öffentlichkeit erneut Interesse an der irischsprachigen Kultur bekundete, konzentrierte man sich zunächst auf das Sammeln und Bewahren mündlicher Überlieferungen sowie auf die Herausgabe und Übersetzung mittelalterlicher Texte. Bemühungen um die Etablierung einer auch wirtschaftlich lebensfähigen neuirischen Literatur erfolgten demgegenüber erst im letzten Drittel des 19. Jahrhunderts, doch war die irischsprachige Bevölkerung zu dieser Zeit infolge der großen Hungersnot bereits so stark zurückgegangen, dass zum ersten Mal in der Geschichte der irischen Sprache ihr Überleben in Frage gestellt schien. Darüber hinaus galt das moderne Irische nach wie vor in erster Linie als Sprache einer kulturell und wirtschaftlich rückständigen Landbevölkerung, wohingegen sich das zahlungskräftige Lesepublikum der Städte überwiegend des Englischen bediente.

Einer der ersten katholischen Geistlichen, der sich nachdrücklich für die Schaffung einer neuirischen Literatur einsetzte, war John MacHale (1791–1881), der 1834 zum Erzbischof von Tuam ernannt wurde und neben Gedichten und erbaulichen Schriften in irischer Sprache auch Übersetzungen der *Irish Melodies* von Thomas Moore (1779–1852), des Pentateuch und der Ilias veröffentlichte.[387] Weitreichenden Einfluss auf den Literaturbetrieb gewann die Gälische Liga, die seit 1900 in einem eigenen Verlagshaus irische Bücher drucken ließ. Einer der von ihr geförderten Autoren war Peadar Ó Laoghaire (Peter O'Leary, 1839–1920), der neben originalen Erzählungen auch Bearbeitungen älterer irischer Literaturwerke, Übersetzungen sowie eine Autobiographie *Mo Sgéal Féin* (Meine eigene Geschichte) hinterließ. Aus heutiger Sicht moderner wirken allerdings die Werke des Schriftstellers Pádraic Ó Conaire (1882–1928), der unter dem Einfluss des französischen Naturalismus zahlreiche Kurzgeschichten sowie 1910 den düsteren Roman *Deoraíocht* (Exil) veröffentlichte. In seinem Mittelpunkt steht Micheál Ó Maoláin, der als irischer Immigrant in London bei einem Unfall verstümmelt wird und dadurch ins Elend gerät, sich bei einem Schausteller verdingt und schließlich von diesem getötet wird. Zeitgenössischen Vorbildern verpflichtet ist auch das literarische Werk des Pädagogen Pádraig Mac Piarais (Patrick Henry Pearse, 1879–1916), der neben seiner Tätigkeit als Herausgeber der Zeitschrift *An Claidheamh Soluis* irische Gedichte und Kurzgeschichten verfasste.[388]

Die Einrichtung des staatlichen Verlags *An Gúm* im Gefolge der Gründung des Irischen Freistaats verhieß irischen Autoren zunächst eine neue Möglichkeit der Förderung, doch erwies sich die ausgeprägt konservative Verlagspolitik gerade für moderne und experimentelle Werke als Hemmschuh. Zu den bedeutendsten Werken, die in den ersten Jahren des *Gúm* veröffentlicht wurden, gehört zweifellos die Autobiographie *An tOileánach*, deren Autor Tomás Ó Criomhthain (1856–1937) in einer ebenso schmucklosen wie eindringlichen Darstellung das karge Leben der Fischer auf der abgelegenen Großen Blasket-Insel vor der irischen Südwestküste beschrieb. Mit ihr zu vergleichen sind die autobiographischen Schriften *Fiche Blian ag Fás* (1933) von Muiris Ó Súilleabháin (1904–1950) sowie *Peig* (1933) und *Machtnamh Seana-Mhná* (1939) von Peig Sayers (1873–1958). Konventionelle fiktive Darstellungen des Landlebens im Norden Irlands verfasste unter dem Pseudonym «Máire» Séamus Ó Grianna (1889–1969), dessen jüngerer Bruder Seosamh Mac Grianna (1901–1990) neben Erzählungen, literaturkritischen Studien und einem autobiographischen Essay *Mo Bhealach Féin* (Mein eigener Weg, 1930) auch zahlreiche Übersetzungen hinterließ.

Eine glänzende Satire auf Autobiographien wie *An tOileánach* und die naive Begeisterung ahnungsloser Städter für das harte Leben auf dem Lande erschien 1941 unter dem Titel *An Béal Bocht*, geschrieben von dem Journalisten und Schriftsteller Brian O'Nolan (alias Flann O'Brien alias Myles na gCopaleen, 1911–1966).[389] Zu den Autoren, die in den darauffolgenden Jahren zum Teil in bewusster Abkehr von der als bieder empfundenen Literatur der Zwischenkriegsjahre neue Ausdrucksformen suchten, gehören der Erzähler Máirtín Ó Cadhain (1906–1970), der Dichter, Romancier und Dramatiker Eoghan Ó Tuairisc (Eugene Rutherford Watters, 1919–1982) und die beiden Dichter Máirtín Ó Díreáin (1910–1988) und Seán Ó Ríordáin (1916–1977). Ob die irische Sprache auch in Zukunft als literarisches Medium einer sich immer schneller wandelnden Welt bestehen kann, bleibt abzuwarten. Dies gilt auch für das ihr zunächst verwandte Schottisch-Gälische, dessen Schicksal in der Neuzeit den Gegenstand der beiden folgenden Kapitel bilden soll.

19.
SCHOTTLAND VON DER REFORMATION BIS ZUR SCHLACHT VON CULLODEN

Politik und Religion: Schottland in der frühen Neuzeit

Nach dem Tod Marias der Katholischen war 1558 ihre Halbschwester Elisabeth I., eine Tochter Heinrichs VIII. und seiner zweiten Frau Anna Boleyn, vom englischen Parlament als Herrscherin anerkannt worden. Durch die Wiederherstellung des anglikanischen Staatskirchentums ihres Vaters brachte sie sich sogleich in Gegensatz zu den Katholiken, denen die schottische Königin Maria Stuart, eine Urenkelin Heinrichs VII., als rechtmäßige Erbin des englischen Thrones galt. Diese war als Tochter König Jakobs V. in Frankreich erzogen worden, hatte 1558 den französischen König Franz II. geheiratet und war erst 1561 nach dessen Tod nach Schottland zurückgekehrt. 1565 heiratete sie Lord Darnley, der aber noch vor der Geburt ihres gemeinsamen Sohnes Jakob Marias Sekretär Riccio aus Eifersucht umbrachte, dadurch bei der Königin in Ungnade fiel und 1567 von Graf Bothwell ermordet wurde. Noch in demselben Jahr heiratete Maria Bothwell, musste jedoch 1568 wegen ihrer Hinneigung zum Katholizismus vor der Opposition des Adels aus Schottland fliehen. Von ihrer Rivalin Elisabeth gefangengesetzt, wurde sie schließlich der Verschwörung angeklagt und 1587 hingerichtet. Schon wenige Jahre nach ihrem Tod wurde Maria Stuart in klassizistischen Dramen als Glaubenszeugin gefeiert, während spätere Autoren bei ihrer Behandlung des Stoffs in zunehmendem Maße erotische Motive in den Vordergrund rückten. Unbestrittener Höhepunkt einer langen Reihe dramatischer Gestaltungen ist bis heute Friedrich Schillers Trauerspiel *Maria Stuart*, das 1800 am Hoftheater in Weimar uraufgeführt wurde.

1603 bestieg nach dem Tod der ehelos gebliebenen Elisabeth Marias Sohn Jakob VI. von Schottland als Jakob I. den Thron von England, wodurch beide Länder in Personalunion verbunden wurden. Jakobs Versuche, die Rechte der Krone zu erweitern, führten jedoch alsbald zum Konflikt mit dem Parlament, das nach größerer Selbständigkeit strebte. Unter seinem Sohn und Nachfolger Karl I. spitzte sich dieser Konflikt weiter zu und führte 1642 zum offenen Bürgerkrieg zwischen den Anhängern des Königs und denen des Parlaments. Unter dem Befehl Oliver Cromwells besiegte das Parlamentsheer 1648 bei Preston die mit dem König verbündeten Schotten und setzte 1649 die Hinrichtung des Königs und die Ausrufung der Republik durch. Seit 1653 regierte Cromwell, gestützt auf eine Protektoratsverfassung, wie ein absoluter Herrscher, doch konnte sein Sohn und Nachfolger nach seinem Tod 1658 diese Stellung nicht halten. 1660 wurde Karl II. vom Parlament wieder als Herrscher eingesetzt. Sein Bruder und Nachfolger Jakob II. geriet indessen aufgrund seiner prokatholischen und profranzösischen Politik erneut in Gegensatz zum Parlament, das 1688 den mit Jakobs ältester Tochter Maria verheirateten Wilhelm III. von Oranien zur Übernahme der Herrschaft nach England rief. Unter Wilhelms Nachfolgerin Anna wurde 1707 durch die Vereinigung des englischen und schottischen Parlaments die seit 1603 bestehende Personalunion in eine Realunion der beiden Länder überführt.

Gemäß der Thronfolgeordnung von 1701 ging nach Annas Tod 1714 die Krone an das Haus Hannover über, das bis zum Regierungsantritt der Königin Viktoria 1837 in Personalunion mit Großbritannien verbunden blieb. Von einschneidender Bedeutung für das gälischsprachige Hochland waren nunmehr die Versuche der Jakobiten, das heißt der Anhänger Jakobs II. und seiner Nachfolger, dem Haus Stuart mit schottischer und französischer Hilfe wieder zum Thron zu verhelfen.[390] Nachdem ein erster Aufstand unter der Führung des Viscount Dundee trotz eines Sieges über die Truppen Wilhelms von Oranien 1689 bei Killiecrankie fehlgeschlagen war, scheiterte 1715 ein zweiter vom Hochland aus geführter Feldzug der Jakobiten, deren Widerstand gegen die Regierung sich indessen nach wenigen Jahren neu formierte. 1745 landete der 24-jährige Enkel Jakobs II., Charles Edward Stuart, an der Westküste Schottlands und besetzte nach einem ersten Sieg über die Regierungstruppen Edinburgh. Bald darauf jedoch kam der Vormarsch des Thronprätendenten auf London bei Derby zum Stehen, und 1746 wurde das schottische Heer bei Culloden nahe Inverness in der letzten Schlacht auf britischem Boden von den zahlenmäßig überlegenen und besser ausgerüsteten Truppen König Georgs II. unter der Führung des Herzogs von Cumberland vernichtend geschlagen. Hinrichtungen, Enteignungen, Deportationen und eine grundlegende Umgestaltung der Wirtschafts- und Gesellschaftsordnung des gälischsprachigen Hochlands waren die unmittelbare Folge eines Aufstands, den seine Führer weit weniger im politischen, wirtschaftlichen oder kulturellen Interesse dieser Region als vielmehr aus persönlichem Machtstreben oder halbherziger Loyalität gegenüber dem Haus Stuart entfesselt hatten.

Die Welt der Clane: Wirtschaft und Gesellschaft im Hochland

Is i so an aimsir an dearbhar *An tairgeanachd dhùinn,* *Is bras meanmnach fir Albann* *Fo an armaibh air thùs.* *An uair dh'éireas gach treun laoch* *'Nan éideadh glan ùr,* *Le rùn feirge agus gairge* *Gu seirbhis a'chrùin.*	Nun erfüllt sich der Spruch, der Geschichte Lauf: Das Hochland in Waffen steht kampfbereit auf. Aufs Neue gewappnet rückt jeder Held voll Eifer und Mut für die Krone ins Feld.
Théid maithe na Galldachd *Glé shanntach 'sa'chùis,* *Is gur líonmhor each seangmhar* *A dhannsas le sùnnd:* *Bidh Sasannaich caillte* *Gun taing dhaibh d'a chionn,* *Bidh na Frangaich 'nan campaibh* *Glé theann air an cúl.*	Die Edlen des Tieflands stehen uns bei, zum Einsatz bereit ist die Reiterei. Der Engländer flieht, überlässt uns das Land, und das tapfere Frankreich reicht uns die Hand.

Diese Erwartung äußerte der Dichter John MacDonald (Iain Dubh Mac Iain 'ic Ailein) anlässlich des Jakobitenaufstands von 1715 in seinem «Lied der Clane des Hochlands» *(Òran nam Fineachan Gaidhealach)*, das im Anschluss an die beiden hier angeführten Eingangssstrophen die zum Losschlagen bereiten Clane namentlich aufzählt und ihre kriegerischen Eigenschaften preist.[391] Für das Verständnis der Politik wie auch der Sozial- und Kulturgeschichte des keltischen Schottland im späten Mittelalter und in der frühen Neuzeit ist der Clan von so grundlegender Bedeutung, dass an dieser Stelle einige Erläuterungen angebracht sind.

Im mittelalterlichen Schottland bezeichnete *clann* zunächst eine herrschaftliche Verwandtschaftsgruppe, die ihre Herkunft in männlicher Linie auf einen gemeinsamen namengebenden Ahnherrn zurückführte, doch konnte das Wort im erweiterten Sinn auch gesellschaftlich Abhängige und Untergebene dieses Familienverbandes mit einschließen. In Irland lässt sich diese Form der Namengebung bereits im frühen 10. Jahrhundert nachweisen, wobei (ebenso wie später in Schottland) neben *clann* auch die gleichbedeutenden Wörter *cenél* (kymrisch *cenedl*) und *síl* (kymrisch *hil*) Verwendung fanden. Zwei schottische Clane, *Clann Chanainn* und *Clann Morgainn*, begegnen bereits im 12. Jahrhundert im Buch von Deer, wo der Führer eines Clans als *toísech* bezeichnet wird.[392] Die meisten historisch nachweisbaren Ahnherren der aus späterer Zeit bekannten schottischen Clane sind indessen erst in den Zeitraum zwischen 1150 bis 1350 zu datieren, wohingegen viele führende irische Familien ihre Abkunft auf Gestalten des 10. oder 11. Jahrhunderts zurückführten.

Während sich im Gefolge der normannischen Eroberungen seit dem 12. Jahrhundert das auf den persönlichen Treueeid gegründete Lehnswesen vor allem im Süden und Osten Schottlands immer weiter ausbreitete, hielt sich im gälischsprachigen Hochland und auf den Hebriden letztlich bis 1745 das auf verwandtschaftlichen Bindungen beruhende Clansystem. Die materielle Grundlage dieser weitgehend agrarisch bestimmten Wirtschafts- und Gesellschaftsordnung war der Besitz von Acker- und Weideland, den das Oberhaupt eines Clans an ihm unmittelbar gehorsamspflichtige Verwandte zur Pacht (schottisch-englisch *tack*) überließ. Diese im Schottisch-Gälischen als *daoine uaisle* (Edelleute), im Schottisch-Englischen als *tacksmen* bezeichnete Schicht verpachtete das Land weiter an Kleinpächter, die von ihnen wirtschaftlich abhängig waren. Dabei bestimmte das Clansystem nicht nur die wirtschaftliche, politische und militärische Macht der herrschenden Familien des westlichen Hochlands und der Hebriden, sondern war auch die Grundlage ihres Selbstverständnisses und ihrer traditionellen Kultur, wie sie in der Pflege genealogischen und historischen Wissens, des traditionellen Rechts, der Heilkunde, der Musik und nicht zuletzt der Dichtung ihren Ausdruck fand.

Preisdichtung und Balladen: Die frühe schottisch-gälische Literatur

Die ältesten Zeugnisse der schottisch-gälischen Literatur finden sich im «Buch des Dekans von Lismore» (englisch *Book of the Dean of Lismore*), das sich heute in der Schottischen Nationalbibliothek in Edinburgh befindet.[393] Dabei handelt es sich um eine handschriftliche Sammlung von Gedichten vor allem aus Perthshire und Argyllshire, die zum größten Teil zwischen 1512 und 1526 nach schriftlichen wie auch mündlichen Quellen von dem Geistlichen James MacGregor und seinem Bruder Duncan zusammengestellt wurde. Ungewöhnlich ist die Orthographie der Handschrift, die traditionelle Regeln außer Acht lässt und sich stattdessen an der Schreibung der englischen Sprache in Schottland orientiert.

Bei einem Großteil der Verse, die uns im Buch des Dekans von Lismore und späteren Handschriften überliefert sind, handelt es sich um Erzeugnisse jener Bardischen Dichtung, von der bereits im Zusammenhang mit der spätmittelalterlichen irischen Literatur die Rede war. Sie stammen also von professionellen Dichtern, deren Funktion darin bestand, in sprachlich, metrisch und stilistisch traditionellen Formen den lebenden Herrscher zu preisen und den toten zu beklagen. Da man hier wie auch in anderen spezialisierten Berufen dazu neigte, das Amt des Dichters vom Vater auf den Sohn zu vererben, kennen wir die Namen und Werke einer ganzen Reihe bardischer Familien. Die längste Geschichte haben hier die Barden des Namens MacMhuirich, die ihre Abkunft auf den um 1215 von Irland nach Schottland geflohenen Dichter Muireadhach Albanach Ó Dálaigh zurückführten. Dessen wohl in den vierziger Jahren des 18. Jahrhunderts verstorbener Nachfahre Dòmhnall MacMhuirich gilt als der letzte schottische Vertreter dieser Profession, die in Irland schon über 100 Jahre zuvor zum Erliegen gekommen war.

Neben der Bardischen Dichtung enthält bereits das Buch des Dekans von Lismore eine Vielzahl weniger formeller Verse, darunter die von der mittelalterlichen Tradition des *amour courtois* beeinflussten Liebesgedichte oder *dánta grádha*, Gedichte religiösen Inhalts sowie heroische Balladen um Finn mac Cumaill und seine Fianna, wie sie sich auch in Irland seit dem späten Mittelalter großer Beliebtheit erfreuten. Von den Dichterinnen und Dichtern ist uns oft wenig mehr als der bloße Name bekannt. Nur selten ist es dank des Inhalts der erhaltenen Gedichte oder auch aufgrund zusätzlicher biographischer Informationen möglich, von der einzelnen Persönlichkeit und ihrem Leben in dieser bewegten Zeit eine nähere Vorstellung zu gewinnen.

Als einem eminent politischen Dichter begegnen wir Iain Lom (John MacDonald, um 1625–nach 1707), der als Mitglied des Clans der MacDonald von Keppoch seine Abkunft auf den ersten Lord der Inseln zurückführte.[394] Den Bürgerkrieg zwischen Karl I. und dem Parlament schildert er in seinen Versen als eine Abrechnung zwischen dem Clan der Helden (den MacDonalds unter ihrem Anführer Alasdair MacColla) und dem der Schurken (den verhassten Campbells von Argyll), wobei er in seiner Totenklage um den 1650 hingerichteten Marquis von Montrose die Verfolgung der schottischen Royalisten durch Cromwell mit der Unterdrückung der Israeliten in Ägypten vergleicht. Frohlocken äußert er über die Restauration der Monarchie 1660, Trauer und Wut über die Revolution des Jahres 1688. Noch 1707 gießt der greise Dichter nach der Vereinigung des englischen und schottischen Parlaments seinen ätzenden Spott über all jene aus, die er für diesen Ausverkauf der schottischen Interessen verantwortlich macht.

An Clàrsair Dall (der blinde Harfner) war der Beiname des Dichters Roderick Morison (Ruaidhri MacMhuirich, um 1656–um 1714), der als einer der letzten professionellen Dichter auch das Harfenspiel beherrschte.[395] Geboren in Bragar auf der Insel Lewis als ältestes von sechs Kindern eines wohlhabenden Pächters, reiste er zur Vervollkommnung seiner musikalischen Ausbildung nach Irland und wurde 1681 Harfner bei Iain Breac, dem Oberhaupt des Clans MacLeod in Dunvegan auf der Insel Skye. Nach 1688 entfremdete er sich jedoch seinem Herrn, vielleicht infolge seiner Sympathie für die Jakobiten, und schloss sich einem anderen Gönner an. Sein berühmtestes Gedicht, das «Große Lied für MacLeod» *(Oran Mór MhicLeòid)* verbindet die wehmütige Erinnerung an den Glanz im Hause des 1693 verstorbenen Iain Breac mit einer scharfen Kritik an dessen Sohn Ruaidhri, dem der Dichter Verschwendungssucht, die Vernachlässigung seines Erbes und das traditionslose Nachäffen fremder Sitten vorwirft.

Als der berühmteste schottisch-gälische Dichter des 18. Jahrhunderts gilt allgemein Alasdair Mac Mhaighstir Alasdair (Alexander MacDonald, um 1695–um 1770).[396] Sohn eines Geistlichen, soll er in seiner Jugend wie zuvor sein Vater die Universität Glasgow besucht haben. Verbürgt ist seine Tätigkeit als Lehrer und Katechet im Dienste der 1709 gegründeten «Gesellschaft in Schottland für die Verbreitung christlichen Wissens» (*Society in Scotland for Propagating Christian Knowledge*, kurz SSPCK). 1745 konvertierte er zum Katholizismus und schloss sich der Armee des Thronprätendenten Charles Edward Stuart an. Wie kein anderer Dichter seiner Zeit besticht Alasdair Mac Mhaighstir Alasdair durch die Verbindung von technischer Brillanz und inhaltlicher wie stilistischer Vielseitigkeit. Neben politischen Versen im Dienste jakobitischer Propaganda stehen zwei von englischsprachigen Vorbildern angeregte Naturgedichte über Sommer und Winter, und neben dem erotisch freizügigen «Lob Margaretens» *(Moladh Mòraig)* steht die wohl von Catulls Gedicht auf Lesbias Sperling inspirierte «Elegie auf eine zahme Taube» *(Marbhrann do Pheata Coluim)*. Als Meisterwerk des Dichters gilt das über 550 Zeilen zählende Gedicht «Die Barke Clanranalds» *(Birlinn Chlann Raghnaill)* mit seiner eindrücklichen Schilderung eines Bootes, seiner Mannschaft und der stürmischen Fahrt über die offene See von Uist nach Irland. Durch seine kreativen Neuerungen und stilsichere Adaption auswärtiger literarischer Einflüsse stellt Alasdairs Werk einen ersten Höhepunkt der schottisch-gälischen Literatur dar, der dank des frühen Drucks seiner Gedichte (1751) späteren Autoren als Vorbild dienen konnte.

20.
SCHOTTLAND VON DER SCHLACHT VON CULLODEN BIS 1945

Pächter, Schafe und Touristen: Die Umgestaltung des Hochlands

Nach dem Scheitern des Jakobitenaufstands von 1745 sah sich das gälischsprachige Hochland mit zwei Problemen konfrontiert: der Auflösung der alten, auf dem Clansystem beruhenden Gesellschaftsordnung und einem starken Anwachsen der Bevölkerung, für deren Versorgung die traditionelle Wirtschaftsweise keine hinreichende Grundlage bot. Einen Ausweg für die besitz- und arbeitslosen männlichen Bewohner des Hochlands bot der Dienst in der britischen Armee, die erstmals 1725 und 1745 Rekruten aus den gälischsprachigen Regionen Schottlands ausgehoben hatte. Im Siebenjährigen Krieg (1756–1763), im Amerikanischen Unabhängigkeitskrieg (1775–1783) und in den Napoleonischen Kriegen (1803–1815) hob man zahlreiche neue hochlandschottische Regimenter aus, deren Soldaten auf dem europäischen Festland, in Nordamerika und in den Eroberungskriegen des Britischen Weltreichs, etwa in Indien, eingesetzt wurden. Nach der endgültigen Niederlage Napoleons ging der Bedarf an Truppen jedoch stark zurück, so dass sich immer mehr Bewohner des Hochlands ebenso wie in Irland und Wales zur Auswanderung genötigt sahen. Ihr Ziel waren zunächst die britischen Kolonien in Nordamerika, nach Gründung der Vereinigten Staaten auch Kanada und seit 1840 in zunehmendem Maße Australien und Neuseeland.

Die Lage der gälischsprachigen Bevölkerung spitzte sich bedrohlich zu, als die Großgrundbesitzer seit dem Ende des 18. Jahrhunderts verstärkt dazu übergingen, mit Unterstützung der Regierung und des Militärs die seit der Auflösung des Clansystems weitgehend rechtlosen Kleinpächter und Tagelöhner von ihrem Land zu vertreiben, um es für die finanziell einträglichere Schafzucht nutzen zu können. Infolge dieser «Räumungen» *(clearances)* wurden ganze Landstriche entvölkert und ihre Bewohner ins Elend gestoßen.[397] Unterstützung fand die verarmte gälischsprachige Bevölkerung bei der 1843 gegründeten Schottischen

Freikirche *(Free Church of Scotland)*, die in den protestantischen Regionen des Hochlands großen Zulauf erzielte. Gleichwohl gelang es den Hochländern erst in der zweiten Hälfte des 19. Jahrhunderts, erfolgreiche Taktiken des Widerstands zu entwickeln und die öffentliche Meinung auf ihre Seite zu bringen. Nach gewalttätigen Unruhen setzte die Regierung 1883 eine Untersuchungskommission ein, die von Lord Napier geleitet wurde. Auf ihre Empfehlung hin wurde 1886 die *Crofters Holding Act* verabschiedet, welche die Rechte der Kleinpächter deutlich verbesserte. Gleichwohl ging die Zahl der Gälischsprechenden aufgrund der bevorzugten Stellung des Englischen im Schulwesen und einer anhaltenden Abwanderung besonders der jüngeren Bevölkerung in die Industriestädte des Tieflands auch in den darauffolgenden Jahrzehnten immer weiter zurück. Bereits um die Mitte des 20. Jahrhunderts beschränkte sich der alltägliche Gebrauch des Schottisch-Gälischen weitgehend auf die Hebriden, doch war der Einfluss des Englischen nunmehr auch hier allenthalben fühlbar.

In einem augenfälligen Gegensatz zur heutigen Beliebtheit des Hochlands und der Hebriden als Reiseziel steht der Umstand, dass diese Region und ihre Kultur bis in die zweite Hälfte des 18. Jahrhunderts außerhalb Schottlands kaum bekannt und verkehrstechnisch nur wenig erschlossen war. Um 1695 verfasste der auf Skye geborene Martin Martin (um 1660–1719) eine naturkundlich und kulturgeschichtlich orientierte Beschreibung der Hebriden, die zwei Generationen später den englischen Literaten Samuel Johnson (1709–1784) und seinen Biographen James Boswell (1740–1795) zu ihrer Reise in diese Region inspirieren sollte. Um 1700 besuchte der walisische Gelehrte Edward Lhuyd das Hochland, und um 1770 unternahm der Naturforscher Thomas Pennant (1726–1798) eine Reise dorthin.[398] Dass bald darauf immer mehr Reisende diese Region zu ihrem Vergnügen aufsuchen sollten, lag vor allem an dem literarischen Ruhm, den das Hochland und seine Kultur dank der Einbildungskraft zweier schottischer Autoren in ganz Europa erlangen sollten.

«Wahrhaft Ossianische Szenen»: Macpherson, Scott und die Folgen

Als der Reisende Ferdinand Ochsenheimer gegen Ende des 18. Jahrhunderts die Klosterruine Allerheiligen im Schwarzwald besuchte, fand er dort «wahrhaft Ossianische Szenen ... Ringsum himmelanstrebende Berge mit kahlen Häuptern, tief unten im Kessel das romantische Kloster, so ganz abgeschnitten von der übrigen Schöpfung ... In der jähen Tiefe rauscht ein Waldstrom über Steine und entwurzelte Bäume hin, und sein schauerliches Tosen in dieser Wildnis erfüllt die Seele mit Grauen.»[399]

Erinnert man sich an die Vorliebe des Barock für geometrisch ausgerichtete Gartenanlagen mit streng beschnittenen Bäumen und Hecken und an den Hang des Rokoko zum Gefälligen und Niedlichen, so ermisst man den Abstand, der das Natur- und Landschaftsempfinden des ausgehenden 18. Jahrhunderts von dem jener Generationen trennt. Ihren wohl erfolg- und folgenreichsten literarischen Ausdruck fand die neuentdeckte Begeisterung für eine unberührte Wildnis in eben jenen *Werken Ossians* des Schotten James Macpherson (1736–1796), an die sich auch der Verfasser der oben zitierten Reiseschilderung beim Anblick der Schwarzwälder Klosterruine sogleich erinnert fühlte.[400]

Geboren in dem kleinen Ort Invertromie in der Region Badenoch, war Macpherson nach Studien in Aberdeen und Edinburgh zunächst als Dorfschullehrer in seiner Heimatregion und danach als Hauslehrer in Edinburgh tätig. 1759 machte er die Bekanntschaft des Dramatikers John Home (1722–1808) und des Theologen Alexander Carlyle (1722–1805). Als beide ihr Interesse an schottisch-gälischer Dichtung bekundeten, zeigte ihnen Macpherson 16 kurze Texte, die er nach eigener Aussage selbst ins Englische übersetzt hatte. Durch Homes Vermittlung gelangten diese Texte in die Hände des Edinburgher Professors für Poetik und Rhetorik, Hugh Blair, auf dessen Initiative hin sie 1760 unter dem Titel *Fragments of Ancient Poetry* veröffentlicht wurden. Der Erfolg des Buchs veranlasste Macpherson, zwei weitere Bände mit epischen Dichtungen herauszugeben, in denen nun erstmals ein Dichter des 3. Jahrhunderts namens Ossian, Sohn des Fingal, als Urheber der Texte bezeichnet wurde. 1762 erschien *Fingal*, 1763 *Temora*, und 1765 alle drei Bücher zusammen mit einer «kritischen Abhandlung» von Hugh Blair unter dem Titel *The Works of Ossian, the Son of Fingal* in einer zweibändigen Gesamtausgabe.

Wie man heute weiß, hat Macpherson die «Werke Ossians» unter Rückgriff auf Namen, Episoden und Motive verschiedener ursprünglich irischer Sagenkreise mit stilistischen Anleihen bei der Bibel und dem englischen Dichter Milton weitgehend selbst verfasst. Doch obschon er in der gefühlsbetonten Darbietung dieses Stoffs im Grunde nur dem Publikumsgeschmack seiner Zeit folgte, hielten viele Zeitgenossen die «Werke Ossians» dennoch für – wenn auch unzulängliche – authentische keltische Dichtungen aus vorchristlicher Zeit. Sie waren in ganz Europa in zahlreichen Übersetzungen weit verbreitet und lenkten erstmals das Interesse einer breiten Öffentlichkeit auf die Existenz keltischer Sprachen und Literaturen. Verstärkt wurde dieses Interesse durch das Werk des schottischen Rechtsanwalts, Dichters und Begründers des historischen Romans, Sir Walter Scott (1771–1832). Nachdem er 1802–1803 in seiner Sammlung *Minstrelsy of the Scottish Border* eine Reihe schottischer und englischer Balladen aus dem Grenzgebiet zu England vorgelegt hatte, gestaltete er in der 1810 veröffentlichten romantischen Verserzählung *The Lady of the Lake* (Die Dame vom See) erstmals jenen Gegensatz zwischen dem gälischsprachigen Hochland und dem anglisierten Tiefland, der auch in seinen historischen Romanen *Waverley* (1814), *Rob Roy* (1817) und *Redgauntlet* (1824) eine bedeutende Rolle spielen sollte.

Für das Selbstverständnis des gälischsprachigen Hochlands und die Erforschung seiner Geschichte, Sprache und Kultur erwies sich der Publikumserfolg Macphersons und Scotts als ein zweischneidiges Schwert. Auf der einen Seite wuchs das wissenschaftliche Interesse an der keltischen Vergangenheit Schottlands, die nun erstmals systematisch mit den Methoden der modernen Geschichtswissenschaft untersucht wurde. Ein Pionier war hier der Jurist und Historiker William Forbes Skene (1809–1892), der 1867 unter dem Titel *Chronicles of the Picts and Scots* die ältesten Quellen der schottischen Geschichte herausgab und 1876–1880 mit seinem dreibändigen Hauptwerk *Celtic Scotland: A History of Ancient Alban* die erste umfassende Gesamtdarstellung dieses Gegenstands vorlegte. Das wachsende Interesse an der Pflege der gälischen Sprache und Kultur belegt ferner die Gründung zahlreicher gelehrter Gesellschaften, darunter der *Gaelic Society of London* (1777), der *Highland Society of Scotland* (1784), des *Iona Club* (1833), der *Gaelic Society of Inverness* (1871) und der *Highland Association (An Comunn*

Gaidhealach, 1891). Der erste schottische Lehrstuhl für Keltologie wurde 1882 auf Betreiben des Professors für Griechisch, John Stuart Blackie (1809–1895), an der Universität von Edinburgh eingerichtet.[401]

Auf der anderen Seite untrennbar verbunden mit diesen Bemühungen um den Erhalt und die Pflege der keltischen Kultur Schottlands ist indessen auch eine romantische Geschichtsklitterung, wie sie dem Reisenden heute noch auf Schritt und Tritt im Hochland begegnet.[402] Charakteristisch dafür ist das Schicksal der schottischen Nationaltracht, des in Karomustern (englisch *tartan*, schottisch-gälisch *breacan*) gewebten Kilts (schottisch-gälisch *féileadh*): Von 1746 bis 1784 verboten, wurde diese Tracht im Zuge der romantischen Begeisterung für das Hochland im Laufe des 19. Jahrhunderts auch von all jenen Familien des Tieflands übernommen, die zuvor weder einen Clan gebildet noch überhaupt eine solche Kleidung getragen hatten. Diese Art der Vergangenheitsbewältigung prägte nicht zuletzt das moderne Bild der schottisch-gälischen Literatur, deren Verständnis aufgrund der Sprachbarriere und des Fehlens einer näheren Kenntnis ihrer gesellschaftlichen Bedingungen und literarischen Konventionen der breiten Öffentlichkeit weitgehend verschlossen blieb. So konnte es geschehen, dass Autoren des sogenannten *Celtic Twilight* wie etwa William Sharp (Pseudonym: Fiona MacLeod, 1856–1905) im angelsächsischen Sprachraum eine pseudokeltische Literatur popularisierten, die in vieler Hinsicht das genaue Gegenteil jener Tradition darstellte, an die anzuknüpfen sie vorgab.

Dichter und Sammler: Die neuere schottisch-gälische Literatur

Für die schottisch-gälische Literatur war das 18. Jahrhundert eine Zeit des Umbruchs, da die Auflösung des Clansystems der Tradition der Bardischen Dichtung ihre wirtschaftliche Grundlage und gesellschaftliche Berechtigung entzog. An die Stelle des professionellen Dichters trat nun der Dichter aus Neigung und Gelegenheit, der in seinen Versen an die Tradition der Barden wie auch an volkstümlichere Formen der Dichtung anknüpfen konnte, hinsichtlich der Aufnahme, Bewahrung und Verbreitung seiner Werke jedoch weitgehend von individuellen Umständen abhängig war.[403]

Den daraus resultierenden Wandel in der Auffassung des Dichters kennzeichnet das Werk John (Iain) MacCodrums (1693–1779). Er wurde

1763 in einer anachronistisch anmutenden Verbeugung vor der Tradition zum offiziellen Barden des Adligen Sir James MacDonald of Sleat auf der Insel Skye ernannt, doch beruht sein Ruhm weniger auf der von ihm verfassten Preisdichtung als vielmehr auf den Versen, in denen er mit scharfer Beobachtungsgabe und Witz ein Bild seiner Umgebung zeichnete.[404] Als Wildhüter arbeitete der in Glen Orchy geborene Donnchadh Bàn Mac an t-Saoir (Duncan Bàn Macintyre, 1724–1812), dem die schottisch-gälische Literatur einige ihrer gelungensten Naturschilderungen verdankt. Stark beeinflusst von den Gedichten Alasdair Mac Mhaighstir Alasdairs, verfasste er nicht nur konventionelle Preisgedichte und Elegien, sondern zeichnete in Gedichten wie *Oran Coire a'Cheathaich* (Lied auf das Tal Misty Corrie) und *Moladh Beinn Dòbhrain* (Lob des Bergs Ben Dorain) ein genau beobachtetes farbiges Bild der ihn umgebenden Landschaft und ihrer Tiere.[405]

Die Pflege traditioneller Formen, aber auch die Auseinandersetzung mit neuen Inhalten wie etwa den Clearances, der Emigration, den auswärtigen Kriegen des Britischen Weltreichs und den Veränderungen der Lebensweise durch Modernisierung und Technisierung, kennzeichnen die schottisch-gälische Dichtung des 19. Jahrhunderts.[406] Im Einklang mit der Wertschätzung, die man volkstümlichen Formen der Dichtung seit der zweiten Hälfte des 18. Jahrhunderts entgegenbrachte, gingen Sammler nunmehr auch daran, anonym verbreitetes mündliches Überlieferungsgut wie Lieder, Sprichwörter und Märchen aufzuzeichnen. Einflussreiche Pioniere auf diesem Gebiet waren John Francis Campbell (1822–1886) von der Insel Islay, der mit seinen 1860–1862 veröffentlichten *Popular Tales of the West Highlands* eine umfangreiche zweisprachige Ausgabe gälischer Märchen vorlegte, und Alexander Carmichael (1832–1912), der unter dem Titel *Carmina Gadelica* eine große Zahl mündlich umlaufender Gebete, Segenswünsche, Beschwörungen und Lieder zusammenstellte. Während Campbell jedoch dank der sorgfältigen Dokumentation seiner Sammeltätigkeit geradezu modern wirkt, hat eine wissenschaftliche Untersuchung der Notizbücher Alexander Carmichaels gezeigt, dass viele der von ihm gedruckten Texte in der vorliegenden Form überhaupt erst vom Sammler selbst aus Versatzstücken unterschiedlicher Herkunft geschaffen wurden und somit nicht authentisch sind.[407] Seit 1951 besteht an der Universität Edinburgh die *School of Scottish Studies* mit ihrer Zeitschrift *Tocher*, die sich der wissenschaftlichen Auswertung und Veröffentlichung solcher volkskundlichen Sammlungen annimmt.[408]

Als literarische Kunstform spielte die Prosa im Gegensatz zur Dichtung vor dem 19. Jahrhundert kaum eine Rolle, was zum einen am Fehlen eines allgemein anerkannten stilistischen Vorbilds, zum anderen an einer gewissen Geringschätzung fiktionaler Texte vonseiten des kirchlich geprägten Bildungs- und Literaturbetriebs lag. Dementsprechend druckte man zunächst nur erbauliche, homiletische und lehrhafte Schriften, die zum größten Teil auf Übersetzungen oder Bearbeitungen englischsprachiger Vorbilder beruhten. Eine eigenständige fiktionale Prosaliteratur entwickelte sich daher erst im Laufe des 20. Jahrhunderts, wobei die Zahl der Autoren jedoch ebenso wie die der Leser überschaubar blieb. Nicht zuletzt aus wirtschaftlichen Gründen spielte daher die epische Großform des Romans in der modernen schottisch-gälischen Literatur nur eine unbedeutende Rolle, wohingegen das Genre der psychologischen Kurzgeschichte unter anderem von dem auf Lewis geborenen Iain Crichton Smith (Iain Mac a' Ghobhainn, 1928–1998) gepflegt wurde.[409] Ungleich weiter verbreitet war gleichwohl die Dichtung, die auch im 20. Jahrhundert das vorherrschende Ausdrucksmittel blieb.[410] Zu den bedeutendsten Dichtern der jüngsten Vergangenheit und Gegenwart zählen George Campbell Hay (Deòrsa Mac Iain Deòrsa Caimbeul, 1915–1984), Sorley MacLean (Somhairle MacGill-Eain, 1911–1996), Ruairidh Mac Thòmais (Derick Smith Thomson, 1921–2012) und Dòmhnall MacAmhlaigh (Donald MacAulay, *1930). Die Erkenntnis, dass eine benachteiligte Minderheit in einem Zeitalter kultureller Nivellierung und Verflachung ihre Traditionen nur durch eine bewusste Anstrengung, nicht aber durch Indifferenz bewahren kann, veranlasste George Campbell Hay zu seinem von persönlichen Erfahrungen in Nordafrika inspirierten Gedicht *Meftah bâbkum es-sabar* («Geduld ist der Schlüssel zu eurer Tür»):[411]

Is cuimhne leam	In Sūq el-Khemis,
an Sùg el-Cheamais	erinnere ich mich,
sa' chaifidh dhorcha	im dunklen Café,
is sinn a'deasbud,	wo wir disputierten,
guth cianail mar ghuth	sprach eine gleichmütige Stimme, die klang
chlag fo fheasgar	wie das Läuten von Abendglocken,
a mhol domh str ochdadh	und mahnte mich,
do'n Fhreasdal.	das Schicksal zu tragen.
‹Mo chridhe fhéin,	‹Vergeblich lehnt ihr euch
is faoin bhur gleachd Ris,	gegen Ihn auf,

's gu bheil gach toiseach
agus deireadh
air an sgrìobhadh Aige
cheana.›

denn jeden Anfang
und jedes Ende
hat Er bereits
niedergeschrieben.›

Sgrùd e bas a làimhe
's lean e:

Er besah die Fläche seiner Hand
und fuhr fort:

‹Do roinn, do mhanadh,
is do sgàile,
théid iad cuide riut
's gach àite.
An rud a tha san Dàn
's a sgrìobhadh
is gainntir sin
a ghlais an Rìgh oirnn.
'S i 'n fhaidhidinn
le sealladh ìosal
iuchair dorus
ar dubh phrìosain.›

‹Deine Bestimmung, dein Los
und dein Schatten
begleiten dich
überallhin.
Was uns als Schicksal
ward niedergeschrieben
ist ein Verlies,
in das Er uns gesperrt.
Verharren
mit niedergeschlagenem Blick
ist der Schlüssel zur Tür
unseres finsteren Kerkers.›

Ghin aintighearnas
na gréine lasraich,
is ainneart
speuran teth na h-Aifric,
gliocas brùite sgìth
nam facal.

Die Tyrannei
der sengenden Sonne
und die Gewalt des heißen
afrikanischen Himmels gebaren
die schmerzende, müde Weisheit
der Worte.

A ghliocais mar chluig
mhall' an fheasgair,
chan ann dhuinne
do leithid!
Oir sgrìobhadh
roghainn fo leth dhuinn:
an t-sìth 's am bàs
no gleachd 's a'bheatha.

O Weisheit vom Klang
sanfter Abendglocken:
Wir haben mit dir
nichts zu schaffen!
Denn uns ward bestimmt
eine andere Wahl:
Ein friedlicher Tod
oder Kämpfen und Leben.

Dh'fhalbh na diasan,
dh'fhan an asbhuain?

Schwanden die Ähren,
blieben nur Stoppeln?

Thuit na bailtean,
chinn an raineach?
A bheil tom luachrach
air gach stairsnich?
A shaoghail, tha sinn ann
g'a aindeoin;
tha a'ghrìosach theth
fo'n luaithre fhathast.

Zerfielen die Häuser,
wuchs nur der Farn?
Ist jede Schwelle
überwuchert von Unkraut?
O Welt, wir leben
trotz alledem,
und noch immer schwelt
unter der Asche die Glut.

21.
WALES VON DER UNION MIT ENGLAND BIS ZUR INDUSTRIALISIERUNG

Zentralisierung und Anglisierung: Politik, Wirtschaft und Gesellschaft

Für Wales hatte die Union mit England 1536–1542 den Verlust eigenständiger politischer Strukturen und eine weitgehende, wenn auch nicht vollständige Angleichung in der Verwaltung und Rechtsprechung nach sich gezogen.[412] Gleichwohl bewahrten seine Bewohner ihre kulturelle Eigenart und ihre angestammte keltische Sprache, die trotz des Fehlens jeglicher offizieller Anerkennung für die große Mehrheit der Bevölkerung das einzige Verständigungsmittel blieb. Günstige Auswirkungen zeitigte die fortschreitende Zentralisierung für die politische und rechtliche Stabilität des Landes, das insbesondere durch die Intensivierung der Landwirtschaft einen anhaltenden wirtschaftlichen Aufschwung und eine deutliche Zunahme der Bevölkerung erlebte. Die wichtigste Wirtschaftsgrundlage war die Schaf- und Rinderzucht, wobei man die Schafwolle in Heimarbeit zu grobem Tuch verspann und Rinder in großer Zahl nach England ausführte. In einigen Regionen wurde auch bereits Kohle abgebaut und Eisen verhüttet, was jedoch den überwiegend agrarischen Charakter des Landes und seiner Wirtschaft noch kaum veränderte. Nutznießer der politischen und wirtschaftlichen Entwicklung war der niedere Adel, dessen Vertreter nach der Auflösung der Klöster in den Jahren von 1536 bis 1539 durch Pacht oder Kauf in den Besitz von deren Ländereien gelangten und gleichzeitig als Parlamentsabgeordnete und Friedensrichter die wichtigsten Funktionen in der Verwaltung und Rechtsprechung übernahmen. Dabei führte der Umstand, dass auf diesen Gebieten nach Parlamentsbeschluss allein die englische Sprache Verwendung finden durfte, zu einer zunehmenden Anglisierung des Adels, der auf diese Weise den unteren Schichten der walisischen Bevölkerung allmählich entfremdet wurde.

In religiöser Hinsicht verhielt sich die Bevölkerung nach der Trennung von Rom und der Einrichtung der anglikanischen Staatskirche uneinheitlich. So praktizierten viele Bewohner vor allem der ländlichen Gegenden auch nach der Auflösung der Klöster, der Abschaffung der Wallfahrten und der Neuordnung des Kirchenwesens traditionelle Formen katholischer Frömmigkeit. Ein regelrechtes Rekusantentum im Sinne der formalen Ablehnung des Anglikanismus oder gar des aktiven Widerstands konnte indessen nur vorübergehend in einigen Regionen vor allem im Südosten und Nordosten des Landes Fuß fassen.[413] Wenig Unterstützung fanden jedoch nicht nur die Vorkämpfer der katholischen Gegenreformation, sondern auch die radikalen Puritaner, deren Anhänger eher in den weltoffenen Städten Südostenglands als im ländlich geprägten Wales zu finden waren. Der Sieg im Streit der Konfessionen fiel daher zumindest vorübergehend den Vertretern der anglikanischen Staatskirche zu. Gestützt auf die Autorität der Regierung, setzten die anglikanischen Bischöfe eine vollständige Übersetzung der Bibel ins Kymrische durch und schufen der keltischen Sprache von Wales damit einen Geltungsbereich, den ihr die Regierung in den Bereichen der Verwaltung und Rechtsprechung verweigert hatte.

Humanisten und Theologen: Die kymrische Literatur der frühen Neuzeit

Mit der zunehmenden Anglisierung des walisischen Adels und dem Aufkommen neuer Formen der Repräsentation verlor die traditionelle Preisdichtung wie auch in Irland immer mehr an Bedeutung. Zwar verfassten noch gegen Ende des 17. Jahrhunderts einzelne Dichter gegen eine entsprechende Entlohnung Werke zur Verherrlichung adliger Familien, doch bestritt kaum einer von ihnen so wie früher seinen Lebensunterhalt damit. Dass die Vertreter dieser althergebrachten Tradition mit der Zeit nicht Schritt halten konnten, lag nicht allein an den veränderten gesellschaftlichen und wirtschaftlichen Rahmenbedingungen, sondern auch an ihrer Ablehnung des Buchdrucks, der seit der zweiten Hälfte des 15. Jahrhunderts seinen Siegeszug durch ganz Europa antrat. Die damit verbundenen neuen Möglichkeiten nutzte eine Reihe walisischer Humanisten, die mit ihren Werken die weitere Geschichte der kymrischen Literatur nachhaltig beeinflussten.[414]

Einer der frühesten und bedeutendsten Vertreter des walisischen Humanismus war Gruffydd Robert (vor 1532–nach 1598), der sich nach seiner Ausbildung in Oxford in Italien aufhielt und 1567 unter dem Einfluss italienischer Humanisten den ersten Teil einer kymrisch geschriebenen Grammatik der kymrischen Sprache veröffentlichte. Mit ihr zu vergleichen ist die 1621 in lateinischer Sprache veröffentlichte Darstellung des Humanisten John Davies (um 1567–1644), der 1632, gestützt auf Vorarbeiten des Lexikographen Thomas Wiliems (1545–1622), auch ein kymrisch-lateinisches und lateinisch-kymrisches Wörterbuch herausgab. Die bedeutendste und folgenreichste Leistung der walisischen Humanisten war indessen die Übersetzung der Bibel aus den Ursprachen. Bereits 1551 veröffentlichte William Salesbury (um 1520–um 1584) unter dem Titel *Kynniver Llith a Ban* eine Anzahl von Übersetzungen aus den Evangelien und den Paulusbriefen. Nachdem das englische Parlament 1563 den Beschluss zur Übersetzung der Bibel ins Kymrische gefasst hatte, erschien 1567 die erste Ausgabe des kymrischen Neuen Testaments in der Übersetzung von William Salesbury und Bischof Richard Davies (um 1501–1588), 1588 die erste Ausgabe der gesamten Bibel in der Übertragung von William Morgan (1545–1604).[415]

Zu den bedeutendsten literarischen Früchten der theologischen Kontroversen im Zeitalter der Reformation und Gegenreformation zählt auf katholischer Seite die erstmals 1586/87 erschienene erbauliche Schrift *Y Drych Cristionogawl*, vermutlich ein Werk des Priesters und Juristen Robert Gwyn aus Penyberth (um 1540–1604).[416] Sehr viel zahl- und einflussreicher waren indessen die Werke protestantischer Autoren, unter denen neben den bereits genannten Übersetzern der kymrischen Bibel die Anglikaner Ellis Wynne (1671–1734) und Theophilus Evans (1693–1767) hervorragen. Von Wynne stammen die erstmals 1703 veröffentlichten «Traumgesichte des schlafenden Dichters» *(Gweledigaetheu y Bardd Cwsc)*, die Bearbeitung einer freien englischen Übertragung der 1627 erschienenen *Sueños y Discursos de Verdades* des spanischen Autors Francisco de Quevedo. Theophilus Evans verfasste neben Predigten und erbaulichen Schriften das erstmals 1716 erschienene und 1740 neu aufgelegte historische Werk *Drych y Prif Oesoedd*, eine Darstellung der frühen Geschichte Britanniens von der Römerzeit bis zur Christianisierung des Landes.[417] Stärker noch als diese anglikanischen Autoren wirkte indessen eine Reihe puritanischer Theologen auf die weitere Geschichte der walisischen Literatur und Kultur. An erster Stelle steht dabei aufgrund seines literarischen Ranges der Mystiker Morgan Llwyd (1619–1659), der 1653 mit seinem allegorischen «Buch der Drei Vögel» *(Llyfr y Tri Aderyn)* und einigen weiteren Schriften seine Landsleute auf die bevorstehende Herabkunft des Gottesreichs auf Erden vorzubereiten suchte.[418] Ein jüngerer Zeitgenosse Llwyds war Charles Edwards (1628–nach 1690), der mit seinem erstmals 1667 veröffentlichten Werk «Der aufrichtige Glaube» *(Y Ffydd Ddi-ffuant)* einen Klassiker der neukymrischen Prosaliteratur schuf.[419] Ihre konsequente Fortsetzung fand die ablehnende Haltung der Puritaner gegenüber der anglikanischen Staatskirche in den nonkonformistischen Bewegungen der Quäker, Baptisten und vor allem Methodisten, deren Einfluss im späten 18. und 19. Jahrhundert ihren Höhepunkt erreichen sollte.

Barden und Druiden: Die Anfänge der walisischen Altertumskunde

Die Anfänge einer wissenschaftlichen Beschäftigung mit der walisischen Geschichte und Literatur liegen bei den oben genannten Humanisten des 16. Jahrhunderts, für die so unterschiedliche Disziplinen wie das Studium alter Handschriften und die Erforschung von Bodenfunden und -denkmälern noch eine Einheit darstellten. Besondere Beachtung verdient hier der Kartograph Humphrey Llwyd (um 1527–1568), dessen Beschreibung Britanniens unter dem Titel *Commentarioli Descriptionis Britannicae Fragmentum* auf Empfehlung seines Freundes Abraham Ortelius 1572 in Köln gedruckt wurde. Ein anderer Pionier auf diesem Gebiet war der Historiker David Powel (1552–1598), der 1584 unter dem Titel *A Historie of Cambria, now called Wales* eine mehrfach nachgedruckte und überaus einflussreiche Darstellung der frühen walisischen Geschichte veröffentlichte. Als umfangreichste Zusammenstellung und kritische Sichtung der vor- und frühgeschichtlichen Altertümer Britanniens erschien 1586 das große Werk *Britannia* des englischen Humanisten William Camden (1551–1623). Bereits zu Lebzeiten des Autors sechsmal neu aufgelegt, wurde das lateinisch geschriebene Werk 1610 ins Englische übersetzt und noch 1695 und 1789 in einer überarbeiteten Fassung neu aufgelegt.[420]

Unter dem Einfluss der Sprichwortsammlung *Adagia* des Humanisten Erasmus von Rotterdam begannen sich die walisischen Humanisten nun auch für einheimische Sprichwörter zu interessieren. Bereits 1547 veröffentlichte der Reformator und Bibelübersetzer William Salesbury unter dem Titel *Oll Synnwyr Pen Kembero Ygyd* (wörtlich «Alle Sinne im Kopf eines Walisers») eine erste Sammlung von walisischen Sprichwörtern in alphabetischer Anordnung.[421] Einer der ersten Sammler walisischer Handschriften unter den Humanisten war John Price aus Brecon (1502–1555), der 1546 auch das nach seinen Anfangsworten *Yn y lhyvyr hwnn* («In diesem Buch») genannte älteste gedruckte Buch in kymrischer Sprache veröffentlichte. Die bedeutendste Sammlung walisischer Handschriften stellte der Altertumsforscher Robert Vaughan aus Hengwrt (um 1592–1667) zusammen. Sie gelangte 1859 in den Besitz des Genealogen und Historikers William Watkin Edward Wynne aus Peniarth (1801–1880) und wurde 1898 von dem Handschriftensammler John Williams (1840–1926) erworben, der sie zusammen mit seinen anderen Manuskripten der 1907 gegründeten Walisischen Nationalbibliothek in Aberystwyth vermachte.

Einen Meilenstein in der Geschichte der Keltologie bezeichnet das wissenschaftliche Werk des walisischen Sprach-, Natur- und Altertumsforschers Edward Lhuyd (1660–1709), der nach Studien am Jesus College von 1684 bis zu seinem Tod für das Ashmolean Museum in Oxford tätig war. Von 1697 bis 1701 unternahm er ausgedehnte Forschungsreisen nach Wales, Schottland, Irland und in die Bretagne. Das dabei gesammelte sprachkundliche Material, darunter ein vergleichendes Wörterbuch der keltischen Sprachen, grammatische Skizzen, ein irisch-englisches Wörterbuch und einen Katalog irischer Handschriften, veröffentlichte Lhuyd 1707 im ersten Band seines unvollendet gebliebenen Werks *Archaeologia Britannica.*[422] Ein Rückschritt gegenüber diesen Studien ergab sich im weiteren Verlauf des 18. Jahrhunderts aus der rein spekulativen Assoziation stein- und bronzezeitlicher Bodendenkmäler mit den aus antiken Autoren bekannten Druiden. Die außerhalb der Wissenschaft noch heute gängige Zuschreibung von Stonehenge an die Kelten begegnet erstmals bei dem Natur- und Altertumsforscher John Aubrey (1626–1697) und gewann namentlich durch die Schriften William Stukeleys (1687–1765) weite Verbreitung. In Wales popularisierte der auf Anglesey geborene anglikanische Geistliche Henry Rowlands (1655–1723) in seinem 1723 veröffentlichten Buch *Mona Antiqua Restaurata* Vorstellungen von einer engen Verwandtschaft des Kymrischen mit dem Hebräischen und von der Insel Anglesey als einem Zentrum der druidischen Kultur.[423]

Einen idealen Nährboden fand die romantische Verherrlichung der keltischen Vergangenheit im Kreis jener walisischen Patrioten, die sich von ihrer Wahlheimat London aus um die Hebung des Ansehens ihrer nationalen Kultur bemühten. Eine bedeutende Rolle spielten dabei der aus Anglesey stammende Lewis Morris (1701–1765) und sein Bruder Richard (1703–1779). Unterstützte Lewis tatkräftig jüngere walisische Dichter und Gelehrte wie Goronwy Owen (1723–1765) und Evan Evans (1731–1788), so gründete Richard 1751 in London die noch heute bestehende *Honourable Society of Cymmrodorion*, die sich um die Pflege der walisischen Sprache, Literatur und Kultur bemühte. Ähnliche Ziele verfolgte die 1770 gegründete Vereinigung der *Gwyneddigion*, während die 1794 ins Leben gerufene Vereinigung der *Cymreigyddion* neben der Pflege des Kymrischen auch politische und soziale Reformen anstrebte.[424] Zu den bedeutendsten wissenschaftlichen Früchten dieser Aktivitäten zählen eine 1789 erschienene Ausgabe der Gedichte Dafydds ap Gwilym und die 1801–1807 in drei Bänden veröffentlichte Anthologie *The Myvyrian Archaiology of Wales*, die neben mittelalterlichen Chroniken auch Auszüge der ältesten kymrischen Dichtung enthält. Ihre Herausgeber waren der Literaturmäzen Owen Jones (Owain Myfyr, 1741–1814) und der Sprachforscher William Owen Pughe (1759–1835), der 1803 auch ein umfangreiches, aber wissenschaftlich fragwürdiges kymrisch-englisches Wörterbuch veröffentlichte. Als farbigste Persönlichkeit jener Kreise erscheint der Steinmetz, Handschriftensammler und Altertumsforscher Edward Williams (Iolo Morganwg, 1747–1826). Geboren in Llancarfan in Glamorgan, schloss er sich aus romantischer Begeisterung für die walisische Kultur der Vereinigung der *Gwyneddigion* an und gründete 1792 in London die *Gorsedd Beirdd Ynys Prydain*, eine Versammlung von Vertretern des walisischen Kultur-, Literatur- und Musiklebens. Seinem Bemühen, den walisischen Dichter als legitimen Erben des keltischen Druiden zu erweisen, verlieh Williams Nachdruck mit einer Reihe brillanter literarischer Fälschungen, die gutgläubige Anhänger seiner Gedanken teils noch zu seinen Lebzeiten, teils nach seinem Tod veröffentlichten.[425]

Die Tatsache, dass sehr viele dieser Fälschungen erst gegen Ende des 19. Jahrhunderts als solche erkannt wurden, illustriert sowohl die vergleichsweise späte und langsame Entwicklung der wissenschaftlichen Keltologie als auch die Bereitwilligkeit, mit der eine breite Öffentlichkeit seinen phantasievollen Entwurf einer idealen Vergangenheit aufgriff.

22.
WALES VON DER INDUSTRIALISIERUNG BIS 1945

Gesellschaft im Wandel: Industrialisierung und Nonkonformismus

Als Edward Williams 1826 starb, war Wales in einem tiefgreifenden gesellschaftlichen, wirtschaftlichen und religiösen Wandel begriffen. Hauptursache dafür war die Industrielle Revolution, deren Auswirkungen bis zum Ende des Ersten Weltkriegs wie kein anderer Faktor die Geschichte des Landes bestimmen sollten. Vom Ende des 18. bis um die Mitte des 19. Jahrhunderts dominierte die Eisenindustrie mit ihrem Zentrum Merthyr Tydfil im Norden Glamorgans, wo um 1830 über ein Drittel des in Großbritannien verhütteten Roheisens produziert wurde.[426] Nach der Entwicklung der Dampfmaschine, deren Nutzung für den Verkehr sowie der steigenden Nachfrage nach Kohle für die Eisenverhüttung stellte jedoch der Kohleabbau seit 1850 alle anderen Industriezweige in den Schatten. Gegen Ende des 19. Jahrhunderts schuf das südwalisische Kohlerevier Arbeit und Brot für einen Großteil der walisischen Bevölkerung und deckte weltweit einen wesentlichen Anteil des Energiebedarfs der Industrienationen. In den zuvor nur schwach besiedelten Tälern Glamorgans und Monmouthshires entwickelten sich im Gefolge des Kohleabbaus bevölkerungsreiche industrielle Zentren, so etwa in den beiden Tälern der Rhondda in Glamorgan, deren Bevölkerung in den Jahren zwischen 1851 und 1911 von weniger als 1000 auf über 150 000 anstieg.[427]

Zeitgleich mit der Industrialisierung des Landes vollzogen weite Teile der walisischen Bevölkerung die Abkehr von der anglikanischen Kirche und wandten sich freikirchlichen Bewegungen zu.[428] Hatten Independenten und Baptisten bereits um die Mitte des 17. Jahrhunderts in Wales Fuß gefasst, so begann der Aufstieg der Methodisten gut 100 Jahre später unter der geistlichen Führung des Predigers und Organisators Howell Harris (1714–1773) sowie des Dichters und Schriftstellers William Williams (Pantycelyn, 1717–1791).[429] Der Einfluss dieser Nonkonformisten und insbesondere der Methodisten auf die weitere Geschichte der walisischen Kultur ist kaum zu überschätzen. Er führte zu einem tiefgreifenden Wandel der Lebens- und Denkgewohnheiten, schuf in der breiten Bevölkerung ein neues politisches Bewusstsein, prägte das Bildungswesen und bereicherte die Literatur um neue Ausdrucksformen.[430] Von besonderer Bedeutung waren dabei die Sonntagsschulen, die nicht nur das Verständnis für demokratische Strukturen stärkten, sondern auch lange vor der Pflege des Kymrischen in staatlichen Schulen und Universitäten durch die religiöse Unterweisung anhand der kymrischen Bibel die Kenntnis der Schriftsprache förderten und die Ausdrucksfähigkeit schulten.[431]

Einen tiefen Einschnitt in der Geschichte der walisischen Kultur bezeichneten der Erste Weltkrieg und die darauffolgenden Jahre der wirtschaftlichen Depression, in denen die Eisen- und Kohleindustrien ebenso wie die großen Exporthäfen im Süden des Landes dramatisch an Bedeutung verloren, Armut und Langzeitarbeitslosigkeit ein bis dahin unbekanntes Ausmaß annahmen und ein erheblicher Teil der Bevölkerung in die Städte und neuen industriellen Zentren Englands abwanderte. An die Stelle des Liberalismus der Vorkriegszeit trat nun der Sozialismus der Kommunistischen wie auch der Arbeiterpartei, während die 1925 gegründete *Plaid Genedlaethol Cymru* (*The National Party of Wales*, später umbenannt in *Plaid Cymru*) für eine größere politische Selbständigkeit, gegen die zunehmende Anglisierung und für die Rückbesinnung auf das kulturelle Erbe der Vergangenheit eintrat. Als die britische Regierung 1936 in Penyberth auf der nordwalisischen Halbinsel Llŷn an einer kulturhistorisch bedeutsamen Stätte im Herzen des kymrischsprachigen Wales ungeachtet aller Proteste der walisischen Bevölkerung die Anlage eines Luftwaffenstützpunkts mit Bombenabwurfplatz in Angriff nahm, verlieh die Parteiführung ihrem Widerstand durch einen symbolischen Akt der Brandstiftung Nachdruck und erntete dafür breite Zustimmung. Politisches Gewicht gewann die Walisische Nationalpartei jedoch erst in den Jahrzehnten nach dem Ende des Zweiten Weltkriegs unter der Führung ihres Präsidenten Gwynfor Evans (1912–2005), der 1966 als erstes Parteimitglied ins Parlament gewählt werden sollte.[432]

Klassizismus und Modernismus: Kymrische Literatur seit 1800

Zu den bedeutendsten Entwicklungen in der kymrischen Literatur des 18. Jahrhunderts hatten die klassizistische Anknüpfung an die Bardische Dichtung der Vergangenheit und das Aufkommen der freikirchlichen Hymnendichtung gehört. Beide Strömungen setzten sich im 19. Jahrhundert fort und trugen zusammen mit der Abneigung des Nonkonformismus gegen Dramen und Romane wesentlich dazu bei, dass die Dichtung auch weiterhin das vorherrschende Ausdrucksmittel der walisischen Literatur blieb. Eine wichtige Rolle spielten nunmehr die als *eisteddfodau* (Einzahl: *eisteddfod*) bezeichneten regionalen Dichterwettbewerbe, aus denen in den Jahren von 1860 bis 1880 im Schutz der Honourable Society of Cymmrodorion das noch heute alljährlich in der ersten Augustwoche gefeierte Kultur- und Musikfestival der Nationalen Eisteddfod *(Eisteddfod Genedlaethol)* entstand. Für einen malerischen Rahmen sorgten dabei die Zeremonien, die Edward Williams für seine «Versammlung der Barden der Insel Britannien» erfunden hatte. Gegen Ende des 19. Jahrhunderts jedoch provozierten die fehlende Originalität vieler Hymnen, die oberflächliche Sentimentalität eines Großteils der Gebrauchslyrik und die Verblasenheit der häufig um metaphysische Themen kreisenden Eisteddfod-Dichtung den Widerspruch einer jüngeren Generation, die mit Blick auf die Ergebnisse der neuentstandenen Keltischen Philologie und die Werke der zeitgenössischen europäischen Literaturen auf eine Abkehr von der didaktischen und moralisierenden Dichtung und eine Hebung des Niveaus drängte. Ihr Wortführer wurde der Dichter, Kritiker, Grammatiker und Philologe John Morris-Jones (1864–1929), der auf die weitere Entwicklung der kymrischen Poesie großen Einfluss ausüben sollte.[433] Zu den bedeutendsten Dichtern des beginnenden 20. Jahrhunderts, deren Werk diesen Einfluss widerspiegelt, zählen Thomas Gwynn Jones (1871–1949), William John Gruffydd (1881–1954) und Robert Williams Parry (1884–1956).

Ebenso wie für die walisische Gesellschaft brachten der Erste Weltkrieg und die darauffolgenden Jahre der Depression auch für die kymrische Literatur tiefgreifende Veränderungen mit sich. Skepsis gegenüber den traditionellen Werten und eine Tendenz zum Agnostizismus findet man im Werk des Dichters, Essayisten und Gelehrten Thomas

Herbert Parry-Williams (1887–1975), der kurz vor dem Ersten Weltkrieg eine Zeit lang in Freiburg und Paris studiert hatte.[434] Dagegen vollzog der Dichter und Kritiker Gwenallt (David James Jones, 1899–1968) unter dem Eindruck der gesellschaftlichen Umwälzungen der Zwischenkriegszeit die Wendung vom marxistischen Atheismus zum methodistischen Christentum.[435] Die beherrschende Gestalt des literarischen und kulturellen Lebens war indessen der Dramatiker, Dichter, Kritiker und Literaturhistoriker Saunders Lewis (1893–1985), der sich in Abkehr von seinem calvinistisch-methodistischen Hintergrund zum Katholizismus bekannte und politisch für die Unabhängigkeit seiner Heimat von England sowie für eine dominierende Rolle des Kymrischen eintrat. Neben einflussreichen Arbeiten auf dem Gebiet des politischen Journalismus verfasste er zahlreiche Studien zur Geschichte der kymrischen Dichtung, in denen er besonders die Werke der spätmittelalterlichen Adelsdichter aus den religiösen und gesellschaftlichen Bedingungen ihrer Zeit heraus zu deuten suchte. Darüber hinaus hinterließ er über zwanzig Dramen, in denen er Stoffe aus der walisischen Geschichte und Sage, aber auch aus der modernen Politik aus einer christlichen Grundhaltung heraus gestaltete.[436]

Wie in allen keltischsprachigen Ländern spielten Romane und Erzählungen auch in Wales lange Zeit nur eine untergeordnete Rolle. Der erste bedeutende Romancier war Daniel Owen (1836–1895), der in seinen Romanen *Rhys Lewis* (1885), *Enoc Huws* (1891) und *Gwen Tomos* (1894) ein Bild der methodistisch geprägten walisischen Gesellschaft seiner Zeit erstehen ließ.[437] Als bedeutendste Prosaautorin des 20. Jahrhunderts gilt Kate Roberts (1891–1985), die in stilistisch ausgefeilten Romanen und psychologischen Kurzgeschichten das karge Leben in der modernen walisischen Industriegesellschaft schilderte.[438]

Das Los der Sprache: Kymrisch in Politik und Kultur

Für einen Großteil der walisischen Bevölkerung blieb die kymrische Sprache bis ins 19. und frühe 20. Jahrhundert das wichtigste und häufig auch das einzige Verständigungsmittel. Gleichwohl war das Kymrische durch die jahrhundertelange Bevorzugung des Englischen in der Verwaltung und Rechtsprechung sowie durch die zunehmende Anglisierung des Adels im Bewusstsein der Waliser wie auch dem ihrer englischen Nachbarn zu einer Sprache der unteren Schichten geworden, deren Kenntnis dem gesellschaftlichen Aufstieg in keiner Weise förderlich war.[439]

1847 fällte eine Regierungskommission in einem dreibändigen Bericht über die Religiosität, die Moral und den Bildungsstand der walisischen Bevölkerung ein vernichtendes Urteil und gab dem Vorherrschen des Nonkonformismus und der fehlenden Kenntnis des Englischen die Hauptschuld daran.[440] Auf die Waliser hatte die Veröffentlichung dieser nach der Farbe ihres Einbands benannten «Blauen Bücher» *(Blue Books/Llyfrau Gleision)* eine weitreichende Wirkung. Suchten einige von ihnen die Vorwürfe durch verstärkte Bemühungen um eine Aneignung der englischen Sprache und Kultur zu entkräften, so strebten andere nunmehr ganz im Gegenteil nach einer stärkeren Abgrenzung von England. Zu den prominentesten Vorkämpfern für mehr kulturelle Eigenständigkeit gehörte der Historiker und Pädagoge Owen Morgan Edwards (1858–1920), der sich als Autor, Herausgeber und Verleger kymrischsprachiger Bücher und Zeitschriften um das walisische Bildungswesen verdient machte. Eine größere politische Selbständigkeit und eine stärkere Stellung der kymrischen Sprache forderte auch der Literaturkritiker und Publizist Robert Ambrose Jones (Emrys ap Iwan, 1851–1906), dessen Anschauungen auf spätere walisische Nationalisten großen Einfluss ausüben sollten. Zu den bedeutendsten Früchten der nationalistischen Bewegung des späten 19. Jahrhunderts gehören die Gründung einer Walisischen Universität und einer Nationalbibliothek in Aberystwyth sowie eines Nationalmuseums in Cardiff.[441]

Eine neue Phase des Widerstands gegen die zunehmende Anglisierung des Landes begann 1962, als Saunders Lewis in einer berühmten Rundfunkansprache über «Das Los der Sprache» *(Tynged yr Iaith)* die Waliser dazu aufrief, die Verwendung des Kymrischen in der lokalen und regionalen Verwaltung auch mit den Mitteln des zivilen Ungehorsams zu erzwingen. Als Reaktion darauf entstand noch im selben Jahr die «Gesellschaft der Kymrischen Sprache» *(Cymdeithas yr Iaith Gymraeg)*, die insbesondere in den Jahren von 1960 bis 1980 durch aufsehenerregende Aktionen von sich reden machte und die Stellung des Kymrischen nachhaltig stärkte, in einer weitgehend anglisierten Umgebung jedoch auch Kontroversen heraufbeschwor. Die Erfahrung des gebildeten Walisers, der seine Kultur distanziert betrachtet, den angestrengten Kulturbetrieb nicht immer nur genießt und doch seine

Wurzeln nicht verleugnen kann, veranschaulicht vielleicht am besten ein bekanntes Gedicht von Thomas Herbert Parry-Williams:

Beth yw'r ots gennyf i am Gymru?
Damwain a hap
Yw fy mod yn ei libart yn byw.
Nid yw hon ar fap
Yn ddim byd ond cilcyn o ddaear
mewn cilfach gefn,
Ac yn dipyn o boendod
i'r rhai sy'n credu mewn trefn.
A phwy sy'n trigo'n y fangre,
dwedwch i mi.
Pwy ond gwehilion o boblach?
Peidiwch, da chwi,
Â chlegar am uned a chenedl
a gwlad o hyd:
Mae digon o'r rhain,
heb Gymru, i'w cael yn y byd.
'R wyf wedi alaru ers talm
ar glywed grŵn
Y Cymry, bondigrybwyll,
yn cadw sŵn.
Mi af am dro,
i osgoi eu lleferydd a'u llên,
Yn ôl i'm cynefin gynt,
a'm dychymyg yn drên.
A dyma fi yno.
Diolch am fod ar goll
Ymhell o gyffro
geiriau'r eithafwyr oll.
Dyma'r Wyddfa a'i chriw;
dyma lymder a moelni'r tir;
Dyma'r llyn a'r afon a'r clogwyn;
ac ar fy ngwir,
Dacw'r tŷ lle'm ganed. Ond wele,
rhwng llawr a ne'
Mae lleisiau a drychiolaethau
ar hyd y lle.

Was schert mich Wales?
Schließlich lebe ich nicht
vorsätzlich da.
Aus geographischer Sicht
kann man darin noch nur
ein Anhängsel sehn,
das alle bloß stört,
die auf Ordnung bestehn
Und wer, wenn ich fragen darf,
wohnt denn schon dort.
Wer, außer Übriggebliebenen?
Also bitte, kein Wort
mehr von Vaterland, Volk
und Geschichtsbezug:
Davon gibt's doch
auch ohne Wales mehr als genug.
Ich kann die Waliser,
ihr ständiges Klagen,
herrgottnochmal
keinen Tag länger ertragen.
Genug jetzt von Sprache
und Literatur!
Ich fliehe im Geiste
zurück zur Natur,
die mir seit Kindheit vertraut.
Und da bin ich auch schon,
dem Geschwätz der Fanatiker
glücklich entflohn.
Da ist der Snowdon, das karge Land,
spröde und jeglicher Anmut bar.
Da sind See, Fluss und Felsen,
und dort ist ja sogar
mein Geburtshaus, wahrhaftig.
Doch – nun muss ich staunen –
die Luft scheint erfüllt
von Schatten und Raunen!

'R wy'n simsanu braidd;
ac meddaf i chwi,
Mae rhyw Ysictod
fel petai'n dod drosof i;
Ac mi glywaf grafangau
Cymru'n dirdynnu fy mron.
Duw a'm gwaredo,
ni allaf ddianc rhag hon.

Verwirrung umfängt mich,
fast sinke ich nieder,
von Schwindel befallen,
denn jetzt greift schon wieder
Wales mir ans Herz,
so fühl ich beklommen.
Gott steh mir bei,
da ist kein Entkommen.

23.

DIE BRETAGNE VON DER UNION MIT FRANKREICH BIS 1945

Konservatismus und Modernisierung: Wirtschaftliche Entwicklungen

Nur wenige Jahre vor der Vereinigung von England und Wales war 1532 auch für die Nachfahren keltischer Auswanderer in der *Britannia minor* die Zeit der politischen Selbständigkeit zu Ende gegangen. Als Provinz des französischen Königreichs erlebte die Bretagne gleichwohl eine Periode des wirtschaftlichen Aufschwungs, den das Land vor allem dem Seehandel, der Landwirtschaft und der heimischen Tuchindustrie verdankte.[442] Im internationalen Handel lag es auf halbem Wege zwischen der Iberischen Halbinsel, England und Flandern, und die zahlreichen Häfen an der zerklüfteten Küste boten günstige Bedingungen für die Ausfuhr von Leinentuchen und landwirtschaftlichen Produkten sowie für den Umschlag auswärtiger Waren ins Binnenland. Die wirtschaftliche Lage verschlechterte sich jedoch, als seit dem ausgehenden 17. Jahrhundert eine lange Reihe kriegerischer Auseinandersetzungen mit England den bretonischen Seehandel stark beeinträchtigte und den heimischen Industrien wichtige Absatzmärkte entzog. Von den Veränderungen in der internationalen Politik profitierten nur wenige größere Seehäfen wie etwa Lorient, das als Sitz der Ostindischen Gesellschaft das Handelsmonopol mit Asien besaß, und Nantes, das als zweitgrößter Umschlaghafen nach Bordeaux eine Schlüsselstellung im Sklavenhandel zwischen Frankreich, Afrika und Amerika einnahm. Dagegen führten die Rückständigkeit der Industriebetriebe und das Festhalten an althergebrachten Anbaumethoden in der Landwirtschaft immer wieder zu Versorgungsengpässen, die gegen Ende des 18. Jahrhunderts zu Hungersnöten und einem allgemeinen Rückgang der Bevölkerung führten. An der Französischen Revolution von 1789 hatte das bretonische Bürgertum, gestützt auf weite Teile der ländlichen Bevölkerung, wesentlichen Anteil. Sehr bald jedoch kam es aufgrund der Unzufriedenheit breiter Bevölkerungsschichten mit den Reformen der neuen Regierung zur Gegenrevolution der königstreuen *Chouans*, die trotz wiederholter militärischer Niederlagen vereinzelt noch bis 1815 vor allem die Landbevölkerung in einem zermürbenden Guerillakrieg terrorisierten.[443] Auch nach dem Sturz Napoleons und der Restauration blieb die Bretagne noch auf Jahrzehnte gespalten in die königstreuen «Weißen», die sich vor allem auf Kirche, Großgrundbesitz und Adel stützen konnten, und die demokratisch und antiklerikal gesinnten «Blauen», die ihren wichtigsten Rückhalt in den Kreisen der bürgerlichen Intellektuellen und Kaufleute besaßen.

Im 19. Jahrhundert wurde die Landwirtschaft durch die Modernisierung der Anbaumethoden, die Verbreitung von Düngemitteln und die verstärkte Einführung des Kartoffelanbaus zum wichtigsten Erwerbszweig der Bretagne, während gleichzeitig die wenigen noch bestehenden Industriezweige weiter an Bedeutung verloren. So überflügelte die mit Steinkohle betriebene britische Metallindustrie die nur mit Holz arbeitenden bretonischen Schmieden, während die bretonischen Leinentuche von der kostengünstigeren Baumwolle verdrängt wurden. Bewunderung fand der ausgeprägt ländliche Charakter der Bretagne vor allem bei den Romantikern, die sich in ihrer Enttäuschung über die gesellschaftliche und wirtschaftliche Entwicklung im Zeitalter der Industrialisierung für die farbenfrohen bretonischen Festtagstrachten, Vieh- und Warenmärkte, Wallfahrten und religiösen Feste begeisterten.[444] In dieser Tradition steht auch der in Tréguier geborene Theologe und Orientalist Ernest Renan (1823–1892), der in einem 1859 erschienenen einflussreichen Werk über die Dichtung der keltischen Völker *(Essai sur la poésie des races celtiques)* die keltischen Literaturen als spontan, unverbildet und gefühlsbetont charakterisierte und damit insbesondere den englischen Dichter und Literaturkritiker Matthew Arnold (1822–1888) stark beeinflusste.[445] Einen wichtigen Einschnitt in der wirtschaftlichen Entwicklung der Bretagne bezeichnete der Bau der beiden Eisenbahnlinien zwischen Rennes und Brest und zwischen Nantes und Quimper in den Jahren von 1851 bis 1869. Für die Küstenregionen bot die Anbindung an die Eisenbahn erhebliche Vorteile, da sie den Transport der Fischereiprodukte für den Pariser Markt verbesserte und den wirtschaftlichen Aufschwung der Badeorte begünstigte. In der agrarisch geprägten Zentralbretagne setzte demgegenüber eine zunehmende Landflucht ein, die sich zum Schaden der wirtschaftlichen und kulturellen Entwicklung auswirkte.

Tiefgreifende Veränderungen brachte der Erste Weltkrieg, der überdurchschnittlich viele Soldaten aus der Bretagne das Leben kostete und die von Schule und Kirche vermittelten kulturellen Werte in Frage stellte. Verstört durch das Kriegserlebnis und die Konfrontation mit anderen Denk- und Lebensformen, kehrten viele Überlebende nach 1918 der bretonischen Sprache und den überkommenen Wirtschafts- und Lebensformen endgültig den Rücken. Gleichzeitig führte die Unzufriedenheit mit dem Verlust der traditionellen Werte zu einem Aufschwung nationalistischer und separatistischer Tendenzen.[446] So entstand 1927 die *Parti autonomiste breton* mit ihrer Zeitschrift *Breiz Atao*, die 1931 nach dem Verlust ihres linken Flügels als *Parti national breton* zunehmend ins rechte Fahrwasser geriet. Als man 1932 den 500. Jahrestag der Vereinigung zwischen der Bretagne und Frankreich beging, nutzten Separatisten diese Gelegenheit zum Anschlag auf ein 1911 aus diesem Anlass in Rennes errichtetes Denkmal. Angespornt durch das Beispiel Irlands, suchten kultur- und traditionsbewusste Bretonen 1940 bis 1944 Unterstützung bei den deutschen Besatzern, unter deren Schutz 1941 ein *Institut celtique de Bretagne* entstand und Bretonisch nun auch als Unterrichtssprache zugelassen wurde. Schon bald nach der Landung der Alliierten im Sommer 1944 erwies sich jedoch die Kurzsichtigkeit dieser Politik, die den bretonischen Nationalismus insgesamt bei vielen Landsleuten diskreditierte und nach Kriegsende zu einem schweren Rückschlag führen sollte.[447]

Bretonisch und Französisch: Aspekte der Zweisprachigkeit

Bereits vor der Vereinigung mit Frankreich war die Bretagne ein zweisprachiges Land gewesen, da das Bretonische ungeachtet der erweiterten politischen Grenzen des Herzogtums im Osten des Landes niemals Fuß gefasst hatte. Verlief die Sprachgrenze im Mittelalter noch westlich von Rennes und Nantes, so wich sie bis in die frühe Neuzeit weiter nach Westen auf eine Linie westlich von Saint Brieuc und unmittelbar östlich von Vannes zurück. Ein zweisprachiges Land war die Bretagne allerdings auch insofern gewesen, als die Verheerungen der Wikinger gerade die bretonischsprachige Kultur im Westen des

Landes stark beeinträchtigt hatten, während gleichzeitig das Französische durch die Verlagerung des politischen Schwerpunkts in den Osten der Bretagne und durch die Hinwendung des Adels zur französischen Kultur der Nachbarregionen und des Königshofes begünstigt worden war. Als Schriftsprache hatte das Bretonische daher seit Beginn der Neuzeit fast ausschließlich für Zwecke der religiösen Unterweisung Verwendung gefunden, war in der katholischen Bretagne jedoch nie zu der Anerkennung gelangt, die etwa dem Kymrischen nach der Reformation in Wales zuteil geworden war. Die Sprache der Regierung und Verwaltung sowie des Rechts- und Bildungswesens war demgegenüber durchweg das Französische.

Bis in die zweite Hälfte des 19. Jahrhunderts war die Situation gekennzeichnet durch eine vergleichsweise stabile Sprachgrenze mit einer überwiegend bretonischsprachigen Bevölkerung in der westlichen *Basse-Bretagne (Breizh-Isel)* und einer überwiegend französischsprachigen Bevölkerung in der östlichen *Haute-Bretagne (Breizh-Uhel).*[448] Diese Sprachgrenze hat seither jedoch beständig an Bedeutung verloren, da sich das Französische nun nicht mehr wie zuvor entlang der Grenze, sondern auch im Innern des bretonischsprachigen Gebiets auszubreiten begann. Eine wesentliche Ursache dafür war die offizielle Geltung des Französischen als Amts- und Verkehrssprache, die das Bretonische vor allem an der Küste und in den Städten des Landes verdrängte. Hinzu kam sein Prestige als Bildungssprache, da die staatlichen Schulen seit der Einführung der allgemeinen Schulpflicht 1882–1887 das Bretonische in keiner Weise berücksichtigten, sondern ganz im Gegenteil die betont zentralistische Ideologie des französischen Staates propagierten. Den stärksten Rückhalt besaß das Bretonische dementsprechend unter den am wenigsten gebildeten Schichten in ausgeprägt ländlichen Gebieten, was die Entwicklung einer überregionalen und den Bedürfnissen des modernen Lebens angepassten Schrift- und Literatursprache nachhaltig erschwerte. Entsprechende Bemühungen konzentrierten sich häufig allzu einseitig darauf, die zahllosen französischen Lehn- und Fremdwörter durch bretonische Neubildungen zu ersetzen, ohne den tatsächlichen Sprachgebrauch gebührend zu berücksichtigen.

Jenseits von Kirche und Staat: Die neuere bretonische Literatur

Schon 1484–1485 hatten sich in der Bretagne die ersten Buchdruckereien etabliert.[449] Eine große Rolle für die bretonische Literatur der frühen Neuzeit spielten dabei erbauliche religiöse Texte, darunter religiöse Dramen über das Leben der heiligen Barbara (*Buhez santez Barba*, 1557) und Katharina (*Buhez an itron sanctes Cathell*, 1576), das eschatologische Gedicht *Mirouer de la Mort* («Der Spiegel des Todes»), ein Katechismus *(Doctrin an Christenien)* sowie Sammlungen traditioneller Weihnachtslieder (*Nouelou ancien ha devot*, 1650) und Choräle (*Cantiquou spirituel*, 1642).[450] Das seltene Beispiel einer bretonischen Komödie des 17. Jahrhunderts bietet die Burleske *Amourousted eun den coz* («Die Amouren eines Greises»).[451]

Die Anfänge der neubretonischen Sprachperiode bezeichnet das von dem Jesuiten Julien Maunoir verfasste und 1659 in Quimper gedruckte *Sacré Collège de Jésus*, ein bretonisch geschriebener Katechismus mit Wörterbuch und Grammatik.[452] Der Unterschied zum Mittelbretonischen lag indessen weniger im Sprachbau als vielmehr in einer Reform der Rechtschreibung, die nun eine Reihe nicht mehr gesprochener Buchstaben fortließ und den grammatisch bedingten Veränderungen im Anlaut der Wörter, wie sie für die neukeltischen Sprachen charakteristisch sind, in umfassender Weise Rechnung trug. Den praktischen Bedürfnissen der wechselseitigen Verständigung zwischen Bretonen und Franzosen dienten zweisprachige Lexika und Konversationsbücher, die man als *Colloques* bezeichnet. Ein etymologisches Wörterbuch der bretonischen Sprache, das 1752 in Paris erschien, verfasste der Benediktiner Dom Louis le Pelletier (1663–1733).

Bereits 1703 hatte der Zisterzienser Paul Pézron mit seinem Werk *Antiquité de la Nation et de la Langue des Celtes autrement appelés Gaulois* in Frankreich die Idee der keltischen Spracheinheit und damit des ehrwürdigen Alters der bretonischen Kultur propagiert. Gegen Ende des 18. Jahrhunderts erhielt die wachsende Begeisterung für alles Keltische durch das Interesse Napoleons an der Ossian-Dichtung James Macphersons neuen Auftrieb und führte 1805 zur Gründung einer Pariser *Académie celtique* durch den Sprach- und Altertumsforscher Jacques Cambry (1749–1807).[453] Zu ihren bedeutendsten Mitgliedern zählte Jean-François Le Gonidec (1775–1835), der in seiner Bretonischen Grammatik

(1807) und seinem Bretonisch-Französischen Wörterbuch (1821) auf der Grundlage des Dialekts von Léon eine einheitliche bretonische Literatursprache zu schaffen suchte. Mit Unterstützung des walisischen Altertumsforschers und anglikanischen Geistlichen Thomas Price (Carnhuanawc, 1787–1848) verfasste Le Gonidec auch eine vollständige Übersetzung der Bibel, die allerdings erst 1866 nach seinem Tod veröffentlicht wurde. Sein bedeutendster Schüler war Théodore Hersart de la Villemarqué (1815–1895), dessen monumentales zweisprachiges Werk *Barzaz Breiz* (Die Dichtung der Bretagne) erstmals das Interesse literarisch gebildeter Kreise auf die bis dahin überwiegend mündlich tradierten bretonischen Balladen, Lieder und Hymnen lenkte.[454] Reiche Sammlungen volkstümlicher Überlieferungen veröffentlichte der Gymnasiallehrer, Journalist und Archivar François-Marie Luzel (1821–1895), darunter die zweisprachigen Zusammenstellungen bretonischer Volkslieder *Gwerziou Breiz-Izel* (1868–1874) und *Soniou Breiz-Izel* (1890) sowie die Sammlung bretonischer Märchen in französischer Übersetzung *Contes populaires de Basse-Bretagne* (1887).

Ebenfalls aus dem 19. Jahrhundert stammen die ersten bretonischen Prosaerzählungen mit literarischem Anspruch, darunter der 1877–1878 veröffentlichte historische Roman *Emgann Kergidu ha traou-all c'hoarvezet e Breiz-Izel epad dispac'h 1793* (Die Schlacht von Kergidu und andere Begebenheiten in der Niederbretagne während der Revolution von 1793) des Abbé Alain-Marie Inisan (1826–1891). Eine wichtige Rolle für die Entwicklung der literarischen Prosa spielten dabei Zeitschriften wie *Feiz ha Breiz* (Der Glaube und die Bretagne, 1865–1944) und *Dihunamb!* (Wachen wir auf!, 1905–1944). Vorkämpfer einer überregionalen bretonischen Schriftsprache auf der Grundlage der Dialekte von Léon, Trégor und Cornouaille wurde François Vallée (1860–1949), der 1909 das einflussreiche und oft nachgedruckte Lehrbuch *La Langue bretonne en quarante leçons* veröffentlichte. Zu den bedeutendsten lyrischen Dichtern nach der Jahrhundertwende zählt Jean-Pierre Calloc'h (1888–1917), während sich Tanguy Malmanche (1875–1953) vor allem als Dramatiker einen Namen machte.[455]

Literarische Bedeutung gewannen die Rückbesinnung auf das keltische Erbe der Bretagne und die Ablehnung französischer Kultur, als Roparz Hémon (eigentlich Louis-Paul Német, 1900–1978) 1925 die Zeitschrift *Gwalarn* (Nordwest) gründete. Eine wichtige Rolle spielten dort Übersetzungen aus dem Irischen, die Hémon selbst verfasste, und aus dem Kymrischen, die von seinem Mitstreiter François Eliès (Abeozen, 1896–1963) stammten. Anglo-irische, englische und altgriechische Literaturwerke übersetzte der Journalist Youenn Drézen (1899–1972), der ebenso wie der Erzähler Jakez Riou (1899–1939) und die zuvor genannten Autoren auch mit eigenen Romanen und Erzählungen hervortrat. 1940–1944 entfalteten die bretonischen Nationalisten im Schutze der deutschen Besatzung bis dahin unbekannte bildungs- und kulturpolitische Aktivitäten, die indessen mit der militärischen Niederlage Deutschlands ein jähes Ende fanden. 1978 starb Roparz Hémon im irischen Exil; schon um 1930 hatte er in seinem Gedicht *Pirc'hirin ar mor* (Pilger der See) geschrieben:[456]

Petra 'ra dit ar vro-se?
Mor ha koad
A gavi forzh pelec'h.
An dud? Dre-holl
Ez eus tud vat ha fall.
Da gerent? Siwazh,
Gouzout a rez o deus evit da labour
Goaperezh ha dismegañs ha kasoni.
Ha sed ez out un estren
'barzh da vro!

Was liegt dir an diesem Land?
Meer und Wald
Findest du auch anderswo.
Die Leute? Überall
gibt es gute und böse Leute.
Deine Eltern? Ach,
Du weißt, sie haben für deine Arbeit
Nur Spott, Verachtung und Hass.
So bist du ein Fremder
im eigenen Land!

24.
DIE KELTISCHSPRACHIGEN REGIONEN VON 1945 BIS HEUTE

Keltische Länder? Zur Problematik einer Definition

1941 verfilmte der amerikanische Regisseur John Ford in Kalifornien den populären Roman *How Green was my Valley* (So grün war mein Tal) des anglo-walisischen Autors Richard Llewellyn (Richard Llewellyn Lloyd, 1906–1983). Als ein Kritiker bemängelte, dass Ford in seinem Film die walisischen Bergarbeiter der literarischen Vorlage irische Jigs tanzen ließ, entgegnete der Regisseur: «It's a Celtic country, isn't it?»[457] Dabei handelte es sich keineswegs um die Bemerkung eines unsensiblen Außenseiters, war doch der 1895 als Sean Aloysius O'Fearna geborene Ford irischer Abstammung und hatte sechs Jahre zuvor Liam O'Flahertys Roman *The Informer* verfilmt.

Dass Irland, Schottland, Wales und die Bretagne heute sowohl im Bewusstsein vieler Einwohner als auch zahlreicher Reisender als «keltische» Länder gelten, liegt auf der Hand. Die Frage, was an diesen Ländern heute noch «keltisch» ist, verdient aber durchaus eine nähere Betrachtung, da einst vorhandene Eigenheiten der politischen, gesellschaftlichen, rechtlichen und kirchlichen Ordnung nahezu vollständig verschwunden sind und vermeintlich althergebrachtes «keltisches» Brauchtum sich bei näherem Zusehen zumeist als vergleichsweise jungen und nicht selten vorrangig kommerziellen Ursprungs erweist. Wo modernes Kunsthandwerk an «keltische» Formen anknüpft oder anzuknüpfen vorgibt, handelt es sich in der Regel um Modernisierungen und Adaptionen des latènezeitlichen Kunststils, die mit dem traditionellen bodenständigen Kunsthandwerk der betreffenden Regionen oft kaum etwas zu tun haben.

Neben diesem Fehlen augenfälliger Unterschiede zu den Nachbarregionen steht die innere Uneinheitlichkeit der keltischsprachigen Gebiete, die aus jeweils unterschiedlichen historischen Voraussetzungen resultiert. So war z. B. Irland nicht zuletzt aufgrund seiner Insellage in der frühen Neuzeit einem massiven Kolonialismus ausgesetzt, während sich Wales zu dieser Zeit bereits weitgehend an das unmittelbar benachbarte England angenähert hatte. Als weiterer wichtiger Faktor für die unterschiedliche Entwicklung der keltischsprachigen Regionen erscheint ferner die Reformation, deren Auswirkungen Wales und Schottland, nicht aber Irland und die Bretagne maßgeblich geprägt haben. In einem engen Zusammenhang mit den daraus resultierenden konfessionellen Unterschieden stehen wirtschaftliche Gegensätze, wie sie vor allem in Nordirland lange Zeit den Konflikt zwischen Katholiken und Protestanten kennzeichneten.

Wenn Irland, Schottland, Wales und die Bretagne ungeachtet dieser gravierenden Unterschiede gerne ohne weitere Differenzierungen als «keltische» Länder bezeichnet werden, so liegt dies zweifellos weniger an dem übermächtigen Erbe ihrer gemeinsamen kulturellen Vergangenheit als vielmehr an der Wirksamkeit moderner Keltenideologien, infolge derer das Adjektiv «keltisch» im Bewusstsein einer breiten Öffentlichkeit so unbestimmt und schillernd geworden ist, dass es mit nahezu beliebigen Inhalten gefüllt werden kann. Dies veranschaulicht nicht zuletzt das Beispiel des Films *Braveheart*, in dem der Schauspieler und Regisseur Mel Gibson den schottischen Nationalhelden William Wallace verkörperte: Obschon die Handlung im späten 13. Jahrhundert spielt, tragen die schottischen Krieger einen Kilt, wie er erst im 19. Jahrhundert in Gebrauch kam, während ihre blau-weiße Kriegsbemalung frühneuzeitlichen Vorstellungen vom Aussehen der vorgeschichtlichen Pikten verpflichtet ist. Man geht wohl kaum fehl, sieht man die Ursachen für die heutige politische und kommerzielle Instrumentalisierung der Kelten und ihrer Kultur in der Unbestimmtheit des modernen Keltenbegriffs, einem mangelnden historischen Bewusstsein und der weitverbreiteten Unkenntnis keltischer Sprachen. Objektiv gesehen bilden jedoch gerade die historisch verwandten keltischen Sprachen das wichtigste gemeinsame Merkmal der sogenannten keltischen Länder und stehen daher nicht von ungefähr bei den gegenwärtigen Bemühungen um die Bewahrung des keltischen Erbes in diesen Regionen im Mittelpunkt des Interesses.

Anpassung und Widerstand: Die keltischen Sprachen heute

Am Anfang des 20. Jahrhunderts war die Situation der noch lebenden keltischen Sprachen ebenso wie die Kultur der betreffenden Regionen stark uneinheitlich. So etwa hatte das Kymrische dank der südwalisischen Eisenerz- und Kohlevorkommen die wirtschaftlichen Umwälzungen des 19. Jahrhunderts vergleichsweise unbeschadet überstanden, während der Gebrauch des Irischen zur gleichen Zeit infolge des Rückgangs der Bevölkerung durch Hungersnöte und Auswanderung immer mehr abgenommen hatte. Auch besaß Wales durch die Übersetzung der Bibel eine landesweit anerkannte Schriftsprache, während das Irische ebenso wie das Bretonische noch immer durch eine ausgeprägte Vielfalt regionaler Dialekte gekennzeichnet ist. Ungeachtet dieser Unterschiede werden die letzten noch lebenden keltischen Sprachen heute überall von Minderheiten gesprochen, die sich beständig gegen den übermächtigen Einfluss des Englischen bzw. Französischen zur Wehr setzen müssen. Die gängige Metapher vom drohenden «Aussterben» der keltischen Sprachen könnte vermuten lassen, ihr Überleben sei ähnlich wie das Fortbestehen gefährdeter Pflanzen- und Tierarten durch ein Bündel geeigneter Maßnahmen zu sichern, doch hat gerade die Entwicklung der letzten Jahrzehnte gezeigt, dass entsprechenden Bemühungen nicht in jedem Fall der Erfolg beschieden war, den man sich erhofft hatte. Charakteristisch für alle noch lebenden keltischen Sprachen ist der Umstand, dass die meisten Iren, Waliser, Schotten und Bretonen heute überhaupt keine oder nur eine sehr elementare Kenntnis der traditionellen keltischen Sprachen (mehr) besitzen. Sehr viele andere wiederum haben lediglich eingeschränkte Kenntnisse, so dass sich der Gebrauch der Sprache etwa auf bestimmte Lebenssituationen, bestimmte Gesprächsgegenstände oder den rein mündlichen Gebrauch beschränkt. Entscheidende Bedeutung kommt dabei dem Umstand zu, dass inzwischen alle Sprecher keltischer Sprachen neben dem Irischen, Schottisch-Gälischen und Kymrischen das Englische und neben dem Bretonischen das Französische in Wort und Schrift mehr oder weniger gut beherrschen. Oberflächlich zeigt sich die Beeinflussung dadurch im Wortschatz, insofern als viele Bereiche des modernen Lebens durch die Verwendung von Fremdwörtern und Lehnübersetzungen gekennzeichnet sind, während gleichzeitig viele

Fachbegriffe, etwa der Rechtssprache, der Dichtung oder des traditionellen Handwerks, vielen Sprechern nicht mehr geläufig sind. Tiefgreifender noch als im Wortschatz ist der Einfluss des Englischen und Französischen auf den Bau der keltischen Sprachen, die heute nicht nur zahlreiche ursprünglich sprachfremde Konstruktionen aufweisen, sondern darüber hinaus einen Großteil der althergebrachten Idiomatik verloren haben. Gleichwohl erleben die keltischen Sprachen derzeit eine beachtenswerte Renaissance, die teils auf veränderte politische Konstellationen, teils auf die romantisch getönte Rückbesinnung auf die vorindustriellen regionalen Kulturen Europas zurückzuführen ist.

Nationalismus, Regionalismus, Föderalismus: Politische Entwicklungen

Zeichneten sich die meisten keltischsprachigen Regionen bis zur Mitte des 20. Jahrhunderts durch eine gewisse wirtschaftliche Rückständigkeit aus, so setzte in den ersten Jahrzehnten nach dem Ende des Zweiten Weltkriegs vielerorts eine Welle der Modernisierung und Rationalisierung ein. So wurde etwa in der Bretagne bereits 1951 ein *Comité d'Étude et de Liaison des Intérêts Bretons* (Ausschuss für die Untersuchung und Vereinigung der bretonischen Interessen) gegründet, der sich im Zuge des Wiederaufbaus für eine Erneuerung der Energie- und Wasserversorgung, den Einsatz moderner landwirtschaftlicher Maschinen und die Organisation der bäuerlichen Betriebe nach unternehmerischen Gesichtspunkten einsetzte. Umfangreiche Flurbereinigungen veränderten das Gesicht der Landschaft, während die Ansiedlung großer Industriebetriebe zu einer zunehmenden Verstädterung der gesamten Region führte.[458] Weitreichende Veränderungen erfuhren auch die gälischsprachigen Regionen Schottlands, wo das 1965 ins Leben gerufene *Highlands and Islands Development Board* (1991 umbenannt in *Highlands and Islands Enterprise*) durch die staatliche Subventionierung landwirtschaftlicher Betriebe, eine verbesserte Energieversorgung und die Förderung des Tourismus den Lebensstandard zu heben und die weitere Abwanderung der Bevölkerung in die städtischen Zentren zu verhindern suchte. Beständige Begleiterscheinungen der wirtschaftlichen Modernisierung waren eine deutliche Intensivierung des Straßen- und Bahnverkehrs, wie sie in der Bretagne 1989 die Einrichtung des Atlantik-Schnellzugs (TGV) und in Schottland wenige

Jahre später der Bau einer Autobrücke vom Festland zur Insel Skye veranschaulichen.

Für das Fortleben der keltischen Sprachen hatten diese zentral gesteuerten Maßnahmen infolge des verstärkten Zuzugs englisch- bzw. französischsprachiger Bevölkerungsteile, der zunehmenden Auflösung traditioneller dörflicher Lebensgemeinschaften und der dominierenden Stellung des Englischen bzw. Französischen im Bildungs- und Kommunikationswesen zunächst überwiegend nachteilige Folgen. Da die wirtschaftlichen Veränderungen weder aufzuhalten noch umzukehren waren, suchte man die Stellung der keltischen Sprachen vor allem durch eine verstärkte Berücksichtigung in den Medien und öffentlichen Schulen zu stützen. Die intensivste staatliche Förderung erfuhr dabei zunächst das Irische, dem man wie schon 1922 bei der Gründung des irischen Freistaats auch 1949 nach dem Austritt aus dem Commonwealth und der Umwandlung Irlands in eine unabhängige Republik eine wichtige Rolle im öffentlichen Leben zuwies. Als eine Folge des 1998 zwischen den Regierungen Irlands und Großbritanniens vereinbarten Karfreitagsabkommens liegt die Pflege der irischen Sprache seit Dezember 1999 für ganz Irland in der Obhut eines Ministerrats, der über eine eigene Sprachbehörde sowohl die Interessen des Irischen als auch der schottischen Dialekte Nordirlands vertritt. Weitaus weniger staatliche Unterstützung fand demgegenüber lange Zeit das Bretonische, das sich erst 1985 gleichzeitig mit der Gründung eines nationalen Rates für regionale Sprachen und Kulturen einen festen Platz in den staatlichen Schulen sichern konnte. Seit 1999 bemüht sich das *Office public de la langue bretonne* (*Ofis publik ar Brezhoneg*) unter anderem durch das Angebot von Sprachkursen um die Stärkung des Bretonischen, dessen kulturelle Bedeutung – ebenso wie die der anderen Regionalsprachen Frankreichs – seit 2008 in Artikel 75–1 der französischen Verfassng festgeschrieben ist.

In Schottland wurde das seit 1872 aus dem Bildungswesen verbannte Schottisch-Gälische immerhin bereits 1958 wieder in den Schulen eingeführt und ist seit 1979 mit der Einrichtung des Radiosenders *Radio nan Eilean* in Stornoway auf der Insel Lewis auch im Rundfunk präsent. Zu einem Zentrum des Studiums und der Förderung des Schottisch-Gälischen entwickelte sich *Sabhal Mòr Ostaig* auf der Halbinsel Sleat im Süden der Insel Skye, das seit den 1970er Jahren regelmäßig Sprachkurse anbietet. 1996 formierte sich dort eine gälischsprachige Theatergesellschaft und 1997 das Projekt *Iomairt Chaluim*

Chille zur Förderung einer engeren bildungs- und kulturpolitischen Zusammenarbeit zwischen Schottland und Irland.[459] Eine förmliche Anerkennung erhielt das Schottisch-Gälische erstmals durch die vom schottischen Parlament verabschiedete *Gaelic Language (Scotland) Act 2005*, deren Umsetzung von der bereits 2003 gegründeten Sprachbehörde Bòrd na Gàidhlig überwacht wird. Seit 2008 strahlt BBC Alba ein mehrstündiges tägliches Fernsehprogramm in schottisch-gälischer Sprache aus, und seit 2012 gilt in Schottland ein *National Gaelic Language Plan*, der eine Stärkung der Sprache vor allem durch verbesserte Bildungs- und Kulturangebote vorsieht.

Insgesamt verbessert hat sich in den vergangenen Jahrzehnten auch die Situation des Kymrischen, das bereits 1947 im Schulunterricht Verwendung fand und 1982 mit der Einrichtung des Senders *Sianel Pedwar Cymru* auch im Fernsehen einen festen Platz gefunden hat. In einem engen Zusammenhang mit der Einbindung des Kymrischen in die Medien und das Bildungswesen stehen umfangreiche kulturelle und kulturpolitische Aktivitäten, darunter die Publikation einer umfassenden Nationalbiographie (*Y Bywgraffiadur Cymreig hyd 1940*, veröffentlicht 1953), die Gründung der walisischen Schriftstellervereinigung *Yr Academi Gymreig* (1959, englischsprachige Sektion seit 1968), die Einrichtung eines *Welsh Arts Council* (1969) und die Schaffung eines *Centre for Advanced Welsh and Celtic Studies* in unmittelbarer Nähe der Walisischen Nationalbibliothek in Aberystwyth (1985).

Erwähnt sei *last but not least*, dass keltische Sprachen heute auch in jenen Regionen, wo sie nicht bis in die Gegenwart überlebten, wieder als Bestandteil des kulturellen Erbes eine Rolle spielen. So etwa gibt es seit 2001 in dem Ort St. John's auf der Insel Man eine Grundschule mit Manx als Unterrichtssprache, und selbst Kornisch ist seit 2002 als regionale Minderheitensprache offiziell anerkannt.

RÜCKBLICK UND AUSBLICK: DIE KELTEN UND EUROPA

Mit der Übersicht über die jüngsten politischen, gesellschaftlichen und kulturellen Entwicklungen in den noch heute keltischsprachigen Regionen hat die vorliegende Geschichte der keltischen Völker ihren Abschluss gefunden. Am Ziel angekommen, sei der Leser daher eingeladen, zurückzuschauen und zusammen mit dem Autor noch einmal die eingangs angesprochene Problematik des modernen Keltenbegriffs zu durchdenken.

Vergleicht man die heutige Verwendung des Namens der Kelten mit der des Namens der Germanen, so erkennt man ohne Weiteres eine Reihe augenfälliger Übereinstimmungen. Beide Namen stammen letztlich aus der griechisch-römischen Ethnographie und dienten ursprünglich der Bezeichnung eines (zu keiner Zeit genau definierten) Volkstums. Beide wurden in der Neuzeit auf sprachliche, archäologische und historische Phänomene übertragen, wobei jedoch die Berechtigung dieser Übertragung und die genaue Bestimmung der Begriffe in den Bereichen der Archäologie und Geschichte bis heute umstritten sind. Sowohl Kelten als auch Germanen dienten seit der Zeit des Humanismus den Völkern Mittel- und Westeuropas immer wieder zur Bestimmung der eigenen Identität und zur Abgrenzung von ihren Nachbarn. Dabei bezog man sich, was die Kelten betrifft, in Irland, Schottland, Wales und der Bretagne vor allem auf das Weiterleben der keltischen Sprachen, in Frankreich dagegen in erster Linie auf die Geschichte und Kultur des Landes vor der Romanisierung. Im deutschen Sprachraum hatte man sich seit dem frühen 19. Jahrhundert fast ausschließlich auf die Germanen zur Fundamentierung der nationalen Identität berufen, doch wurde die daraus resultierende Germanenverherrlichung infolge ihrer Perversion durch den Nationalsozialismus seit dem Ende des Zweiten Weltkriegs kritisch reflektiert, so dass entsprechendes Gedankengut heute weithin auf Ablehnung stößt. In augenfälligem Unterschied dazu hat jedoch eine kritische Auseinandersetzung mit der Problematik des Keltenbegriffs außerhalb der Fachwissenschaften bisher nur in Ansätzen stattgefunden, so dass Unbefangenheit, Naivität und ideologische Verblendung hier vielfach immer noch ineinander übergehen.

Die gravierenden Unterschiede in der Geschichte und den emotionalen Konnotationen der Begriffe «keltisch» und «germanisch» veranschaulicht vielleicht am besten die Tatsache, dass «keltisch» in einer ganzen Reihe von Verbindungen gängig und zum Teil sogar positiv besetzt ist, wo «germanisch» unüblich oder sogar ideologieverdächtig erscheint. Beschwört man mit Erzählungen von einer Fahrt durch das «keltische» Irland in der Regel allenfalls Bilder einer ländlichen Idylle, so würden Bemerkungen über eine Reise ins «germanische» Norwegen unweigerlich Erinnerungen an Besetzung und Unterdrückung wecken. Kann die Bezeichnung von irischen, schottischen und bretonischen Liedern als «keltische Musik» weithin auf Zustimmung und Sympathie rechnen, so würde die Ankündigung eines Konzerts mit dänischen und deutschen Weisen als «germanische Musik» vermutlich auf Unverständnis, wenn nicht gar Entrüstung stoßen.

Vom wissenschaftlichen Standpunkt aus ist gleichwohl hervorzuheben, dass «keltische» Lieder etwas völlig anderes sind als «keltische» Sprachen. Stehen nämlich Irisch, Schottisch-Gälisch und Bretonisch in derselben ungebrochenen Kontinuität mit dem inschriftlich bezeugten Altkeltischen wie Dänisch und Deutsch mit dem Altgermanischen, so kann man die traditionelle Musik Irlands, Schottlands und der Bretagne noch nicht einmal bis ins Mittelalter zurückverfolgen und folglich auch nicht auf denselben Ursprung zurückführen. Nicht anders steht es mit den Begriffen der «keltischen» Religion oder des «keltischen» Christentums, die zwar als konventionelle Sammelbezeichnungen religiöser Phänomene in keltischsprachigen Ländern ihre Berechtigung haben, jedoch keineswegs die Kontinuität oder Einheitlichkeit dieser Phänomene verbürgen. Gerade diese entscheidende Tatsache wird jedoch allzu oft übersehen. So stellen insbesondere populäre Darstellungen der «keltischen» Religion häufig Bilddenkmäler und Inschriften aus dem römischen Gallien neben literarische Zeugnisse aus dem mittelalterlichen Irland, ohne auch nur die Berechtigung dieser Vorgehensweise zu reflektieren. Darüber hinaus berücksichtigt man dabei zumeist nur eine kleine Auswahl der am besten verständlichen und darum aussagekräftigsten Zeugnisse, die jedoch als ein Produkt der Romanisierung bzw. Christianisierung über die religiösen Verhältnisse im vorrömischen Mitteleuropa letztlich kaum etwas aussagen. Kaum anders steht es mit populären Darstellungen und Anthologien des «keltischen» Christentums, die nicht nur Gebete und Hymnen des 9. und 19. Jahrhunderts ohne Rücksicht auf ihr historisches Umfeld nebeneinanderstellen, sondern auch weniger modische Aspekte der frühen «keltischen» Kirchen wie etwa deren harte Bußdisziplin großzügig übersehen.[460]

Verantwortlich für die gegenwärtige inflationäre Verwendung des Adjektivs «keltisch» ist also zum einen eine ausgesprochen selektive Wahrnehmung, zum anderen eine weitverbreitete Unkenntnis der historischen Voraussetzungen unseres modernen Keltenbegriffs sowie der keltischen Sprachen und Literaturen. Waren die «Kelten» in der Antike vor allem Gegenstand kollektiver Ängste, so erscheinen sie heute in erster Linie als ideale Projektionsfläche individueller und kollektiver Sehnsüchte. Hatte man sie in den politischen Ideologien des 19. und 20. Jahrhunderts vor allem zur Glorifizierung der jeweiligen nationalen Vergangenheit vereinnahmt, so gewann seit dem Niedergang des Nationalismus und in Abkehr von der Germanenverherrlichung des Dritten Reichs die Vorstellung von der keltischen Kultur als geheimer Wiege des Abendlands weite Verbreitung. 1980 bezeichnete eine internationale Ausstellung des Landes Oberösterreich in Steyr die Hallstattkultur als «Frühform europäischer Einheit», 1990 warb das Plakat der bis dahin aufwendigsten Keltenaussstellung in Venedig mit dem Slogan «I Celti – la prima Europa», und 1993 erklärte eine Ausstellung der Prähistorischen Staatssammlung München im bayerischen Rosenheim das 1. Jahrtausend v. Chr. kurzerhand zum «keltischen Jahrtausend». Bezeichnenderweise bot die keltische Kultur dem Schirmherrn der Ausstellung, dem bayerischen Ministerpräsidenten, «Grund zur wohlgefälligen Betrachtung», fand er doch «in ihrem Zeichen große Teile Europas vereinigt». Nicht von ungefähr erfuhr der Leser des Ausstellungskatalogs nur wenige Jahre vor der Einführung des Euro, dass bereits die Kelten «ein einheitliches Währungssystem» besessen hätten, ihr Kulturkreis aber dennoch «bei aller Geschlossenheit in wesentlichen Erscheinungen Raum für viele Stämme und ihre jeweils besonderen Ausformungen des gemeinsamen Bestandes an Überliefertem» geboten habe.[461] Da die hier beschworene fundamentale Bedeutung der Kelten für Europa jedoch in einem augenfälligen Gegensatz zu den nationalistischen Keltenideologien der Neuzeit, zur Bedeutungslosigkeit der Begriffe «Kelten» und «keltisch» im gesamten Mittelalter und zur antiken Sicht der Kelten als eines barbarischen Randvolks steht, sei an dieser Stelle der objektive Beitrag der Kelten zur europäischen Kultur sowie ihre subjektive Rolle im Bewusstsein der Nachbarvölker einer näheren Betrachtung unterzogen.

Als erster bedeutender Beitrag der Kelten zur abendländischen Kultur kann mit einigem Recht die Kunst der Latènezeit gelten. Ihre Erzeugnisse, gekennzeichnet durch die eigenwillige Verschmelzung unterschiedlicher Kultureinflüsse und einen hohen Stand der technischen Perfektion, erzielen in vielen Fällen eine ästhetische Wirkung, die auch heute noch den Betrachter in ihren Bann ziehen kann. Bezeichnenderweise lag jedoch die Existenz eines eigenständigen und hochentwickelten Kunsthandwerks nördlich der Alpen so völlig außerhalb des Gesichtskreises der Griechen und Römer, dass man in der gesamten antiken Literatur kein Wort darüber findet. Viel mehr interessierte die antike Ethnographie die Vorstellung von den Kelten als einem altertümlichen Randvolk, das einen anderswo längst überwundenen Kulturzustand bewahrt habe. Am einen Ende des Spektrums stehen dabei Vorstellungen von einer urtümlichen Roheit der Kelten, wie sie in den zahlreichen Hinweisen auf blutige und grausame Opferriten und in dem immer wiederkehrenden Vorwurf des Kannibalismus zum Ausdruck kommen. Auf der anderen Seite fehlt es indessen auch nicht an Beispielen einer idealisierenden Verklärung der Kelten, die im Zusammenhang mit antiken Theorien von der Nähe vermeintlich kulturloser Randvölker zu einem uranfänglichen Goldenen Zeitalter der Menschheit stehen. In jedem Fall erkennt man deutlich die Tendenz, die Kelten als «die anderen» und ihre Kultur als Gegenentwurf zur eigenen Kultur darzustellen.

Im Mittelalter beeinflussten die inselkeltischen Kulturen die Geschichte Europas zum einen durch die Mission der Iren bei den Angelsachsen und auf dem europäischen Festland, zum anderen durch die Vermittlung der walisischen und bretonischen Sagen um Arthur/Artus an die höfischen Dichter Englands, Frankreichs und Deutschlands. Dabei gilt es allerdings zu beachten, dass sich die Iren, Schotten, Waliser und Bretonen im Mittelalter weder selbst als «Kelten» verstanden noch von ihren Nachbarn als solche angesehen wurden. Davon abgesehen kann man die geistigen Inhalte, welche die Iren, Waliser und Bretonen der abendländischen Kultur vermittelten, auch aus heutiger Sicht nur mit großen Einschränkungen als «keltisch» bezeichnen: Im Falle der irischen Mission handelt es sich um traditionelle christliche Inhalte, die im Übrigen weitgehend durch das Medium der lateinischen Sprache weitergegeben wurden, und im Falle der Verarbeitung keltischer Stoffe und Motive durch die höfische Literatur erfuhr die *Matière de Bretagne* eine so durchgreifende Umgestaltung vonseiten der höfischen Dichter, dass man die zugrunde liegenden walisischen und bretonischen Erzählungen allenfalls als Rohmaterial der uns bekannten höfischen Literaturwerke ansehen kann.

Am Anfang der Geschichte des neuzeitlichen Keltenbilds stehen die Wiederentdeckung der antiken Keltenschilderungen infolge der vertieften Beschäftigung mit der griechischen und lateinischen Literatur sowie die Einsicht in den Zusammenhang der noch lebenden inselkeltischen Sprachen untereinander und mit dem antiken Festlandkeltischen. Dabei erweist sich die Abhängigkeit der neuzeitlichen Autoren von den griechischen und römischen Ethnographen nur allzu deutlich darin, dass die Kelten wiederum vorzugsweise als «die anderen» und ihre Kultur als Gegenpol zu den Zivilisationen der klassischen Antike und des christlichen Abendlands aufgefasst werden. Bezeichnend für das Nebeneinander von unkritischer Keltenschwärmerei und weitgehender Unkenntnis der immer noch lebendigen keltischen Sprachen und Literaturen ist die Begeisterung, die man im 18. und 19. Jahrhundert den Ossian-Dichtungen James Macphersons und den Werken der Autoren des *Celtic Twilight*, aber auch den haltlosen Spekulationen der frühen Altertumsforscher über vermeintlich keltische Dolmen und Menhire entgegenbrachte.

Ansätze zu einem neuerlichen Wandel des Keltenbilds ergaben sich seit dem frühen 19. Jahrhundert aus dem Aufschwung der Vergleichenden Sprachwissenschaft, Keltischen Philologie und modernen Archäologie. Verhängnisvoll wirkte sich hier jedoch aus, dass die Sprecher der noch lebenden keltischen Sprachen keine eigenständigen politischen Strukturen mehr besaßen und das staatliche Bildungswesen ebenso wie wirtschaftlicher Wohlstand und gesellschaftliches Fortkommen untrennbar mit dem Gebrauch oder zumindest der Kenntnis des Englischen bzw. Französischen verknüpft waren. Da keine der keltischen Sprachen den Status einer Bildungs-, Verkehrs- oder Nationalsprache erlangte, wurden (und werden) sie außerhalb der sogenannten keltischen Länder stets nur von einer kleinen Minderheit wahrgenommen. Dementsprechend sind auch die einzelnen keltischen Literaturen außerhalb ihres jeweiligen Ursprungslandes weitgehend unbekannt. Ob sich die keltischen Sprachen auch in Zukunft neben den internationalen Verkehrssprachen behaupten können, wird sich zeigen müssen. Die Beschäftigung mit ihnen eröffnet in jedem Fall den Zugang zu einer geistigen Welt, die von der Vorzeit bis zur Gegenwart die abendländische Kultur beunruhigt, fasziniert und immer wieder auch bereichert hat.

ANHANG

ANMERKUNGEN

1 Als umfangreiches neueres Nachschlagewerk (mit philologisch-historischem Schwerpunkt) dient KOCH J. T. 2006. Über neuere archäologische Forschungen orientiert ergänzend dazu SIEVERS u. a. 2012. Eine umfangreiche Sammlung von klassischen Texten aus der keltologischen Forschung bieten KARL u. STIFTER 2007.

2 Zu den antiken Nachrichten über die Kelten vgl. zusammenfassend G. Dobesch in MOSCATI u. a. 1991: 35–41, B. Kremer und R. Urban in DANNHEIMER u. GEBHARD 1993: 15–22 sowie H. D. Rankin in GREEN 1995: 21–33 und RANKIN 1996. Ausführlich kommentierte Auszüge aus antiken Keltenschilderungen im Original mit deutscher Übersetzung bieten TOMASCHITZ 2002 (Geschichte) und HOFENEDER 2005–2011 (Religion).

3 Vgl. dazu FISCHER 1972.

4 Vgl. dazu URBAN 1991, TOMASCHITZ 2002, 37–91 und HOFENEDER 2005–2011, I, 85–100.

5 Eine ausführlich kommentierte deutsche Übersetzung der Keltenschilderung des Poseidonios bietet MALITZ 1983. Vgl. ferner DOBESCH 1995 und MARTIN 2011.

6 Das Verhältnis zwischen der Keltenschilderung des Poseidonios und der Caesars erörtert HOFENEDER 2005–2011: I, 112–229. Zum Keltenbild der Antike im Allgemeinen vgl. KREMER 1994, JANTZ 1995 und KISTLER 2009.

7 Neuere Gesamtdarstellungen des derzeitigen Stands der Erforschung keltischer Sprachen bieten die Beiträge in dem Sammelband von BALL u. MÜLLER 2009. Vgl. ferner das etymologische Wörterbuch von MATASOVIČ 2009 sowie zu den Ortsnamen als Indikator der Verbreitung keltischer Sprachen SIMS-WILLIAMS 2006 und DELAMARRE 2012.

8 Zum Keltenbegriff der Archäologie und zum gegenwärtigen Stand der Erforschung archäologischer Quellen vgl. T. C. Champion in BROWN T 1996: 61–78, COLLIS 2003, MAIER 2012 sowie die Beiträge in SIEVERS u. a. 2012.

9 Zur Probematik einer ethnischen Interpretation vorgeschichtlicher Funde vgl. die Beiträge in RIECKHOFF u. SOMMER 2007. Zur anthropologischen Klassifikation heutiger Sprecher keltischer Sprachen vgl. BODMER 1992.

10 Zu George Buchanan vgl. J. Collis in BLACK u. a. 1999: 91–107. Neuere Erörterungen der Problematik des modernen Keltenbegriffs bieten die Beiträge in BROWN T. 1996, EVANS D. E. 1997, SIMS-WILLIAMS 1998b, COLLIS 2003 und Morse 2005. Zur Entstehung und Geschichte der neuzeitlichen Keltenideologie mit ihrer Vereinnahmung der Kelten für politische und weltanschauliche Zwecke vgl. DUBOIS 1972, ASHER 1993, MAISSEN 1994, die Beiträge in CARRUTHERS u. RAWES 2003 und RIECKHOFF 2006, WINKLER 2006, BIRKHAN 2009, PÉCHOUX 2011 und MANIAS 2013.

11 Vgl. dazu WAGNER 1982 sowie die kritische Studie von ISAAC 2007.

12 Zahlreiche neuere Beiträge dazu enthält der Ausstellungskatalog *Welt der Kelten* 2012. Einen Querschnitt neuerer Forschungen bieten die Beiträge in BRUN u. CHAUME 1997, RIECKHOFF u. BIEL 2001, KRAUSSE 2008 und KRAUSSE 2010.

13 Neuere zusammenfassende Darstellungen bieten P. J. Reynolds in GREEN 1995: 176–209 und SPINDLER 1996: 300–315. Vgl. ferner MALRAIN u. a. 2002.

14 Vgl. dazu ASPÖCK u. a. 2007.

15 Neuere Zusammenfassungen bieten H. Reim in BITTEL u. a. 1981: 204–227, KIMMIG 1983, mehrere Beiträge in GREEN 1995: 285–341 sowie SPINDLER 1996: 201–264. Vgl. ferner KURZYNSKI 1996, BANCK-BURGESS 1999 und BICHLER 2005 (Textilhandwerk) sowie SCHAAFF u. a. 1987 und VOSTEEN 1999 (Wagenbau). Zur altkeltischen Handwerksterminologie, die aus späteren Quellen mit Hilfe des Sprachvergleichs ansatzweise erschlossen werden kann, vgl. SCHMIDT 1983.

16 Zur hallstattzeitlichen Keramik vgl. die Studie von BROSSEDER 2004 sowie die Beiträge in CHAUME 2009.

17 Vgl. dazu LOBISSER 2005 bzw. J. Bofinger u. A. Goldner-Bofinger in KRAUSSE 2008: 209–227.

18 Vgl. dazu MODARRESSI-TEHRANI 2009.

19 Vgl. SPINDLER 1996: 229.

20 Zur wirtschaftlichen Bedeutung des Eisens vgl. die Beiträge in MILCENT 2007. Zur Eisenverhüttung im vorrömischen Süddeutschland vgl. GASSMANN u. a. 2005.

21 Vgl. dazu J. Biel in BITTEL u. a. 1981: 138–159 und SPINDLER 1996: 265–299.

22 Vgl. dazu SPINDLER 1996: 43–91 sowie mehrere Beiträge in BERTRAND u. a. 2009 und KRAUSSE 2010.

23 Vgl. dazu SPINDLER 1996: 316–354 und MAIER 2012: 128–139 sowie mehrere Beiträge in LANG u. SALAČ 2002.

24 Vgl. dazu PRILAUX 2000, FRIES-KNOBLACH 2001 und DAIRE 2003 sowie zur Salzgewinnung in Hallstatt und am Dürrnberg OTT u. WAMERS 2008 bzw. STÖLLNER u. a. 1999–2002.

25 Vgl. dazu BARTOLONI u. a. 1998, GUGGISBERG 2004 und FRÈRE 2006.

26 Zur neueren Diskussion um die Problematik der archäologischen Interpretation vgl. die Beiträge in BRUN u. CHAUME 1997, KRAUSSE 2008 und KRAUSSE 2010.

27 Vgl. knapp zusammenfassend H. Reim in RIECKHOFF u. BIEL 2001: 362–366 sowie ausführlicher und mit Berücksichtigung neuer Ausgrabungen KRAUSSE u. a. 2015.

28 Vgl. dazu DÜRR 2014.

29 Vgl. RIEK u. HUNDT 1962.

30 Vgl. dazu KRAUSE 2014 und 2015.

31 Vgl. dazu CHAUME 2001, mehrere Verfasser in KRAUSSE 2008: 9–25 und KRAUSSE 2010: I, 377–402, CHAUME u. MORDANT 2011 sowie MÖTSCH 2011.

32 Vgl. dazu die Beiträge in DEYTS 2003.
33 Vgl. dazu knapp zusammenfassend RIECKHOFF u. BIEL 2001: 285–290 sowie ausführlich I. Balzer in KRAUSSE 2008: 143–161 und KRAUSSE 2010: I, 209–238.
34 Vgl. dazu BIEL 1985 sowie mehrere Beiträge in dem Ausstellungskatalog *Keltenfürst* 1985: 33–45 und 79–134. Ausführliche neuere Studien zu Einzelaspekten bieten KRAUSSE 1996 (Trink- u. Speiseservice), BANCK-BURGESS 1999 (Textilfunde), BIEG 2002 (Bronzekessel), KOCH J. K. 2006 (Wagen u. Pferdegeschirr) und HANSEN 2010 (Goldfunde u. Trachtbestandteile).
35 Vgl. SPINDLER 1996: 302–304.
36 Vgl. SPINDLER 1996: 172–185.
37 Vgl. B. Chaume u. a. in HAFFNER 1995: 43–50 sowie CHAUME u. REINHARD 2003.
38 Vgl. BIEL 1985: 114–117 und MAC CANA 1993.
39 Vgl. dazu die Studie von KÜMMEL 2009.
40 Vgl. dazu A. Haffner in MOSCATI u. a. 1991: 155–162 sowie die Beiträge in *Hundert Meisterwerke* 1992.
41 Vgl. HAFFNER 1976 sowie zum Grab von Waldalgesheim JOACHIM u. a. 1995.
42 Vgl. KELLER 1965 und ECHT 1999.
43 Vgl. zusammenfassend P. Roualet in MOSCATI u. a. 1991: 147–154 sowie den Ausstellungskatalog *Celtes en Champagne* 1991.
44 Vgl. dazu I. M. Stead in MOSCATI u. a. 1991: 174 f.
45 Vgl. dazu MOOSLEITNER 1985.
46 Vgl. dazu *Kelten* 1980: 227 f. und F. Moosleitner in MOSCATI u. a. 1991: 170.
47 Vgl. dazu J. Michálek in MOSCATI u. a. 1991: 186 f.
48 Vgl. dazu KIMMIG u. a. 1988.
49 Vgl. dazu die Beiträge in HONEGGER 2009 und die Zusammenfassung von DAVID W. 2010.
50 Vgl. dazu neben JACOBSTHAL 1944 sowie JOPE u. JACOBSTHAL 2000 die neueren Gesamtdarstellungen von MEGAW u. MEGAW 2001, HARDING 2007, MÜLLER 2009, MÜLLER 2012 und GOSDEN 2014. Speziell zur Goldschmiedekunst vgl. ELUÈRE 1987.
51 Vgl. dazu O.-H. Frey in *Hundert Meisterwerke* 1992: 13–16.
52 Vgl. dazu ausführlich MOOSLEITNER 1985.
53 Vgl. dazu HERRMANN u. FREY 1996 sowie O.-H. Frey in *Glauberg* 2008: 35–56.
54 Vgl. dazu O.-H. Frey in *Hundert Meisterwerke* 1992: 105–109.
55 Vgl. dazu ausführlich JOACHIM u. a. 1995: 38–53.
56 Vgl. dazu ELUÈRE 1987, die Beiträge von R. Cordie-Hackenberg und H.-E. Joachim in *Hundert Meisterwerke* 1992: 171–191 sowie zur sozial- und kulturgeschichtlichen Interpretation keltischer Halsringe CASTRO PÉREZ 1998 und ADLER 2003.
57 Vgl. dazu ELUÈRE 1987: 135–137.
58 Vgl. dazu JOACHIM u. a. 1995: 60–70.

59 Vgl. dazu ELUÈRE 1987: 168 f., FISCHER 1992 sowie die (teilweise spekulative) Ausdeutung des Figurenschmucks der Ringe in GUGGISBERG 2000.

60 Vgl. dazu ELUÈRE 1987: 141–145.

61 Vgl. dazu ELUÈRE 1987: 141–146 und 160 sowie J. Gomez de Soto in MOSCATI u. a. 1991: 292 f.

62 Vgl. dazu SPINDLER 1996: 98–101, 136–145 und 170 f.

63 Vgl. dazu den Ausstellungskatalog *Gräber* 1989.

64 Vgl. dazu A. Haffner in *Gräber* 1989: 96–98.

65 Vgl. dazu S. Schiek in BITTEL u. a. 1981: 121.

66 Vgl. dazu BIEL 1985: 34.

67 Vgl. dazu BIEL 1985: 36 sowie 92–113.

68 Vgl. dazu BIEL 1985: 82 sowie HANSEN 2010.

69 Vgl. dazu BIEL 1985: 68.

70 Vgl. dazu BIEL 1985: 78 f. sowie HANSEN 2010.

71 Vgl. dazu H. Müller-Karpe in *Gräber* 1989: 153–155.

72 Vgl. dazu S. Schiek in BITTEL u. a. 1981: 120 sowie SPINDLER 1996: 162.

73 Vgl. dazu A. Haffner in *Gräber* 1989: 44 f.

74 Zum derzeitigen Stand der Forschung vgl. die Beiträge in dem Sammelband *Glauberg* 2008 sowie H. Baitinger u. a. in KRAUSSE 2010: I, 289–318.

75 Vgl. dazu JOACHIM 1989 sowie zur Symbolik der Blattkrone O.-H. Frey in DANNHEIMER u. GEBHARD 1993: 155.

76 Vgl. dazu K. Zeller in *Kelten* 1980: 166.

77 Vgl. dazu die ausführliche Dokumentation von PAULI 1975.

78 Zum keltischen Söldnerwesen vgl. zusammenfassend M. Szabó in MOSCATI u. a. 1991: 333–336 sowie BARAY 2014.

79 Zu den Skordiskern vgl. zusammenfassend B. Jovanovic und P. Popovic in MOSCATI u. a. 1991: 337–347.

80 Vgl. dazu insbesondere Hofeneder 2005–2011 sowie (mit Blick auf die Kelten in der antiken Kunst) KISTLER 2009.

81 Zum historischen und ideologischen Hintergrund der Comic-Serie *Asterix* ausführlich STOLL 1974 und GREWENIG 2011.

82 Vgl. knapp zusammenfassend A. Rapin in MOSCATI u. a. 1991: 321–331 sowie J. N.G. und W. F. Ritchie in GREEN 1995: 37–58. Vgl. ferner die ausführlichen Studien von PLEINER 1993 (Schwerter), HANSEN 2003 (Panzer) und SIEVERS 2010.

83 Vgl. dazu A. Furger-Gunti in MOSCATI u. a. 1991: 356–359 sowie B. Raftery in TRISTRAM 1993: 173–191, MÜLLER 1995 und MALLORY 1998.

84 Vgl. zusammenfassend PESCHEL 1989 sowie die Überlegungen zu Heerwesen und Sozialstruktur der Kelten von G. Dobesch in JEREM u. a. 1996: 13–71.

85 Vgl. dazu ARMIT 2012.

86 Abgebildet u. a. bei NASH 1987 Tafel 2 Nr. 7 sowie MOSCATI u. a. 1991: 322.

87 Abgebildet u. a. in *Kelten* 1980: 244 sowie in MOSCATI u. a. 1991: 136.

88 Vgl. dazu B. Lescure in HAFFNER 1995: 75–84.

89 Vgl. J.-L. Brunaux in HAFFNER 1995: 59.
90 Vgl. J.-L. Brunaux in HAFFNER 1995: 66–74.
91 Vgl. dazu F. Müller in DANNHEIMER u. GEBHARD 1993: 182 mit Abb. 147. Neuere Studien zu den Brandopferplätzen bieten ZEMMER-PLANK 2002 und STEINER 2010.
92 Vgl. dazu S. Bauer und H.-P. Kuhnen in HAFFNER 1995: 51–54.
93 Vgl. dazu F. Müller in DANNHEIMER u. GEBHARD 1993: 184 f.
94 Vgl. dazu J. Gomez de Soto in MOSCATI u. a. 1991: 292 f.
95 Vgl. dazu V. Kruta in MOSCATI u. a. 1991: 295.
96 Vgl. dazu MANIQUET 2004 und 2008.
97 Vgl. dazu knapp zusammenfassend P. Drda u. a. in BRUNAUX 1991: 199–202 und K. Motyková u. a. in MOSCATI u. a. 1991: 180 f. sowie ausführlich DRDA u. RYBOVÁ 2008.
98 Vgl. dazu H.-H. Wegner in RIECKHOFF u. BIEL 2001: 405 f.
99 Vgl. dazu J.-L. Brunaux in HAFFNER 1995: 55–74 sowie BRUNAUX 1991 und 1996.
100 Vgl. dazu BRUNAUX u. a. 1999.
101 Vgl. dazu B. Lambot und P. Méniel in VERGER 2000: 7–139 sowie B. Lambot in GOUDINEAU 2006: 177–190.
102 Vgl. dazu V. Holzer in LAUERMANN u. TREBSCHE 2008: 33–49 sowie HOLZER 2009.
103 Vgl. dazu DIETRICH 2007, E. Dietrich und C. Nitu in HONEGGER u. a. 2009: 219–226 und PIGNAT 2009.
104 Vgl. F. Maier in MOSCATI u. a. 1991: 411–424, J. Collis in GREEN 1995: 159–175, sowie FICHTL 2003, FICHTL 2005, KAENEL u. a. 2005, G. Kaenel in HASELGROVE 2006: 17–39, BENKOVÁ 2008 und RIECKHOFF u. Fichtl 2011.
105 Zum keltischen Befestigungswesen vgl. zusammenfassend I. Ralston in GREEN 1995: 59–81, RALSTON 2006 und die Beiträge in FICHTL 2010.
106 Neuere Einführungen in die keltische Numismatik bieten NASH 1987, GRUEL 1989 sowie H.-J. Kellner in MOSCATI u. a. 1991: 451–459, B. Ziegaus in DANNHEIMER u. GEBHARD 1993: 220–227 und D. Nash Briggs in GREEN 1995: 244–253. Zu neueren Forschungen vgl. NICK 2006 sowie VAN HEESCH u. HEEREN 2009.
107 Vgl. dazu DUVAL P.-M. 1987 sowie DUVAL P.-M. 1989: I239–390 und 623–688.
108 Vgl. RIECKHOFF u. FICHTL 2011: 38–40 sowie ausführlich GOUDINEAU u. PEYRE 1993, GUILLAUMET u. SZABÓ 2005, ROMERO u. MAILLIER 2006 und FLEISCHER 2007.
109 Vgl. dazu RIECKHOFF u. FICHTL 2011: 80 f. sowie L. Vaxelaire in FICHTL 2003: 187–198 und Ph. Barral u. a. in KAENEL u. a. 2005: 171–197.
110 Vgl. dazu RIECKHOFF u. FICHTL 2011: 50 f. bzw. 65–67 sowie S. Schreyer in KAENEL u. a. 2005: 137–154.
111 Vgl. dazu RIECKHOFF u. FICHTL 2011: 41–42.
112 Vgl. dazu RIECKHOFF u. FICHTL 2011: 83–85.

113 Vgl. dazu R. Dehn u. G. Fingerlin in RIECKHOFF u. BIEL 2001: 402 f. sowie H. Wagner in KLEIBER 2009: 21–53.

114 Vgl. dazu knapp zusammenfassend F. Fischer in RIECKHOFF u. BIEL 2011: 351–353 sowie RIECKHOFF u. FICHTL 2011: 70–72, ausführlich KNOPF 2006.

115 Vgl. dazu M. M. Rind in RIECKHOFF u. BIEL 2001: 390–395 sowie RIECKHOFF u. FICHTL 2011: 67–70.

116 Knappe Zusammenfassungen bieten W. Krämer und R. Gebhard in DANNHEIMER u. GEBHARD 1993: 107–119 sowie S. Sievers in JEREM u. a. 1996: 321–334 bzw. RIECKHOFF u. BIEL 2001: 418–421. Ausführlicher ist SIEVERS 2007. Eine umfassende Dokumentation der archäologischen Untersuchungen enthält die seit 1970 von der Römisch-Germanischen Kommission herausgegebene Reihe «Die Ausgrabungen in Manching» (bislang 19 Bände).

117 Zu beiden Gegenständen vgl. DANNHEIMER u. GEBHARD 1993: 341.

118 Vgl. dazu J. Metzler u. a. in HASELGROVE 2006, CASTELLA 2008, J. Thoma in RIECKHOFF 2008 und FERNÁNDEZ-GÖTZ 2012.

119 Vgl. GOUDINEAU u. PEYRE 1993: 90–93 sowie HAFFNER 1995: 37.

120 Vgl. dazu knapp zusammenfassend RIECKHOFF u. FICHTL 2011: 73 f. sowie M. Poux in GOUDINEAU 2006: 117–134 und POUX 2012.

121 Zum gegenwärtigen Stand der Forschung vgl. G. Wieland in HAFFNER 1995: 85–99, WIELAND 1999, G. Wieland in ZEMMER-PLANK 2002: 863–894 und NEUMANN-EISELE 2005.

122 Vgl. ZÜRN u. FISCHER 1991.

123 Vgl. dazu D. Planck in *Keltenfürst* 1985: 341–354.

124 Vgl. dazu HUTTON 2007, BRUNAUX 2009, MAIER 2009 und HUTTON 2011.

125 Eine Einführung in die gallische Sprache und eine Übersicht über den gegenwärtigen Stand der Erforschung der gallischen Inschriften gibt LAMBERT 1994. Die mit griechischen Buchstaben geschriebenen Inschriften sind vollständig gesammelt in LEJEUNE 1985. Über den gallischen Wortschatz orientieren DELAMARRE 2003 und die Studien von LACROIX 2003, 2005 und 2007.

126 Vgl. LEJEUNE 1985: Nr. 153.

127 Vgl. LEJEUNE 1985: Nr. 27.

128 Vgl. die kommentierte Übersetzung der Stelle bei MALITZ 1983: 178.

129 Appian, *Celtica* 12, übersetzt und kommentiert von MALITZ 1983: 177.

130 Zur keltischen Kultur Südgalliens, der frühen römischen Einflussnahme und der späteren Entwicklung unter römischer Herrschaft vgl. FREYBERGER 1999, GROS 2008 und PY 2012.

131 Vgl. die kommentierte Übersetzung der beiden Stellen bei MALITZ 1983: 187 f. und 193–195.

132 Erhalten in dem hier übersetzten ausführlichen Zitat bei Athenaios von Naukratis p. 151E–152D, stark verkürzt bei Diodoros von Sizilien, *Bibliotheke* 5,28,4. Vgl. die kommentierte Übersetzung beider Stellen bei MALITZ 1983: 188 f.

133 Vgl. die kommentierte Übersetzung bei MALITZ 1983: 186.

134 Zu Caesars Feldzügen in Gallien vgl. JIMÉNEZ 1996, RIGGSBY 2006 und POUX 2008.

135 Vgl. dazu WALSER 1998 sowie zu den Helvetiern insgesamt FURGER 2003 und MÜLLER u. LÜSCHER 2004.

136 Vercingetorix als historische Gestalt und als Gegenstand neuzeitlicher Ideologien behandeln der Ausstellungskatalog *Vercingétorix* 1994 sowie REDDÉ 2012 und MARTIN 2013.

137 Neuere Gesamtdarstellungen bieten BURILLO MOZOTA 1998, BENDALA GALÁN 2000, LORRIO 2005 und SALINAS DE FRÍAS 2006.

138 Vgl. dazu HOFENEDER 2005–2011: I, 16–24.

139 Vgl. dazu FISCHER 1972.

140 Vgl. DOBESCH 1995: 28–30 sowie HOFENEDER 2005–2011: I, 29–34.

141 Vgl. MALITZ 1983: 96–134.

142 Eine umfassende und ausführlich kommentierte Sammlung der keltiberischen Inschriften bietet UNTERMANN 1997, ergänzt durch das Wörterbuch von WODTKO 2000. Über den gegenwärtigen Stand unserer Kenntnis des Keltiberischen orientiert JORDÁN CÓLERA 1998.

143 Für den keltischen Charakter des Tartessischen plädiert KOCH J. T. 2009–2011.

144 Vgl. dazu die Beiträge in CUNLIFFE u. KOCH 2010 sowie KOCH u. CUNLIFFE 2013.

145 Neuere zusammenfassende Gesamtdarstellungen zur Geschichte und Kultur der Kelten in Oberitalien bieten KRUTA u. MANFREDI 1999, DEFENTE 2003, GARBOLINO BOOT 2003, Th. Lejars in SZABÓ 2006: 77–96, GRASSI 2009 und SCHÖNFELDER 2010.

146 Zur Golasecca-Kultur vgl. R. C. de Marinis in MOSCATI u. a. 1991: 93–102 sowie die Beiträge in LORRE 2009.

147 Zu den Kriegen der Kelten Oberitaliens mit den Römern vgl. WILLIAMS 2001, ZECCHINI 2009 und RICHARDSON 2010, und zum Prozess der Romanisierung GRASSI 1995 und DAVID J.-M. 2010.

148 Vgl. dazu ausführlich LEJEUNE 1988, SOLINAS 1995 und J. Uhlich in ZIMMER u. a. 1999: 277–304.

149 Vgl. LAMBERT 1994: 21 sowie SOLINAS 1995: Nr. 128.

150 Vgl. LAMBERT 1994: 21 sowie SOLINAS 1995: Nr. 119.

151 Vgl. LAMBERT 1994: 74–76.

152 Vgl. LAMBERT 1994: 86 f. und 94.

153 Vgl. LAMBERT 1994: 76–79 sowie Ch. Peyre in VERGER 2000: 155–206.

154 Eine grundlegende Darstellung der Geschichte der kleinasiatischen Galater verfasste STÄHELIN 1907. Ausführliche neuere Gesamtdarstellungen bieten MITCHELL 1993, STROBEL 1996 und ARSLAN 2004.

155 Vgl. SCHMIDT 1994: 26.

156 Vgl. dazu HOFENEDER 2005–2011: II, 81 f.

157 Vgl. dazu VOIGT 2012 und SELINSKY 2015.

158 Vgl. dazu WEISGERBER L. 1931 sowie SCHMIDT 1994 und FREEMAN 2001.

159 Zu den altkeltischen Personennamen im Allgemeinen vgl. SCHMIDT 1957

und EVANS D. E. 1967 sowie DELAMARRE 2007. Ein Verzeichnis der galatischen Personennamen bietet STÄHELIN 1907: 109–120.

160 Zu den antiken Keltendarstellungen vgl. knapp zusammenfassend B. Andreae in MOSCATI u. a. 1991: 61–69 sowie ausführlich KISTLER 2009. Zur Darstellung der Galater in der pergamenischen Kunst vgl. KÜNZL 1971 und QUEYREL 2005.

161 Farbabbildung und Deutung der Figurengruppe in dem Beitrag von B. Andreae in MOSCATI u. a. 1991: 61 f.

162 Farbabbildung in MOSCATI u. a. 1991: 60.

163 Vgl. B. Andreae in MOSCATI u. a. 1991: 61–63 (mit Abbildung).

164 Vgl. zusammenfassend B. Overbeck in DANNHEIMER u. GEBHARD 1993: 228–231 (mit Abbildungen).

165 Zur Geschichte und Kultur des römischen Gallien vgl. BOTERMANN 2005, FERDIÈRE 2005, COULON 2006, LE BOHEC 2008, MONTEIL u. TRANOY 2008, GROS 2008, FERDIÈRE 2011 und REDDÉ 2011.

166 Vgl. dazu DAUZAT u. ROSTAING 1979.

167 Vgl. zusammenfassend LAMBERT 1994 und DELAMARRE 2003.

168 Vgl. LEJEUNE 1988: L–13 sowie LAMBERT 1994: 98–101.

169 Vgl. dazu ausführlich MARTIN u. VARÈNE 1973.

170 Vgl. DUVAL u. PINAULT 1986.

171 Vgl. LAMBERT 1994: 150–159.

172 Vgl. LAMBERT 1994: 160–172.

173 Vgl. dazu MAIER 1994: 217 f. sowie MAIER 1999: 129 f.

174 Vgl. dazu STIFTER 2009 und MEES 2011 sowie zu keltischen Fluchinschriften im Allgemeinen MEES 2009.

175 Vgl. dazu LAMBERT 1994: 10 f.

176 Vgl. dazu MEID u. ANREITER 2005.

177 Zur gallorömischen Religion im Allgemeinen vgl. DERKS 1998, VAN ANDRINGA 2002, DONDIN-PAYRE u. RAEPSAET-CHARLIER 2006 sowe HÄUSSLER u. KING 2007–2008.

178 Vgl. dazu van ANDRINGA 2000, LOBÜSCHER 2002, FAUDUET 2010 und PÉCHOUX 2010.

179 Vgl. dazu die einschlägigen Artikel in MAIER 1994, MAIER 2001 sowie zu neueren Forschungen SPICKERMANN u. WIEGELS 2005, HAINZMANN 2007, SARTORI 2008, ARENAS ESTEBAN 2010, HOFENEDER u. BERNARDO STEMPEL 2013 sowie SPICKERMANN 2013.

180 Vgl. dazu BAUCHHENSS u. NEUMANN 1987, GARMAN 2008 und BILLER 2010.

181 Vgl. zusammenfassend BOURGEOIS 1991–1992, LANDES 1992 und CHEVALLIER 1992.

182 Vgl. WEISGERBER G. 1975.

183 Vgl. dazu DEYTS 1983.

184 Vgl. dazu ROMEUF u. DUMONTET 2000.

185 Vgl. MAIER 1994: 100.

186 Vgl. zusammenfassend MAIER 1994: 147 f.

187 Vgl. dazu MAIER 1994: 19, 27 f., 35 und 228 sowie B. Maier in ZIMMER u. a. 1999: 121–125.

188 Abgebildet u. a. in MAIER 1994: 325.

189 Zum Kessel von Gundestrup vgl. FALKENSTEIN 2004, NIELSEN u. a. 2005 sowie F. Kaul in KOCH J. T. 2006: III, 854–857.

190 Vgl. MAIER 1994: 49, 74 f. und 246 f. sowie DUVAL P.-M. 1989: I 433–462.

191 Vgl. dazu MAIER 1994: 23, 120 f., 235 und 287 f.

192 Vgl. MAIER 1994: 118 f., 298 f. und 309 f. sowie DUVAL P.-M. 1989: I 463–470.

193 Vgl. dazu MAIER 1994: 40 f.

194 Eine Zusammenstellung der antiken Nachrichten über Irland und Britannien in englischer Übersetzung geben RIVET u. SMITH 1979: 37–102.

195 Vgl. dazu die Übersicht über das Fundgut und die Problematik seiner Interpretation bei RAFTERY 1994: 200–219.

196 Vgl. dazu die neueren monographischen Gesamtdarstellungen von RAFTERY 1994, CUNLIFFE 2005, BRADLEY R. 2007 und WADDELL 2010.

197 Vgl. B. Cunliffe in MOSCATI u. a. 1991: 581–586, I. Ralston in GREEN 1995: 59–81 sowie PAYNE u. a. 2006 und BROWN I. 2009.

198 Vgl. dazu I. M. Stead in MOSCATI u. a. 1991: 587–595, RAFTERY 1994: 188–199 und G. A. Wait in GREEN 1995: 489–511.

199 Vgl. dazu DENT 2010.

200 Vgl. A. King und G. Soffe in *Sanctuaires* 1994: 33–48 und HAFFNER 1995: 22 f.

201 Vgl. C. J. Lynn, B. Raftery und B. Wailes in MOSCATI u. a. 1991: 610–615 sowie RAFTERY 1994: 64–81. Vgl. ferner zu Tara BHREATHNACH 2005, zu Knockaulin JOHNSTON u. WAILES 2007 und zu Navan Fort LYNN 2003.

202 Vgl. RAFTERY 1994: 61 f. und 79.

203 Vgl. RAFTERY 1994: 165 f. und 185.

204 Vgl. RAFTERY 1994: 184 f.

205 Vgl. R. B. Warner in MOSCATI u. a. 1991: 617 sowie RAFTERY 1994: 183 f.

206 Vgl. dazu BRAILSFORD 1975.

207 Vgl. zusammenfassend I. M. Stead in HAFFNER 1995: 100–110.

208 Vgl. dazu S. Green in MOSCATI u. a. 1991: 609 sowie MACDONALD 2007.

209 Vgl. RIVET u. SMITH 1979: 248 sowie MEID 1991.

210 Vgl. RIVET u. SMITH 1979: 280–282.

211 Vgl. dazu D. MacManus in NÍ CHATHÁIN u. RICHTER 1984: 179–196.

212 Eine umfassende mehrbändige Geschichte Irlands bietet die Reihe «A New History of Ireland»: (1) Ó CRÓINÍN 2005, (2) COSGROVE 1987, (3) MOODY u. a. 1976, (4) MOODY u. VAUGHAN 1986, (5) VAUGHAN 1989, (6) VAUGHAN 1996, (7) HILL 2003. Neuere einbändige Gesamtdarstellungen bieten BARTLETT 2010 und CAMPBELL 2014. Zur Geschichte Irlands im Mittelalter vgl. Ó CRÓINÍN 1995, CHARLES-EDWARDS 2000 und BHREATHNACH 2014.

213 Vgl. dazu die Beiträge in DUMVILLE u. a. 1993, O'LOUGHLIN 2005 sowie HOWLETT 2006.

214 Beide Texte herausgegeben und übersetzt von HANSON u. BLANC 1978. Eine deutsche Übersetzung der *Confessio* bietet W. Berschin in LÖWE 1982: 9–25.

215 Muirchú und Tírechán herausgegeben und übersetzt von BIELER 1979, die *Vita Tripartita* herausgegeben (ohne Übersetzung) von MULCHRONE 1939.

216 Zur frühen irischen Kirche vgl. die Beiträge in *Irlanda* 2010 sowie JENKINS D. H. 2010, OVERBEY 2012 und MULLINS 2012.

217 Vgl. dazu Ó HÓGÁIN 1990: 60–64 sowie BITEL 2008.

218 Herausgegeben und übersetzt von BIELER 1963.

219 Zur frühmittelalterlichen irischen Kunst vgl. die Beiträge in LEAHY u. RYAN 2012–2013.

220 Vgl. dazu MCMANUS 1991, SIMS-WILLIAMS 1993, ZIEGLER 1994 und SWIFT 1997.

221 Vgl. dazu READ 2011.

222 Eine umfassende Ausgabe der altirischen Glossen mit englischer Übersetzung bieten STOKES u. STRACHAN 1901–1903. Vgl. ferner E. G. Quin in NÍ CHATHÁIN u. RICHTER 1984: 210–217 sowie A. Breen, R. Hofman und P.-Y. Lambert in NÍ CHATHÁIN u. RICHTER 1996: 9–16, 173–186 und 187–194.

223 Eine zweisprachige Anthologie solcher Gedichte bieten GREENE u. O'CONNOR 1967. Vgl. ferner D. Ó Corráin in Ó CORRÁIN u. a. 1989: 251–267, P. Sims-Williams in BROWN T. 1996: 97–124 sowie P. K. Ford in BLACK u. a. 1999: I, 162–170.

224 Vgl. dazu Ó CRÓINÍN 2003, MCCARTHY 2008, CUNNINGHAM 2009 und EVANS N. 2010.

225 Zur irischen Hagiographie vgl. CAREY u. a. 2001, CARTWRIGHT 2003, Ó RIAIN 2006, RITARI 2009, Ó RIAIN 2011 und Ó RIAIN 2014. Zu *Audacht Morainn* vgl. KELLY F. 1976 (Ausg. u. Übers.) sowie FOMIN 2013. Eine kommentierte Auswahl religiöser Schriften in englischer Übersetzung bietet CAREY 2000.

226 Zu *Amra Choluim Chille* vgl. M. Herbert in Ó CORRÁIN u. a. 1989: 67–75. Zu *Echtrae Chonnlai* und *Immram Brain* vgl. MCCONE 2000 bzw. MAC MATHÚNA 1985 (Ausg. u. engl. Übers.) sowie EGELER 2015 (Interpretation) und 2016 (dt. Übers.). Zu den Quellen der *Navigatio Brendani* vgl. STRIJBOSCH 2000, BURGESS u. STRIJBOSCH 2006 und MACKLEY 2008.

227 Zu den Gedichten Blathmacs vgl. CARNEY 1964 (Ausg. u. engl. Übers.) und Ó RIAIN 2015.

228 Irischer Text zitiert nach GREENE u. O'CONNOR 1967: 62. Zu *Félire Oenguso* vgl. ferner M. Schneiders in EDEL 1995: 157–169 sowie P. Ó Riain in POPPE u. TRISTRAM 1999: 87–104.

229 Vgl. zur Einführung KELLY F. 2009 sowie CHAPMAN STACEY 2007, ESKA 2010, AHLQVIST u. O'NEILL 2013 und KELLY F. 2014.

230 Vgl. dazu M. P. Sheehy in LÖWE 1982: 525–535 und L. M. Davies in NÍ CHATHÁIN u. RICHTER 1996: 17–35. Zum Verhältnis zwischen kanonischem

und einheimischem Recht vgl. G. Mac Niocaill und D. Ó Corráin in NÍ CHATHÁIN u. RICHTER 1984: 151–156 und 157–166.

231 Zur Stellung und Funktion des Königs vgl. JASKI 2000, FITZPATRICK 2004, SCHOT u. a. 2011, FOMIN 2013, O'CONNOR 2013 und HEMPRICH 2015.

232 Über Ackerbau, Viehzucht, Jagd und Fischfang nach dem Zeugnis der frühen Rechtstexte informiert KELLY F. 1997.

233 Zum Niederschlag der Spannungen zwischen kultureller Einheit und politischer Vielfalt in den Quellen vgl. MAC CANA 2011.

234 Vgl. STOKES u. STRACHAN 1901–1903: II, 290.

235 Vgl. dazu HUDSON 2005, DOWNHAM 2007, VALANTE 2008, SHEEHAN u. Ó CORRÁIN 2010 sowie SIGURÐSSON u. BOLTON 2014.

236 Zur wechselseitigen kulturellen Beeinflussung von Nordgermanen und Iren vgl. EGELER 2011, 2013 und 2015.

237 Vgl. zur Einführung Ó HÓGÁIN 2006 und NÍ BHROLCHÁIN 2008 sowie die Beiträge in KELLEHER u. O'LEARY 2006 und WRIGHT 2010.

238 Vgl. zur neueren Forschung dazu die Beiträge in SHEEHAN u. DOOLEY 2013, BOYLE u. HAYDEN 2014 sowie REKDAL u. POPPE 2014.

239 Vgl. dazu die Beiträge in Ó HUIGINN 2015.

240 Vgl. dazu SCHLÜTER 2010.

241 Eine Einführung mit ausführlichen Inhaltsangaben bietet das klassische Werk von THURNEYSEN 1921. Zu neueren Forschungen vgl. die Beiträge in MALLORY u. STOCKMAN 1994, Ó HUIGINN u. Ó CATHÁIN 2009 und TONER u. MAC MATHÚNA 2013.

242 Vgl. dazu die zweisprachigen Ausgaben der in mehreren unterschiedlichen Fassungen überlieferten Erzählung von O'RAHILLY 1961 und 1967 sowie zur neueren Forschung DOOLEY 2006 und EDEL 2015.

243 Vgl. dazu die Studie von O'CONNOR 2013.

244 Vgl. dazu NAGY 1985, Ó HÓGÁIN 1988 sowie die Beiträge in ARBUTHNOT u. PARSONS 2012.

245 Vgl. dazu die Beiträge in WILEY 2008.

246 Zur Vorstellung und zum Begriff des Elfenhügels *(síd)* vgl. SIMS-WILLIAMS 1990.

247 Eine zweisprachige Ausgabe bietet GRAY 1982. Zur Interpretation des Textes vgl. ferner GRAY 1980–1983 und CAREY 1989/90.

248 Vgl. dazu die zweisprachige Ausgabe von GWYNN 1903–1935.

249 Eine (unzuverlässige) zweisprachige Ausgabe bietet MACALISTER 1938–1941. Vgl. dazu die Beiträge in CAREY 2009.

250 Vgl. dazu A. Angenendt in LÖWE 1982: 52–79 und zu neueren Forschungen LÖWE 1982 sowie NÍ CHATHÁIN u. RICHTER 1984, 1987 und 1996.

251 Zu Columbanus' Wirken im Frankenreich vgl. zusammenfassend K. Schäferdiek in LÖWE 1982: 171–202. Zu den Gedichten, die man Columbanus zugeschrieben hat, vgl. P. C. Jacobsen und D. Schaller in LÖWE 1982: 434–467 und 468–483. Die Theologie des Columbanus behandelt J. P. Mackey in NÍ CHATHÁIN u. RICHTER 1996: 228–239.

252 Vgl. dazu RICHTER 2008.

253 Vgl. dazu W. Müller in LÖWE 1982: 330–341.

254 Zur irischen Handschriftenüberlieferung auf der Reichenau und in Sankt Gallen vgl. J. Autenrieth und J. Duft in LÖWE 1982: 903–915 und 916–937.

255 Vgl. dazu den Ausstellungskatalog *Kilian* 1989. Zur Rolle der Iren für die Christianisierung Mainfrankens vgl. zusammenfassend A. Wendehorst in LÖWE 1982: 319–329.

256 Vgl. dazu H. Wolfram in NÍ CHATHÁIN u. RICHTER 1987: 415–420 sowie zur Slawenmission H. Dopsch und J. Strzelczyk in NÍ CHATHÁIN u. RICHTER 1987: 421–444 und 445–460.

257 Zum Anteil der Iren am geistigen Leben des Karolingerreichs vgl. die Beiträge in LÖWE 1982: 735–937.

258 Vgl. dazu FLACHENECKER 1995 und WEBER 2010.

259 Vgl. dazu FLANAGAN 1989 sowie DUFFY u. a. 2001.

260 Vgl. dazu LYDON 1984 sowie die Beiträge in BARRY u. a. 1995 und DUFFY u. a. 2001.

261 Vgl. dazu MCNAMEE 1997.

262 Vgl. dazu SIMMS 1987.

263 Vgl. dazu ELLIS 1985, BRADY 1994, O'BYRNE 2003 und CONNOLLY 2007.

264 Vgl. dazu BOIVIN 1993.

265 Vgl. dazu O'KEEFFE 2003, BRACKEN u. Ó RIAIN-RAEDEL 2006, MOSS u. a. 2006, FLANAGAN 2010 und Ó CLABAIGH 2011.

266 Herausgegeben und übersetzt von NÍ SHÉAGHDHA 1967.

267 Vgl. dazu MACNEILL u. MURPHY 1908–1954 (Ausg. u. engl. Übers.) sowie CAREY 2003.

268 Vgl. dazu MYRICK 1993, POPPE 1995, MURRAY 2006, MILES 2011 und O'CONNOR 2014.

269 Vgl. dazu zusammenfassend WILLIAMS u. FORD 1992: 134–145.

270 Vgl. dazu Ó TUAMA 1988. Die Abhängigkeit der neuzeitlichen irischen Liebeslieder vom Ideal des *amour courtois* behandelt O TUAMA 1960.

271 Vgl. dazu WILLIAMS u. FORD 1992: 153–192 sowie Ó RIORDAN 2007, GRIFFIN-WILSON 2010, MCKIBBEN 2010, MCMANUS u. Ó RAGHALLAIGH 2010 und MAC CÁRTHAIGH 2014.

272 Den ausführlichsten Überblick über die schottische Geschichte bieten die bislang sieben der auf zehn Bände angelegten «New Edinburgh History of Scotland«: (1) FRASER 2009, (2) WOOLF 2007, (3) ORAM 2011, (4) BROWN M. 2004, (6) DAWSON 2007, (8) LANDSMAN 2014, (10) CAMERON 2010. Vgl. ferner COWAN u. MCDONALD 2001 sowie als Nachschlagewerke zur gälischen Kultur Schottlands THOMSON D. S. 1994 und NEWTON 2000.

273 Zur Geschichte und Kultur der Pikten vgl. FOSTER 2004, CLARKSON 2008 und HUDSON 2014.

274 Vgl. dazu RITCHIE 1993 sowie die Beiträge in BATEY u. a. 1993 und GRAHAM-CAMPBELL u. BATEY 1998.

275 Die im Deutschen und Englischen übliche Bezeichnung Hebriden *(Hebrides)* beruht auf einer falschen Lesung des bei antiken Autoren (u. a. Plinius, *Naturgeschichte* 4,103) überlieferten Namens *(H)ebudes* (RIVET u. SMITH 1979: 354 f.).

276 Vgl. dazu MCNAMEE 1997.

277 Vgl. dazu G. W.S. Barrow in GILLIES 1989: 67–88.

278 Vgl. dazu MCDONALD A. 1997.

279 Vgl. dazu die Ausgabe von THOMSON R. L. 1970.

280 Vgl. dazu die Beiträge in DEVINE 1998 sowie BROUN u. CLANCY 1999.

281 Zur Missionierung der Pikten und Angelsachsen durch die Iren vgl. D. A. Bullough und M. Richter in LÖWE 1982: 80–98 und 120–137 sowie J. N. Hillgarth, J. Campbell, I. Wood und M. Richter in NÍ CHATHÁIN u. RICHTER 1987: 311–331, 332–346, 347–361 und 362–376.

282 Vgl. dazu ANDERSON 1991 und SHARPE 1995, BRUCE 2004 sowie die Übersetzung von KLÜPPEL 2010.

283 Vgl. dazu FOLLETT 2006.

284 Vgl. dazu HARBISON 1992.

285 Vgl. CLOSE-BROOKS u. STEVENSON 1982.

286 Vgl. zusammenfassend NORDENFALK 1977 und HENDERSON 1987.

287 Vgl. dazu O'MAHONEY 1994, PULLIAM 2006 und MEEHAN 2012.

288 Vgl. JACKSON 1972 und FORSYTH 2008.

289 Vgl. dazu FAWCETT 2002.

290 Vgl. dazu FORSYTH 1997 und PRICE G. 2000: 127–131.

291 Vgl. dazu G. Price in PRICE G. 2000: 120–126.

292 Vgl. dazu WITHERS 1984 und 1988, GILLIES 1989, D. MacAulay in MACAULAY 1992: 137–248, W. Gillies in BALL u. MÜLLER 2009: 145–227, verschiedene Autoren in THOMSON D. S. 1994: 89–115 sowie die kurzgefasste sprachwissenschaftliche Beschreibung von LAMB 2001 und das Handbuch von WATSON M. u. MACLEOD M. 2010.

293 Vgl. dazu M. Oftedal in THOMSON D. S. 1994: 98 f. und 155 sowie Ó MUIRITHE 2010.

294 Vgl. dazu BRODERICK 1984–1986, BRODERICK 1994–2005, BRODERICK 1999 und Phillips 2004.

295 Den ausführlichsten Überblick über die walisische Geschichte bieten die bislang fünf der auf insgesamt sechs Bände angelegten «History of Wales»: (1) CHARLES-EDWARDS 2013, (2) DAVIES R. R. 1987, (3) WILLIAMS G. 1987, (4) JENKINS G. H. 1987 und (6) MORGAN K. O. 1980. Neuere einbändige Gesamtdarstellungen bieten JENKINS G. H. 2007 und GOWER 2011; als Nachschlagewerk dient DAVIES J. 2008.

296 Zum traditionellen walisischen Recht vgl. JENKINS D. 1986, JENKINS D. 1997 sowie ROBERTS S. E. 2007.

297 Zitiert nach WILLIAMS I. M. 1996: 123.

298 Zu den Anfängen des Christentums in Wales vgl. DAVIES O. 1996, LAMBERT 2010 und POTTER 2013.

299 Vgl. dazu HENKEN 1987 und 1991 sowie EDWARDS u. LANE 1992 und THACKER u. SHARPE 2002.

300 Vgl. dazu EVANS J. W. u. WOODING 2007. Eine kommentierte Ausgabe der mittelkymrischen Vita des Heiligen bietet EVANS D. S. 1988.

301 Zu Gildas und seinen Schriften vgl. GEORGE 2009, O'LOUGHLIN 2012 und SCHUSTEREDER 2015.

302 Vgl. dazu DUMVILLE 1994.

303 Vgl. dazu HUGHES K. 1973.

304 Eine kurzgefasste Einführung in die Geschichte des Walisischen bietet DAVIES J. 2014. Eine umfassende Sozialgeschichte der walisischen Sprache bieten die Beiträge in JENKINS G. H. 1997, 1998 und 2000 sowie JENKINS G. H. u. WILLIAMS M. A. 2000.

305 Vgl. dazu SIMS-WILLIAMS 2003.

306 Die Grundlage der neueren Forschung bildet WILLIAMS I. 1938. Vgl. ferner JACKSON 1970, die zweisprachigen Ausgaben von JARMAN 1988 und KOCH 1997 sowie die Beiträge in WOOLF 2013.

307 Vgl. WILLIAMS u. WILLIAMS 1968, A. O. H. Jarman in JARMAN u. HUGHES 1992: 51–67 sowie HAYCOCK M. 2007 und 2013.

308 Hrsg. von R. G. Gruffydd in BROMWICH u. JONES 1978: 25–43.

309 Vgl. dazu JENKINS u. OWEN 1984.

310 Vgl. T. A. Watkins in GRUFFYDD R. G. 1982: 29–43.

311 Hrsg. von WILLIAMS I. 1972.

312 Vgl. dazu die umfassende Studie (mit Ausgabe und Übersetzung) von ROWLAND 1990 sowie ROWLAND 2014.

313 Vgl. dazu HUWS 2000.

314 Vgl. zusammenfassend A. O. H. Jarman in BROMWICH u. JONES 1978: 326–349 sowie in BROMWICH u. a. 1991: 117–145.

315 Vgl. dazu BRUGGER-HACKETT 1991 sowie GOODRICH u. THOMPSON 2003.

316 Vgl. dazu DAVIES R. R. 1987 sowie LIEBERMAN 2010.

317 Zu Rhys ap Gruffudd vgl. JONES u. PRYCE 1996 sowie TURVEY 1997.

318 Zu Gruffudd ap Cynan vgl. MAUND 1996.

319 Vgl. dazu die ausführliche Biographie Llywelyns von SMITH J. B. 1998.

320 Zu Owain Glyndŵr vgl. DAVIES R. R. 1995, die volkskundliche Studie von HENKEN 1996 sowie LIVINGSTON u. BOLLARD 2013.

321 Vgl. dazu knapp zusammenfassend C. W. Lewis und D. M. Lloyd in JARMAN u. HUGHES 1992: 123–156 und 157–188 sowie WILLIAMS J. E. C. 1994 und 1997. Eine Auswahl religiöser Gedichte mit Übersetzung bietet MCKENNA 1991.

322 Vgl. dazu JARMAN u. HUGHES 1997 sowie JOHNSTON 2005.

323 Vgl. dazu die Ausgabe von JOHNSTON u. a. 2010 sowie die Studie von EDWARDS 1996. Eine zweisprachige Ausgabe von Werken aus dem Umfeld des Dichters, die früher ihm selbst zugeschrieben wurden, bietet FULTON 1996.

324 Vgl. D. S. Evans und J. E. C. Williams in BOWEN G. 1974: 245–273 bzw. 312–408.

325 Hrsg. von DANIEL 1995.
326 Vgl. zusammenfassend B. F. Roberts in BOWEN G. 1974: 274–301 sowie WILLIAMS P. 2012.
327 Vgl. dazu WATKIN 1958 und THOMAS G. C. G. 1988 sowie ferner R. Reck und E. Poppe in POPPE u. TRISTRAM 1999: 289–304 und 305–317.
328 Vgl. dazu die ausführlich kommentierte Ausgabe und Übersetzung von BROMWICH 1978.
329 Herausgegeben von WILLIAMS I. 1951. Eine ausführlich kommentierte deutsche Übersetzung bietet MAIER 1999. Vgl. dazu ferner die Beiträge in MAIER u. ZIMMER 2001.
330 Drei umfassende Nachschlagewerke für das Gesamtgebiet der Artus-Literatur sind LUPACK 2007, ARCHIBALD 2009 und FULTON 2009. Zum keltischen Hintergrund der Artus-Literatur vgl. BROMWICH u. a. 1991, LLOYD-MORGAN 2004, ZIMMER 2006, CAREY 2007 und PADEL 2013.
331 Vgl. zusammenfassend P. Sims-Williams in BROMWICH u. a. 1991: 33–71. Neuere Ausgaben der Gedichte *Pa ŵr yw'r porthor?* und *Preiddeu Annwfn* stammen von B. F. Roberts in BROMWICH u. JONES 1978: 296–309 bzw. HAYCOCK M. 1983/84. Deutsche Übersetzungen der beiden Texte bietet BIRKHAN 1989: II 104–109.
332 Eine ausführlich kommentierte Ausgabe bieten BROMWICH u. EVANS 1992, eine deutsche Übersetzung gibt BIRKHAN 1989: II 33–92.
333 Vgl. dazu die zweisprachige Ausgabe von REEVE u. WRIGHT 2010 sowie die Einführung von JANKULAK 2010.
334 Vgl. dazu die Studie von TILLER 2007.
335 Vgl. dazu LACY u. GRIMBERT 2005, DOUDET 2009, PONT-BURNEZ 2010 und COMBES 2013.
336 Vgl. dazu zusammenfassend R. L. Thomson, I. Lovecy und R. Middleton in BROMWICH u. a. 1991: 159–169, 171–182 und 147–157. Neuere Ausgaben der drei Texte bieten THOMSON R. L. 1968, GOETINCK 1976 und THOMSON R. L. 1997. Eine deutsche Übersetzung gibt BIRKHAN 1989: I 65–244.
337 Vgl. dazu C. Lloyd-Morgan in BROMWICH u. a. 1991: 183–208. Die neueste Ausgabe des Textes bietet RICHARDS M. 1948, eine deutsche Übersetzung gibt BIRKHAN 1989: II 119–142.
338 Vgl. dazu GOTTZMANN 1989 und MERTENS 1998.
339 Zur Tristan-Sage vgl. die zweisprachige Anthologie von LACY 1998 sowie die Beiträge in dem Sammelband von CRÉPIN u. SPIEWOK 1996.
340 Vgl. dazu THOMPSON 1985, WHITAKER 1990, OLTON 2000, ARONSTEIN 2005 und BRYDEN 2005.
341 Vgl. dazu BROMWICH 1983.
342 Eine umfassende Geschichte der Bretagne von der Vorzeit bis zur Gegenwart bieten die Bände der von André Chédeville herausgegebenen Reihe «Histoire de la Bretagne» (GIOT u. a. 1995, PAPE 1995, CHÉDEVILLE u. GUILLOTEL 1984, CHÉDEVILLE u. TONNERRE 1987, LEGUAY u. MARTIN 1982, CROIX 1993 und SAINCLIVIER 1989). Den Zeitraum von der Vorzeit bis zum Aus-

gang des Mittelalters behandeln GALLIOU u. JONES 1991. Eine kurzgefasste einbändige Geschichte der Bretagne bietet PIETTE 2008; als Nachschlagewerk dient CROIX u. VEILLARD 2013.

343 Abgebildet u.a. bei MOSCATI u.a. 1991: 645, DANNHEIMER u. GEBHARD 1993: 278 sowie HAFFNER 1995: 17.

344 Zur römischen Bretagne vgl. GALLIOU 1991 und PAPE 1995.

345 Vgl. dazu MAIER 1994: 234 f.

346 Eine umfassende Kulturgeschichte der Bretagne vom 5. Jahrhundert n. Chr. bis zur Gegenwart bieten BALCOU u. LE GALLO 1987. Den Zeitraum vom 5. bis zum 10. Jahrhundert behandeln CHÉDEVILLE u. GUILLOTEL 1984. Zur frühen Besiedelung durch britannische Siedler vgl. ferner G. Le Duc in BLACK u.a. 1999: 133–151. Zur Sozialgeschichte vgl. ferner DAVIES W. 1988.

347 Zu den keltischen Ortsnamen der Bretagne im Allgemeinen vgl. PLONÉIS 1989–1993. Die hagiographischen Quellen behandelt MERDRIGNAC 1985/86.

348 Zu den Beziehungen zwischen der Bretagne und dem Reich der Karolinger vgl. SMITH J. M. H. 1992 und DEUFFIC 2008.

349 Die Geschichte der Bretagne vom 11. bis zum frühen 16. Jahrhundert behandeln CHÉDEVILLE u. TONNERRE 1987 und LEGUAY u. MARTIN 1982. Eine ausführliche Darstellung der Bretagne im Spätmittelalter bietet JONES M. 1988. Zur Geschichte der Bretagne vom 14. Jahrhundert bis zur Gegenwart vgl. ferner den Ausstellungskatalog *Bretagne* 1990.

350 Vgl. H. Ll. Humphreys in PRICE G. 1992: 245–275, E. Ternes in MACAULAY 1992: 371–452 sowie PLENIER 2010 und DESHAYES 2013. Zu den frühen Zeugnissen der bretonischen Sprache und der mittel- und neubretonischen Literatur vgl. zusammenfassend R. Williams in PRICE G. 1992: 276–300 sowie verschiedene Beiträge in BALCOU u. LE GALLO 1987.

351 Vgl. dazu KINOSHITA u. MCCRACKEN 2012.

352 Bretonischer Text zitiert nach R. Williams in PRICE G. 1992: 277.

353 Einen Faksimile-Nachdruck der Erstausgabe mit ausführlicher Einleitung bietet GUYONVARC'H 1975.

354 Vgl. A. R. Thomas in MACAULAY 1992: 346–370 sowie Ph. Payton in PRICE G. 2000: 109–119.

355 Vgl. dazu BRADY u. GILLESPIE 1986, MACCARTHY-MORROGH 1986 und LOEBER 1991.

356 Vgl. dazu MORGAN H. 1993 sowie MCCAVITT 2005.

357 Vgl. dazu PERCIVAL-MAXWELL 1994, OHLMEYER 1995, Ó SIOCHRÚ 1998, CLARKE 2000, Ó SIOCHRÚ 2001 und Ó SIOCHRÚ 2008.

358 Vgl. dazu CHILDS 2007, MCBRIDE 2009 und WALSH 2010.

359 Zur politischen Situation am Vorabend des Aufstands von 1798 vgl. KELLY J. 1992. Das Verhältnis zwischen dem Katholizismus und den radikalen politischen Ideologien der Zeit behandelt KEOGH 1993. Vgl. ferner DICKSON u.a. 1993, CURTIN 1994, die Beiträge des Sammelbands KEOGH u. FURLONG 1996 sowie CHAMBERS 1998.

360 Die Entwicklung der politischen Ideologien und des irischen Nationalbewusstseins an der Wende vom 18. zum 19. Jahrhundert behandelt WHELAN 1996.

361 Die Reaktion der politischen und geistigen Führungsschicht auf die gesellschaftlichen Veränderungen im Gefolge der englischen Eroberungen behandelt Ó RIORDAN 1990. Zur negativen Darstellung der irischen Kultur durch englischsprachige Autoren des 16. und 17. Jahrhunderts vgl. HADFIELD u. MCVEAGH 1994, BRADSHAW u. a. 1994 sowie KLÄGER 2006. Zur Entwicklung des irischen Nationalbewusstseins in der frühen Neuzeit vgl. ROSS B. 1998, ENGLISH 2006 und BRADSHAW 2015.

362 Vgl. dazu ausführlich Ó BUACHALLA 1994.

363 Vgl. dazu die zweisprachige Ausgabe der Werke des Dichters von KNOTT 1922–1926.

364 Vgl. dazu die zweisprachige Ausgabe von MAC ERLEAN 1910–1917. Eine Auswahl mit Übersetzung bieten Ó TUAMA u. KINSELLA 1981: 110–123.

365 Herausgegeben von NÍ CHEALLACHÁIN 1962. Eine zweisprachige Auswahl bieten Ó TUAMA u. KINSELLA 1981: 92–95.

366 Zu Aodhagán Ó Rathaille vgl. die zweisprachige Ausgabe von Ó DUINNÍN u. Ó DONNCHADHA 1911 sowie die zweisprachige Auswahl seiner Gedichte von Ó TUAMA u. KINSELLA 1981: 140–167.

367 Zur Literatur der irischen Franziskaner im 17. Jahrhundert und ihrem geistesgeschichtlichen Hintergrund vgl. Ó DÚSHLÁINE 1987.

368 Herausgegeben von O'RAHILLY T. F. 1941.

369 Vgl. dazu Ó MURAÍLE 2008.

370 Vgl. dazu die zweisprachige Ausgabe des vollständigen Textes von WALSH 1948–1957.

371 Vgl. dazu HARRISON 1992 sowie die Beiträge in dem Sammelband MCGUINNESS u. a. 1997.

372 Vgl. dazu Ó MURAÍLE 1996.

373 Vgl. dazu SHARPE 2013.

374 Vgl. dazu die Ausgabe von COMYN u. DINNEEN 1902–1914 sowie CUNNINGHAM 2000 und Ó RIAIN 2008.

375 Vgl. dazu die Neuausgabe von NÍ MHUNGHAILE 2009.

376 Vgl. dazu Ó RAIFEARTAIGH 1985, MURRAY 2000 und WADDELL 2005.

377 Vgl. dazu HABLITZEL 1987 sowie HABLITZEL u. STIFTER 2007.

378 Vgl. dazu BOYLE u. RUSSELL 2011 sowie Ó CRÓINÍN 2011.

379 Zum Anteil deutschsprachiger Wissenschaftler an der Entwicklung der Keltologie vgl. Ó CATHÁIN 2013.

380 Leben und Werk Kuno Meyers behandelt ausführlich Ó LÚING 1991. Zur Geschichte der *School of Celtic Studies* vgl. den Jubiläumsband *School* 1990.

381 Vgl. dazu CASTLE 2001, LEVITAS 2002, MATHEWS 2003, MATTAR 2004 und CUSACK 2011.

382 Vgl. dazu CROWLEY u. a. 2012, DELANEY 2012, CORPORAAL u. a. 2014 sowie MARK-FITZGERALD 2015.

383 Vgl. dazu MCGEE 2005, KELLY M. J. 2006, RAMÓN 2007 und JENKINS B. 2009.

384 Vgl. dazu CATTERALL u. MCDOUGALL 1996, HENNESSEY 1996 sowie MCKITTRICK u. MCVEA 2012.

385 Vgl. dazu Ó TUAMA 1972, MAC AONGHUSA 1993 und Ó RÍORDÁIN 2000.

386 Zur gegenwärtigen Situation des Irischen vgl. Ó RIAGÁIN 1997, KELLY A. 2002, Ó CRAOIDHEÁIN 2006 sowie NIC PHÁIDÍN u. Ó CEARNAIGH 2008.

387 Vgl. dazu die Biographie von ANDREWS 2001.

388 Zu den beiden zuletzt genannten Autoren vgl. ausführlich NÍ CHIONNAITH 1993, RIGGS 1994, MURPHY 1992 und AUGUSTEIJN 2010.

389 Vgl. dazu BORG u. a. 2014.

390 Vgl. dazu ROBERT J. L. 2002 und ZIMMERMANN 2003.

391 Vgl. dazu den Text des Gedichts bei WATSON W. J. 1959: 149–155 sowie THOMSON D. S. 1989: 148–150.

392 Vgl. dazu JACKSON 1972: 110–114.

393 Die ausführlichste Übersicht über die schottisch-gälische Literatur bieten die Beiträge in BROWN I. u. a. 2007; eine zweisprache Anthologie von Gedichten des 15. und 16. Jahrhunderts bieten MCLEOD u. BATEMAN 2007. Vgl. ferner die Ausgaben von QUIGGIN 1937, WATSON W. J. 1937 und ROSS N. 1939. Eine kleine Auswahl von Gedichten aus unterschiedlichen Gattungen mit englischer Übersetzung bietet WATSON R. 1995: 20–23, 74–77 und 102–107.

394 Vgl. MACKENZIE 1964 sowie THOMSON D. S. 1989: 118–127. Drei Gedichte mit englischer Übersetzung bei WATSON R. 1995: 218–229.

395 Vgl. MATHESON 1970, THOMSON D. S. 1989: 150–153 sowie SANGER u. KINNAIRD 1992: 129–139. Text und englische Übersetzung des «Großen Lieds für MacLeod» nach W. Matheson auch bei WATSON R. 1995: 236–243.

396 Vgl. dazu THOMSON D. S. 1989: 157–180 und THOMSON D. S. 1996. Eine zweisprachige Auswahl seiner Verse bietet WATSON R. 1995: 262–277.

397 Vgl. RICHARDS E. 1982, DEVINE 1988 und RICHARDS E. 1999. Zum Niederschlag dieser Ereignisse in der schottisch-gälischen Literatur vgl. MEEK 1995, zu ihrer Wahrnehmung in der öffentlichen Meinung des Tieflands FENYŐ 1999 und zur Rolle der Kirchen MACCOLL 2006 und PATON 2006.

398 Zu frühen Reisenden und Reiseberichten vgl. zusammenfassend T. M. Murchison in THOMSON D. S. 1994: 132–135 sowie DURIE 2003, GRENIER 2005 und RACKWITZ 2007.

399 Ferdinand Ochsenheimer, *Streifereien durch einige Gegenden Deutschlands*, Leipzig 1795, zitiert in: Max Schefold, *Der Schwarzwald in alten Ansichten und Schilderungen*, Stuttgart 1981, S. 102.

400 Eine Neuausgabe der Ossian-Dichtung Macphersons bietet GASKILL 1995. Zum geistesgeschichtlichen Hintergrund und der Rezeption des Werks vgl. GASKILL 1991, STAFFORD u. GASKILL 1998, MOORE 2003, SCHMIDT 2003, GASKILL 2005 sowie BÄR u. GASKILL 2012.

401 Zur Wissenschaftsgeschichte vgl. zusammenfassend T. M. MURCHISON und D. S. Thomson in THOMSON D. S. 1994: 269 f. und 290–292.

402 Vgl. dazu WOMACK 1989, CLYDE 1995 sowie GOLD u. GOLD 1995.

403 Eine umfangreiche Anthologie schottisch-gälischer Gedichte des 18. Jahrhunderts im Original mit englischen Übersetzungen und Erläuterungen bietet BLACK 2001.

404 Vgl. MATHESON 1938 und THOMSON D. S. 1989: 191–194. Eine zweisprachige Auswahl seiner Gedichte bietet WATSON R. 1995: 278–291.

405 Vgl. MACLEOD 1952 und THOMSON D. S. 1989: 180–190. Eine zweisprachige Auswahl seiner Verse bietet WATSON R. 1995: 306–333.

406 Eine umfangreiche zweisprachige Anthologie bietet MEEK 2003.

407 Vgl. dazu STIÙBHART 2008.

408 Zu den Traditionen des Märchens, der Sage, des Volkslieds, des Sprichworts, des Rätsels und ihrer Erforschung vgl. zusammenfassend A. Bruford, D. A. MacDonald, J. MacInnes und D. S. Thomson in THOMSON D. S. 1994: 77–83, 148 f., 243 f., 280–282 und 283–285.

409 Zu Iain Crichton Smith vgl. die Beiträge in NICHOLSON 1992, und zur schottisch-gälischen Prosaliteratur zusammenfassend K. D. MacDonald, J. MacInnes, T. M. Murchison und D. S. Thomson in THOMSON D. S. 1994: 218 f., 241–243 und 278–280.

410 Vgl. dazu die umfangreiche zweisprachige Anthologie von BLACK 2012.

411 Den vollständigen Text des (hier nur etwa zur Hälfte zitierten) Gedichts mit englischer Übersetzung bietet WATSON R. 1995: 632–637.

412 Zur walisischen Gesellschaft in der frühen Neuzeit vgl. JONES J. G. 1989 und 1998 sowie GRIFFITH 1996.

413 Zu den literarischen Aktivitäten dieser Bewegung vgl. G. Bowen in GRUFFYDD R. G. 1997: 210–240 und BOWEN G. 1999.

414 Zu der im Folgenden behandelten Periode vgl. GRUFFYDD R. G. 1997 sowie MOTTRAM u. PRESCOTT 2012. Zum Einfluss der klassischen Antike auf die kymrische Literatur vgl. B. Jarvis in GRUFFYDD R. G. 1997: 128–153 sowie DAVIES C. 1995 und 2004.

415 Zur frühen Geschichte der walisischen Bibelübersetzung vgl. THOMAS I. 1976 und 1988. Den Einfluss der Bibel auf die kymrische Sprache und Literatur behandeln die Beiträge in GRUFFYDD R. G. 1988.

416 Hrsg. von BOWEN G. 1996.

417 Vgl. dazu die modernen Ausgaben der beiden Werke von LEWIS A. 1976 und HUGHES G. H. 1961.

418 Vgl. dazu THOMAS M. W. 1988 und 1991, OWEN G. W. 1992 und 2001 sowie M. W. Thomas in MOTTRAM u. PRESCOTT 2012: 111–120.

419 Vgl. dazu die Ausgabe von WILLIAMS G. J. 1936.

420 Zur Entstehung der Altertumskunde in England und Wales vgl. zusammenfassend PIGGOTT 1989 und PARRY G. 1995.

421 Zu diesen und weiteren Sprichwortsammlungen vgl. MAIER 2010.

422 Vgl. dazu die Neuausgabe von EVANS D. W. u. ROBERTS 2009 sowie ROBERTS 2009.

423 Vgl. zusammenfassend PIGGOTT 1985 und 1989 sowie HAYCOCK D. B. 2002.

424 Zum geistesgeschichtlichen und politischen Hintergrund der Bemühungen um die walisische Vergangenheit vgl. MORGAN P. 1983, HERBERT u. JONES 1988 sowie THOMAS P. D. G. 1998.

425 Zu Iolo Morganwg und seinem Umfeld vgl. JENKINS G. H. 2005, CHARNELL-WHITE 2007, CONSTANTINE 2007, LÖFFLER 2007, JENKINS G. H. u. a. 2007 und JONES FF. M. 2010.

426 Vgl. dazu EVANS CH. 1993.

427 Vgl. dazu EDWARDS 1995 und WILLIAMS CH. 1996.

428 Vgl. dazu POPE 2001 sowie ALLEN u. a. 2014.

429 Zur Geschichte des walisischen Methodismus im 18. und frühen 19. Jahrhundert vgl. JONES D. C. 2004 sowie JONES D. C. u. a. 2012. Zu Leben und Werk Pantycelyns vgl. MORGAN D. LL. 1991.

430 Zur walisischen Sozialgeschichte im 19. Jahrhundert vgl. DAVIES R. 2005, THOMAS J. E. 2011, COOPER 2011, DAVIES R. 2012 und O'LEARY 2012.

431 Zur Geschichte des walisischen Methodismus im 19. Jahrhundert vgl. JONES J. G. 2013.

432 Zur Geschichte von Wales im 20. Jahrhundert, dem aufkommenden Nationalismus und den Anfängen der Autonomiebewegung vgl. EVANS D. G. 2000, EVANS J. G. 2006, DAVIES H. 2009, JOHNES 2012 und THOMAS W. 2013.

433 Vgl. dazu JAMES A. 2011.

434 Vgl. dazu PRICE A. 2013.

435 Vgl. dazu ALLCHIN u. a. 2000 sowie die Gesamtausgabe seiner Gedichte von JAMES C. 2001.

436 Zu Leben und Werk von Saunders Lewis vgl. JONES u. THOMAS 1973, GRIFFITHS 1989 und CHAPMAN 2006.

437 Vgl. dazu RHYS 2000.

438 Vgl. dazu GRAMICH 2011.

439 Zur Sprachsituation und Sprachpolitik im 19. und 20. Jahrhundert vgl. JENKINS G. H. 1998 und 2000, AITCHISON u. CARTER 2000, JENKINS G. H. u. WILLIAMS M. A. 2000, WILLIAMS C. 2000 und JONES H. M. 2012.

440 Vgl. dazu ROBERTS G. T. 1998.

441 Zur Geschichte der Walisischen Universität vgl. WILLIAMS J. G. 1993 und 1997.

442 Zur Geschichte der Bretagne im 16. und 17. Jahrhundert vgl. ausführlich CROIX 1981 und 1993.

443 Vgl. dazu SUTHERLAND D. 1982.

444 Vgl. dazu ausführlich die Beiträge in BALCOU u. LE GALLO 1987: II 7–243.

445 Renans Verhältnis zur Bretagne und zur keltischen Kultur behandelt knapp zusammenfassend DUVAL P.-M. 1989: I 187–190, ausführlich GALAND 1959. Eine kommentierte Auswahl von Selbstzeugnissen Renans bietet BALCOU 1992. Zu Matthew Arnold vgl. BROMWICH 1965.

446 Zur Geschichte der Bretagne im 20. Jahrhundert und zur Geschichte des bretonischen Nationalismus und Separatismus vgl. DENIS u. GESLIN 2010 sowie HENRY 2013.

447 Vgl. dazu HAMON 2004 und CADIOU 2006.

448 Zur Entwicklung der Sprachsituation und der Sprachgrenze seit dem späten 18. Jahrhundert vgl. BROUDIC 1995a, 1995b und 1997. Zur gegenwärtigen Rolle der Sprache vgl. ferner VETTER 1997, HOARE 2003, KÖHLER 2009 und HORNSBY 2013.

449 Zur Geschichte der frühneuzeitlichen bretonischen Literatur vgl. LE BERRE 2012.

450 Neuere Ausgaben der beiden Heiligenviten bieten WIDMER u. JØRGENSEN 2011 und WIDMER 2013. Eine kommentierte zweisprachige Ausgabe der Choralsammlung bietet LE MENN 1997.

451 Vgl. dazu die kommentierten Ausgaben von HEMON 1962, 1969 und 1977.

452 Einen Nachdruck mit ausführlicher Einleitung bietet LE MENN 1996.

453 Vgl. dazu BALCOU u. LE GALLO 1987: II 247–380 sowie MATHAN 2008.

454 Vgl. dazu GOURVIL 1960, LAURENT 1989 und BLANCHARD 2006.

455 Zur bretonischen Literatur im 20. Jahrhundert vgl. F. Morvannou und Y.-B. Piriou in BALCOU u. LE GALLO 1987: III 175–252 sowie die dreibändige Anthologie von FAVEREAU 2002–2008.

456 Zitiert nach BALCOU u. LE GALLO 1987: III 206.

457 Zitiert nach BERRY 1994: 161.

458 Vgl. dazu M. Denis in *Bretagne* 1990: 374–379 sowie ausführlich SAINCLIVIER 1989.

459 Vgl. F. Macintosh in BLACK u. a. 1999: 461 Anm. 7 und 465 Anm. 10.

460 Vgl. dazu kritisch D. E. Meek in BROWN T. 1996: 143–157, BRADLEY I. 1999 und MEEK 2000.

461 M. Streibl in DANNHEIMER u. GEBHARD 1993: XI.

LITERATURVERZEICHNIS

ADLER 2003: WOLFGANG ADLER, *Der Halsring von Männern und Göttern. Schriftquellen, bildliche Darstellungen und Halsringfunde aus West-, Mittel- und Nordeuropa zwischen Hallstatt- und Völkerwanderungszeit*, Bonn.

AHLQVIST u. O'NEILL 2013: ANDERS AHLQVIST und PAMELA O'NEILL (Hrsg.), *Medieval Irish Law: text and context*, Sydney.

AITCHISON u. CARTER 2000: JOHN AITCHISON und HAROLD CARTER, *Language, Economy and Society: the changing fortunes of the Welsh language in the twentieth century*, Cardiff.

ALLCHIN u. a. 2000: DONALD ALLCHIN, D. DENSIL MORGAN und PATRICK THOMAS, *Sensuous Glory: the poetic vision of D. Gwenallt Jones*, Norwich.

ALLEN u. a. 2014: RICHARD C. ALLEN, DAVID CERI JONES und TRYSTAN O. HUGHES (Hrsg.), *The Religious History of Wales: religious life and practice in Wales from the seventeenth century to the present day*, Cardiff.

ANDERSON 1991: M. O. ANDERSON, *Adomnán's Life of Columba*, second edition, Oxford.

ANDREWS 2001: HILARY ANDREWS, *The Lion of the West: a biography of John MacHale*, Dublin.

ARBUTHNOT u. PARSONS 2012: SHARON ARBUTHNOT und GERALDINE PARSONS (Hrsg.), *The Gaelic Finn Tradition*, Dublin.

ARCHIBALD 2009: ELIZABETH ARCHIBALD (Hrsg.), *The Cambridge Companion to the Arthurian Legend*, Cambridge.

ARENAS ESTEBAN 2010: JESÚS ALBERTO ARENAS ESTEBAN (Hrsg.), *Celtic Religion across Space and Time*, Toledo.

ARMIT 2012: IAN ARMIT, *Headhunting and the Body in Iron Age Europe*, Cambridge.

ARONSTEIN 2005: SUSAN ARONSTEIN, *Hollywood Knights: Arthurian cinema and the politics of nostalgia*, Basingstoke.

ASHER 1993: R. E. ASHER, *National Myths in Renaissance France: Francus, Samothes and the Druids*, Edinburgh.

ASPÖCK u. a. 2007: HORST ASPÖCK u. a., «The Dürrnberg Miners during the Iron Age – New Results by Interdisciplinary Research», in: Peter Trebsche u. a. (Hrsg.), *Die unteren Zehntausend – auf der Suche nach den Unterschichten der Eisenzeit*, Langenweißbach, 109–126.

AUGUSTEIJN 2010: JOOST AUGUSTEIJN, *Patrick Pearse: the making of a revolutionary*, New York.

BÄR u. GASKILL 2012: GERALD BÄR und HOWARD GASKILL (Hrsg.), *Ossian and National Epic*, Frankfurt/Main.

BAKERE 1980: J. A. BAKERE, *The Cornish Ordinalia: A Critical Study*, Cardiff.

BALCOU 1992: JEAN BALCOU, *Renan et la Bretagne*, Paris.

BALCOU u. LE GALLO 1987: JEAN BALCOU und YVES LE GALLO (Hrsg.), *Histoire littéraire et culturelle de la Bretagne*, 3 Bände, Paris-Genève.

BALL u. MÜLLER 2009: MARTIN J. BALL und NICOLE MÜLLER (Hrsg.), *The Celtic Languages*, second edition, London.

BANCK-BURGESS 1999: JOHANNA BANCK-BURGESS, *Die Textilfunde aus dem späthallstattzeitlichen Fürstengrab von Eberdingen-Hochdorf (Kreis Ludwigsburg) und weitere Grabtextilien aus hallstatt- und latènezeitlichen Kulturgruppen*, Stuttgart.

BARAY 2014: LUC BARAY, *Les mercenaires celtes et la culture de La Tène: critères archéologiques et positions sociologiques*, Dijon.

BARRY u. a. 1995: TERRY BARRY, ROBIN FRAME und KATHARINE SIMMS (Hrsg.), *Colony and Frontier in Medieval Ireland*, London.

BARTOLONI u. a. 1998: GILDA BARTOLONI u. a., *Archäologische Untersuchungen zu den Beziehungen zwischen Altitalien und der Zone nordwärts der Alpen während der frühen Eisenzeit Alteuropas*, Regensburg.

BARTLETT 1992: THOMAS BARTLETT, *The Rise and Fall of the Irish Nation: the catholic question, 1690–1830*, Dublin.

BARTLETT u. a. 2002: THOMAS BARTLETT, DAVID DICKSON, DÁIRE KEOGH und KEVIN WHELAN (Hrsg.), *The 1798 Rebellion: a bicentennial perspective*, Dublin.

BARTLETT 2010: THOMAS BARTLETT, *Ireland: a history*, Cambridge.

BATEY u. a. 1993: COLLEEN BATEY, JUDITH JESCH und CHRISTOPHER D. MORRIS (Hrsg.), *The Viking Age in Caithness, Orkney and the North Atlantic*, Edinburgh.

BAUCHHENSS u. NEUMANN 1987: GERHARD BAUCHHENSS und GÜNTER NEUMANN (Hrsg.), *Matronen und verwandte Gottheiten*, Bonn.

BENDALA GALÁN 2000: MANUEL BENDALA GALÁN, *Tartesios, Íberos y Celtas: pueblos, culturas y colonizadores de la Hispania antigua*, Madrid.

BENKOVÁ 2008: IRENA BENKOVÁ (Hrsg.), *Gestion et présentation des oppida: un panorama européen*, Glux-en-Glenne.

BERRY 1994: DAVID BERRY, *Wales and Cinema: the first hundred years*, Cardiff.

BERTRAND u. a. 2009: ISABELLE BERTRAND, A. DUVAL, J. GOMEZ DE SOTO und P. MAGUER (Hrsg.), *Habitats et paysages ruraux en Gaule et regards sur d'autres régions du monde celtique*, Chauvigny.

BEW u. a. 1996: PAUL BEW, PETER GIBBON und HENRY PATTERSON (Hrsg.), *Northern Ireland 1921–1996: political forces and social classes*, London.

BHREATHNACH 2005: EDEL BHREATHNACH (Hrsg.), *The kingship and landscape of Tara*, Dublin.

BHREATHNACH 2014: EDEL BHREATHNACH (Hrsg.), *Ireland in the Medieval World, AD 400–1000*, Dublin.

BICHLER 2005: PETER BICHLER (Hrsg.), *Hallstatt textiles: technical analysis, scientific investigation and experiment on Iron Age textiles*, Oxford.

BIEG 2002: GEBHARD BIEG, *Der Bronzekessel aus dem späthallstattzeitlichen Fürstengrab von Eberdingen-Hochdorf (Kr. Ludwigsburg)*, Stuttgart.

BIEL 1985: JÖRG BIEL, *Der Keltenfürst von Hochdorf*, Stuttgart.

BIELER 1963: LUDWIG BIELER, *The Irish Penitentials*, Dublin.

BIELER 1979: LUDWIG BIELER, *The Patrician Texts in the Book of Armagh*, Dublin.

BILLER 2010: FRANK BILLER, *Kultische Zentren und Matronenverehrung in der südlichen Germania inferior*, Rahden/Westf.

BIRKHAN 1989: HELMUT BIRKHAN, *Keltische Erzählungen vom Kaiser Arthur*, 2 Bände, Kettwig.

BIRKHAN 2009: HELMUT BIRKHAN, *Nachantike Keltenrezeption*, Wien.

BITEL 2008: LISA M. BITEL, *Landscape with two saints: how Genovefa of Paris and Brigit of Kildare built Christianity in Barbarian Europe*, New York.

BITTEL u. a. 1981: KURT BITTEL, WOLFGANG KIMMIG und SIEGWALT SCHIEK, *Die Kelten in Baden-Württemberg*, Stuttgart.

BLACK u. a. 1999: RONALD BLACK, WILLIAM GILLIES und ROIBEARD Ó MAOLALAIGH (Hrsg.), *Celtic Connections. Proceedings of the Tenth International Congress of Celtic Studies*, East Linton.

BLACK 2001: RONALD BLACK (Hrsg.), *An Lasair: anthology of 18th century Scottish Gaelic verse*, Edinburgh.

BLACK 2012: RONALD BLACK (Hrsg.), *An Tuil: anthology of 20th century Scottish Gaelic verse*, Edinburgh.

BLANCHARD 2006: NELLY BLANCHARD, *Barzaz-Breiz: une fiction pour s'inventer*, Rennes.

BODMER 1992: WALTER BODMER, «The Genetics of Celtic Populations», in: *Proceedings of the British Academy* 82, 37–57.

BOIVIN 1993: JEANNE-MARIE BOIVIN, *L'Irlande au moyen âge: Giraud de Barri et la Topographia Hibernica (1188)*, Paris.

BORG u. a. 2014: RUBEN BORG, PAUL FAGAN und WERNER HUBER (Hrsg.), *Flann O'Brien: contesting legacies*, Cork.

BOTERMANN 2005: HELGA BOTERMANN, *Wie aus Galliern Römer wurden*, Stuttgart.

BOURGEOIS 1991–1992: CLAUDE BOURGEOIS, *Divona. 1. Divinités et ex-voto du culte gallo-romain de l'eau. 2. Monuments et sanctuaires gallo-romains de l'eau*, Paris.

BOWEN D. 1995: DESMOND BOWEN, *History and the Shaping of Irish Protestantism*, New York.

BOWEN G. 1974: GERAINT BOWEN (Hrsg.), *Y Traddodiad Rhyddiaith yn yr Oesau Canol*, Llandysul.

BOWEN G. 1996: GERAINT BOWEN, *Y Drych Kristnogawl*, Cardiff.

BOWEN G. 1999: GERAINT BOWEN, *Welsh Recusant Writings*, Cardiff.

BOYCE 1995: D. GEORGE BOYCE, *Nationalism in Ireland*, London.

BOYLE u. RUSSELL 2011: ELIZABETH BOYLE und PAUL RUSSELL (Hrsg.), *The Tripartite Life of Whitley Stokes (1830–1909)*, Dublin.

BOYLE u. HAYDEN 2014: ELIZABETH BOYLE und DEBORAH HAYDEN (Hrsg.), *Authorities and Adaptations: the reworking and transmission of textual sources in medieval Ireland*, Dublin.

BRACKEN u. Ó RIAIN-RAEDEL 2006: DAMIAN BRACKEN und DAGMAR Ó RIAIN-RAEDEL (Hrsg.), *Ireland and Europe in the Twelfth Century*, Dublin.

BRADLEY I. 1999: IAN BRADLEY, *Celtic Christianity: making myths and chasing dreams*, Edinburgh.

BRADLEY R. 2007: RICHARD BRADLEY, *The Prehistory of Britain and Ireland*, Cambridge.

BRADSHAW u. a. 1994: BRENDAN BRADSHAW, ANDREW HADFIELD und WILLY MALLEY (Hrsg.), *Representing Ireland: literature and the origins of conflict, 1534–1660*, Cambridge.

BRADSHAW 2015: BRENDAN BRADSHAW, *«And so began the Irish nation»: nationality, national consciousness and nationalism in pre-modern Ireland*, Ashgate.

BRADY 1994: CIARAN BRADY, *The Chief Governors: the rise and fall of reform government in Tudor Ireland, 1536–1588*, Cambridge.

BRADY u. GILLESPIE 1986: CIARAN BRADY und RAYMOND GILLESPIE (Hrsg.), *Natives and Newcomers: the making of Irish colonial society, 1534–1641*, Dublin.

BRAILSFORD 1975: J. W. BRAILSFORD, *Early Celtic Masterpieces from Britain in the British Museum*, London.

Bretagne 1990: *Bretagne. Die Kultur des «Landes am Meer» 1300–1990*, Wien (Ausstellungskatalog).

BRODERICK 1984–1986: GEORGE BRODERICK, *A Handbook of Late Spoken Manx*, 3 Bände, Tübingen.

BRODERICK 1994–2005: GEORGE BRODERICK, *Place-Names of the Isle of Man*, 7 Bände, Tübingen.

BRODERICK 1999: GEORGE BRODERICK, *Language Death in the Isle of Man*, Tübingen.

BROMWICH 1965: RACHEL BROMWICH, *Matthew Arnold and Celtic Literature:* a *retrospect 1865–1965*, Oxford.

BROMWICH 1978: RACHEL BROMWICH, *Trioedd Ynys Prydein. The Welsh Triads*, Cardiff.

BROMWICH 1983: RACHEL BROMWICH, «Celtic Elements in Arthurian Romance: A General Survey», in: *The Legend of Arthur in the Middle Ages*, Woodbridge, 41–55 und 230–233.

BROMWICH u. a. 1991: RACHEL BROMWICH u. a. (Hrsg.), *The Arthur of the Welsh: the Arthurian legend in Medieval Welsh literature*, Cardiff.

BROMWICH u. EVANS 1992: RACHEL BROMWICH und D. SIMON EVANS, *Culhwch ac Olwen: an edition and study of the oldest Arthurian tale*, Cardiff.

BROMWICH u. JONES 1978: RACHEL BROMWICH und R. BRINLEY JONES (Hrsg.), *Astudiaethau ar yr Hengerdd*, Cardiff.

BROSSEDER 2004: URSULA BROSSEDER, *Studien zur Ornamentik hallstattzeitlicher Keramik zwischen Rhônetal und Karpatenbecken*, Bonn.

BROUDIC 1995a: FAÑCH BROUDIC, *La pratique du breton de l'Ancien Régime à nos jours*, Rennes.

BROUDIC 1995b: FAÑCH BROUDIC, *A la recherche de la frontière: la limite linguistique entre Haute et Basse-Bretagne aux XIX*[e] et XXe siècles, Brest.

BROUDIC 1997: FAÑCH BROUDIC, *L'interdiction du breton en 1902: la III*[e] *République contre les langues régionales*, Spezet.

BROUN u. CLANCY 1999: DAUVIT BROUN und THOMAS OWEN CLANCY (Hrsg.), *Spes Scotorum, Hope of Scots – Saint Columba, Iona, and Scotland*, Edinburgh.

BROWN u. a. 2007: IAN BROWN u. a. (Hrsg.), *The Edinburgh History of Scottish Literature*, 3 Bände, Edinburgh.

BROWN I. 2009: IAN BROWN, *Beacons in the landscape: the hillforts of England and Wales*, Oxford.

BROWN M. 2004: MICHAEL BROWN, *The Wars of Scotland, 1214–1371*, Edinburgh.

BROWN T. 1996: TERENCE BROWN (Hrsg.), *Celticism*, Amsterdam.

BRUCE 2004: JAMES BRUCE, *Prophecy, miracles, angels and heavenly light? The eschatology, pneumatology and missiology of Adomnán's Life of Columba*, Carlisle.

BRUGGER-HACKETT 1991: S. BRUGGER-HACKETT, *Merlin in der europäischen Literatur des Mittelalters*, Stuttgart.

BRUN u. CHAUME 1997: PATRICE BRUN und BRUNO CHAUME (Hrsg.), *Vix et les éphémères principautés celtiques: les VIe et Ve siècles avant J.-C. en Europe centre-occidentale*, Paris.

BRUNAUX 1991: JEAN-LOUIS BRUNAUX (Hrsg.), *Les sanctuaires celtiques et leurs rapports avec le monde méditerranéen*, Paris.

BRUNAUX 1996: JEAN-LOUIS BRUNAUX, *Les religions gauloises: rituels celtiques de la Gaule indépendante*, Paris.

BRUNAUX u. a. 1999: JEAN-LOUIS BRUNAUX u. a., «Ribemont-sur-Ancre (Somme): bilan préliminaire et nouvelles hypothèses», *Gallia* 56, 177–283.

BRUNAUX 2009: JEAN-LOUIS BRUNAUX, *Druiden – die Weisheit der Kelten*, Stuttgart.

BRUNAUX 2012: JEAN-LOUS BRUNAUX, *Nos ancêtres les Gaulois*, Paris.

BRYDEN 2005: INGA BRYDEN, *Reinventing King Arthur: the Arthurian legends in Victorian culture*, Aldershot.

BURGESS u. STRIJBOSCH 2006: GLYN S. BURGESS und CLARA STRIJBOSCH (Hrsg.), *The Brendan Legend: texts and versions*, Leiden.

BURILLO MOZOTA 1998: FRANCISCO BURILLO MOZOTA, *Los Celtíberos. Etnias y estados*, Barcelona.

CADIOU 2006: GEORGES CADIOU, *L'hermine et la croix gammée: le mouvement Breton et la collaboration*, Rennes.

CAMERON 2010: EWEN A. CAMERON, *Empaled upon a Thistle: Scotland since 1880*, Edinburgh.

CAMPBELL 2014: KENNETH L. CAMPBELL, *Ireland's History: prehistory to the present*, London.

CAREY 1989/90: JOHN CAREY, «Myth and Mythography in *Cath Maige Tuired*», in: *Studia Celtica* 24/25, 53–69.

CAREY 2000: JOHN CAREY, *King of Mysteries: early Irish religious writings*, revised ed., Dublin.

CAREY u. a. 2001: JOHN CAREY, MÁIRE HERBERT und PÁDRAIG Ó RIAIN (Hrsg.), *Studies in Irish Hagiography*, Dublin.

CAREY 2003: JOHN CAREY (Hrsg.), *Duanaire Finn: reassessments*, London.

CAREY 2007: JOHN CAREY, *Ireland and the Grail*, Aberystwyth.

CAREY 2009: JOHN CAREY (Hrsg.), *Lebor Gabála Érenn: textual history and pseudohistory*, Dublin.

CARNEY 1964: JAMES CARNEY, *The Poems of Blathmac, Son of Cú Brettan, together with The Irish Gospel of Thomas and A Poem on the Virgin Mary*, Dublin.

CARR 1995: A. D. CARR, *Medieval Wales*, Basingstoke.

CARRUTHERS u. RAWES 2003: GERARD CARRUTHERS und ALAN RAWES (Hrsg.), *English Romanticism and the Celtic World*, Cambridge.

CARTWRIGHT 2003: JANE CARTWRIGHT (Hrsg.), *Celtic Hagiography and Saints' Cults*, Cardiff.

CASTELLA 2008: DANIEL CASTELLA (Hrsg.), *Topographie sacrée et rituels: le cas d'Aventicum, capital des Helvètes*, Basel.

CASTLE 2001: GREGORY CASTLE, *Modernism and the Celtic Revival*, Cambridge.

CASTRO PÉREZ 1998: LADISLAO CASTRO PÉREZ, *The Sacred Torcs: prehistory and archaeology of a symbol*, Edinburgh.

CATTERALL u. MCDOUGALL 1996: PETER CATTERALL und SEAN MCDOUGALL (Hrsg.), *The Northern Ireland Question in British Politics*, London.

Celtes en Champagne 1991: *Les Celtes en Champagne. Cinq siècles d'histoire*, Epernay (Ausstellungskatalog).

CHAMBERS 1998: LIAM CHAMBERS, *Rebellion in Kildare 1790–1803*, Dublin.

CHAPMAN 2006: T. ROBIN CHAPMAN, *Un Bywyd o blith Nifer: cofiant Saunders Lewis*, Llandysul.

CHAPMAN STACEY 2007: ROBIN CHAPMAN STACEY, *Dark Speech: the performance of law in early Ireland*, Philadelphia, Penna.

CHARLES-EDWARDS 1989: THOMAS M. CHARLES-EDWARDS, *The Welsh Laws*, Cardiff.

CHARLES-EDWARDS 2000: THOMAS M. CHARLES-EDWARDS, *Early Christian Ireland*, Cambridge.

CHARLES-EDWARDS 2013: THOMAS M. CHARLES-EDWARDS, *Wales and the Britons 350–1064*, Oxford.

CHARNELL-WHITE 2007: CATHRYN CHARNELL-WHITE, *Bardic Circles: national, regional and personal identity in the bardic vision of Iolo Morganwg*, Cardiff.

CHAUME 2001: BRUNO CHAUME, *Vix et son territoire à l'Age du Fer*, Montagnac.

CHAUME u. REINHARD 2003: B. CHAUME und W. REINHARD, «Les statues de Vix: images héroisées de l'aristocratie hallstattienne», *Madrider Mitteilungen* 44, 249–268.

CHAUME 2009: BRUNO CHAUME (Hrsg.), *La céramique hallstattienne. Approches typologique et chrono-culturelle*, Dijon.

CHAUME u. MORDANT 2011: BRUNO CHAUME und CLAUDE MORDANT (Hrsg.), *Le complexe aristocratique de Vix: nouvelles recherches sur l'habitat et le système de fortification*, Dijon.

CHÉDEVILLE u. GUILLOTEL 1984: ANDRÉ CHÉDEVILLE und HUBERT GUILLOTEL, *La Bretagne des saints et des rois Ve–Xe siècle*, Rennes.

CHÉDEVILLE u. TONNERRE 1987: ANDRÉ CHÉDEVILLE und N.-Y. TONNERRE, *La Bretagne féodale XIe–XIIIème siècle*, Rennes.

CHEVALLIER 1992: RAYMOND CHEVALLIER (Hrsg.), *Les eaux thermales et les cultes des eaux en Gaule et dans les provinces voisines*, Tours.

CHILDS 2007: JOHN CHILDS, *The Williamite Wars in Ireland, 1688–91*, London.

CLARKE 2000: AIDAN CLARKE, *The Old English in Ireland, 1625–1642*, Dublin.

CLARKSON 2008: TIM CLARKSON, *The Picts: a history*, Stroud.

CLOSE-BROOKS u. STEVENSON 1982: J. CLOSE-BROOKS und R. B. K. STEVENSON, *Dark Age Sculpture*, Edinburgh.

CLYDE 1995: ROBERT CLYDE, *From Rebel to Hero: the image of the Highlander 1745–1830*, East Linton.

COLLIS 2003: JOHN COLLIS, *The Celts: origins, myths, inventions*, Stroud.

COMBES 2013: ANNIE COMBES (Hrsg.), *Chrétien de Troyes et la tradition du roman arthurien en vers*, Paris.

COMYN u. DINNEEN 1902–1914: DAVID COMYN und PATRICK S. DINNEEN, *Foras Feasa ar Éirinn. Elements of the History of Ireland*, 4 Bände, Dublin.

CONNOLLY 1992: S J CONNOLLY, *Religion, Law, and Power: the making of Protestant Ireland, 1660–1760*, Oxford.

CONNOLLY 2007: SEAN J. CONNOLLY, *Contested Ireland: Ireland 1460–1630*, Oxford.

CONSTANTINE 1996: MARY-ANN CONSTANTINE, *Breton Ballads*, Aberystwyth.

CONSTANTINE 2007: MARY-ANN CONSTANTINE, *The Truth Against the World: Iolo Morganwg and romantic forgery*, Cardiff.

COOPER 2011: KATHRYN J. COOPER, *Exodus from Cardiganshire: rural-urban migration in Victorian Britain*, Cardiff.

CORPORAAL u. a. 2014: MARGUÉRITE CORPORAAL u. a. (Hrsg.), *Global Legacies of the Great Irish Famine: transnational and interdisciplinary perspectives*, Bern.

COSGROVE 1987: ART COSGROVE (Hrsg.), *Medieval Ireland 1169–1534*, Oxford.

COULON 2006: GÉRARD COULON, *Les Gallo-Romains*, Paris.

COWAN u. MCDONALD 2001: EDWARD J. COWAN und R. ANDREW MCDONALD (Hrsg.), *Alba: Celtic Scotland in the medieval era*, East Linton.

CRÉPIN u. SPIEWOK 1996: ANDRÉ CRÉPIN und WOLFGANG SPIEWOK (Hrsg.), *Tristan – Tristrant. Mélanges en l'honneur de Danielle Buschinger à l'occasion de son 60ème anniversaire*, Greifswald.

CROIX 1981: ALAIN CROIX, *La Bretagne au 16ᵉ et 17ᵉ siècle: la vie – la mort – la foi*, 2 Bände, Paris.

CROIX 1993: ALAIN CROIX, *L'âge d'or de la Bretagne 1532–1675*, Rennes.

CROIX u. VEILLARD 2013: ALAIN CROIX und JEAN-YVES VEILLARD (Hrsg.), *Dictionnaire du patrimoine breton*, 3e éd., Rennes.

CROWLEY u. a. 2012: JOHN CROWLEY, WILLIAM I. SMYTH und MIKE MURPHY (Hrsg.), *Atlas of the Great Irish Famine*, Cork.

CUNLIFFE 2005: BARRY CUNLIFFE, *Iron Age Communities in Britain*, fourth edition, London.

CUNLIFFE u. KOCH 2010: BARRY CUNLIFFE und JOHN T. KOCH (Hrsg.), *Celtic from the West: alternative perspectives from archaeology, genetics, language and literature*, Oxford.

CUNNINGHAM 2000: BERNADETTE CUNNINGHAM, *The World of Geoffrey Keating: history, myth and religion in seventeenth-century Ireland*, Dublin.

CUNNINGHAM 2009: BERNADETTE CUNNINGHAM, *The Annals of the Four Masters*, Dublin.

CURTIN 1994: NANCY J. CURTIN, *The United Irishmen. Popular Politics in Ulster and Dublin, 1791–1798*, Oxford.

CUSACK 2011: GEORGE CUSACK, *The Politics of Identity in Irish Drama: W. B. Yeats, Augusta Gregory and J. M. Synge*, London.

DAIRE 2003: MARIE-YVANE DAIRE, *Le sel des Gaulois*, Paris.

DANIEL 1995: R. IESTYN DANIEL (Hrsg.), *Ymborth yr Enaid*, Cardiff.

DANNHEIMER u. GEBHARD 1993: HERMANN DANNHEIMER und RUPERT GEBHARD (Hrsg.), *Das keltische Jahrtausend*, Mainz (Ausstellungskatalog).

DAUZAT u. ROSTAING 1979: A. DAUZAT und C. ROSTAING, *Dictionnaire étymologique des noms de lieux en France*, Paris.

DAVID J.-M. 2010: JEAN-MICHEL DAVID, *La Romanisation de l'Italie*, Paris.

DAVID W. 2010: WOLFGANG DAVID, *Ursprung der keltischen Archäologie – die Brücke von La Tène*, Manching.

DAVIES C. 1995: CERI DAVIES, *Welsh Literature and the Classical Tradition*, Cardiff.

DAVIES C. 2004: CERI DAVIES (Hrsg.), *The Renaissance in the Celtic Countries*, Oxford.

DAVIES H. 2009: HYWEL DAVIES, *The Welsh Nationalist Party, 1924–1945*, Cardiff.

DAVIES J. 2008: JOHN DAVIES (Hrsg.), *Encyclopaedia of Wales*, Cardiff.

DAVIES J. 2014: JANET DAVIES, *The Welsh Language: a history*, Cardiff.

DAVIES O. 1996: OLIVER DAVIES, *Celtic Christianity in Early Medieval Wales: the origins of the Welsh spiritual tradition*, Cardiff.

DAVIES R. R. 1987: ROBERT REES DAVIES, *Conquest, Coexistence, and Change: Wales 1063–1415*, Oxford.

DAVIES R. R. 1990: ROBERT REES DAVIES (Hrsg.), *Domination and Conquest: the experience of Ireland, Scotland and Wales 1100–1300*, Cambridge.

DAVIES R. R. 1995: ROBERT REES DAVIES, *The Revolt of Owain Glyndwr*, Oxford.

DAVIES R. 2005: RUSSELL DAVIES, *Hope and Heartbreak: a social history of Wales and the Welsh, 1776–1871*, Cardiff.

DAVIES R. 2012: RUSSELL DAVIES, *Secret Sins: sex, violence and society in Carmarthenshire, 1870–1920*, Cardiff.

DAVIES S. 1995: SIONED DAVIES, *Crefft y Cyfarwydd: astudiaeth o dechnegau naratif yn y Mabinogion*, Cardiff.

DAVIES W. 1988: WENDY DAVIES, *Small Worlds: the village community in early medieval Brittany*, London.

DAVIES W. 1990: WENDY DAVIES, *Patterns of Power in Early Wales*, Oxford.

DAVITT u. MACDHÒMHNAILL (Hrsg.), MICHAEL DAVITT und IAIN MACDHÒMHNAILL (Hrsg.), *Sruth na Maoile: modern Gaelic poetry from Scotland and Ireland*, Edinburgh und Dublin.

DAWSON 2007: JANE DAWSON, *Scotland Re-formed, 1487–1588*, Edinburgh.

DEFENTE 2003: VIRGINIE DEFENTE, *Les Celtes en Italie du Nord*, Rom.

DELAMARRE 2003: XAVIER DELAMARRE, *Dictionnaire de la langue gauloise*, 2e éd rev. et augm., Paris.

DELAMARRE 2007: XAVIER DELAMARRE, *Noms de personnes celtiques dans l'épigraphie celtique*, Paris.

DELANEY 2012: ENDA DELANEY, *The Curse of Reason: the Great Irish Famine*, Dublin.

DEMANDT 1999: ALEXANDER DEMANDT, *Die Kelten*, München.

DENIS u. GESLIN 2010: MICHEL DENIS und CLAUDE GESLIN, *Histoire d'un siècle, Bretagne 1901–2000*, Morlaix.

DENT 2010: JOHN S. DENT, *The Iron Age in East Yorkshire*, Oxford.

DERKS 1998: TON DERKS. *Gods, temples and ritual practices: the transformation of religious ideas and values in Roman Gaul*, Amsterdam.

DESHAYES 2013: ALBERT DESHAYES, *Histoire de la langue bretonne*, Ploudalmézou.

DEUFFIC 2008: JEAN-LUC DEUFFIC (Hrsg.), *La Bretagne carolingienne*, Saint-Denis.

DEVINE 1988: TOM M. DEVINE, *The Great Highland Famine: hunger, emigration and the Scottish Highlands in the nineteenth Century*, Edinburgh.

DEVINE 1998: TOM M. DEVINE, *Celebrating Columba: Irish-Scottish Connections, 597–1997*, Edinburgh.

DEYTS 1983: SIMONE DEYTS, *Les Bois sculptés des Sources de la Seine*, Paris.

DEYTS 2003: SIMONE DEYTS (Hrsg), *Vix – le cinquantenaire d'une découverte*, Dijon.

DICKSON u. a. 1993: DAVID DICKSON, DÁIRE KEOGH und KEVIN WHELAN (Hrsg.), *The United Irishmen: republicanism, radicalism and rebellion*, Dublin.

DIEKMANN 1998: KNUT DIEKMANN, *Die nationalistische Bewegung in Wales*, Paderborn.

DIETRICH 2007: EDUARD DIETRICH, «Le sanctuaire helvète du Mormont», *Archéologie suisse* 30, 2–13.

DOBESCH 1995: GERHARD DOBESCH, *Das europäische «Barbaricum» und die Zone der Mediterrankultur. Ihre historische Wechselwirkung und das Geschichtsbild des Poseidonios*, Wien.

DODGSHON 1998: ROBERT A. DODGSHON, *From Chiefs to Landlords: social and economic change in the Western Highlands and Islands*, Edinburgh.

DOHERTY 1998: RICHARD DOHERTY, *The Williamite War in Ireland,* Dublin.

DONDIN-PAYRE u. RAEPSAET-CHARLIER 2006: MONIQUE DONDIN-PAYRE und MARIE-THÉRÈSE RAEPSAET-CHARLIER (Hrsg.), *Sanctuaires, pratiques cultuelles et territoires civiques dans l'Occident romain*, Bruxelles.

DOOLEY 2006: ANN DOOLEY, *Playing the Hero: reading the Irish Saga Táin Bó Cuailnge*, Toronto.

DOUDET 2009: ESTELLE DOUDET, *Chrétien de Troyes*, Paris.

DOWNHAM 2007: CLARE DOWNHAM, *Viking Kings of Britain and Ireland: the dynasty of Ívarr to A. D. 1014*, Edinburgh.

DRDA u. RYBOVÁ 1994: PETR DRDA u. ALENA RYBOVÁ, *Les Celtes de Bohême*, Paris.

DRDA u. RYBOVÁ 2008: PETR DRDA und ALENA RYBOVÁ, *Akropole na hradišti Závist v 6.–4. stol. př. Kr.*, Prag.

DUBOIS 1972: CLAUDE-GILBERT DUBOIS, *Celtes et Gaulois au XVIe siècle: le développement littéraire d'un mythe nationaliste*, Paris.

DÜRR 2014: MARKUS DÜRR, «Die alte Burg bei Langenenslingen, Landkreis Biberach, und ihr Umland«, *Fundberichte aus Baden-Württemberg* 34, 89–235.

DUFFY 1997: SEÁN DUFFY, *Ireland in the Middle Ages*, London.

DUFFY u. a. 2001: PATRICK DUFFY, DAVID EDWARDS und ELIZABETH FITZPATRICK (Hrsg.), *Gaelic Ireland c. 1250 – c. 1650: land, lordship and settlement*, Dublin.

DUMVILLE u. a. 1993: DAVID DUMVILLE u. a., *Saint Patrick, A. D. 493–1993*, Woodbridge.

DUMVILLE 1994: DAVID N. DUMVILLE, «Historia Brittonum: an Insular History from the Carolingian Age», in: A. Scharer und G. Scheibelreiter (Hrsg.), *Historiographie im frühen Mittelalter*, Wien, 406–434.

DURIE 2003: ALASTAIR J. DURIE, *Scotland for the holidays: a history of tourism in Scotland, 1780–1939*, East Linton.

DUVAL P.-M. 1987: PAUL-MARIE DUVAL, *Monnaies gauloises et mythes celtiques*, Paris.

DUVAL P.-M. 1989: PAUL-MARIE DUVAL, *Travaux sur la Gaule*, 2 Bände, Rom.

DUVAL u. PINAULT 1986: PAUL-MARIE DUVAL und GEORGES PINAULT, *Recueil des inscriptions gauloises. Vol. III Les calendriers*, Paris.

ECHT 1999: RUDOLF ECHT, *Das Fürstinnengrab von Reinheim. Studien zur Kulturgeschichte der Früh-La-Tène-Zeit*, Bonn.

EDEL 1995: DORIS EDEL (Hrsg.), *Cultural Identity and Cultural Integration: Ireland and Europe in the Early Middle Ages*, Dublin.

EDEL 2015: DORIS EDEL, *Inside the Táin: Exploring Cú Chulainn, Fergus, Ailill and Medb*, Berlin.

EDWARDS 1995: HYWEL TEIFI EDWARDS (Hrsg.), *Cwm Rhondda*, Llandysul.

EDWARDS H. M. 1996: HUW M. EDWARDS, *Dafydd ap Gwilym: Influences and Analogues*, Oxford.

EDWARDS u. LANE 1992: NANCY EDWARDS und ALAN LANE (Hrsg.), *The Early Church in Wales and the West*, Oxford.

EGELER 2011: MATTHIAS EGELER, *Walküren, Bodbs, Sirenen. Gedanken zur religionsgeschichtlichen Anbindung Nordwesteuropas an den mediterranen Raum*, Berlin.

EGELER 2013: MATTHIAS EGELER, *Celtic Influences in Germanic Religion: a survey*, München.

EGELER 2015: MATTHIAS EGELER, *Avalon, 66° Nord. Zur Frühgeschichte und Rezeption eines Mythos*, Berlin.

EGELER 2016: MATTHIAS EGELER, *Vom Land der Frauen und keltischen Helden. Irische Erzählungen von den Inseln der Unsterblichkeit*, Wien.

ELLIS 1985: STEVEN G. ELLIS, *Tudor Ireland: Crown, Community and the Conflict of Cultures 1470–1603*, London.

ELUÈRE 1987: CHRISTIANE ELUÈRE, *Das Gold der Kelten*, München.

ENGLISH 2006: RICHARD ENGLISH, *Irish Freedom: the history of nationalism in Ireland*, London.

ESKA 1989: JOSEPH F. ESKA, *Towards an Interpretation of the Hispano-Celtic Inscription of Botorrita*, Innsbruck.

ESKA 2010: CHARLENE M. ESKA, *Cáin Lánamna: an Old Irish tract on marriage and divorce law*, Leiden.

EVANS CH. 1993: CHRIS EVANS, *‹The Labyrinth of Flames›: work and social conflict in early industrial Merthyr Tydfil*, Cardiff.

EVANS D. E. 1967: D. ELLIS EVANS, *Gaulish Personal Names*, Oxford.

EVANS D. E. 1997: D. ELLIS EVANS, «Celticity, Celtic awareness and Celtic Studies», in: *Zeitschrift für celtische Philologie* 49/50, 1–27.

EVANS D. G. 2000: D. GARETH EVANS, *A History of Wales, 1906–2000*, Cardiff.

EVANS D. S. 1988: D. SIMON EVANS, *The Welsh Life of St David*, Cardiff.

EVANS D. W. u. ROBERTS 2009: DEWI W. EVANS und BRYNLEY F. ROBERTS (Hrsg.), *Edward Lhwyd, Archaeologia Britannica: texts and translations*, Aberystwyth.

EVANS J. G. 2006: JOHN GILBERT EVANS, *Devolution in Wales: claims and responses, 1937–1979*, Cardiff.

EVANS J. W. u. WOODING 2007: JOHN WYN EVANS und JONATHAN M. WOODING (Hrsg.), *St. David of Wales: cult, church, and nation*, Woodbridge.

EVANS N. 2010: NICHOLAS EVANS, *The Present and the Past in Medieval Irish Chronicles*, Woodbridge.

FALKENSTEIN 2004: F. FALKENSTEIN, «Anmerkungen zur Herkunftsfrage des Gundestrupkessels», *Prähistorische Zeitschrift* 79, 57–88.

FAUDUET 2010: ISABELLE FAUDUET, *Les temples de tradition celtique en Gaule romaine*, Paris.

FAVEREAU 2002–2008: FRANCIS FAVEREAU (Hrsg.), *Anthologie de la littérature de langue bretonne au XXe siècle*, 3 Bände, Morlaix-Montroulez.

FAWCETT 2002: RICHARD FAWCETT, *Scottish Medieval Churches*, Stroud.

FENYŐ 1999: KRISZTINA FENYŐ, *Contempt, Sympathy and Romance: Lowland perceptions of the Highlands and the Clearances during the Famine years, 1845–1855*, East Linton.

FERDIÈRE 1988: A. FERDIÈRE, *Les campagnes en Gaule romaine*, 2 Bände, Paris.

FERDIÈRE 2005: ALAIN FERDIÈRE, *Les Gaules*, Paris.

FERDIÈRE 2011: ALAIN FERDIÈRE, *La Gaule Lyonnaise*, Paris.

FERNÁNDEZ-GÖTZ 2012: MANUEL FERNÁNDEZ-GÖTZ, «Die Rolle der Heiligtümer bei der Konstruktion kollektiver Identitäten: das Beispiel der treverischen Oppida», *Archäologisches Korrespondenzblatt* 42, 509–524.

FICHTL 1994: STEPHAN FICHTL, *Les Gaulois du Nord de la Gaule (150–20* av. J.-C.), Paris.

FICHTL 2003: STEPHAN FICHTL (Hrsg.), *Les oppida du Nord-Est de la Gaule à La Tène finale*, Strasbourg.

FICHTL 2005: STEPHAN FICHTL, *La ville celtique: les ‹oppida› de 150 av. J.-C. à 15 ap. J.-C.*, Paris.

FICHTL 2010: STEPHAN FICHTL (Hrsg.), *Murus celticus: architecture et fonctions des remparts de l'âge du fer*, Glux-en-Glenne.

FISCHER 1972: FRANZ FISCHER, «Die Kelten bei Herodot: Bemerkungen zu einigen geographischen und ethnographischen Problemen», in: *Madrider Mitteilungen* 13, 109–124.

FISCHER 1973: FRANZ FISCHER, «KEIMHLIA. Bemerkungen zur kulturgeschichtlichen Interpretation des sog. Südimports in der späten Hallstatt-

und frühen Latènekultur des westlichen Mitteleuropa», in: *Germania* 51, 436–459.

FISCHER 1992: FRANZ FISCHER, «Gold und Geld. Gedanken zum Schatz von Erstfeld», in: *Helvetia Archaeologica* 23, 118–138.

FITZPATRICK 2004: ELIZABETH FITZPATRICK, *Royal Inauguration in Gaelic Ireland c. 1100–1600: a cultural landscape study*, Woodbridge.

FLACHENECKER 1995: HELMUT FLACHENECKER, *Schottenklöster. Irische Benediktinerkonvente im hochmittelalterlichen Deutschland*, Paderborn.

FLANAGAN 1989: MARIE THERESE FLANAGAN, *Irish Society, Anglo-Norman Settlers, Angevin Kingship: interactions in Ireland in the Late Twelfth Century*, Oxford.

FLANAGAN 2010: MARIE THERESE FLANAGAN, *The Transformation of the Irish Church in the Twelfth Century*, Woodbridge.

FLEISCHER 2007: FELIX FLEISCHER, *Siedlungsarchäologie auf dem Mont Beuvray*, 3 Bände, Leipzig.

FOLLETT 2006: WESTLEY FOLLETT, *Céli Dé in Ireland: monastic writing and identity in the early Middle Ages*, Woodbridge.

FOMIN 2013: MAXIM FOMIN, *Instructions for Kings: secular and clerical images of kingship in Early Ireland and Ancient India*, Heidelberg.

FORSYTH 1997: KATHERINE FORSYTH, *Language in Pictland: the case against ‹non-Indo-European Pictish›*, Utrecht.

FORSYTH 2008: KATHERINE FORSYTH (Hrsg.), *Studies in the Book of Deer*, Dublin.

FOSTER 2004: SALLY M. FOSTER, *Picts, Gaels and Scots: early historic Scotland*, London.

FRASER 2009: JAMES E. FRASER, *From Caledonia to Pictland: Scotland to 795*, Edinburgh.

FREEMAN 2001: PHILIP M. FREEMAN, *The Galatian Language*, Lewiston, N.Y. 2001.

FRÈRE 2006: DOMINIQUE FRÈRE (Hrsg.), *De la Méditerranée vers l'Atlantique: aspects des relations entre la Méditerranée et la Gaule centrale et occidentale (VIIIe–IIe siècles av. J.-C.)*, Rennes.

FREY 1985: OTTO-HERMAN FREY, «Zum Handel und Verkehr während der Frühlatènezeit in Mitteleuropa», in: *Untersuchungen zu Handel und Verkehr der vor- und frühgeschichtlichen Zeit in Mittel- und Nordeuropa I*, Göttingen, 231–257.

FREYBERGER 1999: BERT FREYBERGER, *Südgallien im 1. Jahrhundert v. Chr. Phasen, Konsequenzen und Grenzen römischer Eroberung (125–27/22 v. Chr.)*, Wiesbaden.

FRIES-KNOBLACH 2001: JANINE FRIES-KNOBLACH, *Gerätschaften, Verfahren und Bedeutung der eisenzeitlichen Salzsiederei in Mittel- und Nordwesteuropa*, Leipzig.

FULTON 1996: HELEN FULTON, *Selections from the Dafydd ap Gwilym Apocrypha*, Llandysul.

FULTON 2009: HELEN FULTON (Hrsg.), *A Companion to Arthurian Literature*, Maldon, Mass.

FURGER 2003: ANDREAS FURGER, *Die Helvetier. Kulturgeschichte eines Keltenvolkes*, 6. Aufl. Zürich.

GALAND 1959: R. M. GALAND, *L'Ame celtique de Renan*, Paris.

GALLIOU 1991: PATRICK GALLIOU, *La Bretagne romaine: de l'Armorique à la Bretagne*, Saint-Brieuc.

GALLIOU u. JONES 1991: PATRICK GALLIOU und MICHAEL JONES, *The Bretons*, Oxford.

GARBOLINO BOOT 2003: GIORGIO GARBOLINO BOOT, *L'Italia dei Celti*, Turin.

GARMAN 2008: ALEX G. GARMAN, *The cult of the Matronae in the Roman Rhineland: an historical evaluation of the archaeological evidence*, Lewiston, NY.

GASKILL 1991: HOWARD GASKILL (Hrsg.), *Ossian revisited*, Edinburgh.

GASKILL 1995: HOWARD GASKILL, *James Macpherson, The Poems of Ossian and Related Works*, Edinburgh.

GASKILL 2005: HOWARD GASKILL (Hrsg.), *The Reception of Ossian in Europe*, London.

GASSMANN u. a. 2005: GUNTRAM GASSMANN u. a., *Forschungen zur keltischen Eisenerzverhüttung in Südwestdeutschland*, Stuttgart.

GEORGE 2009: KAREN GEORGE, *Gildas's «De excidio Britonum» and the early British Church*, Woodbridge.

GILLIES 1989: WILLIAM GILLIES (Hrsg.), *Gaelic and Scotland. Alba agus a' Ghaidhlig*, Edinburgh.

GIOT u. a. 1995: P.-R. GIOT, J. BRIARD und LOUIS PAPE, *Protohistoire de la Bretagne*, Rennes.

Glauberg 2008: *Der Glauberg in keltischer Zeit. Zum neuesten Stand der Forschung*, Wiesbaden.

GOETINCK 1976: GLENYS W. GOETINCK, *Historia Peredur vab Efrawc*, Cardiff.

GOLD u. GOLD 1995: JOHN R. GOLD und MARGARET M. GOLD, *Imagining Scotland: tradition, representation and promotion in Scottish tourism since 1750*, Aldershot.

GOODRICH u. THOMPSON 2003: PETER H. GOODRICH und RAYMOND H. THOMPSON (Hrsg.), *Merlin: a casebook*, New York.

GOSDEN 2014: CHRIS GOSDEN (Hrsg.), *Celtic Art in Europe: making connections*, Oxford.

GOTTZMANN 1989: CAROLA GOTTZMANN, *Artus-Dichtung*, Stuttgart.

GOUDINEAU u. PEYRE 1993: CHRISTIAN GOUDINEAU u. C. PEYRE, *Bibracte et les Eduens: à la découverte d'un peuple gaulois*, Paris.

GOUDINEAU 2006: CHRISTIAN GOUDINEAU (Hrsg.), *Religion et société en Gaule*, Paris.

GOURVIL 1960: FRANCIS GOURVIL, *Théodore-Claude-Henri Hersart de la Villemarqué et le ‹Barzaz Breiz›*, Rennes.

GOWER 2012: JON GOWER, *The Story of Wales*, London.

Gräber 1989: *Gräber – Spiegel des Lebens. Zum Totenbrauchtum der Kelten und Römer am Beispiel des Treverer-Gräberfeldes Wederath-Beginum*, Mainz (Ausstellungskatalog).

GRAHAM-CAMPBELL und BATEY 1998: JAMES GRAHAM-CAMPBELL und COLLEEN BATEY, *Vikings in Scotland: an archaeological survey*, Edinburgh.

GRAMICH 2011: KATIE GRAMICH, *Kate Roberts*, Cardiff.

GRASSI 1995: MARIA TERESA GRASSI, *La romanizzazione degli Insubri: Celti e Romani in Transpadana attraverso la documentazione storica ed archeologica*, Mailand.

GRASSI 2009: MARIA TERESA GRASSI, *I Celti in Italia*, 3. Aufl., Mailand.

GRAY 1982: E. A. GRAY, *Cath Maige Tuired. The Second Battle of Mag Tuired*, Dublin.

GRAY 1980–1983: E. A. GRAY, «Cath Maige Tuired: Myth and Structure», in: *Éigse* 18, 183–209 und *Éigse* 19, 1–35 und 230–262.

GREEN 1995: MIRANDA GREEN (Hrsg.), *The Celtic World*, London.

GREENE u. O'CONNOR 1967: DAVID GREENE und FRANK O'CONNOR, *A Golden Treasury of Irish Poetry A. D. 600 to 1200*, London.

GRENIER 2005: KATHERINE HALDANE GRENIER, *Tourism and Identity in Scotland, 1770–1914: creating Caledonia*, Aldershot.

GREWENIG 2011: MEINRAD MARIA GREWENIG (Hrsg.), *Asterix & Die Kelten*, Völklinger Hütte (Ausstellungskatalog).

GRIFFIN-WILSON 2010: MARGO GRIFFIN-WILSON (Hrsg.), *The Wedding Poems of Dáibhí Ó Bruadair*, Dublin.

GRIFFITH 1996: WILLIAM PHILIP GRIFFITH, *Learning, Law and Religion: higher education and Welsh society c. 1540–1640*, Cardiff.

GRIFFITHS 1989: BRUCE GRIFFITHS, *Saunders Lewis*, Cardiff.

GROS 2008: PIERRE GROS, *La Gaule Narbonnaise*, Paris.

GRUEL 1989: KATHÉRINE GRUEL, *La Monnaie chez les Gaulois*, Paris.

GRUFFYDD R. G. 1982: ROBERT GERAINT GRUFFYDD (Hrsg.), *Bardos. Penodau ar y traddodiad barddol Cymreig a Cheltaidd cyflwynedig i J. E. Caerwyn Williams*, Cardiff.

GRUFFYDD R. G. 1988: ROBERT GERAINT GRUFFYDD (Hrsg.), *Y Gair ar Waith. Ysgrifau ar yr Etifeddiaeth Feiblaidd yng Nghymru*, Cardiff.

GRUFFYDD R. G. 1997: ROBERT GERAINT GRUFFYDD (Hrsg.), *A Guide to Welsh Literature c. 1530–1700*, Cardiff.

GUGGISBERG 2000: MARTIN A. GUGGISBERG, *Der Goldschatz von Erstfeld. Ein keltischer Bilderzyklus zwischen Mitteleuropa und der Mittelmeerwelt*, Basel.

GUGGISBERG 2004: MARTIN A. GUGGISBERG (Hrsg.), *Die Hydria von Grächwil. Zur Funkton und Rezeption mediterraner Importe in Mitteleuropa im 6. und 5. Jahrhundert v. Chr.*, Bern.

GUILLAUMET u. SZABÓ 2005: JEAN-PAUL GUILLAUMET und MIKLÓS SZABÓ (Hrsg.), *Études sur Bibracte*, Glux-en-Glenne.

GUYONVARC'H 1975: CHRISTIAN-J. GUYONVARC'H, *Le Catholicon de Jehan Lagadeuc. Dictionnaire breton-latin-français du XVème siècle*, Rennes.

GWYNN 1903–1935: E. GWYNN, *The Metrical Dindshenchas*, 5 Bde., Dublin.

HABLITZEL 1987: HANS HABLITZEL, *Prof. Dr. Johann Kaspar Zeuss. Begründer der Keltologie und Historiker aus Vogtendorf/Oberfranken 1806–1856*, Kronach.

HABLITZEL u. STIFTER 2007: HANS HABLITZEL und DAVID STIFTER (Hrsg.), *Johann Kaspar Zeuss im kultur- und sprachwissenschaftlichen Kontext (19. bis 21. Jahrhundert)*, Wien.

HADFIELD u. MCVEAGH 1994: ANDREW HADFIELD und JOHN MCVEAGH (Hrsg.), *Strangers to the Land: British perceptions of Ireland from the Reformation to the Famine*, London.

HÄUSSLER u. KING 2007–2008: RALPH HÄUSSLER und ANTHONY C. KING (Hrsg.), *Continuity and Innovation in Religion in the Roman West*, 2 Bände, Portsmouth.

HAFFNER 1976: ALFRED HAFFNER, *Die Westliche Hunsrück-Eifel-Kultur*, Berlin.

HAFFNER 1995: ALFRED HAFFNER (Hrsg.), *Heiligtümer und Opferkulte der Kelten*, Stuttgart.

HAINZMANN 2007: MANFRED HAINZMANN (Hrsg.), *Auf den Spuren keltischer Götterverehrung*, Wien.

HAMON 2004: KRISTIAN HAMON, *Le Bezen Perrot: 1944, des nationalistes bretons sous l'uniforme allemand*, Fouesnant.

HANSEN 2010: LEIF HANSEN, *Die Goldfunde und Trachtbeigaben des späthallstattzeitlichen Fürstengrabes von Eberdingen-Hochdorf (Kreis Ludwigsburg)*, Stuttgart.

HANSON u. BLANC 1978: R. P. C. HANSON und C. BLANC, *Saint Patrick: Confession et Lettre à Coroticus*, Paris.

HARBISON 1992: PETER HARBISON, *The High Crosses of Ireland: an iconographic and photographic survey*, 3 Bände, Bonn.

HARBISON 1994: PETER HARBISON, *Pre-Christian Ireland: from the first settlers to the early Celts*, London.

HARDING 2007: DENNIS W. HARDING, *The Archaeology of Celtic Art*, London.

HARRISON 1992: ALAN HARRISON, «John Toland (1670–1722) and Celtic Studies», in: C. J. Byrne u. a. (Hrsg.), *Celtic Languages and Celtic Peoples*, Halifax, 555–576.

HASELGROVE 2006: COLIN HASELGROVE (Hrsg.), *Les mutations de la fin de l'Age du Fer*, Glux-en-Glenne.

HAYCOCK D. B. 2002: DAVID BOYD HAYCOCK, *William Stukeley: science, religion, and archaeology in eighteenth-century England*, Woodbridge.

HAYCOCK M. 1983/84: MARGED HAYCOCK, «Preiddeu Annwfn and the Figure of Taliesin», in: *Studia Celtica* 18/19, 52–78.

HAYCOCK M. 1994: MARGED HAYCOCK (Hrsg.), *Blodeugerdd Barddas o Ganu Crefyddol Cynnar*, Swansea.

HAYCOCK M. 2007: MARGED HAYCOCK (Hrsg.), *Legendary Poems from the Book of Taliesin*, Aberystwyth.

HAYCOCK M. 2013: MARGED HAYCOCK (Hrsg.), *Prophecies from the Book of Taliesin*, Aberystwyth.

HEMON 1962: ROPARZ HEMON, *Trois Poèmes en Moyen-Breton, traduits et annotés*, Dublin.

HEMON 1969: ROPARZ HEMON, *Les fragments de la destruction de Jerusalem et des Amours du Vieillard (textes en moyen-breton)*, Dublin.

HEMON 1977: ROPARZ HEMON, *Doctrin an Christenien. Texte de 1622 en moyen-breton accompagné de la version française et du texte en breton moderne de 1677 avec préface et notes*, Dublin.

HEMPRICH 2015: GISBERT HEMPRICH, *Rí Érenn – «König von Irland»: Fiktion und Wirklichkeit*, Berlin.

HENDERSON 1987: G. HENDERSON, *From Durrow to Kells: the Insular Gospel-books, 650–800*, London.

HENKEN 1987: ELISSA R. HENKEN, *Traditions of the Welsh Saints*, Cambridge.

HENKEN 1991: ELISSA R. HENKEN, *The Welsh Saints: a study in patterned lives*, Cambridge.

HENKEN 1996: ELISSA R. HENKEN, *National Redeemer: Owain Glyndŵr in Welsh tradition*, Cardiff.

HENNESSEY 1996: THOMAS HENNESSEY, *A History of Northern Ireland 1920–1996*, London.

HENRY 2013: LIONEL HENRY, *Dictionnaire biographique du mouvement breton: XXe–XXIe siècles*, Fouesnant.

HERBERT u. JONES 1988: TREVOR HERBERT und GARETH ELWYN JONES (Hrsg.), *The Remaking of Wales in the Eighteenth Century*, Cardiff.

HERBERT u. JONES 1995: TREVOR HERBERT und GARETH ELWYN JONES (Hrsg.), *Post-War Wales*, Cardiff.

HERRMANN u. FREY 1996: FRITZ-RUDOLF HERRMANN und OTTO-HERMAN FREY, *Die Keltenfürsten vom Glauberg*, Wiesbaden.

HILL 2003: J. R. HILL (Hrsg.), *Ireland, 1921–84*, Oxford.

HIRST 2002: CATHERINE HIRST, *Religion, politics and violence in nineteenth-century Belfast*, Dublin.

HOARE 2013: RACHEL HOARE, *L'identité linguistique des jeunes en Bretagne*, Brest.

HOFENEDER 2005–2011: ANDREAS HOFENEDER, *Die Religion der Kelten in den antiken literarischen Zeugnissen*, 3 Bände, Wien.

HOFENEDER u. BERNARDO STEMPEL 2013: ANDREAS HOFENEDER und PATRIZIA DE BERNARDO STEMPEL (Hrsg.), *Théonymie celtique, cultes, interpretatio*, Wien.

HOLZER 2009: VERONIKA HOLZER, *Roseldorf. Interdisziplinäre Forschungen zur größten keltischen Zentralsiedlung Österreichs*, Wien.

HONEGGER 2009: MATTHIEU HONEGGER (Hrsg.), *Le site de La Tène: bilan des connaissances – état de la question*, Neuchâtel.

HORNSBY 2013: MICHAEL HORNSBY (Hrsg.), *Breton: the postvernacular challenge*, Berlin.

HOWLETT 2006: DAVID R. HOWLETT, *Muirchú Moccu Macthéni's ‹Vita Sancti Patricii›, Life of Saint Patrick*, Dublin.

HUDSON 2005: BENJAMIN T. HUDSON, *Viking Pirates and Christian Princes: dynasty, religion, and empire in the North Atlantic*, New York.

HUDSON 2014: BENJAMIN HUDSON, *The Picts*, Chichester.

HUGHES G. H. 1961: GARFIELD H. HUGHES, *Theophilus Evans, Drych y Prif Oesoedd yn ôl yr argraffiad cyntaf: 1716*, Cardiff.

HUGHES K. 1973: KATHLEEN HUGHES, «The Welsh Latin Chronicles: *Annales Cambriae* and related texts», in: *Proceedings of the British Academy*, 233–258.

Hundert Meisterwerke 1992: *Hundert Meisterwerke keltischer Kunst. Schmuck und Kunsthandwerk zwischen Rhein und Mosel*, Trier (Ausstellungskatalog).

HUTTON 2007: RONALD HUTTON, *The Druids*, London.

HUTTON 2011: RONALD HUTTON, *Blood and Mistletoe: the history of the druids in Britain*, New Haven, Conn.

HUWS 2000: DANIEL HUWS, *Medieval Welsh Manuscripts*, Cardiff.

IRLANDA 2010: *L'Irlanda e gli Irlandesi nell'alto medioevo*, Spoleto.

ISAAC 2007: GRAHAM ISAAC, «Celtic and Afro-Asiatic», in: H. Tristram (Hrsg.), *The Celtic Languages in Contact*, Potsdam, 25–80.

JACKSON 1970: KENNETH H. JACKSON, *The Gododdin: the oldest Scottish Poem*, Edinburgh.

JACKSON 1972: KENNETH JACKSON, *The Gaelic Notes in the Book of Deer*, Cambridge.

JACOBSTHAL 1944: PAUL JACOBSTHAL, *Early Celtic Art*, 2 Bände, Oxford.

JAMES A. 2011: ALLAN JAMES, *John Morris Jones*, Cardiff.

JAMES C. 2001: CHRISTINE JAMES (Hrsg.), *Cerddi Gwenallt: y casgliad cyflawn*, Llandysul.

JANKULAK 2010: KAREN JANKULAK, *Geoffrey of Monmouth*, Cardiff.

JANTZ 1995: MARTINA JANTZ, *Das Fremdenbild in der Literatur der Römischen Republik und der Augusteischen Zeit. Vorstellungen und Sichtweisen am Beispiel von Hispanien und Gallien*, Frankfurt/Main.

JARMAN 1988: A. O. H. JARMAN, *Aneirin: Y Gododdin*, Llandysul 1988.

JARMAN u. HUGHES 1992: A. O. H. JARMAN und GWILYM REES HUGHES (Hrsg.), *A Guide to Welsh Literature Volume I*, rev. ed., Cardiff.

JARMAN u. HUGHES 1997: A. O. H. JARMAN und GWILYM REES HUGHES (Hrsg.), *A Guide to Welsh Literature 1282 – c. 1550*, rev. by Dafydd Johnston, Cardiff.

JASKI 2000: BART JASKI, *Early Irish Kingship and Succession*, Dublin.

JENKINS B. 2009: BRIAN JENKINS, *The Fenian Problem: insurgency and terrorism in a Liberal state, 1858–1874*, Montreal.

JENKINS D. 1986: DAFYDD JENKINS, *The Law of Hywel Dda: law texts from Medieval Wales translated and edited*, Llandysul.

JENKINS D. 1997: DAFYDD JENKINS, «A hundred years of *Cyfraith Hywel*», in: *Zeitschrift für celtische Philologie* 49–50, 349–366.

JENKINS D. H. 2010: DAVID H. JENKINS, *‹Holy, holier, holiest›: the sacred topography of the early medieval Irish church*, Turnhout.

JENKINS G. H. 1987: GERAINT HUW JENKINS, *The Foundations of Modern Wales: Wales 1642–1780*, Oxford.

JENKINS G. H. 1997: GERAINT HUW JENKINS (Hrsg.), *The Welsh Language before the Industrial Revolution*, Cardiff.

JENKINS G. H. 1998: GERAINT HUW JENKINS (Hrsg.), *Language and Community in the Nineteenth Century*, Cardiff.

JENKINS G. H. 2000: GERAINT HUW JENKINS (Hrsg.), *The Welsh Language and Its Social Domains 1801–1911*, Cardiff.

JENKINS G. H. u. WILLIAMS M. A. 2000: GERAINT HUW JENKINS und MARI A. WILLIAMS (Hrsg.), *‹Let's do our best for the ancient tongue›. The Welsh Language in the Twentieth Century*, Cardiff.

JENKINS G. H. 2005: GERAINT H. JENKINS (Hrsg.), *A Rattleskull Genius: the many faces of Iolo Morganwg*, Cardiff.

JENKINS G. H. 2007: GERAINT HUW JENKINS, *A Concise History of Wales*, Cambridge.

JENKINS G. H. u. a. 2007: GERAINT H. JENKINS u. a. (Hrsg.), *The Correspondence of Iolo Morganwg*, 3 Bände, Cardiff.

JENKINS PH. 1992: PHILIP JENKINS, *A History of Modern Wales 1536–1990*, London.

JENKINS u. OWEN 1984: DAFYDD JENKINS und MORFYDD E. OWEN, «The Welsh Marginalia in the Lichfield Gospels Part II: The ‹Surexit› Memorandum», in: *Cambrian Medieval Celtic Studies* 7, 91–120.

JEREM u. a. 1996: ERZSÉBET JEREM u. a. (Hrsg.), *Die Kelten in den Alpen und an der Donau*, Budapest-Wien.

JIMÉNEZ 1996: RAMON L. JIMÉNEZ, *Caesar against the Celts*, New York.

JOACHIM 1989: HANS-ECKART JOACHIM, «Eine Rekonstruktion der keltischen ‹Säule› von Pfalzfeld», in: *Bonner Jahrbücher* 189, 1–14.

JOACHIM u. a. 1995: HANS-ECKART JOACHIM u. a., *Waldalgesheim: das Grab einer keltischen Fürstin*, Bonn.

JOHNES 2012: MARTIN JOHNES, *Wales since 1939*, Manchester.

JOHNSTON 1988: D. R. JOHNSTON, *Gwaith Iolo Goch*, Cardiff.

JOHNSTON D. 1998: DAFYDD JOHNSTON (Hrsg.), *A Guide to Welsh literature c. 1900–1996*, Cardiff.

JOHNSTON D. 2005: DAFYDD JOHNSTON, *Llên yr Uchelwyr. Hanes Beirniadol Llenyddiaeth Gymraeg 1300–1525*, Cardiff.

JOHNSTON D. u. a. 2010: DAFYDD JOHNSTON u. a. (Hrsg.), *Cerddi Dafydd ap Gwilym*, Cardiff.

JOHNSTON u. WAILES 2007: SUSAN ANN JOHNSTON und BERNHARD WAILES, *Dún Ailinne: excavations on an Irish royal site, 1868–1975*, Philadelphia, Penna.

JONES D. C. 2004: DAVID CERI JONES, *«A Glorious Work in the World»: Welsh Methodism and the international evangelical revival, 1735–1750*, Cardiff.

JONES D. C. u. a. 2014: DAVID CERI JONES, BOYD STANLEY SCHLENTHER und ERYN MANT WHITE, *The Elect Methodists: Calvinistic Methodism in England and Wales, 1735–1811*, Cardiff.

JONES E. 2001: EMRYS JONES, *The Welsh in London 1500–2000*, Cardiff.

JONES FF. M. 2010: FFION MAIR JONES, *«The Bard is a very singular character»: Iolo Morganwg, marginalia and print culture*, Cardiff.

JONES G. E. 1984: GARETH ELWYN JONES, *Modern Wales: a concise history c. 1485–1979*, Cambridge.

JONES H. M. 2012: HYWEL M. JONES, *A Statistical Overview of the Welsh Language*, Cardiff.

JONES J. G. 1989: J. GWYNFOR JONES (Hrsg.), *Class, Community and Culture in Tudor Wales*, Cardiff.

JONES J. G. 1994: J. GWYNFOR JONES, *Early Modern Wales, c. 1525–1640*, New York.

JONES J. G. 1998: J. GWYNFOR JONES, *The Welsh Gentry, 1536–1640: images of status, honour and authority*, Cardiff.

JONES J. G. 2013: JOHN GWYNFOR JONES (Hrsg.), *The History of Welsh Calvinistic Methodism, III: growth and consolidation (c. 1814–1914)*, Caernarfon.

JONES M. 1988: MICHAEL JONES, *The Creation of Brittany: a late medieval state*, London.

JONES u. JONES 1974: GWYN JONES und THOMAS JONES, *The Mabinogion*, London.

JONES u. PRYCE 1996: NERYS ANN JONES und HUW PRYCE (Hrsg.), *Yr Arglwydd Rhys*, Cardiff.

JONES u. THOMAS 1973: ALUN R. JONES und GWYN THOMAS (Hrsg.), *Presenting Saunders Lewis*, Cardiff.

JOPE u. JACOBSTHAL 2000: E. M. JOPE und PAUL F. JACOBSTHAL, *Early Celtic Art in the British Isles*, Oxford.

JORDÁN CÓLERA 1998: CARLOS JORDÁN CÓLERA, *Introducción al Celtibérico*, Zaragoza.

KAENEL u. a. 2005: GILBERT KAENEL, ST. MARTIN-KILCHER und D. WILD (Hrsg.), *Siedlungen, Baustrukturen und Funde im 1. Jh. v. Chr. zwischen oberer Donau und mittlerer Rhone*, Lausanne.

KARL u. STIFTER 2007: RAIMUND KARL und DAVID STIFTER (Hrsg.), *The Celtic World: critical concepts in historical studies*, 4 Bände, London.

KEHNEL 1998: ANNETTE KEHNEL, *Clonmacnois – the Church and Lands of St. Ciarán: change and continuity in an Irish monastic foundation (6th to 16th Century)*, Münster.

KELLEHER u. O'LEARY 2006: MARGARET KELLEHER und PHILIP O'LEARY (Hrsg.), *The Cambridge History of Irish Literature*, 2 Bände, Cambridge.

KELLER 1965: F. J. KELLER, *Das keltische Fürstengrab von Reinheim*, Mainz.

KELLY A. 2002: ADRIAN KELLY, *Compulsory Irish: language and education in Ireland, 1870's–1970's*, Dublin.

KELLY F. 1976: FERGUS KELLY, *Audacht Morainn*, Dublin.

KELLY F. 1997: FERGUS KELLY, *Early Irish Farming: a study based mainly on the law-texts of the 7th and 8th centuries AD*, Dublin.

KELLY F. 2009: FERGUS KELLY, *A Guide to Early Irish Law*, rev. ed., Dublin.

KELLY 2014: FERGUS KELLY, *Marriage Disputes: a fragmentary Old Irish law text*, Dublin.

KELLY J. 1992: JAMES KELLY, *Prelude to Union: Anglo-Irish Politics in the 1780s*, Cork.

KELLY M. J. 2006: M. J. KELLY, *The Fenian Ideal and Irish Nationalism, 1882–1916*, Woodbridge.

Kelten 1980: *Die Kelten in Mitteleuropa. Kultur, Kunst, Wirtschaft*, Salzburg (Ausstellungskatalog).

Keltenfürst 1985: *Der Keltenfürst von Hochdorf. Methoden und Ergebnisse der Landesarchäologie*, Stuttgart (Ausstellungskatalog).

KEOGH 1993: DÁIRE KEOGH, *The French Disease: the Catholic Church and Irish Radicalism, 1790–1800*, Dublin.

KEOGH u. FURLONG 1996: DÁIRE KEOGH und NICHOLAS FURLONG (Hrsg.), *The Mighty Wave: the 1798 Rebellion in Wexford*, Dublin.

Kilian 1989: *Kilian. Mönch aus Irland – aller Franken Patron*, Würzburg (Ausstellungskatalog).

KIMMIG 1983A: WOLFGANG KIMMIG, *Die Heuneburg an der oberen Donau*, Stuttgart.

KIMMIG 1983B: WOLFGANG KIMMIG, «Zum Handwerk der späten Hallstattzeit», in: *Das Handwerk in vor- und frühgeschichtlicher Zeit II*, Göttingen, 13–33.

KIMMIG 1985: WOLFGANG KIMMIG, «Der Handel der Hallstattzeit», in: *Untersuchungen zu Handel und Verkehr der vor- und frühgeschichtlichen Zeit in Mittel- und Nordeuropa I*, Göttingen, 214–230.

KIMMIG 1992: WOLFGANG KIMMIG, «Etruskischer und griechischer Import im Spiegel westhallstättischer Fürstengräber», in: Luciana Aigner-Foresti (Hrsg.), *Etrusker nördlich von Etrurien*, Wien, 281–328.

KIMMIG u. a. 1988: WOLFGANG KIMMIG u. a., *Das Kleinaspergle. Studien zu einem Fürstengrabhügel der frühen Latènezeit bei Stuttgart*, Stuttgart.

KINOSHITA u. MCCRACKEN 2012: SHARON KINOSHITA und PEGGY MCCRACKEN, *Marie de France: a critical companion*, Cambridge.

KISTLER 2009: ERICH KISTLER, *Funktionalisierte Keltenbilder. Die Indienstnahme der Kelten zur Vermittlung von Normen und Werten in der hellenistischen Welt*, Berlin.

KLÄGER 2006: FLORIAN KLÄGER, *Forgone nations: constructions of national identity in Elizabethan historiography and literature*, Trier.

KLEIBER 2009: WOLFGANG KLEIBER (Hrsg.), *Tarodunum / Zarten – Brigobannis / Hüfingen. Kelten, Galloromanen und frühe Alemannen im Schwarzwald in interdisziplinärer Sicht*, Stuttgart.

KLÜPPEL 2010: THEODOR KLÜPPEL (Übers.), *Adamnan, Das Leben des heiligen Columba von Iona*, Stuttgart.

KNOPF 2006: THOMAS KNOPF, *Der Heidengraben bei Grabenstetten. Archäologische Untersuchungen zur Besiedlungsgeschichte*, Bonn.

KNOTT 1922–1926: ELEANOR KNOTT, *The Bardic Poems of Tadhg Dall O hUiginn*, 2 Bände, Dublin.

KOCH J. K. 2006: JULIA KATHARINA KOCH, *Der Wagen und das Pferdegeschirr aus dem späthallstattzeitlichen Fürstengrab von Eberdingen-Hochdorf (Kr. Ludwigsburg)*, Stuttgart.

KOCH J. T. 1997: JOHN T. KOCH, *The ‹Gododdin› of Aneirin: text and context from Dark-Age North Britain*, Cardiff.

KOCH J. T. 2006: JOHN T. KOCH (Hrsg.), *Celtic Culture. An Encyclopedia*, 5 Bände, Santa Barbara, Calif.

KOCH J. T. 2009–2011: JOHN T. KOCH, *Tartessian*, 2 Bände, Aberystwyth.

KOCH u. CUNLIFFE 2013: JOHN T. KOCH und BARRY CUNLIFFE (Hrsg.), *Celtic from the West 2: rethinking the Bronze Age and the arrival of Indo-Europeans in Atlantic Europe*, Oxford.

KÖHLER 2009: WOLFGANG KÖHLER, *Bretonisch und Französisch im Süd-Finistère*, Rangendingen.

KRAUSE 2014: RÜDIGER KRAUSE, *Neue Forschungen zum frühkeltischen Fürstensitz auf dem Ipf*, Bonn.

KRAUSE 2015: RÜDIGER KRAUSE, *Der Ipf: Fürstensitz im Fokus der Archäologie*, Stuttgart.

KRAUSSE 1996: DIRK KRAUSSE, *Das Trink- und Speiseservice aus dem späthallstattzeitlichen Fürstengrab von Eberdingen-Hochdorf (Kr. Ludwigsburg)*, Stuttgart.

KRAUSSE 2008: DIRK KRAUSSE (Hrsg.), *Frühe Zentralisierungs- und Urbanisierungsprozesse. Zur Genese und Entwicklung frühkeltischer Fürstensitze und ihres territorialen Umlandes*, Stuttgart.

KRAUSSE 2010: DIRK KRAUSSE (Hrsg.), *«Fürstensitze» und Zentralorte der frühen Kelten*, 2 Bände, Stuttgart.

KRAUSSE u. a. 2015: DIRK KRAUSSE u. a., *Die Heuneburg – keltischer Fürstensitz an der oberen Donau*, Darmstadt.

KREMER 1994: BERNHARD KREMER, *Das Bild der Kelten bis in augusteische Zeit. Studien zur Instrumentalisierung eines antiken Feindbildes bei griechischen und römischen Autoren*, Stuttgart.

KRUTA u. MANFREDI 1999: VENCESLAS KRUTA und VALERIO M. MANFREDI, *I Celti in Italia*, Mailand.

KÜMMEL 2009: CHRISTOPH KÜMMEL, *Ur- und frühgeschichtlicher Grabraub. Archäologische Interpretation und kulturanthropologische Erklärung*, Münster.

KÜNZL 1971: E. KÜNZL, *Die Kelten des Epigonos von Pergamon*, Würzburg.

KURZ 1995: GABRIELE KURZ, *Keltische Hort- und Gewässerfunde in Mitteleuropa. Deponierungen der Latènezeit*, Stuttgart.

KURZYNSKI 1996: K. V. KURZYNSKI, *«Und ihre Hosen nennen sie bracas». Textilfunde und Textiltechnologie der Hallstatt- und Latènezeit und ihr Kontext*, Espelkamp.

LACROIX 2003: JACQUES LACROIX, *Les noms d'origine gauloise: la Gaule des combats*, Paris.

LACROIX 2005: JACQUES LACROIX, *Les noms d'origine gaulose: la Gaule des activités économiques*, Paris.

LACROIX 2007: JACQUES LACROIX, *Les noms d'origine gauloise: la Gaule des dieux*, Paris.

LACY 1998: NORRIS J. LACY (Hrsg.), *Early French Tristan Poems*, 2 Bände, Cambridge.

LACY u. GRIMBERT 2005: NORRIS J. LACY und JOAN TASKER GRIMBERT (Hrsg.), *A Companion to Chrétien de Troyes*, Cambridge.

LAGRÉE 1992: MICHEL LAGRÉE, *Religion et cultures en Bretagne (1850–1950)*, Paris.

LAMB 2001: William Lamb, *Scottish Gaelic*, München.

LAMBERT M. 2010: MALCOLM LAMBERT, *Christians and Pagans: the conversion of Britain from Alban to Bede, New Haven*, Conn.

LAMBERT 1994: PIERRE-YVES LAMBERT, *La langue gauloise: description linguistique, commentaire d'inscriptions choisies*, Paris.

LANDES 1992: CHRISTIAN LANDES (Hrsg.), *Dieux guérisseurs en Gaule romaine*, Lattes.

LANDSMAN 2014: NED C. LANDSMAN, *Nation, State and Empire: Scotland, 1690–1790*, Edinburgh.

LANG u. SALAČ 2002: AMEI LANG und VLADIMIR SALAČ (Hrsg.), *Fernkontakte in der Eisenzeit*, Prag.

LAPIDGE 1997: MICHAEL LAPIDGE (Hrsg.), *Columbanus: studies on the Latin writings*, Woodbridge.

LAUERMANN u. TREBSCHE 2008: ERNST LAUERMANN und PETER TREBSCHE (Hrsg.), *Heiligtümer der Druiden. Opfer und Rituale bei den Kelten*, Asparn an der Zaya.

LAURENT 1989: DONATIEN LAURENT, *Aux sources du Barzaz-Breiz*, Douarnenez.

LEAHY u. RYAN 2012–2013: BREANDAN LEAHY und SALVADOR RYAN (Hrsg.), *Treasures of Irish Christianity*, 2 Bände, Dublin.

LE BERRE 2012: YVES LE BERRE, *Entre le riche et le pauvre: la littérature du breton entre 1450 et 1650*, Brest.

LE BOHEC 2008: YANN LE BOHEC, *La province romaine de Gaule Lyonnaise*, Dijon.

LE CONTEL u. VERDIER 1997: JEAN-MICHEL LE CONTEL und PAUL VERDIER, *Un calendrier celtique: le calendrier gaulois de Coligny*, Paris.

LE MENN 1996: GWENNOLÉ LE MENN, *Les Dictionnaires français-breton et breton-français du R. P. Julien Maunoir (1659)*, 2 Bände, Saint-Brieuc.

LE MENN 1997: GWENNOLÉ LE MENN, *«Cantiquou Spirituel» (1642). Premier recueil de Cantiques bretons réédité, traduit et annoté par Gwennolé le Menn avec en Annexe les airs notés précédés d'une étude par Isabelle His-Ravier*, Saint-Brieuc.

LEGUAY u. MARTIN 1982: J.-P. LEGUAY und HERVÉ MARTIN, *Fastes et malheurs de la Bretagne ducale 1213–1532*, Rennes.

LEJEUNE 1985: MICHEL LEJEUNE, *Recueil des inscriptions gauloises I. Textes Gallo-grecs*, Paris.

LEJEUNE 1988: MICHEL LEJEUNE, *Recueil des inscriptions gauloises II,I. Textes Gallo-étrusques, Textes gallo-latins sur pierre*, Paris.

LEVITAS 2002: BEN LEVITAS, *The Theatre of Nation: Irish drama and cultural nationalism, 1890–1916*, Oxford.

LEWIS A. 1976: ANEIRIN LEWIS, *Ellis Wynne, Gweledigaetheu y Bardd Cwsc*, Cardiff.

LIEBERMAN 2010: MAX LIEBERMAN, *The Medieval March of Wales*, Cambridge.

LIVINGSTON u. BOLLARD 2013: MICHAEL LIVINGSTON und JOHN K. BOLLARD (Hrsg.), *Owain Glyndŵr: a casebook*, Liverpool.

LLOYD-MORGAN 2004: CERIDWEN LLOYD-MORGAN (Hrsg.), *Arthurian Literature XXI: Celtic Arthurian material*, Cambridge.

LOBISSER 2005: WOLFGANG LOBISSER, *Die eisenzeitlichen Bauhölzer der Gewerbesiedlung im Ramsautal am Dürrnberg bei Hallein*, Rahden/Westf.

LOBÜSCHER 2002: THOMAS LOBÜSCHER, *Tempel- und Theaterbau in den Tres Galliae und den germanischen Provinzen*, Rahden/Westf.

LOEBER 1991: ROLF LOEBER, *The Geography and Practice of English Colonisation in Ireland from 1534 to 1609*, Athlone.

LÖFFLER 2007: MARION LÖFFLER, *The Literary and Historical Legacy of Iolo Morganwg 1826–1926*, Cardiff.

LÖWE 1982: HEINZ LÖWE (Hrsg.), *Die Iren und Europa im früheren Mittelalter*, Stuttgart.

LORRE 2009: CHRISTINE LORRE (Hrsg.), *Golasecca: du commerce et des hommes à l'Age du Fer (VIIe–Ve siècles av. J.-C.)*, Paris.

LORRIO 2005: ALBERTO J. LORRIO, *Los Celtíberos*, 2. Aufl., Madrid.

LUPACK 2007: ALAN LUPACK (Hrsg.), *The Oxford Guide to Arthurian Literature and Legend*, Oxford.

LYDON 1984: JAMES LYDON, *The English in Medieval Ireland*, Dublin.

LYNN 2003: CHRISTOPHER J. LYNN, *Navan Fort: archaeology and myth*, Dublin.

MACALISTER 1938–1941: R. A. S. MACALISTER, *Lebor Gabála Érenn. The Book of the Taking of Ireland*, 4 Bde., Dublin.

MAC AONGHUSA 1993: PROINSIAS MAC AONGHUSA, *Ar Son na Gaeilge: Conradh na Gaeilge 1893–1993*, Dublin.

MACAULAY 1992: DONALD MACAULAY (Hrsg.), *The Celtic Languages*, Cambridge.

MCBRIDE 2009: IAN MCBRIDE, *Eighteenth Century Ireland: the long peace*, Dublin.

MAC CANA 1993: PROINSIAS MAC CANA, «Ir. *buaball*, W. *bual* ‹Drinking Horn›», in: *Ériu* 44, 81–93.

MAC CANA 2011: PROINSIAS MAC CANA, *The Cult of the Sacred Centre: essays on Celtic ideology*, Dublin.

MAC CÁRTHAIGH 2014: EOIN MAC CÁRTHAIGH, *The Art of Bardic Poetry: a new edition of Irish Grammatical Tracts I*, Dublin.

MCCARTHY 2008: DANIEL P. MCCARTHY, *The Irish Annals: their genesis, evolution and history*, Dublin.

MACCARTHY-MORROGH 1986: MICHAEL MACCARTHY-MORROGH, *The Munster Plantation: English Migration to Southern Ireland, 1583–1641*, Oxford.

MCCAVITT 2005: JOHN MCCAVITT, *The Flight of the Earls*, Dublin.

MACCOLL 2006: ALLAN W. MACCOLL, *Land, Faith and the Crofting Community: Christianity and Social Criticism in the Highlands of Scotland, 1843–1893*, Edinburgh.

MCCONE 2000: KIM MCCONE, *Echtrae Chonnlai and the Beginnings of Vernacular Narrative Writing in Ireland*, Maynooth.

MCDONALD A. 1997: ANDREW MCDONALD, *The Kingdom of the Isles: Scotland's Western Seabord, c. 1100 – c. 1336*, East Linton.

MACDONALD PH. 2007: PHILIP MACDONALD, *Llyn Cerrig Bach: a study of the copper alloy artefacts from the insular La Tène assemblage*, Cardiff.

MAC ERLEAN 1910–1917: JOHN C. MAC ERLEAN, *Duanaire Dháibhidh Uí Bhruadair. Poems of David O Bruadair*, 3 Bände, Dublin.

MCGEE 2005: OWEN MCGEE, *The IRB: the Irish Republican Brotherhood, from the Land League to Sinn Féin*, Dublin.

MCGUINNESS u. a. 1997: PHILIP MCGUINNESS, ALAN HARRISON und RICHARD KEARNEY (Hrsg.), *John Toland's ‹Christianity not Mysterious›: text, associated works and critical essays*, Dublin.

MCKENNA 1991: CATHERINE A. MCKENNA, *The Medieval Welsh Religious Lyric: poems of the Gogynfeirdd, 1137–1282*, Belmont, Mass.

MACKENZIE 1964: ANNIE M. MACKENZIE, *Orain Iain Luim*, Edinburgh.

MCKIBBEN 2010: SARAH E. MCKIBBEN, *Endangered Masculinities in Irish Poetry, 1540–1780*, Dublin.

MCKITTRICK u. MCVEA 2012: DAVID MCKITTRICK und DAVID MCVEA, *Making Sense of the Troubles: a history of the Northern Ireland Conflict*, London.

MACKLEY 2008: J. S. MACKLEY, *The Legend of St. Brendan: a comparative study of the Latin and Anglo-Norman versions*, Leiden.

MACLEOD 1952: ANGUS MACLEOD, *Orain Dhonnchaidh Bhàin. The Songs of Duncan Bàn Macintyre*, Edinburgh.

MCLEOD u. BATEMAN 2007: WILSON MCLEOD und MEG BATEMAN (Hrsg.), *Duanaire na Sracaire. Songbook of the Pillagers: anthology of Scotland's Gaelic verse to 1600*, Edinburgh.

MCLOUGHLIN 1999: T. O. MCLOUGHLIN, *Contesting Ireland: Irish Voices against England in the Eighteenth Century*, Dublin.

MCMANUS 1991: DAMIAN MCMANUS, *A Guide to Ogam*, Maynooth.

MCMANUS u. Ó RAGHALLAIGH 2010: DAMIAN MCMANUS und EOGHAN Ó RAGHALLAIGH (Hrsg.), *A Bardic Miscellany*, Dublin.

MAC MATHÚNA 1985: SÉAMUS MAC MATHÚNA, *Immram Brain: Bran's Journey to the Land of the Women*, Tübingen.

MCNAMEE 1997: COLM MCNAMEE, *The Wars of the Bruces: Scotland, England and Ireland, 1306–1328*, East Linton.

MACNEILL u. MURPHY 1908–1954: EOIN MACNEILL und GERARD MURPHY, *Duanaire Finn. The Poem Book of Finn*, 3 Bände, Dublin.

MAC SHAMHRÁIN 1996: AILBHE SÉAMUS MAC SHAMHRÁIN, *Church and Polity in Pre-Norman Ireland: the case of Glendalough*, Maynooth.

MAIER 1994: BERNHARD MAIER, *Lexikon der keltischen Religion und Kultur*, Stuttgart (engl. *Dictionary of Celtic Religion and Culture*, Woodbridge 1997).

MAIER 1999: BERNHARD MAIER, *Das Sagenbuch der walisischen Kelten. Die Vier Zweige des Mabinogi*, München.

MAIER 2001: BERNHARD MAIER, *Die Religion der Kelten. Götter – Mythen – Weltbild*, München.

MAIER u. ZIMMER 2001: BERNHARD MAIER und STEFAN ZIMMER (Hrsg.), *150 Jahre «Mabinogion» – Deutsch-walisische Kulturbeziehungen*, Tübingen.

MAIER 2009: BERNHARD MAIER, *Die Druiden*, München.

MAIER 2010: BERNHARD MAIER, *Die Weisheit der Kelten. Sprichwörter aus Irland, Schottland, Wales und der Bretagne*, München.

MAIER 2012: BERNHARD MAIER, *Geschichte und Kultur der Kelten* (Handbuch der Altertumswissenschaft III.10), München.

MAISSEN 1994: THOMAS MAISSEN, *Von der Legende zum Modell. Das Interesse an Frankreichs Vergangenheit während der italienischen Renaissance*, Basel.

MALITZ 1983: JÜRGEN MALITZ, *Die Historien des Poseidonios*, München.

MALLORY 1998: JAMES P. MALLORY, «The Old Irish Chariot», in: J. Jasanoff u. a. (Hrsg.), *Mír Curad: studies in Honour of Calvert Watkins*, Innsbruck, 451–464.

MALLORY u. STOCKMAN 1994: J. P. MALLORY und G. STOCKMAN (Hrsg.), *Ulidia:*

proceedings of the First International Conference on the Ulster Cycle of Tales, Belfast.

MALRAIN u. a. 2002: FRANÇOIS MALRAIN, VÉRONIQUE MATTERNE und PATRICE MÉNIEL, *Les Paysans gaulois*, Paris.

MANIAS 2013: CHRIS MANIAS, *Race, Science, and the Nation: reconstructing the ancient past in Britain, France and Germany*, London.

MANIQUET 2004: CHRISTIAN MANIQUET, *Le sanctuaire antique des Arènes de Tintignac*, Limoges.

MANIQUET 2008: CHRISTIAN MANIQUET, «Le dépôt cultuel du sanctuaire gaulois de Tintignac à Naves (Corrèze)», *Gallia* 65, 273–326.

MARCO SIMÓN 1998: FRANCISCO MARCO SIMÓN, *Die Religion im keltischen Hispanien*, Budapest.

MARK-FITZGERALD 2015: EMILY MARK-FITZGERALD, *Commemorating the Irish Famine: memory and the monument*, Liverpool.

MARTIN 2013: PAUL M. MARTIN, *Vercingétorix: le politique, le stratège*, Paris.

MARTIN 2011: MARCO MARTIN, *Posidono d'Apamea e i Celti*, Rom.

MARTIN U. VARÈNE 1973: R. MARTIN und P. VARÈNE, *Le monument d'Ucuetis à Alésia*, Paris.

MATASOVIĆ 2009: RANKO MATASOVIĆ, *Etymological Dictionary of Proto-Celtic*, Leiden.

MATHAN 2008: ANNE DE MATHAN (Hrsg.), *Jacques Cambry (1749–1807): un Breton des Lumières au service de la construction nationale*, Brest.

MATHESON 1938: WILLIAM MATHESON, *The Songs of John MacCodrum*, Edinburgh.

MATHESON 1970: WILLIAM MATHESON, *An Clàrsair Dall. The Blind Harper*, Edinburgh.

MATHEWS 2003: P. J. MATHEWS, *Revival: the Abbey Theatre, Sinn Féin, the Gaelic League and the co-operative movement*, Cork.

MATTAR 2004: SINÉAD GARRIGAN MATTAR, *Primitivism, Science, and the Irish Revival*, Oxford.

MAUME 1993: PATRICK MAUME, *‹Life that is Exile›: Daniel Corkery and the Search for Irish Ireland*, Belfast.

MAUND 1996: K. L. MAUND (Hrsg.), *Gruffudd ap Cynan: a collaborative biography*, Woodbridge.

MEEHAN 2012: BERNARD MEEHAN, *Book of Kells: Das Meisterwerk keltischer Buchmalerei*, Freiburg i. Br.

MEEK 1995: DONALD E. MEEK (Hrsg.), *Tuath is Tighearna. An Anthology of Gaelic Poetry of Social and Political Protest from the Clearances to the Land Agitation (1800–1890)*, Edinburgh.

MEEK 2000: DONALD E. MEEK, *The Quest for Celtic Christianity*, Millfield.

MEEK 2003: DONALD E. MEEK (Hrsg.), *Caran an t-Saoghail. The Wiles of the World: anthology of 19th century Scottish Gaelic verse*, Edinburgh.

MEES 2009: BERNARD MEES, *Celtic Curses*, Woodbridge.

MEES 2011: BERNARD MEES, «Words from the well at Gallo-Roman Châteaubleau», *Zeitschrift für celtische Philologie* 58, 89–110.

MEGAW u. MEGAW 2001: RUTH MEGAW und VINCENT MEGAW, *Celtic Art*, London.

MEID 1991: WOLFGANG MEID, *Aspekte der germanischen und keltischen Religion im Zeugnis der Sprache*, Innsbruck.

MEID 1993: WOLFGANG MEID, *Die erste Botorrita-Inschrift. Interpretation eines keltiberischen Sprachdenkmals*, Innsbruck.

MEID 1994: WOLFGANG MEID, *Celtiberian Inscriptions*, Budapest.

MEID u. ANREITER 2005: WOLFGANG MEID und PETER ANREITER, *Heilpflanzen und Heilsprüche. Zeugnisse gallischer Sprache bei Marcellus von Bordeaux*, Wien.

MERDRIGNAC 1985/86: BERNARD MERDRIGNAC, *Recherches sur l'hagiographie armoricaine du VII*^e^ au XVe siècle, 2 Bände, Rennes.

MERTENS 1998: VOLKER MERTENS, *Der deutsche Artusroman*, Stuttgart.

MILCENT 2007: PIERRE-YVES MILCENT (Hrsg.), *L'économie du fer protohistorique: de la production à la consummation du metal*, Bordeaux.

MILES 2011: BRENT MILES, *Heroic Saga and Classical Epic in Medieval Ireland*, Cambridge.

MITCHELL 1993: STEPHEN MITCHELL, *Anatolia: Land, Men and Gods in Asia Minor. I. The Celts in Anatolia and the Impact of Roman Rule*, Oxford.

MODARRESSI-TEHRANI 2009: DIANA MODARRESSI-TEHRANI, *Untersuchungen zum früheisenzeitlichen Metallhandwerk im westlichen Hallstatt- und Frühlatènegebiet*, Rahden/Westf.

MONTEIL u. TRANOY 2008: MARTIAL MONTEIL und LAURENCE TRANOY, *La France gallo-romaine*, Paris.

MOODY u. VAUGHAN 1986: T. W. MOODY und W. E. VAUGHAN (Hrsg.), *Eighteenth-Century Ireland 1691–1800*, Oxford.

MOODY u. a. 1976: T. W. MOODY, F. X. MARTIN und F. J. BYRNE (Hrsg.), *Early Modern Ireland, 1534–1691*, Oxford.

MOORE 2003: DAFYDD MOORE, *Enlightenment and Romance in James Macpherson's The Poems of Ossian*, Aldershot.

MOOSLEITNER 1985: FRITZ MOOSLEITNER, *Die Schnabelkanne vom Dürrnberg*, Salzburg.

MORGAN D. LL. 1991: DEREC LLWYD MORGAN (Hrsg.), *Meddwl a Dychymyg Williams Pantycelyn*, Llandysul.

MORGAN H. 1993: HIRAM MORGAN, *Tyrone's Rebellion: the outbreak of the Nine Years War in Tudor Ireland*, Woodbridge.

MORGAN K. O. 1980: KENNETH O. MORGAN, *Rebirth of a Nation: Wales 1880–1980*, Oxford.

MORGAN P. 1983: PRYS MORGAN, «From a Death to a View: The Hunt for the Welsh Past in the Romantic Period», in: Eric Hobsbawm und Terence Ranger (Hrsg.), *The Invention of Tradition*, Cambridge.

MORGAN P. 1997: PRYS MORGAN, *The University of Wales 1939–1993*, Cardiff.

MORSE 2005: MICHAEL A. MORSE, *How the Celts came to Britain*, Stroud.

MOSCATI u. a. 1991: SABBATINO MOSCATI u. a. (Hrsg.), *The Celts*, Mailand (Ausstellungskatalog).

MOSS u. a. 2006: RACHEL MOSS, COLMÁN Ó CLABAIGH und SALVADOR RYAN (Hrsg.), *Art and Devotion in Late Medieval Ireland*, Dublin.

MOTTRAM u. PRESCOTT 2012: STEWART MOTTRAM und SARAH PRESCOTT (Hrsg.), *Writing Wales: from the Renaissance to Romanticism*, Farnham.

MÜLLER 1995: FELIX MÜLLER, «Keltische Wagen mit elastischer Aufhängung: Eine Reise von Castel di Decima nach Clonmacnoise», in: *Trans Europam. Festschrift für Margarita Primas*, Bonn, 265–275.

MÜLLER u. LÜSCHER 2004: FELIX MÜLLER und GENEVIÈVE LÜSCHER (Hrsg.), *Die Kelten in der Schweiz*, Stuttgart.

MÜLLER 2009: FELIX MÜLLER, *Kunst der Kelten: 700 v. Chr. – 700 n. Chr.*, Stuttgart.

MÜLLER 2012: FELIX MÜLLER, *Die Kunst der Kelten*, München.

MULCHRONE 1939: KATHLEEN MULCHRONE, *Bethu Phátraic, the Tripartite Life of Patrick*, Dublin.

MULLINS 2013: JULIET MULLINS (Hrsg.), *Envisioning Christ on the Cross: Ireland and the early medieval West*, Dublin.

MURDOCH 1993: B. MURDOCH, *Cornish Literature*, Cambridge.

MURPHY 1992: BRIAN P. MURPHY, *Patrick Pearse and the Lost Republican Ideal*, Dublin.

MURRAY 2000: DAMIEN MURRAY, *Romanticism, Nationalism and Irish antiquarian societies, 1840–80*, Maynooth.

MURRAY 2006: KEVIN MURRAY (Hrsg.), *Translations from Classical Literature: Imtheachta Aeniasa and Stair Ercuil ocus a bás*, London.

MYRICK 1993: L. D. Myrick, *From the De Excidio Troiae Historia to the Togail Troi: literary-cultural synthesis in a medieval Irish adaptation of Dares' Troy Tale*, Heidelberg.

NAGY 1985: JOSEPH FALAKY NAGY, *The Wisdom of the Outlaw: the Boyhood Deeds of Finn in Gaelic narrative tradition*, Berkeley/Calif.

NAGY 1997: JOSEPH FALAKY NAGY, *Conversing with Angels and Ancients: literary myths of medieval Ireland*, Dublin.

NASH 1987: DAPHNE NASH, *Coinage in the Celtic World*, London.

NEUMANN-EISELE 2005: PETRA NEUMANN-EISELE (Hrsg.), *Viereckschanzen: rätselhafte Bauwerke der Kelten*, Kelheim.

NEWTON 2000: MICHAEL NEWTON, *A Handbook of the Scottish Gaelic World*, Dublin.

NÍ CHATHÁIN u. RICHTER 1984: PRÓINSÉAS NÍ CHATHÁIN und MICHAEL RICHTER (Hrsg.), *Irland und Europa. Die Kirche im Frühmittelalter*, Stuttgart.

NÍ CHATHÁIN u. RICHTER 1987: PRÓINSÉAS NÍ CHATHÁIN und MICHAEL RICHTER (Hrsg.), *Irland und die Christenheit. Bibelstudien und Mission*, Stuttgart.

NÍ CHATHÁIN u. RICHTER 1996: PRÓINSÉAS NÍ CHATHÁIN und MICHAEL RICHTER (Hrsg.), *Irland und Europa im früheren Mittelalter. Bildung und Literatur*, Stuttgart.

NÍ CHEALLACHÁIN 1962: MÁIRE NÍ CHEALLACHÁIN, *Filíocht Phádraigín Haicéad*, Dublin.

NÍ CHIONNAITH 1993: EIBHLÍN NÍ CHIONNAITH, *Pádraic O Conaire: scéal a bheatha*, Dublin.

NICHOLSON 1992: COLIN NICHOLSON (Hrsg.), *Iain Crichton Smith: critical essays*, Edinburgh.

NICK 2006: MICHAEL NICK, *Gabe, Opfer, Zahlungsmittel. Strukturen keltischen Münzgebrauchs im westlichen Mitteleuropa*, 2 Bände, Rahden/Westf.

NIC PHÁIDÍN u. Ó CEARNAIGH 2008: CAOILFHIONN NIC PHÁIDÍN und SEÁN Ó CEARNAIGH (Hrsg.), *A New View of the Irish Language*, Dublin.

NIELSEN u. a. 2005: S. NIELSEN u. a., «The Gundestrup cauldron: new scientific and technical investigations», *Acta archaeologica* 76, 1–58.

NÍ MHUNGHAILE 2009: LESA NÍ MHUNGHAILE (Hrsg.), *Charlotte Brooke's Reliques of Irish Poetry*, Dublin.

NÍ SHÉAGHDHA 1967: NESSA NÍ SHÉAGHDHA, *Tóraigheacht Dhiarmada agus Ghráinne. The Pursuit of Diarmaid and Gráinne*, Dublin.

NORDENFALK 1977: CARL NORDENFALK, *Insulare Buchmalerei. Illuminierte Handschriften der Britischen Inseln 600–800*, München.

Ó BUACHALLA 1994: BREANDÁN Ó BUACHALLA, *Aisling Ghéar: na Stíobhartaigh agus an tAos Léinn, 1603–1788*, Dublin.

O'BYRNE 2003: EMMETT O'BYRNE, *War, Politics, and the Irish of Leinster, 1156–1606*, Dublin.

Ó CATHÁIN 2013: BRIAN Ó CATHÁIN (Hrsg.), *Saothrú an Léinn Cheiltigh ag Scoláirí thíortha na Gearmáinise*, Maynooth.

Ó CIARDHA 2001: ÉAMON Ó CIARDHA, *Ireland and the Jacobite Cause, 1685–1766*, Dublin.

Ó CLABAIGH 2011: COLMÁN Ó CLABAIGH, *The Friars in Ireland, 1224–1540*, Dublin.

O'CONNOR 2013: RALPH O'CONNOR (Hrsg.), *The Destruction of Da Derga's Hostel: kingship and narrative artistry in a medieval Irish saga*, Oxford.

O'CONNOR 2014: RALPH O'CONNOR (Hrsg.), *Classical Literature and Learning in Medieval Irish Narrative*, Woodbridge.

Ó CORRÁIN u. a. 1989: DONNCHADH Ó CORRÁIN, LIAM BREATNACH und KIM MCCONE (Hrsg.), *Sages, Saints and Storytellers*, Maynooth.

Ó CORRÁIN 2002: DONNCHADH Ó CORRÁIN, *Ireland before the Normans*, Dublin.

Ó CRAOIDHEÁIN 2006: CAOIMHGHIN Ó CRAOIDHEÁIN, *Language from Below: the Irish language, ideology and power in 20th-century Ireland*, Oxford.

Ó CRÓINÍN 1995: DÁIBHÍ Ó CRÓINÍN, *Early Medieval Ireland 400–1200*, London.

Ó CRÓINÍN 2003: DÁIBHÍ Ó CRÓINÍN, *Early Irish History and Chronology*, Dublin.

Ó CRÓINÍN 2005: DÁIBHÍ Ó CRÓINÍN (Hrsg.), *Prehistoric and Early Ireland*, Oxford.

Ó CRÓINÍN 2011: DÁIBHÍ Ó CRÓINÍN, *Whitley Stokes (1830–1909): the lost Celtic notebooks rediscovered*, Dublin.

Ó DUINNÍN u. Ó DONNCHADHA 1911: PÁDRAIG Ó DUINNÍN und TADHG Ó DONNCHADHA (Hrsg.), *Dánta Aodhagáin Uí Rathaille. The Poems of Egan O'Rahilly*, Dublin.

Ó DÚSHLÁINE 1987: TADHG Ó DÚSHLÁINE, *An Eoraip agus Litríocht na Gaeilge 1600–1650*, Dublin.

OHLMEYER 1995: JANE OHLMEYER (Hrsg.), *Ireland from Independence to Occupation, 1641–1660*, Cambridge.

Ó HÓGÁIN 1988: DÁITHÍ Ó HÓGÁIN, *Fionn Mac Cumhaill: images of the Gaelic Hero*, Dublin.

Ó HÓGÁIN 2006: DÁITHÍ Ó HÓGÁIN, *The Lore of Ireland: an encyclopaedia of myth, legend and romance, Rochester*, NY.

Ó HUIGINN u. Ó CATHÁIN 2009: RUAIRI Ó HUIGINN und BRIAN Ó CATHÁIN (Hrsg.), *Ulidia 2: proceedings of the Second International Conference on the Ulster Cycle of Tales*, Maynooth.

Ó HUIGINN 2015: RUAIRI Ó HUIGINN (Hrsg.), *Lebor na hUidre*, Dublin.

O'KEEFFE 2003: TADHG O'KEEFFE, *Romanesque Ireland: architecture, sculpture and ideology in the twelfth century*, Dublin.

O'LEARY 1994: P. O'LEARY, *The prose literature of the Gaelic revival, 1881–1921: ideology and innovation, University Park*, Penna.

O'LEARY 2012: PAUL O'LEARY, *Claiming the Streets: processions and urban culture in South Wales, c. 1830–1880*, Cardiff.

O'LOUGHLIN 2005: THOMAS O'LOUGHLIN, *Discovering Saint Patrick*, New York.

O'LOUGHLIN 2012: THOMAS O'LOUGHLIN, *Gildas and the Scriptures*, Turnhout.

OLTON 2000: BERT OLTON, *Arthurian Legends on Film and Television*, Jefferson, NC.

Ó LÚING 1991: SEÁN Ó LÚING, *Kuno Meyer 1858–1919*, Dublin.

O'MAHONEY 1994: F. O'MAHONEY, *The Book of Kells: proceedings of a conference at Trinity College Dublin 6–9 September 1992*, Dublin.

Ó MUIRITHE 2010: DIARMAID Ó MUIRITHE, *From the Viking Word-Hoard: a dictionary of Scandinavian words in the languages of Britain and Ireland*, Dublin.

Ó MURAÍLE 1996: NOLLAIG Ó MURAÍLE, *The Celebrated Antiquary Dubhaltach Mac Fhirbhisigh (c. 1600–1671): his lineage, life and learning*, Maynooth.

Ó MURAÍLE 2008: NOLLAIG Ó MURAÍLE (Hrsg.), *Mícheál Ó Cléirigh, his Associates and St. Anthony's College, Louvain*, Dublin.

O'RAHILLY 1961: CECILE O'RAHILLY (Hrsg.), *The Stowe Version of Táin Bó Cuailnge*, Dublin.

O'RAHILLY 1967: CECILE O'RAHILLY (Hrsg.), *Táin Bó Cuailnge from the Book of Leinster*, Dublin.

O'RAHILLY 1976: CECILE O'RAHILLY (Hrsg.), *Táin Bó Cuailnge: Recension I*, Dublin.

O'RAHILLY T. F. 1941: THOMAS FRANCIS O'RAHILLY (Hrsg.), *Desiderius*, Dublin.

Ó RAIFEARTAIGH 1985: T. Ó RAIFEARTAIGH (Hrsg.), *The Royal Irish Academy: a bicentennial history, 1785–1985*, Dublin.

ORAM 2011: RICHARD ORAM, *Domination and Lordship: Scotland 1070–1230*, Edinburgh.

Ó RIAGÁIN 1997: PÁDRAIG Ó RIAGÁIN, *Language Policy and Social Reproduction. Ireland 1893–1993*, Oxford.

Ó RIAIN 2000: PÁDRAIG Ó RIAIN (Hrsg.), *Fled Bricrenn: reassessments*, Cork.

Ó RIAIN 2006: PÁDRAIG Ó RIAIN, *Feastdays of the Saints: a history of Irish martyrologies*, Bruxelles.

Ó RIAIN 2008: PÁDRAIG Ó RIAIN (Hrsg.), *Geoffrey Keating's Foras feasa ar Éirinn: reassessments*, London.

Ó RIAIN 2011: PÁDRAIG Ó RIAIN, *A Dictionary of Irish Saints*, Dublin.

Ó RIAIN 2014: PÁDRAIG Ó RIAIN, *Four Tipperary Saints*, Dublin.

Ó RIAIN 2015: PÁDRAIG Ó RIAIN (Hrsg.), *The Poems of Blathmac son of Cú Brettan: reassessments*, London.

Ó RÍORDÁIN 2000: TRAOLACH Ó RÍORDÁIN, *Conradh na Gaeilge i gCorcaigh, 1894–1910*, Dublin.

Ó RIORDAN 1990: MICHELLE Ó RIORDAN, *The Gaelic Mind and the Collapse of the Gaelic World*, Cork.

Ó RIORDAN 2007: MICHELLE Ó RIORDAN, *Irish Bardic Poetry and Rhetorical Reality*, Cork.

Ó SIOCHRÚ 1998: MICHEÁL Ó SIOCHRÚ, *Confederate Ireland 1642–1649. A Constitutional and Political Analysis*, Dublin.

Ó SIOCHRÚ 2001: MICHEÁL Ó SIOCHRÚ (Hrsg.), *Kingdoms in Crisis: Ireland in the 1640s*, Dublin.

Ó SIOCHRÚ 2008: MICHEÁL Ó SIOCHRÚ (Hrsg.), *God's executioner: Oliver Cromwell and the conquest of Ireland*, London.

OTT u. WAMERS 2008: IRIS OTT und EGON WAMERS (Hrsg.), *Das weiße Gold der Kelten: das Salzbergwerk von Hallstatt in den österreichischen Alpen*, Frankfurt/Main (Ausstellungskatalog).

Ó TUAMA 1960: SEÁN Ó TUAMA, *An Grá in Amhráin na nDaoine*, Dublin.

Ó TUAMA 1972: SEÁN Ó TUAMA, *The Gaelic League Idea*, Dublin.

Ó TUAMA 1988: SEÁN Ó TUAMA, *An Grá i bhFilíocht na nUaisle*, Dublin.

Ó TUAMA u. KINSELLA 1981: SEÁN Ó TUAMA und THOMAS KINSELLA (Hrsg.), *An Duanaire 1600–1900: Poems of the Dispossessed*, Dublin.

OVERBEY 2012: KAREN OVERBEY, *Sacred Geographies: saints, shrines and territory in medieval Ireland*, Turnhout.

OWEN G. W. 1992: GORONWY WYN OWEN, *Morgan Llwyd*, Caernarfon.

OWEN G. W. 2001: GORONWY WYN OWEN, *Rhwng Calfin a Böhme: golwg ar syniadaeth Morgan Llwyd*, Cardiff.

OWEN u. ROBERTS 1996: MORFYDD E. OWEN und BRYNLEY F. ROBERTS (Hrsg.), *Beirdd a Thywysogion: barddoniaeth llys yng Nghymru, Iwerddon a'r Alban*, Cardiff.

PADEL 1985: OLIVER J. PADEL, *Cornish Place-Name Elements*, Nottingham.

PADEL 1988: OLIVER J. PADEL, *A Popular Dictionary of Cornish Place-Names*, Penzance.

PADEL 2013: OLIVER J. PADEL, *Arthur in Medieval Welsh Literature*, Cardiff.

PAPE 1995: LOUIS PAPE, *La Bretagne romaine*, Rennes.

PARRY G. 1995: GRAHAM PARRY, *The Trophies of Time: English Antiquarians of the seventeenth century*, Oxford.

PARSONS u. SIMS-WILLIAMS 2000: DAVID N. PARSONS und PATRICK SIMS-WILLIAMS (Hrsg.), *Ptolemy: towards a linguistic atlas of the earliest Celtic place-names of Europe*, Aberystwyth.

PATON 2006: DAVID PATON, *The Clergy and the Clearances*, Edinburgh.

PATTERSON 1991: NERYS THOMAS PATTERSON, *Cattle-Lords and Clansmen: kinship and rank in early Ireland*, New York.

PAULI 1975: LUDWIG PAULI, *Keltischer Volksglaube. Amulette und Sonderbestattungen am Dürrnberg bei Hallein und im eisenzeitlichen Mitteleuropa*, München.

PAYNE u. a. 2006: ANDREW PAYNE, MARK CORNEY und BARRY CUNLIFFE, *The Wessex hillforts project: extensive survey of hillfort interiors in central southern England*, London.

PÉCHOUX 2010: LUDIVINE PÉCHOUX, *Les sanctuaires de périphérie urbaine en Gaule romaine*, Montagnac.

PÉCHOUX 2011: LUDIVINE PÉCHOUX (Hrsg.), *Les Gaulos et leurs représentations dans l'art et la littérature depuis la Renaissance*, Paris.

PERCIVAL-MAXWELL 1994: M. PERCIVAL-MAXWELL, *The Outbreak of the Irish Rebellion, 1641*, Dublin.

PESCHEL 1989: KARL PESCHEL, «Zur kultischen Devotion innerhalb der keltischen Kriegergemeinschaft», in: F. Schlette und D. Kaufmann (Hrsg.), *Religion und Kult in ur- und frühgeschichtlicher Zeit*, Berlin, 273–282.

PHILLIPS 2004: JOHN D. PHILLIPS, *Manx*, München.

PIETTE 2008: GWENNO PIETTE, *Brittany: a concise history*, Cardiff.

PIGGOTT 1985: STUART PIGGOTT, *William Stukeley: an Eighteenth-Century Antiquary*, London.

PIGGOTT 1989: STUART PIGGOTT, *Ancient Britons and the Antiquarian Imagination*, London.

PIGNAT 2009: GERVAISE PIGNAT, *Le Mormont: un sanctuaire des Helvètes en terre vaudoise vers 100 av. J.-C.*, Lausanne.

PLEINER 1993: RADOMIR PLEINER, *The Celtic Sword*, Oxford.

PLENIER 2010: SERGE PLENIER, *La langue bretonne des origins à nos jours*, Rennes.

PLONÉIS 1989–1993: JEAN-MARIE PLONÉIS, *La Toponymie celtique: l'origine des noms de lieux en Bretagne*, 2 Bände, Paris.

PONT-BOURNEZ 2010: FRANÇOISE PONT-BOURNEZ, *Chrétien de Troyes: père de la littérature européenne*, Paris.

POPE 2001: ROBERT POPE (Hrsg.), *Religion and National Identity: Wales and Scotland c. 1700–2000*, Cardiff.

POPPE 1995: ERICH POPPE, *A New Introduction to Imtheachta Aeniasa. The Irish Aeneid: the classical epic from an Irish perspective*, London.

POPPE u. TRISTRAM 1999: ERICH POPPE und HILDEGARD TRISTRAM (Hrsg.), *Übersetzung, Adaption und Akkulturation im insularen Mittelalter*, Münster.

POTTER 2013: JOHN F. POTTER, *Searching for Early Welsh Churches: a study in ecclesiastical geology*, Oxford.

POUX 2008: MATTHIEU POUX (Hrsg.), *Sur les traces de César*, Glux-en-Glenne.

POUX 2012: MATTHIEU POUX (Hrsg.), *Corent: voyage au coeur d'une ville gauloise*, 2. éd., Paris.

PRICE A. 2013: ANGHARAD PRICE, *Ffarwél i Freiburg: crwydriadau cynnar T. H. Parry Williams*, Llandysul.

PRICE G. 1984: GLANVILLE PRICE, *The Languages of Britain*, London.

PRICE G. 1992: GLANVILLE PRICE (Hrsg.), *The Celtic Connection*, Gerrards Cross.

PRICE G. 2000: GLANVILLE PRICE (Hrsg.), *Languages in Britain and Ireland*, Oxford.

PRILAUX 2000: GILLES PRILAUX, *La production du sel à l'Age du Fer*, Montagnac.

PULLIAM 2006: HEATHER PULLIAM, *Word and Image in the Book of Kells*, Dublin.

PY 2012: MICHEL PY, *Les Gaulois du Midi: de la fin de l'Âge de Bronze à la conquête romaine*, nouv. éd. rev. et augm., Paris.

QUEYREL 2005: FRANÇOIS QUEYREL, *L'autel de Pergame: images et politique en Grèce d'Asie*, Paris.

QUIGGIN 1937: E. C. QUIGGIN, *Poems from the Book of the Dean of Lismore*, Cambridge.

RACKWITZ 2007: MARTIN RACKWITZ, *Travels to terra incognita: the Scottish Highlands and Hebrides in early modern travellers' accounts c. 1600 to 1800*, Münster.

RAFTERY 1994: BARRY RAFTERY, *Pagan Celtic Ireland: the enigma of the Irish Iron Age*, London.

RALSTON 2006: IAN RALSTON, *Celtic Fortifications*, Stroud.

RAMÓN 2007: MARTA RAMÓN, *A Provisional Dictator: James Stephens and the Fenian movement*, Dublin.

RANKIN 1996: DAVID RANKIN, *Celts and the Classical World*, London.

READ 2011: ANTHONY READ, *The Faddan More Psalter: discovery, conservation and investigation*, Dublin.

REDDÉ 2011: MICHEL REDDÉ (Hrsg.), *Aspects de la romanisation dans l'Est de la Gaule*, Glux-en-Glenne.

REDDÉ 2012: MICHEL REDDÉ, *Alésia: l'archéologe face à l'imaginaire*, Paris.

REEVE u. WRIGHT 2009: MICHAEL D. REEVE und NEIL WRIGHT (Hrsg. u. Übers.), *Geoffrey of Monmouth, The History of the Kings of Britain*, Woodbridge.

REKDAL u. POPPE 2014: JAN ERIK REKDAL und ERICH POPPE (Hrsg.), *Medieval Irish Perspectives on Cultural Memory*, Münster.

REYNOLDS 1995: P. REYNOLDS, «The Food of the Prehistoric Celts», in: J. Wilkins u. a. (Hrsg.), *Food in Antiquity*, Exeter, 303–315.

RHYS 2000: ROBERT RHYS, *Daniel Owen*, Cardiff.

RICHARDS E. 1982: ERIC RICHARDS, *A History of the Highland Clearances: agrarian transformation and the evictions 1746–1886*, London.

RICHARDS E. 1999: ERIC RICHARDS, *Patrick Sellar and the Highland clearances: homicide, eviction and the price of progress*, Edinburgh.

RICHARDS M. 1948: MELVILLE RICHARDS, *Breudwyt Ronabwy allan o'r Llyfr Coch o Hergest*, Cardiff.

RICHARDSON 2012: JAMES H. RICHARDSON, *The Fabii and the Gauls*, Stuttgart.

RICHTER 2008: MICHAEL RICHTER, *Bobbio in the early Middle Ages: the abiding legacy of Columbanus*, Dublin.

RIECKHOFF 2006: SABINE RIECKHOFF (Hrsg.), *Celtes et Gaulois dans l'Histoire, l'historiographie et l'idéologie moderne*, Glux-en-Glenne.

RIECKHOFF u. BIEL 2001: SABINE RIECKHOFF und JÖRG BIEL, *Die Kelten in Deutschland*, Stuttgart.

RIECKHOFF u. FICHTL 2011: SABINE RIECKHOFF und STEPHAN FICHTL, *Keltenstädte aus der Luft*, Stuttgart.

RIECKHOFF u. SOMMER 2007: SABINE RIECKHOFF und ULRIKE SOMMER (Hrsg.), *Auf der Suche nach Identitäten. Volk – Stamm – Kultur – Ethnos*, London.

RIEK u. HUNDT 1962: GUSTAV RIEK und HANS-JÜRGEN HUNDT, *Der Hohmichele – Ein Fürstengrabhügel der späten Hallstattzeit bei der Heuneburg*, Berlin.

RIGGS 1994: PÁDRAIGÍN RIGGS, *Pádraic O Conaire – Deoraí*, Dublin.

RIGGSBY 2006: ANDREW RIGGSBY, *War in Words: Caesar in Gaul and Rome*, Austin, Tex.

RITARI 2009: KATJA RITARI, *Saints and Sinners in Early Christian Ireland: moral theology in the lives of saints Brigit and Columba*, Turnhout.

RITCHIE 1993: ANNA RITCHIE, *Viking Scotland*, London.

RIVET u. SMITH 1979: A.L.F. RIVET und COLIN SMITH, *The Place-Names of Roman Britain*, London.

ROBERTS B.F. 2009: BRYNLEY F. ROBERTS, «Edward Lhwyd (c. 1660–1709): folklorist», *Folklore* 120, 36–56.

ROBERTS G.T. 1998: GWYNETH TYSON ROBERTS, *The Language of the Blue Books: the perfect instrument of empire*, Cardiff.

ROBERTS J.L. 1999: JOHN L. ROBERTS, *Feuds, Forays and Rebellions: history of the Highland clans 1475–1625*, Edinburgh.

ROBERTS J.L. 2002: JOHN L. ROBERTS, *The Jacobite Wars: Scotland and the military campaigns of 1715 and 1745*, Edinburgh.

ROBERTS S.E. 2007: SARAH ELIN ROBERTS (Hrsg.), *The Legal Triads of Medieval Wales*, Cardiff.

ROMERO u. MAILLIER 2006: ANNE-MARIE ROMERO und ANTOINE MAILLIER (Hrsg.), *Bibracte: archéologie d'une ville gauloise*, Glux-en-Glenne.

ROMEUF u. DUMONTET 2000: ANNE-MARIE ROMEUF und MONIQUE DUMONTET, *Les ex-votos gallo-romains de Chamalières (Puy-de-Dôme): bois sculptés de la Source des Roches*, Paris.

ROSS B. 1998: BIANCA ROSS, *Britannia et Hibernia. Nationale und kulturelle Identitäten im Irland des 17. Jahrhunderts*, Heidelberg.

ROSS N. 1939: NEIL ROSS, *Heroic Poetry from the Book of the Dean of Lismore*, Edinburgh.

ROWLAND 1990: JENNY ROWLAND, *Early Welsh Saga Poetry: a study and edition of the ‹Englynion›*, Cambridge.

ROWLAND 2014: JENNY ROWLAND, *A Selection of Early Welsh Saga Poems*, London.

SAINCLIVIER 1989: JACQUELINE SAINCLIVIER, *La Bretagne de 1939 à nos jours*, Rennes.

Sanctuaires 1994: *Les sanctuaires de tradition indigène en Gaule romaine*, Paris.

SALINAS DE FRÍAS 2006: MANUEL SALINAS DE FRÍAS, *Los pueblos prerromanos de la peninsula Ibérica*, Madrid.

SANGER u. KINNAIRD 1992: KEITH SANGER und ALISON KINNAIRD, *Tree of Strings – crann nan teud: a history of the harp in Scotland*, Shillinghill Temple.

SARTORI 2008: ANTONIO SARTORI (Hrsg.), *Dedicanti e «cultores» nelle religioni celtiche*, Mailand.

SCHAAFF u. a. 1987: U. SCHAAFF u. a., *Vierrädrige Wagen der Hallstattzeit*, Mainz.

SCHLÜTER 2010: DAGMAR SCHLÜTER, *History or Fable? The Book of Leinster as a document of cultural memory in twelfth-century Ireland*, Münster.

SCHMIDT 1957: KARL HORST SCHMIDT, «Die Komposition in gallischen Personennamen», in: *Zeitschrift für celtische Philologie* 26, 33–301.

SCHMIDT 1983: KARL HORST SCHMIDT, «Handwerk und Handwerker in altkeltischen Sprachdenkmälern», in: *Das Handwerk in vor- und frühgeschichtlicher Zeit II*, Göttingen, 751–763.

SCHMIDT 1994: KARL HORST SCHMIDT, «‹Galatische Sprachreste›», in: E. Schwertheim (Hrsg.), *Forschungen in Galatien*, Bonn, 15–28.

SCHMIDT 2003: WOLF GERHARD SCHMIDT, *«Homer des Nordens» und «Mutter der Romantik»: James Macphersons Ossian und seine Rezeption in der deutschsprachigen Literatur*, Berlin.

SCHÖNFELDER 2010: MARTIN SCHÖNFELDER (Hrsg.), *Kelten! Kelten? Keltische Spuren in Italien*, Mainz.

School 1990: *School of Celtic Studies: Fiftieth Anniversary Report 1940–1990*, Dublin.

SCHOT u. a. 2011: ROSEANNE SCHOT, CONOR NEWMAN und EDEL BHREATHNACH (Hrsg.), *Landscapes of Cult and Kingship*, Dublin.

SCHUSTEREDER 2015: STEFAN SCHUSTEREDER, *Strategies of Identity Construction: the writings of Gildas, Aneirin and Bede*, Göttingen.

SELINSKY 2015: PAGE SELINSKY, «Celtic Ritual Activity at Gordion, Turkey: Evidence from Mortuary Contexts and Skeletal Analysis», *International Journal of Osteoarchaeology* 25, 213–225.

SHARPE 1995: RICHARD SHARPE, *Adomnán of Iona, Life of St Columba*, Harmondsworth.

SHARPE 2013: RICHARD SHARPE (Hrsg.), *Roderick O'Flaherty's letters: to William Molyneux, Edward Lhwyd, and Samuel Molyneux; 1696–1709*, Dublin.

SHEEHAN u. Ó CORRÁIN 2010: JOHN SHEEHAN und DONNCHADH Ó CORRÁIN (Hrsg.), *The Viking Age*, Dublin.

SHEEHAN u. DOOLEY 2013: SARAH SHEEHAN und ANN DOOLEY (Hrsg.), *Constructing Gender in Medieval Ireland*, New York.

SHEEHY 1980: JEANNE SHEEHY, *The Rediscovery of Ireland's Past: the Celtic Revival 1830–1930*, London.

SIEVERS 2007: SUSANNE SIEVERS, *Manching. Die Keltenstadt*, 2., aktualisierte Auflage, Stuttgart.

SIEVERS 2010: SUSANNE SIEVERS, *Die Waffen aus dem Oppidum von Manching*, Wiesbaden.

SIEVERS u. a. 2012: SUSANNE SIEVERS, PETER C. RAMSL und OTTO URBAN (Hrsg.), *Lexikon zur keltischen Archäologie*, 2 Bände, Wien.

SIGURÐSSON u. BOLTON 2014: JÓN VIÐAR SIGURÐSSON und TIMOTHY BOLTON (Hrsg.), *Celtic-Norse Relationships in the Irish Sea in the Middle Ages 800–1200*, Leiden.

SIMMS 1987: KATHARINE SIMMS, *From Kings to Warlords: the changing political structure of Gaelic Ireland in the Later Middle Ages*, Woodbridge.

SIMS-WILLIAMS 1986: PATRICK SIMS-WILLIAMS, «The Visionary Celt: The Construction of an Ethnic Preconception», in: *Cambridge Medieval Celtic Studies* 11, 71–96.

SIMS-WILLIAMS 1990: PATRICK SIMS-WILLIAMS, «Some Celtic Otherworld Terms», in: A. T.E. Matonis und F. Melia (Hrsg.), *Celtic Language, Celtic Culture: A Festschrift for Eric P. Hamp*, Van Nuys/Calif., 57–81.

SIMS-WILLIAMS 1993: PATRICK SIMS-WILLIAMS, «Some Problems in Deciphering the Early Irish Ogam Alphabet», in: *Transactions of the Philological Society* 91, 133–180.

SIMS-WILLIAMS 1998a: PATRICK SIMS-WILLIAMS, «Genetics, linguistics, and prehistory: thinking big and thinking straight», in: *Antiquity* 72, 505–527.

SIMS-WILLIAMS 1998b: PATRICK SIMS-WILLIAMS, «Celtomania and Celtoscepticism», in: *Cambrian Medieval Celtic Studies* 36, 1–35.

SIMS-WILLIAMS 2003: PATRICK SIMS-WILLIAMS, *The Celtic Inscriptions of Britain: phonology and chronology, c. 400–1200*, Oxford.

SLOAN 2000: ROBERT SLOAN, *William Smith O'Brien and the Young Ireland Rebellion of 1848*, Dublin.

SMITH J. B. 1998: J. BEVERLEY SMITH, *Llywelyn ap Gruffudd: Prince of Wales*, Cardiff.

SMITH J. M. H. 1992: JULIA M. H.SMITH, *Province and Empire: Brittany and the Carolingians*, Cambridge.

SOLINAS 1995: P. SOLINAS, «Il celtico in Italia», in: *Studi Etruschi* 60, 311–408.

SPICKERMANN U. WIEGELS 2005: WOLFGANG SPICKERMANN und RAINER WIEGELS, *Keltische Götter im Römischen Reich*, Möhnesee.

SPICKERMANN 2013: WOLFGANG SPICKERMANN (Hrsg.), *Keltische Götternamen als individuelle Option?*, Rahden/Westf.

SPINDLER 1996: KONRAD SPINDLER, *Die frühen Kelten*, Stuttgart.

STÄHELIN 1907: FELIX STÄHELIN, *Geschichte der kleinasiatischen Galater*, Stuttgart.

STAFFORD U. GASKILL 1998: FIONA STAFFORD und HOWARD GASKILL (Hrsg.), *From Gaelic to Romantic. Ossianic Translations*, Amsterdam.

STEINER 2010: HUBERT STEINER (Hrsg.), *Alpine Brandopferplätze. Archäologische und naturwissenschaftliche Untersuchungen*, Trento.

STEPHENS 1998: MEIC STEPHENS (Hrsg.), *The New Companion to the Literature of Wales*, Oxford.

STIÙBHART 2008: DÒMHNALL UILLEAM STIÙBHART (Hrsg.), *The Life and Legacy of Alexander Carmichael*, Port of Ness.

STÖLLNER U. A. 1999–2002: THOMAS STÖLLNER u. a., *Der prähistorische Salzbergbau am Dürrnberg bei Hallein*, 2 Bände, Rahden/West.

STOKES U. STRACHAN 1901–1903: WHITLEY STOKES und JOHN STRACHAN, *Thesaurus palaeohibernicus: a collection of Old-Irish glosses, scholia, prose, and verse*, 2 Bände, Cambridge.

STOLL 1974: ANDRÉ STOLL, *Asterix: das Trivialepos Frankreichs*, Köln.

STRIJBOSCH 2000: CLARA STRIJBOSCH, *The Seafaring Saint: sources and analogues of the twelfth century Voyage of Saint Brendan*, Dublin.

STROBEL 1996: KARL STROBEL, *Die Galater. Geschichte und Eigenart der keltischen Staatenbildung auf dem Boden des hellenistischen Kleinasien*, Bd. 1, Berlin.

SUTHERLAND D. 1982: DONALD SUTHERLAND, *The Chouans. The Social Origins of Popular Counter-Revolution in Upper Brittany, 1770–1796*, Oxford.

SWIFT 1997: CATHERINE SWIFT, *Ogam Stones and the Earliest Irish Christians*, Maynooth.

SZABÓ 2006: MIKLÓS SZABÓ (Hrsg.), *Les civilisés et les barbares du Ve au IIe siècles avant J.-C.*, Glux-en-Glenne.

THACKER u. SHARPE 2002: ALAN THACKER und RICHARD SHARPE (Hrsg.), *Local Saints and Local Churches in the Early Medieval West*, Oxford.

THOMAS G. C. G. 1988: GRAHAM C. G. THOMAS, *A Welsh Bestiary of Love, being a translation into Welsh of Richard de Fornival's ‹Bestiaire d'Amour›*, Dublin.

THOMAS I. 1976: ISAAC THOMAS, *Y Testament Newydd Cymraeg 1551–1620*, Cardiff.

THOMAS I. 1988: ISAAC THOMAS, *Yr Hen Destament Cymraeg 1551–1620*, Aberystwyth.

THOMAS J. E. 2011: JAMES EDWARD THOMAS, *Social Disorder in Britain, 1750–1850: the power of the gentry, radicalism and relgion in Wales*, London.

THOMAS M. W. 1988: M. WYNN THOMAS, *Llyfr y Tri Aderyn Morgan Llwyd*, Cardiff.

THOMAS M. W. 1991: M. WYNN THOMAS, *Morgan Llwyd: ei gyfeillion a'i gyfnod*, Cardiff.

THOMAS M. W. 1992: M. WYNN THOMAS, *Internal Difference: literature in twentieth-century Wales*, Cardiff.

THOMAS P. D. G. 1998: PETER D. G. THOMAS, *Politics in Eighteenth-Century Wales*, Cardiff.

THOMAS W. 2013: WYN THOMAS, *Hands Off Wales: nationhood and militancy*, Cardiff.

THOMPSON 1985: R. H. THOMPSON, *The Return from Avalon: a study of the Arthurian Legend in modern fiction*, Westport/Conn. 1985.

THOMSON D. S. 1989: DERICK S. THOMSON, *An Introduction to Gaelic Poetry*, second edition, Edinburgh.

THOMSON D. S. 1994: DERICK S. THOMSON (Hrsg.), *The Companion to Gaelic Scotland*, second edition, Glasgow.

THOMSON D. S. 1996: DERICK S. THOMSON, *Alasdair Mac Mhaighstir Alasdair*, Edinburgh.

THOMSON R. L. 1968: R. L. THOMSON, *Owein, or Chwedyl Iarlles y Ffynnawn*, Dublin.

THOMSON R. L. 1970: ROBERT L. THOMSON, *Foirm na n-Urrnuidheadh: John Carswell's Gaelic Translation of the Book of Common Order*, Edinburgh.

THOMSON R. L. 1997: ROBERT L. THOMSON, *Ystorya Gereint uab Erbin*, Dublin.

THURNEYSEN 1921: RUDOLF THURNEYSEN, *Die irische Helden- und Königsage bis zum siebzehnten Jahrhundert*, Halle.

TILLER 2007: KENNETH J. TILLER, *Layamon's Brut and the Anglo-Norman vision of history*, Cardiff.

TIMPE 1985: DIETER TIMPE, «Der keltische Handel nach historischen Quellen», in: *Untersuchungen zu Handel und Verkehr der vor- und frühgeschichtlichen Zeit in Mittel- und Nordeuropa I*, Göttingen, 258–284.

TOMASCHITZ 2002: KURT TOMASCHITZ, *Die Wanderungen der Kelten in der antiken literarischen Überlieferung*, Wien.

TONER u. MAC MATHÚNA 2013: GREGORY TONER und SÉAMUS MAC MATHÚNA (Hrsg.), *Ulidia 3: proceedings of the Third Internatonal Conference on the Ulster Cycle of Tales*, Berlin.

TURVEY 1997: ROGER TURVEY, *The Lord Rhys: Prince of Deheubarth*, Llandysul.

UHLICH 1999: JÜRGEN UHLICH, «Zur sprachlichen Einordnung des Lepontischen», in: Stefan Zimmer u. a. (Hrsg.), *Akten des Zweiten Deutschen Keltologen-Symposiums*, Tübingen, 277–304.

UNTERMANN 1997: JÜRGEN UNTERMANN (Hrsg.), *Monumenta Linguarum Hispanicarum. Band IV: Die tartessischen, keltiberischen und lusitanischen Inschriften*, Wiesbaden.

URBAN 1991: RALF URBAN, «Die Kelten in Italien und in Gallien bei Polybios», in: *Hellenistische Studien. Gedenkschrift für H. Bengtson*, München, 135–157.

URBAN 1999: RALF URBAN, *Gallia rebellis. Erhebungen in Gallien im Spiegel antiker Zeugnisse*, Wiesbaden.

VALANTE 2008: MARY A. VALANTE, *The Vikings in Ireland*, Dublin.

VAN ANDRINGA 2000: WILLIAM VAN ANDRINGA (Hrsg.), *Archéologe des sanctuaires en Gaule romaine*, Saint-Etienne.

VAN ANDRINGA 2002: WILLIAM VAN ANDRINGA, *La réligion en Gaule romaine: piété et politique (Ie–IIIe siècles apr. J.-C.)*, Paris.

VAN HEESCH u. HEEREN 2009: JOHAN VAN HEESCH und INGE HEEREN (Hrsg.), *Coinage in the Iron Age*, London.

VAUGHAN 1989: W. E. VAUGHAN (Hrsg.), *Ireland under the Union, 1801–70*, Oxford.

VAUGHAN 1996: W. E. VAUGHAN (Hrsg.), *Ireland under the Union, 1870–1921*, Oxford.

Vercingétorix 1994: *Vercingétorix et Alésia*, Paris (Ausstellungskatalog).

VERGER 2000: STÉPHANE VERGER (Hrsg.), *Rites et espaces en pays celte et méditerranéen: étude comparée à partir du sanctuaire d'Acy-Romance* (Ardennes, France), Rom.

VETTER 1997: EVA VETTER, *Nicht mehr Bretonisch? Sprachkonflikt in der ländlichen Bretagne*, Frankfurt/Main.

VOIGT 2012: MARY M. VOIGT, «The Violent Ways of Galatian Gordion», in: Sarah Ralph (Hrsg.), *The Archaeology of Violence*, Albany, NY, 203–231.

VOSTEEN 1999: MARKUS UWE VOSTEEN, *Urgeschichtliche Wagen in Mitteleuropa. Eine archäologische und religionswissenschaftliche Untersuchung neolithischer bis hallstattzeitlicher Befunde*, Rahden/Westf.

WADDELL 2005: JOHN WADDELL, *Foundation Myths: the beginnings of Irish archaeology*, Bray, Co. Wicklow.

WADDELL 2010: JOHN WADDELL, *The Prehistoric Archaeology of Ireland*, third ed., Dublin.

WAGNER 1982: HEINRICH WAGNER, «Near Eastern and African Connections with the Celtic World», in: R. O'Driscoll (Hrsg.), *The Celtic Consciousness*, Edinburgh, 51–67.

WAKELIN 1975: MARTYN F. WAKELIN, *Language and History in Cornwall*, Leicester.

WALSER 1998: GEROLD WALSER, *Bellum Helveticum*, Wiesbaden.

WALSH 1948–1957: PAUL WALSH, *Beatha Aodha Ruaidh Uí Dhomhnaill. Life of Hugh Roe O'Donnell*, 2 Bände, Dublin.

WALSH 2010: PATRICK WALSH, *The Making of the Irish Protestant Ascendancy: the life of William Connolly, 1662–1729*, Woodbridge.

WATKIN 1958: MORGAN WATKIN, *Ystorya Bown de Hamtwn*, Cardiff.

WATSON M. u. MACLEOD M. 2010: MORAY WATSON und MICHELLE MACLEOD (Hrsg.), *The Edinburgh Companion to the Gaelic Language*, Edinburgh.

WATSON R. 1995: RODERICK WATSON (Hrsg.), *The Poetry of Scotland: Gaelic, Scots and English 1380–1980*, Edinburgh.

WATSON W. J. 1937: WILLIAM J. WATSON, *Scottish Verse from the Book of the Dean of Lismore*, Edinburgh.

WATSON W. J. 1959: WILLIAM J. WATSON (Hrsg.), *Bàrdachd Ghàidhlig. Gaelic Poetry 1550–1900*, Inverness.

WEBER 2010: STEFAN WEBER, *Iren auf dem Kontinent. Das Leben des Marianus Scottus von Regensburg und die Anfänge der irischen «Schottenklöster»*, Heidelberg.

WEISGERBER G. 1975: GERD WEISGERBER, *Das Pilgerheiligtum des Apollo und der Sirona von Hochscheid im Hunsrück*, Bonn.

WEISGERBER L. 1931: LEO WEISGERBER, «Galatische Sprachreste», in: *Natalicium. Johannes Geffcken zum 70. Geburtstag*, Heidelberg, 151–175.

Welt der Kelten 2012: *Die Welt der Kelten*, Stuttgart (Ausstellungskatalog).

WHELAN 1996: KEVIN WHELAN, *The Tree of Liberty: radicalism, Catholicism and the construction of Irish Identity 1760–1830*, Cork.

WHITAKER 1990: M. WHITAKER, *The Legends of King Arthur in Art*, Woodbridge.

WIDMER u. JØRGENSEN 2011: PAUL WIDMER und ANDERS R. JØRGENSEN (Hrsg.), *An buhez sant Gwenôlé*, Wien.

WIDMER 2013: PAUL WIDMER (Hrsg.), *Buhez sante Barba, Vie de sainte Barbe de 1608*, Rennes.

WIELAND 1999: GÜNTHER WIELAND (Hrsg.), *Keltische Viereckschanzen*, Stuttgart.

WILEY 2008: DAN M. WILEY (Hrsg.), *Essays on the Early Irish King Tales*, Dublin.

WILLIAMS C. 2000: COLIN WILLIAMS (Hrsg.), *Language Revitalization: policy and planning in Wales*, Cardiff.

WILLIAMS C. 1996: CHRIS WILLIAMS, *Democratic Rhondda: politics and cociety 1885–1951*, Cardiff.

WILLIAMS C. 1998: CHRIS WILLIAMS, *Capitalism, Community and Conflict: the South Wales Coalfield 1890–1947*, Cardiff.

WILLIAMS G. 1976: GLANMOR WILLIAMS, *The Welsh Church from Conquest to Reformation*, Cardiff.

WILLIAMS G. 1987: GLANMOR WILLIAMS, *Recovery, Reorientation and Reform: Wales c. 1415–1642*, Oxford.

WILLIAMS G. 1997: GLANMOR WILLIAMS, *Wales and the Reformation*, Cardiff.

WILLIAMS G. J. 1936: G. J. WILLIAMS, *Charles Edwards, Y Ffydd Ddi-ffuant*, Cardiff.

WILLIAMS I. 1938: IFOR WILLIAMS, *Canu Aneirin*, Cardiff.

WILLIAMS I. 1951: IFOR WILLIAMS, *Pedeir Keinc y Mabinogi*, Cardiff.

WILLIAMS I. 1972: IFOR WILLIAMS, *Armes Prydein: the Prophecy of Britain*, Dublin.

WILLIAMS I. M. 1996: JOAN M. WILLIAMS, *Dramâu Saunders Lewis*, Cyfrol 1, Cardiff.

WILLIAMS J. E. C. 1994: J. E. CAERWYN WILLIAMS, *The Poets of the Welsh Princes*, Cardiff.

WILLIAMS J. E. C. 1997: J. E. CAERWYN WILLIAMS, *The Court Poet in Medieval Wales*, Lewiston, N. Y.

WILLIAMS J. G. 1993: J. GWYNN WILLIAMS, *The University Movement in Wales*, Cardiff.

WILLIAMS J. G. 1997: J. GWYNN WILLIAMS, *The University of Wales 1893–1939*, Cardiff.

WILLIAMS J. H. C. 2001: J. H. C. WILLIAMS, *Beyond the Rubicon: Romans and Gauls in Republican Italy*, Oxford.

WILLIAMS P. 2012: PATRICIA WILLIAMS (Hrsg.), *Historical Texts from Medieval Wales*, London.

WILLIAMS u. FORD 1992: J. E. CAERWYN WILLIAMS und PATRICK FORD, *The Irish Literary Tradition*, Cardiff.

WILLIAMS u. WILLIAMS 1968: IFOR WILLIAMS und J. E. CAERWYN WILLIAMS, *The Poems of Taliesin*, Dublin.

WINKLER 2006: EVA-MARIA WINKLER, *Kelten heute*, Wien.

WITHERS 1984: CHARLES W. J. WITHERS, *Gaelic in Scotland 1698–1981*, Edinburgh.

WITHERS 1988: CHARLES W. J. WITHERS, *Gaelic Scotland: the transformation of a culture region*, London.

WODTKO 2000: *Dagmar S. Wodtko, Wörterbuch der keltiberischen Inschriften*, Wiesbaden.

WOMACK 1989: PETER WOMACK, *Improvement and Romance: constructing the myth of the Highlands*, London.

WOODING 2000: JONATHAN WOODING (Hrsg.), *The Otherworld Voyage in Early Irish Literature: an anthology of criticism*, Dublin.

WOOLF 2007: ALEX WOOLF, *From Pictland to Alba: 789–1070*, Edinburgh.

WOOLF 2013: ALEX WOOLF (Hrsg.), *Beyond the Gododdin: dark age Scotland in medieval Wales*, St. Andrews.

WRIGHT 2010: JULIA M. WRIGHT (Hrsg.), *A Companion to Irish Literature*, 2 Bände, Malden, Mass.

ZECCHINI 2009: GIUSEPPE ZECCHINI, *Le guerre galliche di Roma*, Rom.

ZEMMER-PLANK 2002: LISELOTTE ZEMMER-PLANK (Hrsg.), *Kult der Vorzeit in den Alpen. Opfergaben, Opferplätze, Opferbrauchtum*, Bozen.

ZIEGLER 1994: SABINE ZIEGLER, *Die Sprache der altirischen Ogam-Inschriften*, Göttingen.

ZIMMER u. a. 1999: STEFAN ZIMMER, ROLF KÖDDERITZSCH und ARNDT WIGGER (Hrsg.), *Akten des Zweiten deutschen Keltologen-Symposiums*, Tübingen.

ZIMMER 2006: STEFAN ZIMMER, *Die keltischen Wurzeln der Artussage*, Heidelberg.

ZIMMERMANN 2003: DORON ZIMMERMANN, *The Jacobite Movement in Scotland and in Exile, 1746–1759*, Basingstoke.

ABBILDUNGSNACHWEIS

Abb. 1, 6: © Foto: Landesmuseum Württemberg, Stuttgart
Abb. 2: © Carolino Augusteum, Salzburger Museum für Kunst und Kunstgeschichte
Abb. 3: © Historisches Museum der Pfalz, Speyer. Photo: Peter Haag-Kirchner
Abb. 4: © Schweizerisches Nationalmuseum, Zürich, Inv. Nr. A-52045, Foto Nr. COL-2896
Abb. 5: © Praun Kunstverlag, München
Abb. 7: © bpk | RMN – Grand Palais | Gérard Blot
Abb. 8: © bpk | RMN – Grand Palais | Jean Schormans
Abb. 9, 10: © bpk | The Trustees of the British Museum
Abb. 11, 12, 13: Autor
Abb. 14: © Board of Trinity College, Dublin
Abb. 15: © The National Library of Wales, Aberysthwyth
Abb. 16: © Universitäts- und Landesbibliothek Bonn, S. 526 (Prosa-Lancelot, Amiens 1286 fol. 94 v)

Sämtliche Karten: © Peter Palm. Folgenden Karten wurden nachstehende Vorlagen zugrunde gelegt:

S. 19: COLLIS 2003, S. 208
S. 86: FICHTL 2005, S. 49 und S. 57
S. 93: Barry Cunliffe, *The Ancient Celts*, Oxford 1997, S. 311
S. 105: COLLIS 2003, S. 119
S. 115: COLLIS 2003, S. 177
S. 120: DEFENTE 2003, S. 7
S. 127: CUNLIFFE 1997, S. 83
S. 136: Jean-Jacques Hatt, *Kelten und Galloromanen*, Genf 1970, S. 321

REGISTER

Das folgende Namen-, Wort- und Sachregister beschränkt sich auf eine Auswahl der wichtigsten Stichwörter. Nicht aufgenommen wurden die Bezeichnungen größerer geographischer Räume und historischer Epochen, sofern sie bereits durch das Inhaltsverzeichnis erschlossen werden. Stellen, an denen ein Stichwort nur beiläufig erwähnt wird, blieben der besseren Übersichtlichkeit halber ebenfalls unberücksichtigt. Namenvarianten und alternative Bezeichnungen werden überall dort, wo beide Formen gebräuchlich sind, durch Verweise erschlossen.